DIREITOS FUNDAMENTAIS E PROTEÇÃO DO AMBIENTE

A dimensão ecológica da dignidade humana
no marco jurídico-constitucional do
Estado Socioambiental de Direito

F341d   Fensterseifer, Tiago
          Direitos fundamentais e proteção do ambiente: a dimensão ecológica da dignidade humana no marco jurídico constitucional do estado socioambiental de direito / Tiago Fensterseifer. – Porto Alegre: Livraria do Advogado Editora, 2008.
          306 p.; 23 cm.
          ISBN 978-85-7348-565-3

          1. Direitos e garantias individuais. 2. Proteção ambiental. 3. Meio ambiente. I. Título.

                              CDU – 342.7

          Índices para o catálogo sistemático:
          Meio ambiente   34:504
          Direitos e garantias individuais   342.7
          Proteção ambiental   504.06

(Bibliotecária responsável: Marta Roberto, CRB-10/652)

Tiago Fensterseifer

DIREITOS FUNDAMENTAIS E PROTEÇÃO DO AMBIENTE

A dimensão ecológica da dignidade humana
no marco jurídico-constitucional do
Estado Socioambiental de Direito

Porto Alegre, 2008

© Tiago Fensterseifer, 2008

Capa, projeto gráfico e diagramação de
Livraria do Advogado Editora

Revisão
Rosane Marques Borba

Direitos desta edição reservados por
Livraria do Advogado Editora Ltda.
Rua Riachuelo, 1338
90010-273 Porto Alegre RS
Fone/fax: 0800-51-7522
editora@livrariadoadvogado.com.br
www.doadvogado.com.br

Impresso no Brasil / Printed in Brazil

Aos meus amados pais, Varna e Vitor, pelo exemplo de vida pautada pela dignidade, pela integridade moral e pela dedicação e amor empreendidos no cultivo diário desta entidade chamada família. Vocês, com o carinho, o amor e o apoio incondicionais que sempre nutriram na "nossa casa", mais uma vez, entre tantas outras, acreditaram nos meus sonhos e projetos de vida, agregando a eles os elementos necessários para que se tornassem realidade. Este livro é especialmente dedicado a vocês.

À Cacá, pela sua doçura, beleza e leveza, junto de quem, plagiando o Rubem Alves, uma fração de segundos já teria justificado a minha existência.

Ao Bê, ao Dudu, à Sô, à Fê, à Bia, ao Kiko, ao Lucas e à Jujú, para os quais o que está escrito nas linhas que seguem tem ainda mais importância do que para mim, embora alguns de vocês, pela pouca idade, ainda não tenham consciência disso. O futuro do planeta está nas mãos de vocês.

Agradecimentos

Ao meu professor e orientador, Prof. Dr. Ingo Wolfgang Sarlet, que sempre depositou em mim uma confiança infinitamente maior do que a minha própria, possibilitando um aprendizado intelectual e humano que transcende substancialmente o que aqui ficou impresso no papel.

Ao CNPq e ao Programa de Pós-Graduação em Direito da PUCRS, pelo suporte e investimento científico em mim depositados, através da concessão de bolsa de pesquisa, o que tornou possível a realização dos meus estudos de mestrado. O presente livro, com posteriores ajustes e atualizações, teve na sua origem o projeto de pesquisa desenvolvido ao longo dos dois anos do mestrado, e consolidado na dissertação final. Espero ter correspondido a tal compromisso com o Estado e a sociedade brasileira, trazendo à comunidade científica elementos novos para a pesquisa no campo dos direitos fundamentais e do direito ambiental.

À equipe da Livraria do Advogado Editora, especialmente ao Walter, pela presteza e competência do trabalho empenhado na publicação deste livro.

Vista del crepúsculo, al fin del siglo

Está envenenada la tierra que nos entierra o destierra.
Ya no hay aire, sino desaire.
Ya no hay lluvia, sino lluvia ácida.
Ya no hay parques, sino parkings.
Ya no hay sociedades, sino sociedades anónimas.
Empresas en lugar de naciones.
Consumidores en lugar de ciudadanos.
Aglomeraciones en lugar de ciudades.
No hay personas, sino públicos.
No hay realidades, sino publicidades.
No hay visiones, sino televisiones.
Para elogiar una flor, se dice: "Parece de plástico".

Eduardo Galeano.
in *Patas arriba: la escuela del mundo al revés*. 2004.

Prefácio

Prefaciar uma obra e com isso participar ativamente do processo de publicização do resultado e uma jornada intensa de estudos de um jovem e talentoso pesquisador e jurista é sempre um motivo de alegria e de orgulho. O caso do Mestre e Defensor Público Tiago Fensterseifer não apenas confirma tal assertiva como a qualifica ainda mais, outorgando-lhe um sentido especial, seja pelo fato de se tratar de pessoa pela qual nutro pessoal estima e admiração, pela sua dimensão humana e postura ética, seja na sua trajetória acadêmica, seja na sua jornada profissional, recentemente enriquecida com a sua posse como Defensor Público no Estado de São Paulo, comprometidas com a dignidade humana e da vida, compromisso que transcende as limitadas dimensões do Direito e assume uma feição ética indispensável para quem busca na luta pela eficácia e efetividade dos direitos fundamentais não uma mera retórica legitimadora de um certo discurso nem sempre afinado com a realidade concreta das ações diárias. Tiago, que agora tem sua trajetória de pesquisas, que já conta com diversas participações em eventos de repercussão na área ambiental e vários trabalhos publicados, fortalecida com a publicação da sua dissertação de mestrado, que tive a honra e o privilégio de orientar, certamente já figura entre os talentos da nova geração de juristas engajados de forma responsável na luta pela tutela e promoção de um ambiente ecologicamente equilibrado.

O texto que o nosso prefaciado ora nos apresenta, *Direitos Fundamentais e Proteção do Ambiente*, enfocando a dimensão ecológica da dignidade humana no marco jurídico-constitucional do Estado Socioambiental de Direito, está destinado a ser leitura cogente para todos os que se pretendem aproximar do tema, além de ser contribuição relevante para o debate em torno de uma leitura ecologicamente amiga da própria dignidade da pessoa humana, evitando, de modo coerente, qualquer matiz fundamentalista, que por vezes se faz presente também nesta seara. Além disso, cabe sublinhar a opção pelo marco do Estado Socioambiental de Direito, que não constitui mera variante terminológica em relação às expressões Estado Ambiental ou Estado Ecológico, mas aponta para uma dimensão substancialmente distinta e que guarda harmonia também com a crescente (e no nosso sentir, correta) tendência de se privilegiar a terminologia direitos sociais, econômicos, culturais e ambientais, ou simplesmente direitos socioambientais, que enfatiza os estreitos liames entre tais direitos fundamentais, sem descurar das evidentes conexões entre os DESCA e os demais direitos fundamentais, questões que o autor, dentre tantas outras, aborda com absoluta propriedade. Nesta mesma senda, tivemos a oportunidade de, na Coordenação do Programa de Pós-Graduação em Direito da PUCRS e com o apoio da Comissão Coordenadora e Direção da Faculdade, introduzir a disciplina Estado Socioambiental no programa curricular do Mestrado em Direito, além de coordenar, com o auxílio – no encaminhamento do projeto – do então ainda mestrando e bolsista Tiago Fensterseifer – da participação do Professor Doutor Klaus Bosselmann, da Universidade de Auckland, Nova Zelândia, como professor visitante da disciplina Direitos Fundamentais e Ambiente no Mestrado e Doutorado em Direito da PUCRS, sob os auspícios do Projeto Altos Estudos da CAPES. Vale destacar, ainda, que o trabalho ora prefaciado, insere-se no âmbito de um ciclo de orientações que já conta com outros textos de grande valor publicados – ou já no prelo – e vinculados diretamente ao tema dos direitos e deveres fundamentais socioambientais, como é o caso da obra de Fernanda Luiza Fontoura de Medeiros (Meio ambiente: direito e dever fundamental), Orci Paulino Bretanha Teixeira (O direito ao meio ambiente ecologicamente equilibrado como direito fundamental), Carlos Alberto Molinaro (Direito ambiental: proibição de retrocesso), Selma Rodrigues Petterle (O Direito fundamental à identidade genética na Constituição brasileira), Mariana Filchtiner Figueiredo (Direito Fundamental à Saúde), João Carlos de Carvalho Rocha (sobre o problema dos transgênicos na perspectiva constitucional) Karine Silva Demoliner (Água e saneamento básico) e, por último, Vanesca Prestes (Direito à cidade).

Assim, sem que se vá aqui adentrar os meandros da obra, o que – e sempre o repetimos – deixamos para o leitor, aproveitamos ainda para enfatizar a fluidez do texto, a capacidade de pesquisa autônoma e sempre curiosa, o diálogo permanente e profícuo durante o processo de orientação e nos inúmeros encontros do nosso grupo de pesquisas sobre direitos fundamentais na PUCRS, cuja liderança tenho atualmente o privilégio de dividir com o Professor Doutor Carlos Alberto Molinaro, ilustre colega e amigo, a pesquisa bibliográfica rica e séria, a disposição para, de modo responsável, ousar e exercer a reflexão crítica, enfim, méritos que sempre convém sejam realçados, visto que, a despeito da vastíssima produção doutrinária nacional, nem sempre são encontrados nos volumes que ocupam as estantes das nossas livrarias jurídicas e bibliotecas.

Resta-nos, portanto, parabenizar o nosso prefaciado, Tiago Fensterseifer, bem como agradecer pela confiança em mim depositada como orientador, assim como agradecer pelo empenho por parte da equipe da Livraria do Advogado Editora em, com a habitual presteza e competência, publicar a presente obra. Acima de tudo, porém, estão de parabéns os – espera-se muitos – leitores da obra.

Porto Alegre, maio de 2008.

Prof. Dr. Ingo Wolfgang Sarlet

Sumário

Apresentação – *Vasco Pereira da Silva* 19

Introdução – Admirável mundo tecnológico: contextualizando vida, dignidade e proteção do ambiente na sociedade de risco e no Estado Socioambiental de Direito contemporâneo 21

Capítulo I – A dimensão ecológica da dignidade humana 31
   1.1. Intróito – Breves considerações acerca do conteúdo normativo do princípio constitucional da dignidade da pessoa humana 31
   1.2. Dignidade do animal não-humano e da vida em geral? 36
      1.2.1. Repensar a concepção kantiana (individualista e antropocêntrica) de dignidade para além do ser humano 36
      1.2.2. "Ética animal": um diálogo com o pensamento de Peter Singer, Tom Regan e Hans Jonas 41
      1.2.3. A superação do paradigma jurídico antropocêntrico clássico e o reconhecimento da dignidade do animal não-humano e da vida em geral no âmbito jurídico-constitucional brasileiro 45
      1.2.4. Deveres jurídico-constitucionais do ser humano para com o animal não-humano e a vida em geral a partir do reconhecimento da dignidade (e valor intrínseco) de tais existências 54
      1.2.5. Um contrato político-jurídico ecológico (ou natural)? 56
   1.3. A qualidade ambiental como novo elemento integrante do conteúdo do princípio da dignidade humana 57
      1.3.1. A "ética da responsabilidade" de Hans Jonas na civilização tecnológica (ou a prudência responsável do agir humano para com a sua existência natural presente e futura) 57
      1.3.2. A qualidade ambiental como elemento integrante do conteúdo do princípio (e valor) da dignidade humana (das presentes e futuras gerações) 61
      1.3.3. A "dimensão histórico-cultural" da dignidade humana à luz da cultura ambientalista: um diálogo com o pensamento jurídico-constitucional de Peter Häberle 66
      1.3.4. Direitos de personalidade e proteção do ambiente 69
      1.3.5. Direitos fundamentais sociais e proteção do ambiente 73
          1.3.5.1. Direito fundamental à saúde e proteção ambiental 76

1.3.5.1.1. O princípio constitucional da precaução como mecanismo de tutela simultânea dos direitos fundamentais à saúde e ao ambiente 80
1.3.5.2. Direito fundamental à moradia e proteção ambiental 84
1.3.5.3. Direito fundamental à educação e proteção ambiental 88
1.3.6. Dignidade (e direitos?) das futuras gerações humanas? 89

Capítulo II – A consagração da proteção *jusfundamental* do ambiente na edificação jurídico-constitucional do Estado Socioambiental de Direito 93

2.1. Estado Socioambiental de Direito 93
    2.1.1. Estado "Socioambiental" de Direito: a proteção ambiental como tarefa ou fim do Estado de Direito brasileiro contemporâneo 93
        2.1.1.1. Do Estado Liberal ao Estado Socioambiental de Direito 93
        2.1.1.2. Capitalismo Socioambiental: rumo ao desenvolvimento sustentável . 100
        2.1.1.3. Estado de Justiça Ambiental 104
        2.1.1.4. Estado de Segurança Ambiental 105
        2.1.1.5. O novo papel constitucional do Estado e da Sociedade no Estado Socioambiental de Direito 107
    2.1.2. O princípio da solidariedade como marco jurídico-constitucional do Estado "Socioambiental" de Direito 111
        2.1.2.1. O "princípio constitucional da solidariedade" em matéria ambiental 111
        2.1.2.2. Solidariedade entre cidadãos de diferentes Estados nacionais 117
        2.1.2.3. Solidariedade entre diferentes gerações humanas 118
        2.1.2.4. Solidariedade entre espécies naturais 119
    2.1.3. Democracia participativa e cidadania ambiental 120
        2.1.3.1. Democracia e proteção do ambiente 120
        2.1.3.1.1. Princípio da participação popular 123
        2.1.3.1.2. Princípio do acesso à informação ambiental 125
        2.1.3.1.3. Princípio da educação ambiental 129
        2.1.3.1.4. Princípio do consumo sustentável 131
        2.1.3.2. Cidadania ambiental cosmopolita 134
    2.1.4. Estados (Pós) Nacionais e proteção ambiental 137
2.2. O direito ao ambiente como direito fundamental de terceira dimensão e a "constitucionalização" da proteção do ambiente no ordenamento jurídico brasileiro 142
    2.2.1. A evolução histórico-constitucional das dimensões de direitos fundamentais e a consagração da proteção do ambiente como direito fundamental de terceira dimensão 142
    2.2.2. Algumas experiências de "constitucionalização" da proteção do ambiente no direito comparado 152
    2.2.3. A "constitucionalização" da proteção ambiental no ordenamento jurídico brasileiro 159

2.2.3.1. Breves notas sobre a "constitucionalização" da proteção
ambiental no ordenamento jurídico brasileiro 159

2.2.3.2. O conceito jurídico-constitucional do bem jurídico ambiental 162

2.2.3.3. A "jusfundamentalidade" do direito ao ambiente a partir da
abertura material do catálogo de direitos fundamentais do
art. 5º, § 2º, da Lei Fundamental brasileira 166

2.2.3.4. O direito fundamental ao ambiente elevado à "cláusula pétrea"
do sistema constitucional brasileiro 169

**Capítulo III – As dimensões normativas do direito (e dever) fundamental
ao ambiente** 173

3.1. A dupla perspectiva subjetiva e objetiva dos direitos fundamentais e a
proteção ambiental 173

3.1.1. A dupla perspectiva subjetiva e objetiva dos direitos fundamentais
e o direito fundamental ao ambiente 173

3.1.2. A dimensão subjetiva do direito fundamental ao ambiente 177

3.1.3. A proteção do núcleo essencial do direito fundamental ao ambiente 181

3.2. As perspectivas *defensiva* (negativa) e *prestacional* (positiva) do direito
fundamental ao ambiente 185

3.3. O complexo de projeções normativas da perspectiva objetiva do direito
fundamental ao ambiente 189

3.3.1. Deveres fundamentais e proteção do ambiente 189

3.3.1.1. Breves notas sobre a "teoria dos deveres fundamentais" 189

3.3.1.2. Deveres fundamentais ambientais 198

3.3.1.2.1. A estrutura normativa de "direito-dever" da proteção
jusfundamental do ambiente 198

3.3.1.2.2. Deveres fundamentais ambientais para com cidadãos de outros
Estados nacionais (ou cosmopolitas) 204

3.3.1.2.3. Deveres fundamentais ambientais para com as gerações
humanas futuras 206

3.3.1.2.4. Deveres constitucionais ambientais para com os animais
não-humanos e a Natureza em si 207

3.3.1.3. A função socioambiental da propriedade como projeção
normativa do "dever fundamental" de proteção do ambiente
(colisão entre propriedade privada e proteção do ambiente) 209

3.3.2. "Deveres de proteção" do Estado e tutela do ambiente 220

3.3.2.1. Os deveres de proteção ambiental do Estado entre a proibição
de insuficiência e a proibição de excesso 229

3.3.3. A "perspectiva procedimental e organizacional" do direito fundamental
ao ambiente (e o seu caráter democrático-participativo) 231

3.3.3.1. Direitos transindividuais, acesso à justiça e proteção
do ambiente 238

3.3.4. A eficácia do direito fundamental ao ambiente nas relações entre
particulares 245

3.3.4.1. A inversão do ônus da prova e o dever de informação nos processos judiciais e administrativos em matéria ambiental como projeção normativa da eficácia do direito fundamental ao ambiente nas relações entre particulares 253

3.4. A garantia constitucional da proibição de retrocesso ambiental 258

3.5. Mínimo existencial ecológico (ou socioambiental): a garantia constitucional (e direito fundamental) a um patamar mínimo de qualidade ambiental para uma vida humana digna e saudável (das presentes e futuras gerações) 264

    3.5.1. Notas introdutórias sobre o mínimo existencial (social) 265

    3.5.2. Fundamentos jurídico-constitucionais da garantia do mínimo existencial ecológico 270

    3.5.3. Mínimo existencial ecológico, democracia e justiça ambiental 279

    3.5.4. Deveres de proteção do Estado e eficácia normativa do mínimo existencial ecológico nas relações entre particulares (eficácia horizontal) 281

    3.5.5. Mínimo existencial ecológico, controle judicial de políticas públicas ambientais, separação dos poderes e a "reserva do possível" 283

    3.5.6. O mínimo existencial ecológico na jurisprudência brasileira 290

Palavras finais – O pensamento jurídico voltado para o futuro da vida no planeta .. 295

Diálogos bibliográficos 297

Apresentação

Se as preocupações com a Natureza remontam aos primórdios da humanidade, a "questão ecológica", como problema fundamental necessitado de resposta das comunidades políticas tanto à escala internacional como nacional, coloca-se apenas a partir dos anos 60 e 70 do século XX. E vai andar associada à – mais ampla – crise do Estado Social, que obriga a repensar o modelo de organização política, económica e social, numa tentativa de refundação do "contrato social", que está na origem do Estado Pós-Social, em que vivemos.*

Mas há ainda a referir que, já no início do século XXI, a temática ambiental adquire uma "relevância quotidiana" ainda maior, em virtude do fenómeno das "alterações climáticas". Pois, a (por todos) sentida instabilidade do clima, acompanhada da crescente consciencialização de que esta se fica a dever à acção humana poluente (se não integralmente, pelo menos em grande medida), reintroduz a "questão ambiental" no "dia a dia" dos indivíduos, afastando irremediavelmente "velhas resistências" ou "novos cepticismos".**

Na verdade, as famílias que vêm as suas férias de praia "estragadas" porque chove "o Verão todo", os praticantes de desportos de Inverno que não encontram neve nos locais habituais, os viajantes que se deslocam a um "país quente" e que se deparam com um "frio polar", ou a um "país frio" e são surpreendidos com um "calor tropical", as pessoas que se habituaram a "olhar para a rua" ou a ouvir o "boletim meteorológico" para

---

* Vide VASCO PEREIRA DA SILVA, «Verde Cor de Direito – Lições de Direito do Ambiente», Almedina, Coimbra, 2002, páginas 17 e seguintes.

** Trata-se de uma ironia com o título do livro de BJORN LOMBORG, «The Sceptical Environmentalist», The Press Syndicate of the University of Cambridge, 1988 (de que há tradução em língua portuguesa: «O Ambientalista Céptico – Revelando a Real Situação do Mundo», Campus, Rio de Janeiro, 2002), que é revelador de uma posição intelectual de cepticismo e de desvalorização perante a verdadeira dimensão dos problemas ambientais, que encontrou alguma audiência nos anos 90 do século XX (mesmo entre pessoas provenientes do movimento ecologista, como era o caso do respectivo autor), mas que, no início do século, tende a revelar sinais de crise perante a "evidência" das alterações climáticas, tal como apercebida até pelo "homem comum".

saber como se devem vestir, visto que deixou de existir uma "roupa própria" para cada estação, não podem mais continuar indiferentes aos problemas ambientais. Daí, que tanto a questão das alterações climáticas como, em geral, todos os problemas de natureza ambiental se tenham tornado em "temas de conversa obrigatória", do café às notícias da comunicação social, dos filmes às cerimónias de atribuição dos "óscares" de Hollywood, dos galardões de concursos escolares ao Prémio Nobel da Paz, dos partidos às Organizações Não-governamentais, das "agendas políticas" locais às grandes conferências internacionais...

O Direito não poderia ficar indiferente a todas estas novas realidades sociais e culturais, que vão obrigar à consideração da dimensão axiológica e da dimensão jurídica da problemática ambiental, a dois níveis: o subjectivo, mediante o reconhecimento do direito ao ambiente como direito do Homem, integrando a denominada terceira geração dos direitos fundamentais; e o objectivo, que conduz a ver a protecção do ambiente como problema do Estado, conduzindo mesmo à caracterização do actual Estado Pós-social como "Estado de ambiente".***

O livro que apresento, acedendo ao amável convite do meu querido colega e amigo, Prof. Doutor Ingo Wolfgang Sarlet (que foi orientador da tese de mestrado, que está na base desta obra), do Mestre Tiago Fensterseifer, ocupa-se destas e doutras questões. A presente obra de Tiago Fensterseifer, intitulada «Direitos Fundamentais e Proteção do Ambiente: a dimensão ecológica da dignidade humana no marco jurídico-constitucional do Estado Socioambiental de Direito», é uma excelente abordagem da problemática do Direito do Ambiente, de uma perspectiva jusconstitucional, cuja leitura tenho a honra e o prazer de recomendar a todos.

Prof. Dr. Vasco Pereira da Silva

Faculdade de Direito da Universidade de Lisboa
e da Universidade Católica Portuguesa

*** Vide VASCO PEREIRA DA SILVA, «Verde Cor de Direito – Lições de Direito do Ambiente», Almedina, Coimbra, 2002, mx. páginas 63 e seguintes.

Introdução
Admirável mundo tecnológico:
Contextualizando vida, dignidade e proteção do ambiente na sociedade de risco e no Estado Socioambiental de Direito contemporâneo

> Os livros e o barulho intenso, as flores e os choques elétricos – já na mente infantil essas parelhas estavam ligadas de forma comprometedora; e, ao cabo de duzentas repetições da mesma lição, ou de outra parecida, estariam casadas indissoluvelmente. O que o homem uniu, a Natureza é incapaz de separar. Elas crescerão com o que os psicólogos chamavam um ódio "instintivo" aos livros e às flores. Reflexos inalteravelmente condicionados. Ficarão protegidas contra os livros e a botânica por toda a vida.[1]

As pegadas humanas sobre a Terra...

"Era uma vez uma cidade, onde enfermidades misteriosas abateram as galinhas; o gado e as ovelhas ficaram doentes e morreram. Por todos os lados, havia uma sombra de morte. Os fazendeiros falavam de muitas enfermidades entre seus familiares. Na cidade, os médicos tornavam-se cada vez mais intrigados em função de novos tipos de doenças aparecendo entre os pacientes. (...) Era uma primavera sem vozes, uma primavera silenciosa!".[2] Em 1962, nos Estados Unidos, Rachel Carson contou a "fábula para o amanhã" em sua obra *Primavera Silenciosa* e lançou a semente do que se tornaria mais tarde uma revolução social e cultural. Embora não sendo necessariamente a pioneira do movimento ambientalista, que desde os anos 50 já era gestado tanto na Europa quanto nos Estados Unidos, ela cumpriu um papel fundamental com sua obra e projetou para o espaço público o debate a respeito da responsabilidade da ciência, dos limites do progresso tecnológico e da relação entre ser humano e Natureza. Mais

---

[1] Na passagem citada, HUXLEY descreve o condicionamento sofrido pelos personagens do seu livro para despertarem indiferença e repúdio ao meio natural e ao conhecimento, retratando uma sociedade totalitária e desumana, marcada essencialmente pela separação cartesiana entre ser humano e Natureza. HUXLEY, Aldous. *Admirável mundo novo*. 18.ed. São Paulo: Globo, 1992, p. 24.

[2] CARSON, Rachel. *Silent spring*. Fortieth Anniversary Edition. Boston/New York: Mariner Book, 2002, p. 2.

especificamente, Carson descreveu como o uso de determinadas substâncias químicas (hidrocarbonetos clorados e fósforos orgânicos utilizados na composição de agrotóxicos, como o DDT) alteravam os processos celulares de plantas e animais, atingindo o ambiente natural como um todo e, conseqüentemente, o ser humano.

A ecologista norte-americana afirmava que o papel do especialista deveria ser limitado pela participação e pelo debate público a respeito dos riscos de tecnologias perigosas. Conforme revela, no momento em que escreveu sua obra, e tal realidade não difere substancialmente do que vivenciamos hoje, vivia-se sob a "era dos especialistas", os quais concebiam apenas os seus problemas focados, sendo intolerantes ou mesmo despreocupados com o "quadro maior" onde os seus estudos se situavam, bem como a respeito da forma como se dava a utilização do conhecimento produzido. Ela sustentava que um número enorme de pessoas havia sido colocado em contato com substâncias químicas perigosas sem o seu consentimento, e nem mesmo o seu conhecimento sobre o potencial lesivo dessas. Com razão, ela dizia que as gerações futuras não perdoariam a nossa falta de prudência e preocupação com o mundo natural que dá suporte à vida.[3] Com sua luta, Carson denunciou a falta de responsabilidade e prudência dos governos ao permitirem a utilização de substâncias químicas tóxicas antes de um estudo (ou conhecimento) aprofundado acerca das conseqüências a longo prazo de tais práticas. Ela refere em seu livro que se a Constituição norte-americana (*Bill of Rigths*) não continha a garantia de que um cidadão deve ser protegido contra venenos letais distribuídos tanto por indivíduos privados quanto por representantes oficiais do governo, isso ocorria certamente porque nossos antepassados, apesar da sua sabedoria e previdência, não poderiam imaginar tal problema.[4]

Na visão de Carson, a cultura científica pós-guerra que afirmava arrogantemente a dominação do ser humano sobre a Natureza era a raiz filosófica do problema. Nesse aspecto, é importante referir que boa parte do desenvolvimento científico desenvolvido para aplicação bélica durante a Segunda Guerra Mundial, como armas químicas, acabou sendo utilizada e redirecionada para sua aplicação na agricultura, em vista de combater pestes que comprometiam as lavouras.[5] Mais tarde, ao tempo da Guerra do Vietnã, tornou-se conhecido o "agente laranja", arma química empregada pelos Estados Unidos para desfolhar as densas florestas do Vietnã do Sul, e que até hoje traz seqüelas à saúde da população local, tanto para as gerações que foram contaminadas diretamente pela ação norte-americana na década de 70 quanto para as gerações de vietnamitas que as sucede-

---

[3] CARSON, "*Silent spring...*", p. 12-13.
[4] CARSON, op. cit., p. 12-13.
[5] Nesse sentido, cfr. PINHEIRO, Sebastião; SALDANHA, Jacques. *O amor à arma e a química ao próximo*. Coleção Existência/Cooperativa Colméia. Porto Alegre: Colméia&Travessão, 1991.

ram até os dias de hoje, revelando um ciclo mortal cumulativo ainda inacabado.[6] Não à toa, Carson afirmava que a denominação correta para os "pesticidas" era "biocidas", ampliando o seu âmbito de eliminação para a vida como um todo.[7] A sua mensagem ecoou ao longo da segunda metade do Século XX, sendo ouvida inclusive no Brasil, onde, na década de 70, se destacou a luta de José Lutzemberger, à frente do movimento ambientalista gaúcho, contra o uso de agrotóxicos.[8]

Em 1996, um novo estudo foi publicado (*O Futuro Roubado*), de autoria de dois cientistas, Theo Colborn e John Peterson Myers, e de uma jornalista, Dianne Dumanoski, que, de certa forma, deu seqüência aos estudos realizados por Carson na década de 60.[9] No prefácio do livro, que também conta com prefácio especial à edição brasileira de Lutzemberger, Al Gore, ex-vice-presidente dos Estados Unidos, atual senador do Partido Democrata e Prêmio Nobel da Paz em 2007, reconhecido defensor do ambiente no cenário político norte-americano, destaca que, com base nos estudos preliminares realizados com animais e seres humanos referidos na obra, foi relacionado o uso de "agentes químicos a inúmeros problemas, inclusive contagens baixas de espermatozóides no sêmen; infertilidade; deformações genitais; cânceres desencadeados por hormônios, como o câncer de mama e de próstata; desordens neurológicas em crianças, como hiperatividade e déficit de atenção; e problemas de desenvolvimento e reprodução em animais silvestres".[10] Para além do ponto onde havia chegado Carson, os autores de *O Futuro Roubado* ampliaram o estudo a respeito das conseqüências lesivas causadas aos seres humanos e ao ambiente natural pelo uso de (e exposição a) substâncias químicas utilizadas pelo ser humano em praticamente todas as suas atividades habituais. A conclusão mais intrigante a que chegam os autores diz respeito às baixas taxas de fertilidade e mesmo infertilidade ocasionadas aos seres humanos e aos demais animais, como decorrência da sua exposição a substâncias químicas, o que acabaria por comprometer, em médio prazo, a própria sobrevivência da espécie humana.

Ao lado da questão ainda (e sempre) atual acerca da contaminação química revelada por *Primavera Silenciosa* e *O Futuro Roubado*, além da

---

[6] Cfr., a respeito do agente laranja, a obra de MOKHIBER, Russel. *Crimes corporativos*: o poder das grandes empresas e o abuso da confiança pública. São Paulo: Scritta, 1995, p. 75-83.

[7] CARSON, "*Silent spring...*", p. 8.

[8] LUTZEMBERGER, José. A. *Fim do futuro? Manifesto Ecológico Brasileiro*. Porto Alegre: Movimento/UFRGS, 1980. O resultado de tais reivindicações do movimento ambientalista brasileiro pode ser verificado na edição da Lei da Política Nacional do Meio Ambiente (6.938/81), da Lei de Agrotóxicos (Lei 7.802/89), bem como na própria consolidação constitucional da proteção ambiental através da Lei Fundamental de 1988 (art. 225).

[9] COLBORN, Theo; DUMANOSKI, Dianne; MYERS, John Petersen. *O futuro roubado*. Porto Alegre: L&PM, 2002.

[10] COLBORN *et all*, op. cit., p. 10.

questão nuclear e da destruição incessante das florestas tropicais (como ocorre na Amazônia, conforme denunciado mundialmente pela voz de Chico Mendes já na década de 80, mas ainda atual, especialmente por conta do avanço desenfreado das fronteiras agrícola e pecuária sobre a Floresta Amazônica), hoje o tema que mais ressoa no discurso ambientalista, inclusive com importantes inserções políticas, com o que tem se ocupado Al Gore,[11] diz respeito ao aquecimento global (*global warming*).[12] Em obra recente (*A vingança de Gaia*), James Lovelock destaca a situação "limite" a que chegamos, ou que talvez até mesmo já tenhamos ultrapassado, em termos de mudança climática, desencadeada especialmente pela emissão desenfreada de gases geradores do efeito estufa (*greenhouse effect*), como o dióxido de carbono e o metano, que são liberados na atmosfera especialmente pela queima de combustíveis fósseis e pela destruição de florestas tropicais.[13] Os efeitos são cumulativos e podem ser visualizados, por exemplo, através do desaparecimento de gelo do Ártico e de diversos outros lugares, como o topo dos picos mais altos do mundo, e de um desregramento climático cada vez maior e imprevisível, com lugares ao redor do mundo batendo constantemente recordes de temperaturas altas, acompanhado ainda de um aumento do nível dos oceanos e do nível médio de temperatura do globo terrestre.

A raiz filosófica do problema...

Aí estão descritas apenas algumas das "pegadas" deixadas pelo ser humano na sua passagem pela Terra. Todos os registros de problemas ambientais aqui apontados são apenas ilustrativos de um conjunto muito maior de danos ambientais, muitos ainda desconhecidos, perpetrados pelo ser humano no seu trânsito pela superfície terrestre. Como destacado acima, o efeito de tais práticas é cumulativo e, em alguns casos, irreversível, como ocorre no caso da extinção de espécies naturais. Como já alertado por Carson no início da década de 60, vive-se ainda hoje no mundo contemporâneo sob a égide do "império da ciência e da tecnologia". A situação "limite" a que chegamos está associada de forma direta à postura filosófica de dominação do ser humano em face do mundo natural, adota-

---

[11] GORE, Al. *Earth in the balance*: ecology and the human spirit. Boston/New York/London: Houghton Mifflin Company, 1992, especialmente p. 56-80. E, mais recentemente (2006), merece destaque o video-documentário "Uma verdade inconveniente (*An unconvinient true*)" produzido por AL GORE sobre o aquecimento global. Tal luta ecológica lhe rendeu o Prêmio Nobel da Paz em 2007, juntamente com da ONU do Painel Intergovernamental sobre Mudança do Clima (IPCC).

[12] Recentemente, no início de fevereiro de 2007, foi divulgado o relatório de avaliação da saúde da atmosfera (AR4) feito pelo quadro de cientistas da ONU do Painel Intergovernamental sobre Mudança do Clima (IPCC), onde resultou comprovado que o aquecimento global é causado por atividades humanas, bem como que as temperaturas subirão de 1,8°C a 4°C até o final deste século. *Jornal Folha de São Paulo*, 03.02.2007. Reportagem de Marcelo Leite. Caderno Especial sobre Clima.

[13] LOVELOCK, James. *A vingança de Gaia*. Rio de Janeiro: Editora Intrínseca, 2006, p. 24.

da desde a ciência moderna, de inspiração cartesiana, especialmente pela cultura ocidental, como bem resultou expresso na passagem da obra de Huxley citada no início desta introdução.

O geógrafo brasileiro Milton Santos, alinhado com o pensamento de Kant que dizia ser a História um progresso sem fim das técnicas, destaca que o desenvolvimento da história vai de par com o desenvolvimento das técnicas, sendo que a cada evolução técnica, uma nova etapa histórica se torna possível.[14] No entanto, a simples criação ou mesmo aprimoramento de determinada técnica não nos transporta por si só para um novo estágio de evolução moral e bem-estar existencial. Assim, os avanços científicos e tecnológicos operados pela ciência, especialmente a partir da revolução científica dos séculos XVI e XVII – com base na influência de Copérnico, Descartes, Bacon, Galileu, Newton, entre outros –, a despeito de notáveis progressos, serviram (e ainda servem) de instrumento de dominação sobre a Natureza e de degradação dos recursos naturais, ao tratar o mundo natural como uma simples máquina,[15] destituído de qualquer valor intrínseco. Os conhecimentos tecnológicos e científicos, que deveriam ter o desenvolvimento, o bem-estar social e a dignidade da vida humana como suas finalidades maiores, passam a ser, em decorrência da sua instrumentalização levada a cabo pelo ser humano, com todo o seu poder de criação e destruição, a principal ameaça à manutenção e à sobrevivência da espécie humana, assim como de todo ecossistema planetário,[16] caracterizando um modelo de *sociedade de risco*, como bem diagnosticou o sociólogo alemão Ulrich Beck.[17]

O caminho do constitucionalismo ecológico...

À luz de tal "fotografia" insustentável da condição humana relevada acima, o Direito não pode silenciar. O Direito, e especialmente a teoria dos direitos fundamentais, já que esses tomam a forma da dimensão jurídica mais próxima do plano existencial humano, não pode recusar respostas à situação de risco existencial e degradação ambiental delineadas no horizonte contemporâneo. Cumpre ao Direito, portanto, a fim de restabelecer

---

[14] SANTOS, Milton. *Por uma outra globalização*: do pensamento único à consciência universal. 6.ed. Rio de Janeiro: Record, 2001, p. 24.

[15] Nesse sentido, cfr. CAPRA, Fritjof. *A teia da vida*: uma nova compreensão científica dos sistemas vivos. São Paulo: Cultrix, 1996, p. 34.

[16] Em sintonia com tal perspectiva, a lição de RUBEM ALVES: "O senso comum e a ciência são expressões da mesma necessidade básica, a necessidade de compreender o mundo, a fim de viver melhor e sobreviver. Para aqueles que teriam a tendência de achar que o senso comum é inferior à ciência, eu só gostaria de lembrar que, por dezenas de milhares de anos, os homens sobreviveram sem coisa alguma que se assemelhasse à nossa ciência. Depois de cerca de quatro séculos, desde que surgiu com seus fundadores, curiosamente a ciência está apresentando sérias ameaças à nossa sobrevivência." ALVES, Rubem. *Filosofia da Ciência*: introdução ao jogo e suas regras. 3 ed. São Paulo: Loyola, 2001, p. 21.

[17] BECK, Ulrich. *La sociedad del riesgo*: hacia una nueva modernidad. Barcelona: Paidós, 2001.

o equilíbrio e a segurança nas relações sociais (agora *socioambientais*), a missão de posicionar-se contra essas novas ameaças que fragilizam e colocam em risco a ordem de valores e princípios fundamentais da nossa sociedade, firmando o seu compromisso existencial para com o presente, bem como para com o futuro humano e mesmo para com a vida em termos gerais. Com base no referido quadro da realidade humana, Canotilho aponta para os "problemas de risco" como um dos principais desafios postos para a teoria da constituição na contemporaneidade.[18] A *teoria da constituição* e, conseqüentemente, a *teoria dos direitos fundamentais* devem se desenvolver e acolher nos seus fundamentos os novos conceitos da teoria da sociedade de risco e os valores ecológicos emergentes das relações sociais, considerando a crescente degradação ambiental disseminada por todos os cantos do mundo e os reflexos que trazem para a concepção de Estado de Direito, a tutela dos direitos fundamentais e, acima de tudo, a salvaguarda da dignidade humana. Em vista de tais considerações, é possível destacar o surgimento de um *constitucionalismo socioambiental* ou *ecológico*, assim como outrora se fez (e, em grande medida, ainda se faz!) presente a necessidade de um *constitucionalismo social* para corrigir o quadro de desigualdade e degradação humana em termos de acesso aos direitos sociais.

O presente trabalho científico tem por objeto de estudo, portanto, abordar a proteção ambiental sob a ótica do direito constitucional, e especialmente da teoria dos direitos fundamentais. O atual contexto de risco e degradação ambiental projetado sobre as sociedades contemporâneas impõe novos desafios ao direito constitucional, devendo-se repensar os próprios fundamentos do conceito de Estado de Direito a partir da nova realidade socioambiental vivenciada pelas comunidades humanas nas suas dimensões local, nacional, regional e global. Nesse contexto, é possível decretar a superação do modelo de Estado Social de Direito (que, por sua vez, já havia superado o Estado Liberal) por um modelo de *Estado Socioambiental de Direito*, também designado por alguns de Pós-Social,[19]

---

[18] CANOTILHO, José Joaquim Gomes. *Direito constitucional e teoria da Constituição*. 5.ed. Coimbra: Almedina, 2002, p. 1354. Entre os conceitos de risco, CANOTILHO elenca: os perigos (conhecidos e desconhecidos) gerados pela moderna tecnologia; as ameaças de toda a civilização planetária (a partir da teoria de BECK); as potencialidades do domínio tecnológico da natureza e da pessoa; os desafios colocados às comunidades humanas no plano da segurança e previsibilidade perante eventuais catástrofes provocadas pela técnica e pela ciência (p. 1354). Por sua vez, VIEIRA DE ANDRADE também situa a problemática do risco no âmbito da teoria constitucional, pontuando que "os sociólogos descrevem a sociedade atual, já obviamente pós-industrial, como uma 'sociedade de risco' (BECK) ou uma 'sociedade do desaparecimento' (BREUER), na medida em que corre 'perigos ecológicos' (e perigos genéticos) ou, segundo alguns, caminha mesmo, por força do seu próprio movimento, para a destruição das condições de vida naturais e sociais (e da própria pessoa) – é dizer, na medida em que ocorre o perigo de passar, ou transita efectivamente, da autoreferência (*autopoiesis*) para a autodestruição". ANDRADE, José Carlos Vieira de. *Os direitos fundamentais na Constituição Portuguesa de 1976*. 2.ed. Coimbra: Almedina, 2001, p. 61.

[19] Cfr., sobre a concepção de Estado Pós-Social, no âmbito da doutrina nacional, SARMENTO, Daniel. "Os direitos fundamentais nos paradigmas liberal, social e pós-social (pós-modernidade constitucio-

que, em verdade, não abandona as conquistas dos demais modelos de Estado de Direito em termos de salvaguarda da dignidade humana, mas agrega a elas uma dimensão ecológica, comprometendo-se com a estabilização e prevenção do quadro de *riscos e degradação socioambientais*.

A adoção do *marco jurídico-constitucional socioambiental* resulta, como se verá ao longo do presente estudo, da convergência necessária das "agendas" social e ambiental num mesmo projeto jurídico-político para o desenvolvimento humano. O objetivo do Estado contemporâneo não é "pós-social", em razão de o projeto de realização dos direitos fundamentais sociais (de segunda dimensão) não ter se completado, remanescendo a maior parte da população mundial (o que se apresenta de forma ainda mais acentuada na realidade brasileira e dos países em desenvolvimento de um modo geral) até os dias atuais desprovida do acesso aos seus *direitos sociais básicos* (e, inclusive, da garantia constitucional do *mínimo existencial* indispensável a uma *existência digna*). Há, portanto, um percurso político-jurídico não concluído pelo Estado Social, ao qual se agrega hoje a proteção ambiental. O enfrentamento dos problemas ambientais e a opção por um *desenvolvimento sustentável* passam necessariamente pela correção do quadro alarmante de desigualdade social e da falta de acesso aos direitos sociais básicos, o que, é importante reforçar, também é causa potencializadora da degradação ambiental.

Em verdade, o novo modelo de Estado de Direito objetiva conciliar os direitos liberais, os direitos sociais e os direitos ecológicos num mesmo projeto jurídico-político para a comunidade estatal e o desenvolvimento existencial do ser humano. Tal redefinição conceitual do Estado de Direito contemporâneo justifica-se em face das mudanças ocorridas em função desta sua nova orientação ecológica, assumindo o Estado, portanto, o papel de "guardião" dos direitos fundamentais diante dos novos riscos e violações existenciais a que está exposto o ser humano hoje. Na edificação do Estado Socioambiental de Direito, com sua base democrática fundada na *democracia participativa* e seu marco axiológico fincado no *princípio constitucional da solidariedade*, há, na sua essência, uma tentativa de conciliação e diálogo normativo entre a realização dos direitos sociais e a proteção ambiental, enquanto projetos modernos inacabados, a cumprir com o ideal revolucionário francês em sua plenitude: *liberdade, igualdade* e *fraternidade*.

Na última quadra do século XX, várias Constituições pelo mundo afora, influenciadas pelo ordenamento internacional que formatou convenções e declarações sobre a proteção ambiental[20] e pela emergência da

---

nal?)". In: SAMPAIO, José Adércio Leite (Coord.). *Crise e desafios da Constituição*: perspectivas críticas da teoria e das práticas constitucionais brasileiras. Belo Horizonte: Del Rey, 2003, p. 375-414.

[20] Cfr., especialmente, a Declaração de Estocolmo das Nações Unidas sobre Meio Ambiente Humano (1972), a Declaração do Rio de Janeiro sobre Meio Ambiente e Desenvolvimento (1992), a Convenção-Quadro das Nações Unidas sobre Mudança do Clima (1992), a Convenção sobre Diversidade Biológi-

cultura ambientalista e dos valores ecológicos no espaço político-jurídico contemporâneo, consagraram o direito ao ambiente como direito fundamental da pessoa humana, reconhecendo o caráter vital da qualidade ambiental para o desenvolvimento humano em níveis compatíveis com a sua dignidade. A partir de tais considerações, consolida-se a formatação de uma *dimensão ecológica da dignidade humana*, a qual abrange a idéia em torno de um *bem-estar ambiental* (assim como um *bem-estar social*) indispensável a uma vida digna e saudável. Dessa compreensão, pode-se conceber a indispensabilidade de um patamar mínimo de qualidade ambiental para a concretização da vida humana em níveis dignos, para aquém do qual a dignidade humana estaria sendo violada no seu núcleo essencial. A *qualidade ambiental*, à luz da teoria constitucional dos direitos fundamentais, configura-se como elemento integrante do conteúdo normativo do princípio da dignidade humana, especialmente em razão da sua imprescindibilidade à manutenção e à existência da vida, e sendo, portanto, fundamental ao desenvolvimento de todo o potencial humano num quadrante de completo *bem-estar existencial*.

Tal entendimento nos conduz também a repesar o conceito kantiano de dignidade, no intuito de adaptá-lo aos enfrentamentos existenciais contemporâneos, bem como a fim de aproximá-lo das novas configurações morais e culturais impulsionadas pelos valores ecológicos. Nesse contexto, procura-se refletir sobre a reformulação do conceito kantiano (antropocêntrico e individualista) de dignidade, ampliando-o para contemplar o reconhecimento da dignidade para além da vida humana, ou seja, para incidir também em face dos animais não-humanos, bem como de todas as formas de vida de um modo geral, à luz de uma *matriz filosófica biocêntrica* (ou ecocêntrica), capaz de reconhecer a *teia da vida (the web of life)*[21] que permeia as relações entre ser humano e Natureza. Assim, especialmente em relação aos animais não-humanos, deve-se reformular o conceito de dignidade para além do ser humano, objetivando o reconhecimento de um *fim em si mesmo*, ou seja, de um valor intrínseco conferido aos seres sensitivos não-humanos, que passam a ter reconhecido o seu *status* moral e dividir com o ser humano a mesma comunidade moral.

Outro ponto importante tratado no presente estudo, também vinculado à dimensão ecológica da dignidade humana, diz respeito ao reconhecimento da dignidade inerente às futuras gerações humanas, e não apenas àquelas viventes no presente, ampliando-se a dimensão temporal da dignidade para as existências humanas futuras. Há que se reforçar a idéia de responsabilidade e *dever jurídico* (para além do plano moral) para com as gerações humanas futuras, inclusive com o reconhecimento da dignidade

ca (1992) e a Declaração e Programa de Ação de Viena, promulgada na 2ª Conferência Mundial sobre Direitos Humanos (1993).
[21] CAPRA, "*A teia da vida...*".

de tais vidas, mesmo que potenciais, de modo a afirmar a perpetuidade existencial da espécie humana. A reflexão proposta traça novas direções e possibilidades para as construções humanas no campo jurídico, fortalecendo cada vez mais o elo vital entre ser humano e Natureza.

A Lei Fundamental brasileira de 1988 (arts. 225 e 5º, § 2º), no marco jurídico de um *constitucionalismo ecológico*, atribuiu ao direito ao ambiente o *status* de direito fundamental (formal e materialmente) do indivíduo e da coletividade, reconhecendo posições jurídicas subjetivas "justiciáveis" dele decorrentes, bem como consagrou a proteção ambiental como um dos objetivos ou tarefas mais importantes do Estado de Direito brasileiro, incorporando os valores ecológicos no núcleo axiológico do nosso sistema constitucional. O direito ao ambiente, por sua vez, caracteriza-se como direito fundamental de terceira dimensão, tendo como fundamento axiológico o *princípio constitucional da solidariedade* e a natureza de um direito transindividual (e mesmo universal). O processo de afirmação histórica dos direitos fundamentais e a caracterização do Estado Socioambiental, em superação aos modelos de Estado Liberal e Social, justificam tal perspectiva constitucional.

À luz do tratamento constitucional dispensado pelo diploma de 1988, outro aspecto importante tratado no presente estudo diz respeito ao reconhecimento da *dupla funcionalidade* da constitucionalização da proteção ambiental no ordenamento jurídico brasileiro, uma vez que essa toma a forma simultaneamente de um *objetivo ou tarefa estatal* e de um *direito fundamental* do indivíduo. Quanto à consagração do direito fundamental ao ambiente, esse, na esteira da doutrina de Alexy, se configura como um *direito fundamental como um todo*,[22] ou seja, apresenta tanto uma feição defensiva como uma feição prestacional. Assim, tanto pode determinar que o Estado e os particulares se abstenham de invadir o âmbito protetivo do direito, bem como que tomem medidas positivas ou prestacionais para a sua efetivação.

Da consagração do direito ao ambiente como direito fundamental e do "novo" papel do Estado como "guardião e amigo" dos direitos fundamentais, extraem-se inúmeras projeções normativas. Num primeiro momento, desenvolver-se-á a *dupla perspectiva subjetiva e objetiva* do direito fundamental ao ambiente, na medida em que esse deve ser tomado simultaneamente como um "direito subjetivo" do seu titular e um "valor comunitário". E, a partir da perspectiva objetiva, projeta-se um complexo de projeções normativas, entre as quais: o *dever fundamental* de proteção ambiental conferido aos particulares, o *dever de proteção* do Estado no que tange a tutela ambiental, as *perspectivas procedimental e organizacional* do

---

[22] ALEXY, Robert. *Teoría de los derechos fundamentales*. Madrid: Centro de Estudios Políticos e Constitucionales, 2001, p. 429.

direito fundamental ao ambiente e a *eficácia entre particulares* do direito fundamental ao ambiente. Tal configuração normativa estabelece todo um sistema integrado de proteção e promoção do direito fundamental ao ambiente, tendo como objetivo a *máxima eficácia e efetividade* do direito *jusfundamental* em questão.

Também se suscita no presente estudo a discussão a respeito do conceito de *proibição de retrocesso ambiental*, que, assim como verificado no caso da proibição de retrocesso social, apresenta-se como uma garantia constitucional implícita que, com base nos princípios da segurança jurídica e da confiança, objetiva blindar as conquistas constitucionais no âmbito dos direitos fundamentais em termos de tutela ambiental contra retrocessos que venham a comprometer tais direitos. Tal garantia evidencia o processo evolutivo e cumulativo que subjaz ao reconhecimento dos direitos fundamentais no caminhar histórico-constitucional, devendo cada vez mais ser ampliada a tutela da dignidade e vedado qualquer retrocesso injustificado que possa comprometer tal condição existencial já positivada no plano jurídico constitucional e infraconstitucional.

O último esforço argumentativo despendido no presente estudo tem por objetivo a configuração da garantia constitucional do *mínimo existencial ecológico*, inserindo-se a qualidade ambiental como um dos elementos-chave do núcleo irredutível da dignidade humana, que tem como objetivo a concretização de uma *existência humana digna e saudável*. Em vista dos novos valores ambientais colmatados contemporaneamente ao patrimônio cultural e existencial da humanidade, o presente estudo, em busca do elo existencial perdido pelo ser humano na sua aventura pela Terra, tem o intuito de esboçar uma primeira reflexão sobre o conceito do mínimo existencial ecológico, ou seja, das condições materiais mínimas em termos de qualidade ambiental indispensáveis a uma vida humana em patamares dignos, demarcando, com base na teoria dos direitos fundamentais, as suas possibilidades conceituais e embasamento normativo-constitucional.

Por fim, retoma-se a afirmação de Carson manifestada no início desta introdução de que a proteção ambiental deveria integrar o *Bill of Rights* ou catálogo de direitos fundamentais da comunidade estatal. Pois, tal medida, de modo a corrigir o descaso e a omissão dos nossos antepassados para com a tutela do ambiente natural que abriga e dá suporte à vida humana, foi levada a cabo pelo *Bill of Rights* brasileiro, que consagrou materialmente a proteção do ambiente no "coração constitucional" expresso pelos direitos fundamentais e, acima de tudo, pela dignidade da pessoa humana.

Capítulo I – A dimensão ecológica da dignidade humana

1.1. Intróito – Breves considerações acerca do conteúdo normativo do princípio constitucional da dignidade da pessoa humana

> Todas as pessoas nascem livres e iguais em dignidade e direitos. São dotadas de razão e consciência e devem agir em relação umas às outras com espírito de fraternidade.[23]

A matriz filosófica moderna da concepção de dignidade humana está no pensamento do filósofo alemão Immanuel Kant. Até hoje a fórmula elaborada por Kant conduz a grande maioria das conceituações jurídico-constitucionais da dignidade humana, conforme se pode apreender da leitura do art. I da Declaração Universal dos Direitos Humanos (1948) referido acima. A formulação kantiana coloca a idéia de que o ser humano não pode ser empregado *como simples meio* (ou seja, *objeto*) para a satisfação de qualquer vontade alheia, mas sempre deve ser tomado *como fim em si mesmo* (ou seja, *sujeito*) em qualquer relação,[24] seja em face do Estado seja em face de particulares. Isso se deve, em grande medida, pelo reconhecimento de um valor intrínseco a cada existência humana. A fórmula de se tomar sempre o ser humano como um fim em si mesmo está diretamente vinculada à idéia de autonomia, de liberdade, de racionalidade e de autodeterminação inerentes à condição humana. A proteção ética e jurídica do ser humano contra qualquer "objetificação" da sua existência e o respeito à sua condição de sujeito nas relações sociais e intersubjetivas são manifestações da concepção kantiana de dignidade humana.

---

[23] Art. I da Declaração Universal dos Direitos Humanos (1948).

[24] A formulação kantiana de dignidade humana está desenvolvida, entre outros escritos, na Segunda Seção da Fundamentação da Metafísica dos Costumes, quando o filósofo alemão trata da transição da filosofia moral popular para a metafísica dos costumes. O imperativo categórico (prático) kantiano tem a seguinte formulação: "Age de tal maneira que uses a humanidade, tanto na tua pessoa como na pessoa de qualquer outro, sempre e simultaneamente como fim e nunca simplesmente como meio". KANT, Immanuel. *Crítica da razão pura e outros textos filosóficos*. Coleção Os Pensadores. São Paulo: Abril Cultural, 1974, p. 229.

A Constituição brasileira de 1988, no seu art. 1°, inciso III, consagra expressamente a *dignidade da pessoa humana* como o princípio fundamental, ponto de partida e fonte de legitimação de todo o sistema jurídico pátrio. A dignidade da pessoa humana constitui-se, portanto, em matriz axiológica do ordenamento jurídico, visto que é a partir deste valor e princípio que todos os demais princípios (e também regras) se projetam e recolhem os seus conteúdos normativo-axiológicos. Assim, a dignidade humana, para além de ser também um valor, configura-se como sendo, juntamente com a proteção da vida, o princípio de maior hierarquia da nossa Constituição e de todas as demais ordens jurídicas que a reconheceram.[25] A dignidade da pessoa humana apresenta-se como a pedra basilar da edificação constitucional do Estado (social, democrático e ambiental) de Direito brasileiro, na medida em que, sob a influência das luzes lançadas por Kant, o constituinte reconheceu que é o Estado que existe em função da pessoa humana, e não o contrário, já que o ser humano constitui a finalidade precípua, e não meio da atividade estatal,[26] o que, diga-se de passagem, demarca a equiparação de forças na relação Estado-cidadão, em vista da proteção e afirmação existencial desse último, especialmente no que tange aos seus direitos fundamentais.

Diante de tal afirmação, pode-se extrair a importância central da *dignidade humana* na edificação do Estado de Direito e do ordenamento jurídico contemporâneos. No âmbito do Estado *Socioambiental* de Direito brasileiro proposto no presente estudo,[27] a dignidade humana é tomada como o principal *fundamento da comunidade estatal,*[28] projetando a sua luz sobre todo o conjunto jurídico-normativo e vinculando de forma direta todas as instituições estatais e atores privados. Em vista do conteúdo e da "força normativa"[29] do princípio (e também valor) jurídico da dignidade da pessoa humana, projetam-se direitos tanto de natureza defensiva (ne-

---

[25] SARLET, Ingo Wolfgang. *Dignidade da pessoa humana e direitos fundamentais na Constituição Federal de 1988.* 5.ed. Porto Alegre: Livraria do Advogado, 2007, p. 85.

[26] SARLET, op. cit., p. 68.

[27] O processo histórico, político e social desenvolvido ao longo dos Séculos XVIII, XIX e XX determinou o momento que se vivencia hoje no plano jurídico-constitucional, marcando a passagem do Estado Liberal ao Estado Social e chegando-se ao que alguns autores alegam ser um modelo de Estado Pós-Social (Constitucional, Democrático e Ambiental), em vista da emergência de direitos de natureza transindividual e universal que têm na proteção do ambiente o seu exemplo paradigmático. Há, portanto, um percurso político-jurídico não concluído pelo Estado Social, ao qual se agrega hoje a proteção ambiental. Para maiores desenvolvimentos, cfr. tópico próprio no Capítulo II.

[28] HÄBERLE afirma, a partir da jurisprudência do Tribunal Constitucional Federal alemão, com fundamento no art. 1°, I, da Lei Fundamental alemã, que a dignidade constitui o real "fundamento da comunidade estatal" (*Grundlage der Staatlichen Gemeinschaft*). HÄBERLE, Peter. "A dignidade humana como fundamento da comunidade estatal". *Dimensões da Dignidade*: ensaios de Filosofia do Direito e Direito Constitucional. Porto Alegre: Livraria do Advogado, 2005, p. 116.

[29] Quanto à força normativa inerente ao princípio da dignidade humana e da Constituição como um todo, remete-se à obra clássica de HESSE, Konrad. *A força normativa da Constituição.* Porto Alegre: SAFE, 1991.

gativa) como prestacional (positiva), que é o caso, por exemplo, da garantia constitucional do mínimo existencial, ou seja, das prestações materiais mínimas necessárias a uma vida em patamares dignos. Nesse prisma, é importante destacar que os direitos fundamentais, como concretizações em maior ou menor medida da dignidade humana, podem ser opostos tanto em face do Estado quanto frente a particulares,[30] reconhecendo-se a eficácia entre particulares dos direitos fundamentais (e principalmente da dignidade humana) e a afirmação do *princípio constitucional da solidariedade*, inclusive nas relações jurídicas privadas. A partir do princípio constitucional da dignidade humana, irradia-se um leque de posições jurídicas subjetivas e objetivas, com a função de blindar e tutelar a condição existencial humana contra quaisquer violações ao seu âmbito de proteção.

Da lição de Herrera Flores, à luz de uma perspectiva *culturalista* do Direito, extrai-se a idéia de que a dignidade humana representa o resultado da afirmação dos direitos humanos levada a cabo por diferentes lutas travadas por múltiplas e plurais formas de vida que povoam o nosso mundo.[31] Assim, a dignidade humana não deve ser compreendida apenas sob uma perspectiva estritamente biológica ou física, mas como um conceito construído historicamente, tendo o seu conteúdo modelado e ampliado constantemente à luz de novos valores culturais e necessidades existenciais do ser humano que demarcam cada avanço civilizatório. Nesse ponto, merece registro o entendimento de acordo com o qual a dignidade possui uma dimensão ontológica que não se limita a uma concepção estritamente biológica ou natural da dignidade humana, mas que comporta também outras dimensões, como a comunitária ou social e a histórico-cultural.[32] E, com base nas idéias aqui lançadas, também ecológica.

Nesse contexto, é possível destacar uma *dimensão social* (ou comunitária) para a dignidade humana, consagrada especialmente em razão da conformação do Estado Social de Direito, em vista de que a dignidade não reside unicamente na pessoa considerada individualmente, mas ultrapassa tal fronteira liberal para realizar-se também na dignidade de todos os membros da comunidade humana. O indivíduo e a comunidade são elementos integrantes de uma mesma (e única) realidade político-estatal. A dignidade do indivíduo também está projetada e refletida na dignidade de todos os integrantes do grupo social. Como acentua

---

[30] Quanto ao desenvolvimento teórico da dignidade como limite e tarefa do Estado, da comunidade e dos particulares, vide o tópico 4.4 da obra de SARLET, "*Dignidade da pessoa humana...*", especialmente, p. 112-121.

[31] HERRERA FLORES, Joaquín. *El proceso cultural: materiales para la creatividad humana*. Sevilla: Aconcagua Libros, 2005, p. 18.

[32] SARLET, Ingo Wolfgang. "As dimensões da dignidade da pessoa humana: construindo uma compreensão jurídico-constitucional necessária e possível". In: SARLET, Ingo Wolfgang (Org.). *Dimensões da dignidade*: ensaios de filosofia do direito e direito constitucional. Porto Alegre: Livraria do Advogado, 2005, p. 18-29.

Antunes Rocha, à luz de uma perspectiva fundada no princípio constitucional da solidariedade, "a dignidade humana – mais que aquela garantida à pessoa – é a que se exerce com o outro",[33] revelando a perspectiva relacional da pessoa humana em face do corpo social que integra, bem como o compromisso jurídico (e não apenas moral) do Estado e dos particulares na composição de um quadro social de dignidade para (e com) todos.

Junqueira de Azevedo também defende uma concepção mais abrangente para o princípio da dignidade humana na perspectiva de uma nova ética, fundada no homem como ser integrado à Natureza, ou seja, como qualidade do ser vivo capaz de dialogar e comprometido com a sua transcendência existencial, de modo a romper com uma "concepção insular" da dignidade humana, baseada no racionalismo iluminista de conceber o homem apenas como razão, vontade e autoconsciência, mas deixando de contemplar a crescente complexidade entre os seres vivos (onde o ser humano seria o último elo da cadeia).[34] O autor defende o pressuposto da intangibilidade da vida humana como exigência do princípio da dignidade da pessoa humana, o que implica: a) respeito à integridade física e psíquica das pessoas; b) consideração pelos pressupostos materiais mínimos para o exercício da vida; e c) respeito às condições mínimas de liberdade e convivência social igualitária.[35] É possível apreender das colocações do autor uma tentativa de deslocar a dignidade humana de uma compreensão "ilhada" para uma dimensão existencial mais ampla do ser humano, capaz de abarcar toda a complexidade da vida, ou seja, as relações do ser humano com todas as demais manifestações existenciais que fundamentam a sua existência, ainda mais quando se pretende que o desenvolvimento da vida humana se dê em patamares de dignidade. Em grande medida, está consubstanciada aí a idéia acerca de uma dimensão ecológica para a dignidade da pessoa humana.

No rol de dimensões ilustradas até aqui, portanto, também deve ser incluída uma *dimensão ecológica* (ou *socioambiental*) da dignidade humana, a qual não se restringe apenas a uma dimensão biológica ou física, mas contempla a qualidade do ambiente em que a vida humana se desenvol-

---

[33] Nessa perspectiva, a lição de ANTUNES ROCHA: "A dignidade humana é princípio que se conjuga com o da solidariedade social. A leitura e o cumprimento de ambos adensam a vida da pessoa, que haverá de ser preservada na dignidade que se iguala na humanidade e se distingue na individualidade, que congrega na fragilidade pessoal para fortalecer na sociedade humana. A dignidade da pessoa humana não se aperfeiçoa na existência isolada de um ser; a liberdade manifesta-se na relação com o outro; a igualdade pede a presença daquele a quem se iguala. A dignidade humana – mais que aquela garantida à pessoa – é a que se exerce com o outro". ANTUNES ROCHA, Cármen Lúcia. "Vida digna: direito, ética e ciência". In: ANTUNES ROCHA, Cármen Lúcia (Coord.). *O direito à vida digna*. Belo Horizonte: Editora Fórum, 2004, p. 78.

[34] JUNQUEIRA DE AZEVEDO, Antônio. "Caracterização jurídica da dignidade da pessoa humana". In: *Revista dos Tribunais*, Vol. 797, Março, 2002, p. 13.

[35] JUNQUEIRA DE AZEVEDO, op. cit., p. 25.

ve. É importante conferir um destaque especial para as interações entre a dimensão natural ou biológica da dignidade humana e a sua dimensão ecológica (ou ambiental), a qual objetiva ampliar o conteúdo da dignidade para um padrão de qualidade e segurança ambiental (e não apenas de existência ou sobrevivência biológica), não obstante muitas vezes estar em jogo a própria existência natural da espécie humana nas questões postas pelos problemas ecológicos, e não apenas um nível de vida com qualidade ambiental.

Há uma lógica evolutiva nas dimensões da dignidade humana que podem ser compreendidas a partir de uma perspectiva histórica da evolução dos direitos fundamentais, já que esses simbolizam a própria materialização da dignidade humana em cada etapa histórica. Assim como outrora os direitos liberais e os direitos sociais formatavam o conteúdo da dignidade humana, hoje também os direitos de solidariedade, como é o caso especialmente da qualidade ambiental, passam a conformar o conteúdo da dignidade humana, ampliando o seu âmbito de proteção. Daí falar-se em uma nova dimensão ecológica para a dignidade humana, em vista especialmente dos novos desafios existenciais de índole ambiental a que está submetida a existência humana no mundo "de riscos" contemporâneo.

No presente estudo, adotar-se-á o conceito jurídico de dignidade humana formulado por Sarlet[36] como moldura conceitual-normativa (aberta) e ponto de partida para pensar (e reformular) o referido conceito em face dos novos desafios existenciais impostos pela degradação ambiental (mas também em vista da evolução cultural e dos novos valores socioambientais legitimados no âmbito comunitário), consagrando-se a sua *dimensão ecológica*. A reflexão acerca do valor dignidade, como se verá adiante, extrapolará a dimensão propriamente humana, bem como o espaço temporal presente, questionando-se sobre a possibilidade de atribuição de dignidade às gerações humanas futuras e mesmo a outras formas de vida.

Após traçar uma moldura conceitual para a dignidade humana à luz de uma matriz kantiano-antropocêntrica, os seus limites conceituais e normativos serão ampliados em vista de uma comunicação do conceito com os novos valores culturais e éticos que sedimentam as relações socioam-

---

[36] Tem-se por dignidade humana, conforme lição de SARLET, "a qualidade intrínseca e distintiva reconhecida em cada ser humano que o faz merecedor do mesmo respeito e consideração por parte do Estado e da comunidade, implicando, neste sentido, um complexo de direitos e deveres fundamentais que assegurem a pessoa tanto contra todo e qualquer ato de cunho degradante e desumano, como venham a lhe garantir as condições existenciais mínimas para uma vida saudável, além de propiciar e promover sua participação ativa e co-responsável nos destinos da própria existência e da vida em comunhão com os demais seres humanos". SARLET, "*Dignidade da pessoa humana...*", p. 62.

bientais no marco da *sociedade de risco*[37] (e *em risco* de extinção) no início de século XXI, bem como diante do delineamento de um modelo de Estado *Socioambiental* de Direito. Em razão de ser a dignidade humana a pedra fundamental de toda a edificação jurídico-constitucional contemporânea, qualquer modificação conceitual acaba por repercutir e projetar-se para todo o sistema jurídico, principalmente em relação aos direitos fundamentais e à própria conformação do Estado de Direito.

1.2. Dignidade do animal não-humano e da vida em geral?

1.2.1. *Repensar a concepção kantiana (individualista e antropocêntrica) de dignidade para além do ser humano*

Retomemos aqui a lição de Kant posta logo no início deste capítulo. Em vista da matriz filosófica moderna para a concepção de dignidade (humana) residir no pensamento do filósofo alemão, qualquer tentativa de superação de tal "paradigma" teórico requer um diálogo com as suas formulações e argumentos. A formulação central do pensamento kantiano coloca a idéia de que o ser humano não pode ser empregado *como simples meio* (ou seja, *objeto*) para a satisfação de qualquer vontade alheia, mas sempre deve ser tomado *como fim em si mesmo* (ou seja, *sujeito*) em qualquer relação, seja em face do Estado seja em face de outros indivíduos.[38] Com tal entendimento, está-se a atribuir um valor intrínseco a cada existência humana, demarcando o respeito à sua condição de sujeito nas relações sociais e intersubjetivas. No entanto, é possível questionar a presença de um excessivo antropocentrismo arraigado no pensamento kantiano,[39] especialmente à luz dos novos valores ecológicos que alimentam as relações sociais contemporâneas e sedimentam uma nova concepção ética. A vedação de qualquer prática de "objetificação" (ou tratamento como simples "meio") não deve se limitar apenas à vida humana, mas ter o seu espectro ampliado para contemplar também outras formas de vida. A fim de ampliar a concepção kantiana para além do ser humano, pretende-se, no presente trabalho, provocar o questionamento acerca da possibilidade de reconhecimento de um fim em si mesmo inerente a outras formas de vida

---

[37] BECK, *"La sociedad del riesgo..."*.
[38] KANT, *"Crítica da razão pura..."*, p. 229.
[39] A citação que segue marca o excessivo antropocentrismo no pensamento kantiano, sobre o qual se pretende refletir e verificar neste trabalho a sua pertinência e atualidade à luz dos novos valores ecológicos que permeiam o pensamento contemporâneo. "Os seres cuja existência depende, não em verdade da nossa vontade, mas da natureza, têm contudo, se são seres irracionais, apenas um valor relativo *como meios* e por isso se chamam *coisas*, ao passo que os seres racionais se chamam *pessoas*, porque a sua natureza os distingue já *como fins em si mesmos*, quer dizer, como algo que não pode ser empregado como simples meio e que, por conseguinte, limita nessa medida todo o arbítrio (e é um objeto do respeito)." KANT, op. cit., p. 229.

(ou à vida de um modo geral), atribuindo-lhes valor intrínseco, ou seja, dignidade.

Tanto o pensamento de Kant quanto todas as concepções que sustentam ser a dignidade atributo exclusivo da pessoa humana encontram-se, ao menos em tese, sujeitas à crítica de um excessivo antropocentrismo, notadamente naquilo em que sustentam, que a pessoa humana, em função de sua racionalidade, ocupa lugar privilegiado em relação aos demais seres vivos. Para além disso, sempre haverá como sustentar a dignidade da própria vida de um modo geral, ainda mais numa época em que o reconhecimento da proteção do meio ambiente como valor fundamental indicia que não mais está em causa apenas a vida humana, mas a preservação de todos os recursos naturais, incluindo todas as formas de vida existentes no planeta, ainda que se possa argumentar que tal proteção da vida em geral constitua, em última análise, exigência da vida humana e da vida humana com dignidade.[40]

Outra contribuição filosófica importante que modelou, em grande medida, o pensamento moderno de matriz iluminista, e que influencia até hoje o nosso método de abordagem científica (e o Direito não fica alheio a tal condicionamento), é a idéia de "animal-máquina" formulada por Descartes (*Discurso do Método*, Quinta Parte).[41] O filósofo francês defendia a idéia de que os animais poderiam ser equiparados a máquinas móveis ou autômatos, já que, diferentemente do homem que é composto de corpo e alma (e, portanto, nunca poderia ser identificado com uma simples máquina), apenas possuiriam corpo.[42] Ao afirmar que os animais não possuíam nenhuma razão[43] e, portanto, tampouco valor intrínseco, Descartes abriu caminho para a separação entre ser humano e Natureza que até hoje marca a abordagem científica em quase todas as áreas do conhecimento, bem como para o processo de instrumentalização e apropriação da Natureza e dos recursos naturais, o que, em grande medida, tem nos conduzido ao atual estágio preocupante de degradação ambiental.

A denúncia feita acima por Sarlet a respeito de um excessivo antropocentrismo em torno das concepções de dignidade da pessoa humana é tomada como ponto de partida para a reflexão que se pretende levar adiante a partir de agora. Em que pese uma fundamentação doutrinária ainda frágil (pelo menos no campo jurídico) em defesa de uma perspectiva biocêntrica ou ecocêntrica para a concepção da dignidade humana (e também do Direito de um modo geral), a relevância do tema, diante da exposição existencial a que está submetido o ser humano contemporaneamente

---

[40] Tais reflexões encontram-se em SARLET, "*Dignidade da pessoa humana...*", p. 34-35.
[41] DESCARTES, René. *Discurso do método; Meditações; Objeções e respostas; As paixões da alma; Cartas.* 2 ed. São Paulo: Abril Cultural, 1979, p. 60.
[42] DESCARTES, op. cit., p. 55.
[43] DESCARTES, op. cit., p. 61.

e da emergência de novos valores culturais (veiculados, por exemplo, pelo movimento ecológico e pelo movimento dos direitos dos animais), parece justificar a presente tentativa de repensar a questão. De fato, o dilema existencial com que se defronta a humanidade hoje revela a fragilidade (para não dizer falácia) da separação cartesiana entre ser humano e Natureza. Em tempos de gripe aviária, vaca louca, poluição química, aquecimento global e outras questões que desnudam o vínculo existencial elementar existente entre ser humano e ambiente natural, é insustentável pensar o humano sem relacioná-lo diretamente com o seu espaço ambiental e toda a cadeia de vida que fundamenta a sua existência. Com a fragilização das bases naturais que lhe dão suporte, também a vida humana é colocada em situação vulnerável. Nesse contexto, assim como se fala em dignidade da pessoa humana, atribuindo-se valor intrínseco à vida humana, também parece possível conceber a dignidade da vida em geral, conferindo-se à Natureza ou às bases naturais da vida um valor intrínseco. Nessa perspectiva, o filósofo alemão Hans Jonas, em sua obra *O princípio da vida*, à luz de uma biologia filosófica, busca reformular a compreensão ética moderna da relação entre ser humano e Natureza, em vista de afirmar que há algo de transcendente e espiritual já na própria base da vida (e não apenas na etapa evolutiva onde se encontra o ser humano), havendo, portanto, um valor intrínseco inerente a própria existência orgânica como tal.[44]

Há importantes documentos legislativos internacionais e de direito comparado que abordaram a temática do valor intrínseco de formas de vida não-humanas. A Convenção sobre a Diversidade Biológica (1992) destaca no início do seu preâmbulo o reconhecimento do "valor intrínseco da diversidade biológica e dos valores ecológico, genético, social, econômico, científico, educacional, cultural, recreativo e estético da diversidade biológica e de seus componentes". Mais especificamente sobre a questão dos animais não-humanos, a Declaração Universal dos Direitos dos Animais da UNESCO[45] prevê o direito dos animais de existirem em um ambiente biologicamente equilibrado (art. 1º), bem como que todos os animais têm o direito de ser respeitados (art. 2º). A idéia de respeito está diretamente vinculada ao reconhecimento de um valor intrínseco a determinada manifestação existencial, como ocorrido em relação aos seres humanos ao longo da nossa evolução cultural, principalmente a partir do pensamento de Kant.[46] O art. 4º estabelece o direito dos animais silvestres de viverem livres no seu meio natural, sendo inadmissível qualquer uso de animais selvagens que não tenha uma razão vital ou existencial para o ser humano

---

[44] JONAS, Hans. *O princípio da vida*. Petrópolis: Editora Vozes, 2004, p. 15.

[45] O seu texto foi originalmente proclamado em 1978, sendo, posteriormente, em 1989, revisado pela Liga Internacional dos Direitos dos Animais, e tornado público na sua nova versão pelo Diretor-Geral da UNESCO em 1990. Disponível em: http://league-animal-rights.org/en-duda.html. Acesso em: 03 de julho de 2006.

[46] KANT, *"Crítica da razão pura..."*, p. 229.

(questões meramente patrimoniais não poderiam fundamentar tais medidas). O art. 5° destaca o direito ao bem-estar dos animais dependentes do ser humano (domésticos ou domesticados), fazendo referência, inclusive, ao respeito à sua dignidade. Por fim, refere ainda o art. 9° que o *status* jurídico e os direitos dos animais devem ser reconhecidos pelo Direito. Não obstante a ausência de força jurídica da Declaração Universal dos Direitos dos Animais, a discussão moral nela consubstanciada teve ressonância no âmbito de vários ordenamentos jurídicos nacionais, que ao longo, principalmente, das últimas décadas, têm pautado a questão da proteção dos animais nas discussões políticas e jurídicas.

Nessa perspectiva, merece destaque a inovação da Constituição suíça ao reconhecer, em 1992, com um novo artigo (art. 24), a "dignidade da criatura" (*Würde der Kreatur*), a qual deve ser respeitada especialmente no âmbito da legislação sobre engenharia genética. O idealizador do "movimento" suíço de reforma constitucional, Saladin, sustenta um novo perfil constitucional para o tratamento da questão ambiental baseado em três princípios éticos: a) *princípio da solidariedade* (justiça intrageracional); b) *princípio do respeito humano pelo ambiente não-humano* (justiça interespécies); c) *princípio da responsabilidade para com as futuras gerações* (justiça intergeracional).[47] Tal idéia traduz uma concepção de justiça ecológica, demarcando o respeito, e mesmo deveres, que o ser humano deve guardar quando da sua interação com o meio natural.

No âmbito da Lei Fundamental alemã, Bosselmann refere que a introdução da expressão "bases naturais da vida", ao invés de "vida humana", marcou, com a inclusão do art. 20a na reforma constitucional de 1994, um passo para além de um antropocentrismo puro. No entanto, o debate prosseguiu no cenário jurídico e político alemão, com o movimento dos direitos dos animais pressionando para a inclusão da proteção dos animais como objetivo do Estado, o que ocorreu, em 2002, com o acréscimo da expressão "e os animais" (*die Tiere*) no art. 20a da Lei Fundamental.[48] Por fim, refere o jurista alemão, atualmente radicado na Nova Zelândia, que, independentemente de a alteração constitucional ter ou não inclinado a interpretação do seu texto em favor de uma abordagem não-antropocêntrica, fica registrado que o discurso ético fez incursões no discurso jurídico.[49] Nessa perspectiva, é possível registrar a importância das discussões

---

[47] SALADIN, Peter. *Die Würde der Kreatur*, Schriftenreihe Umwelt Nr. 260 (1994), S. 121. Apud BOSSELMANN, Klaus. "Human rights and the environment: the search for common ground". In: *Revista de Direito Ambiental*, n. 23, Jul-Set, 2001, p. 41.

[48] "Art. 20a (Fundamentos naturais da vida). No âmbito da ordem constitucional, o Estado protege as bases naturais da vida e os animais, tendo em conta também a sua responsabilidade para com as futuras gerações, por meio do poder legislativo, e segundo a lei e o Direito por meio dos poderes executivo e judicial". (Tradução livre do autor)

[49] BOSSELMANN, Klaus. "*Environmental rights and duties: the concept of ecological human rights*". Artigo apresentado no 10° Congresso Internacional de Direito Ambiental, em São Paulo, 5-8 de junho de 2006, p. 18, no prelo.

provocadas pela corrente filosófica da *ética animal*, que, aos poucos, consegue penetrar nas estruturas jurídicas e remodelar o Direito em vista de um patamar mais evoluído das relações morais.

Bosselmann trabalha também com a idéia de direitos humanos (e fundamentais) ecológicos, os quais objetivam reconciliar a base filosófica dos direitos humanos com os princípios ecológicos, conectando o valor intrínseco do ser humano com o valor intrínseco de outras espécies e do ambiente como um todo. A partir de tal compreensão, os direitos humanos (como, por exemplo, a dignidade humana, a liberdade, a propriedade e o desenvolvimento) precisam corresponder ao fato de que o indivíduo não opera somente num ambiente social, mas também num ambiente natural. Assim como o indivíduo deve respeitar o valor intrínseco dos seres humanos, o indivíduo também deve respeitar o valor intrínseco de outros seres, como animais, plantas, ecossistemas, etc.,[50] consubstanciando a idéia de *deveres ecológicos* do ser humano para com as demais manifestações existenciais. Nesse contexto, o jurista alemão afirma a importância dos direitos humanos para o enfrentamento dos desafios ecológicos, propondo a sua releitura diante dos novos princípios de natureza ecológica que passam a integrar as relações sociais (e também naturais) na sociedade contemporânea.

O referencial dos direitos humanos e fundamentais também é utilizado por Regan para traçar a evolução histórica e cultural dos próprios direitos dos animais, os quais, é importante consignar, não estão a negar os primeiros, mas sim a complementar uma evolução moral integrada de valores culturais. Para o filósofo norte-americano, a expressão "vamos resolver os problemas humanos primeiro" é um convite à negligência perpétua dos direitos dos animais,[51] que devem ser compreendidos como um passo moral mais avançado em termos de evolução ética e cultural da comunidade humana. A luta em defesa desses novos valores não deve servir para deslegitimar os direitos humanos, mas apenas para reforçar o desenvolvimento pleno da vida em comum entre seres humanos e Natureza, enquanto existências interdependentes. O defensor dos direitos dos animais ou da vida em termos gerais é antes de qualquer coisa também um defensor dos direitos humanos, já que as consagrações, respectivas, dos direitos humanos e dos direitos dos animais tratam-se de etapas evolutivas cumulativas de um mesmo caminhar humano rumo a um horizonte moral e cultural em permanente construção.

Com forte crítica ao tratamento dispensado aos animais pela filosofia kantiana, que os destituía de qualquer valor intrínseco e colocava os deveres dos seres humanos para com os animais apenas como um dever indireto para com a própria humanidade, Nussbaum alerta para o fato de

---

[50] BOSSELMANN, "*Environmental rights and duties...*", p. 12.
[51] REGAN, Tom. *Jaulas vazias*: encarando o desafio dos direitos dos animais. Porto Alegre: Lugano, 2006, p. 86.

que o reconhecimento da dignidade de determinadas existências não-humanos implica uma questão básica de justiça, já que, na esteira do que foi afirmado por Aristóteles, há algo de admirável ou respeitável (*wonderful; wonder-inspiring*) em todas as formas complexas de vida animal.⁵² A autora rejeita, com acerto, a idéia de compaixão e humanidade no tratamento dos animais não-humanos, defendendo uma idéia de justiça que transcenda tal perspectiva para reconhecer o valor intrínseco e a dignidade de animais não-humanos. A idéia de dever moral de um tratamento não-cruel dos animais deve buscar o seu fundamento não mais na dignidade humana ou na compaixão humana, mas sim, na própria dignidade inerente às existências animais não-humanas. Tal reflexão pode ser ampliada para a vida em termos gerais, não se limitando à esfera animal.

A inquestionável consagração da proteção ambiental no âmbito jusfundamental e o reconhecimento da qualidade de vida como elemento integrante da dignidade humana provocam a reformulação conceitual da dignidade amarrada aos novos valores ecológicos. Com base em tais considerações, os desenvolvimentos em torno da natureza relacional e comunicativa da dignidade da pessoa humana contribuem para a superação de uma concepção eminentemente especista (biológica) e, portanto, necessariamente reducionista e vulnerável – de peculiar e específica dignidade dos seres humanos (que por si só, não afasta uma possível consideração da dignidade da vida de um modo geral).⁵³ A atribuição de "dignidade" a outras formas de vida ou à vida em termos gerais transporta a idéia de respeito e responsabilidade que deve pautar o comportamento do ser humano para com tais manifestações existenciais. Nesse contexto, para além de uma compreensão "especista" da dignidade, que parece cada vez mais frágil diante do quadro existencial contemporâneo e dos novos valores culturais de natureza ecológica, deve-se avançar nas construções morais e jurídicas no sentido de ampliar o espectro de incidência do valor dignidade para outras formas de vida e da vida em si, o que se proporá a partir de agora, tomando por base o pensamento de Singer, Regan e Jonas, especialmente em face do reconhecimento do *status moral* (e também jurídico) dos *seres sensitivos*.

1.2.2. "Ética animal": um diálogo com o pensamento de Peter Singer, Tom Regan e Hans Jonas

Embora não se possa aqui aprofundar o debate, a questão que envolve o reconhecimento de um valor intrínseco à vida animal (não-humana), bem como a atribuição de direitos aos animais tem sido objeto de acirrada

---

⁵² NUSSBAUM, Martha C. "Beyond 'compassion and humanity': justice for nonhuman animals". In: SUNSTEIN, Cass R.; NUSSBAUM, Martha C. (Orgs.). *Animal Rights*: current debates and new directions. Nova York: Oxford University Press, 2004, p. 306.

⁵³ SARLET, *"Dignidade da pessoa humana..."*, p. 57.

discussão no âmbito filosófico, mais especificadamente no campo da ética (bioética). A *ética animal* questiona, entre outros pontos polêmicos, a condição moral dos animais, a questão dos direitos e interesses dos animais, bem como os deveres dos seres humanos para com os animais não-humanos. Nesse prisma, os autores têm discutido a natureza do comportamento humano e da ação humana para com os animais, o que, por si só, iniciou um movimento praticamente mundial de defesa do *bem-estar dos animais* e também dos *direitos dos animais*, inclusive com a consagração normativa de tais reivindicações em diversos ordenamentos jurídicos.[54] Um dos exemplos mais significativos (se não o mais) deste movimento está na tese da "libertação animal" de Singer.[55] No entanto, as mesmas reflexões também se fizeram presentes através de filósofos e pensadores contemporâneos, como é o caso de Jonas e Regan.

Em razão da nova natureza inerente à ação humana ocasionada pela civilização tecnológica, Jonas questiona a validade da concepção antropocêntrica de toda a ética moderna. Para o filósofo alemão, não é sem razão o questionamento sobre o reconhecimento, sob uma perspectiva moral, de direitos próprios da Natureza, bem como a proteção de um bem-estar das coisas "extra-humanas", reconhecendo-se um "fim em si mesmo" para além da esfera humana.[56] A reflexão proposta por Jonas já se constitui como um prenúncio dos novos caminhos que deverão ser percorridos no horizonte evolutivo do pensamento humano, já que, como pontua, "só uma ética fundada na amplitude do ser, e não apenas na singularidade ou na peculiaridade do ser humano, é que pode ser de importância no universo das coisas".[57] Em virtude de tais considerações, Jonas destaca a ampliação do próprio dever humano, que, para além da sua própria dimensão, também deve abarcar uma dimensão extrahumana, a fim de considerar o respeito e o interesse das "coisas extra-humanas".[58]

---

[54] Cfr., por exemplo, o Animal Welfare Act nos Estados Unidos, em 1985; o British Animals (Scientific Procedures) Act, na Inglaterra em 1986; o International Guiding Principles for Biomedical Research Involving Animals, de 1984; e o art. 20a da Lei Fundamental alemã. No contexto brasileiro, merecem registro a Lei 6.638/79, sobre a prática didático-científica da vivissecção de animais, a Lei 9.605/98 (Lei dos Crimes Ambientais), a Lei 10.519/02, sobre a promoção e fiscalização da defesa sanitária animal na realização de rodeios, bem como a própria Constituição Federal, que, no seu art. 225, § 1º, VII, veda práticas que provoquem a extinção de espécies ou submetam os animais à crueldade.

[55] Destaca-se que a primeira edição da obra de SINGER data de 1975, tendo sido reformulada em 1990. SINGER, Peter. *Libertação animal*. Porto: Via Optima, 2000. Cfr. também SINGER, Peter. *Ética prática*. São Paulo: Martins Fontes, 2002.

[56] JONAS, Hans. *El principio de responsabilidad*: ensayo de una ética para la civilización tecnológica. Barcelona: Herder, 1995, p. 35.

[57] JONAS, "O princípio da vida...", p. 272.

[58] "Y si el nuevo modo de acción humana significase que es preciso considerar más cosas que únicamente el interés de 'el hombre', que nuestro deber se extiende más lejos y que ha dejado de ser válida la limitación antropocéntrica de toda ética anterior? Al menos ya no es un sinsentido preguntar si el estado de la naturaleza extrahumana – la biosfera en su conjunto y en sus partes, que se encuentra ahora sometida a nuestro poder – se ha convertido precisamente por ello en un bien encomendado a nuestra

Por sua vez, a reflexão formulada por Singer no campo ético, com sua obra *Libertação Animal*, datada de 1975, que tem o seu foco voltado especificamente para a condição moral dos animais não-humanos, afirma que o princípio ético sobre o qual assenta a igualdade humana nos obriga a ter igual consideração para com os animais não-humanos,[59] considerando que "a defesa da igualdade não depende da inteligência, da capacidade moral, da força física ou características semelhantes. A igualdade é uma idéia moral, e não a afirmação de um fato".[60] Singer denuncia a "tirania dos animais humanos" sobre os animais não-humanos, defendendo que esses deveriam ser tratados como seres "sencientes"[61] e independentes que são, e não como um meio para os fins humanos. O movimento de libertação animal capitaneado por sua obra vislumbra pôr fim aos preconceitos e discriminações baseados em características arbitrárias como a espécie animal (assim como ocorrido, especialmente no passado, em relação à raça e ao gênero humanos). A discriminação arbitrária referida caracterizaria o que Singer denomina de *especismo*, que configuraria "um preconceito ou atitude de favorecimento dos interesses dos membros de uma espécie em detrimento dos interesses dos membros de outras espécies",[62] assim como se verificou no racismo e no sexismo. Só que agora o que está em jogo não seriam os interesses dos membros da mesma raça ou do mesmo sexo, mas os interesses dos membros da mesma espécie animal (ou natural).

Regan, na mesma trilha, a partir de uma fundamentação filosófica de matriz deontológica, com sua clássica obra *The Case for Animal Rights*,[63] datada de 1983, defende a idéia de que os animais humanos e não-humanos são *sujeitos de uma vida*, o que os torna iguais do ponto de vista moral, e, portanto, depositários do mesmo respeito e consideração, não podendo ser tomadas as suas vidas como um simples meio, mas sim, como um fim em si mesmo.[64] Destaca o autor que "verdades biológicas", como a inclusão de um ser na mesma espécie animal, raça ou sexo, não tem importância para a discussão moral de atribuir ou não a este ser direitos e respeito por sua existência,[65] sendo os animais sujeitos de uma vida iguais em aspectos relevantes, relacionados aos direitos conferidos aos seres humanos, como

---

tutela y puede plantearnos algo así como una exigencia moral, no solo en razón de nosotros, sino también en razón de ella y por su derecho propio". JONAS, "*El principio de responsabilidad...*", p. 35.

[59] SINGER, Peter. *Libertação animal*. Porto: Via Optima, 2000.

[60] SINGER, op. cit., p. 4.

[61] SINGER designa como "seres sencientes" aqueles que detêm capacidade de sofrer e/ou experimentar alegria, determinando a fronteira que coloca o limite da preocupação moral dos seres humanos relativamente aos interesses dos outros seres. SINGER, op. cit., p. 8.

[62] SINGER, op. cit., p. 6.

[63] REGAN, Tom. *The case for animal rights*. Berkeley: University of California Press, 1983.

[64] Idem, "*Jaulas vazias...*", p. 61-62.

[65] Idem, op. cit., p. 78.

é o caso dos direitos à vida, à integridade física e à liberdade.[66] Quando trabalha com o conceito de *sujeitos de uma vida*, Regan traz à premissa de que os animais enquadrados em tal situação não podem ter as suas vidas tomadas como mero objeto, mas sim terem reconhecida a sua condição de sujeitos, ou seja, de protagonistas do destino das suas existências.

Seguindo na mesma reflexão, Singer, sob um viés filosófico utilitarista, com base nas formulações de Bentham, afirma que está na "capacidade de sofrimento a característica vital que concede a um ser o direito a uma consideração igual", e não na faculdade da razão ou na faculdade da linguagem ou discurso.[67] Se um ser (humano ou não-humano) sofre, não haveria justificativa moral para recusar ter em conta esse sofrimento, e da mesma forma não haveria qualquer justificativa moral para considerar a dor (ou prazer) que os animais sentem como menos importante do que a mesma dor (ou prazer) sentida pelo ser humano.[68] Como refere o filósofo do Centro para os Valores Humanos da Universidade de Princeton, "a dor e o sofrimento são maus em si mesmos, devendo ser evitados ou minimizados, independentemente da raça, sexo ou da espécie do ser que sofre", cabendo ao ser humano, diante de tal constatação, "transportar os animais não-humanos para a esfera da preocupação moral e deixar de tratar as suas vidas como banais, utilizando-as para quaisquer fins que tenhamos em mente".[69]

Diante de tal fundamentação filosófica, o marco referencial para a atribuição de dignidade ou de valor intrínseco a determinada forma de vida está na sua capacidade de sentir dor (*seres sensitivos*), o que se dá em razão do desenvolvimento (em maior ou menor grau) do seu sistema nervoso central, característico dos animais vertebrados. Nesse sentido, Feijó defende a sensibilidade fisiológica como critério de moralidade, a partir da identificação de receptores especializados (os *nociceptores*) que tornam um ser sensível, justificando, portanto, o ingresso dos animais sensitivos não-humanos na mesma comunidade moral dos seres humanos, bem como o reconhecimento de um valor intrínseco em tais manifestações existenciais.[70]

---

[66] Idem, op. cit., p. 60.

[67] SINGER, "*Libertação animal...*", p. 7. Para exemplificar a formulação exposta, é oportuna a passagem da sua obra: "Uma pedra não tem interesses porque não é capaz de sofrimento. Nada que lhe façamos fará a mais pequena diferença em termos do seu bem-estar, A capacidade de sofrimento e alegria é, no entanto, não apenas necessária mas também suficiente para que possamos afirmar que um ser tem interesses – a um nível mínimo absoluto, o interesse de não sofrer. Um rato, por exemplo, tem interesse em não ser pontapeado ao longo da rua, pois sofrerá se isso lhe for feito" (p. 7).

[68] SINGER, op. cit., p. 14.

[69] Idem, op. cit., p. 16-18.

[70] FEIJÓ, Anamaria. *A utilização de animais na investigação e docência:* uma reflexão ética necessária. Porto Alegre: EDIPUCRS, 2005, p. 22 e 129. A autora estabelece uma distinção entre *agentes morais* e *pacientes morais*, sendo que, não obstante ambos serem membros da mesma comunidade moral, e, portanto, detentores de valor intrínseco e de direitos próprios, apenas aos agentes morais são atribuídos deveres. De um modo geral, há identidade entre os pacientes morais e os animais "scenientes" não-hu-

As reflexões formuladas por Jonas, Singer e Regan, entre outros pensadores da ética animal, nos fazem repensar a justificativa moral para a ação humana, o que passa por nossos hábitos alimentares, métodos agrícolas e pecuários utilizados, práticas experimentais no campo da ciência,[71] atitudes em relação à vida selvagem e à caça, uso de peles, utilização de animais como diversão em circos, rodeios e jardins zoológicos, entre outras formas de se levar em conta a vida animal não-humana como simples meio ou objeto, e não um fim em si mesmo. Dessa maneira, com base nas formulações éticas referidas, é consagrado o *status moral* dos animais sensitivos não-humanos, os quais passam a integrar a comunidade moral juntamente com os seres humanos, legitimando, portanto, o reconhecimento da *dignidade do animal não-humano*.

Por fim, pontua-se que a reaproximação entre o plano moral e o plano jurídico é uma das principais bandeiras da filosofia do direito contemporâneo e da perspectiva teórica de um pós-positivismo (ou neo-constitucionalismo), já que há um resgate dos valores na construção normativa do Direito. Assim, quando se busca na ética elementos para justificar a tutela jurídico-constitucional dos animais e da vida em termos gerais, é justamente na trilha de tal perspectiva teórica contemporânea que se está. A partir de agora, portanto, o objetivo é transcender do discurso ético para o discurso jurídico, sinalizando para uma possível sintonia entre ambos.[72]

1.2.3. *A superação do paradigma jurídico antropocêntrico clássico e o reconhecimento da dignidade do animal não-humano e da vida em geral no âmbito jurídico-constitucional brasileiro*

No âmbito jurídico, principalmente por parte de autores que trabalham com o Direito Ambiental (ou Direito do Ambiente), tem-se suscitado alguma reflexão sobre a superação do paradigma antropocêntrico na re-

---

manos, assim como entre os agentes morais e os seres humanos, mas nem todos os seres humanos são ou estão na condição de agentes morais. Aos agentes morais, cumpre zelar pelos interesses e direitos dos pacientes morais (p. 130-131).

[71] Vide sobre o tema, especialmente no que tange ao "uso" de animais em experimentos científicos e na prática docente, a importante contribuição de FEIJÓ, op. cit.

[72] A partir da formulação de dignidade humana de SARLET referida anteriormente, esboça-se aqui uma tentativa de formulação do conceito de *dignidade dos seres sensitivos humanos e não-humanos*: a qualidade intrínseca e distintiva reconhecida em cada *ser vivo sensitivo* que o faz merecedor de respeito e consideração por parte do Estado e da comunidade *humana*, implicando, neste sentido, um complexo de direitos (*dos animais humanos e não humanos*) e deveres (*dos seres humanos*) que assegurem *o animal sensitivo* tanto contra todo e qualquer ato de cunho degradante e desumano, como venham a lhe garantir as condições existenciais mínimas para uma vida saudável e *com equilíbrio ecológico*, além de propiciar e promover o *seu desenvolvimento de forma livre e autônoma* nos destinos da própria existência e da vida em comunhão com os demais *seres vivos (presentes e futuros)*.

gulação das relações jurídico-ambientais.[73] Morato Leite, alinhado com a doutrina de Sendin,[74] trabalha com o conceito do *antropocentrismo alargado* (ou moderado), objetivando a tutela do ambiente independentemente da sua utilidade direta ou benefícios ao homem, ao considerar a preservação da capacidade funcional do patrimônio natural com ideais éticos de colaboração e interação homem-Natureza.[75] Em sentido similar, Pereira da Silva defende o conceito de *antropocentrismo ecológico*, o qual rejeita qualquer visão meramente instrumental, economicista ou utilitária da Natureza, considerando que o ambiente deva ser tutelado pelo Direito, ao passo que a sua preservação é condição para a realização da dignidade da pessoa humana.[76] Assim, em que pese a manutenção de uma compreensão antropocêntrica do Direito, na medida em que se propõe a sua moderação ou alargamento, tem-se já uma nova ótica para a compreensão da relação ser humano-Natureza, uma vez que ao meio natural está-se a atribuir um valor intrínseco, ou seja, está-se a reconhecer a Natureza, para usar a formulação kantiana, como *um fim em si mesmo*, apesar de esta dimensão ser relacional em face do ser humano, e não totalmente autônoma.

A discussão sobre a atribuição de direitos à Natureza ou aos animais tem suscitado discussões importantes na doutrina. Nesse sentido, merece destaque a referência "clássica", inspirada em Kant, e ratificada por Roig, a respeito dos deveres dos seres humanos em face dos animais, sendo que haveria sempre por trás de tais deveres de tutela unicamente um interesse humano ou da humanidade. O autor destaca que não é possível a atribuição de direitos aos animais, senão aos homens. Assim, no caso dos deveres para com os animais, verifica-se um direito que tem sua origem em um interesse humano ou na idéia de solidariedade. Por fim, o autor espanhol

---

[73] FIGUEIREDO DIAS colaciona que uma das principais novidades postas pela abordagem jurídica do ambiente diz respeito justamente ao trânsito de uma concepção exclusivamente antropocêntrica do Direito para a afirmação de um *princípio biocêntrico* ou *ecocêntrico*. FIGUEIREDO DIAS, José Eduardo. Direito constitucional e administrativo do ambiente. *Cadernos do Centro de Estudos de Direito do Ordenamento, do Urbanismo e do Ambiente*. Coimbra: Almedina, 2002, p. 13.

[74] SENDIN, José de Souza Cunhal. *Responsabilidade civil por danos ecológicos*: da reparação do dano através de restauração natural. Coimbra: Coimbra Editora, 1998, p. 98-104.

[75] MORATO LEITE, José Rubens. *Dano ambiental*: do individual ao coletivo extrapatrimonial. São Paulo: Revista dos Tribunais, 2000, p. 79. Alinhado a tal entendimento, BENJAMIN refere que a Constituição brasileira registrou a preservação e restauração de *processos ecológicos essenciais* (art. 225, § 1º, I), e que, portanto, tal formulação constitucional transportaria a idéia de que tais processos tutelados no âmbito constitucional seriam aqueles os essenciais à sobrevivência do planeta, concepção que ultrapassaria a fórmula tradicional da sobrevivência do apenas do homem. Nessa trilha, destaca o autor que "a tutela ambiental gradual e erraticamente abandona a rigidez de suas origens antropocêntricas e acolhe uma visão mais ampla, de caráter biocêntrico (ou mesmo ecocêntrico), ao propor-se a amparar a totalidade da vida e das suas bases". BENJAMIN, Antônio Herman. "Constitucionalização do ambiente e ecologização da Constituição brasileira". In: CANOTILHO, José Joaquim Gomes; MORATO LEITE, José Rubens (Orgs.). *Direito constitucional ambiental brasileiro*. São Paulo: Saraiva, 2007, p. 90.

[76] PEREIRA DA SILVA, Vasco. *Verde cor de direito*: lições de direito do ambiente. Coimbra: Almedina, 2002, p. 29-30.

equipara a tutela dos animais à tutela do patrimônio histórico e cultural, por revelarem apenas um interesse humano na sua proteção.[77] Pereira da Silva, também no intuito de negar a possibilidade de atribuição de direitos subjetivos à Natureza ou mesmo aos animais, acentua que "o Direito é um fenômeno da cultura, que regula relações entre seres livres e responsáveis que, por isso mesmo, devem ter consciência dos seus deveres de preservação do meio-ambiente".[78] Dessa forma, os direitos subjetivos seriam atribuíveis somente às pessoas, cabendo ao ambiente ou à Natureza apenas uma tutela de dimensão objetiva.[79]

No entanto, em que pese o entendimento acima exposto, que reconhece a proteção dos animais e do ambiente natural apenas como reflexo de uma proteção do ser humano, faz cada vez mais sentido perguntar se essa tutela do meio natural não pode se dar de forma autônoma, com o reconhecimento da dignidade da vida não-humana e dos animais[80], especialmente diante dos novos valores ecológicos que passam a modular as relações sociais contemporâneas. Se a dignidade consiste em um valor que nós atribuímos à determinada manifestação existencial – no caso da dignidade humana, a nós mesmos –, é possível o reconhecimento do valor "dignidade" como inerente a outras formas de vida não-humanas. A própria vida, de um modo geral, guarda consigo o elemento dignidade, ainda mais quando a dependência existencial entre espécies naturais é cada vez mais reiterada no âmbito científico, consagrando o que Capra denominou de *teia da vida*[81]. Freitas do Amaral posiciona-se no sentido de que, quando se está a legislar contra a crueldade frente aos animais, em verdade não se está a proteger a "delicadeza dos sentimentos do ser humano face aos animais", mas sim, o animal em si mesmo, atribuindo-lhe um valor intrínseco. O ambiente não pode ser protegido apenas em razão da saúde e da qualidade de vida do ser humano, mas também em virtude de representar um valor em si mesmo. A partir de tais reflexões, o autor português, sem posicionar-se, lança o questionamento acerca de tais constatações nos

---

[77] ROIG, Rafael de Assis. *Deberes y derechos en la Constitucion*. Madrid: Centro de Estudios Constitucionales, 1991, p. 172.

[78] PEREIRA DA SILVA, "*Verde cor de direito...*", p. 31.

[79] Na doutrina brasileira, a respeito da discussão processual sobre a legitimidade para agir dos "entes naturais", vide a contribuição de MANCUSO, Rodolfo de Camargo. "Tutela judicial do meio ambiente: reconhecimento de legitimação para agir aos entes naturais?". In: *Revista de Processo*, n. 52, Out-Dez, 1988, p. 58-70; bem como MAZZILLI, Hugo Nigro. *A defesa dos interesses difusos em juízo*. 15.ed. São Paulo: Saraiva, 2002, p. 128-129.

[80] Cfr., acerca da discussão e das diferenças entre as correntes de defensores dos direitos dos animais (*animal rights*) e dos defensores do bem-estar dos animais (*animal welfare*), a obra organizada por SUNSTEIN, Cass; e NUSSBAUM, Martha (Org.). *Animal rights*: current debates and new directions. New York: Oxford University Press, 2004.

[81] CAPRA, "*A teia da vida...*".

conduzirem ao reconhecimento de direitos dos animais (que, por vezes, também podem ser oponíveis aos seres humano).[82]

A partir de uma perspectiva histórico-cultural do Direito, Bobbio faz uma incursão na trajetória histórica dos direitos humanos, marcando a passagem dos direitos de liberdade para os direitos políticos e sociais, o que ocasionou o deslocamento do foco do indivíduo (*uti singulus*), primeiro sujeito ao qual foram atribuídos direitos naturais (ou morais), para sujeitos diferentes do indivíduo como, por exemplo, as minorias étnicas e religiosas, e também, mais recentemente, toda a humanidade em seu conjunto (em razão dos direitos das gerações humanas futuras). O jurista italiano ressalta, ainda, que o reconhecimento de direitos pode ser concebido para além de indivíduos humanos considerados singularmente ou comunitariamente, ou seja, para sujeitos diferentes do ser humano, como os animais. Tais "direitos da natureza", impulsionados pelos movimentos ecológicos, postulam as mesmas palavras ("respeito" e "não-exploração") utilizadas tradicionalmente na definição e justificação dos direitos humanos.[83]

A tendência contemporânea de uma proteção constitucional e legal da fauna e flora, bem como dos demais recursos naturais, inclusive contra atos de crueldade praticados pelo ser humano, revela no mínimo que a própria comunidade humana vislumbra em determinadas condutas (inclusive praticadas em relação a outros seres vivos) um conteúdo de indignidade. Nem todas as medidas de proteção da natureza não humana têm por objeto assegurar aos seres humanos sua vida com dignidade (por conta de um ambiente saudável e equilibrado), mas já dizem com a preservação por si só da vida em geral e do patrimônio ambiental, resultando evidente que se está a reconhecer um valor em si, isto é, intrínseco.[84] Em outras palavras, objetiva-se, com o "novo espírito constitucional de matriz ecológica" superar a "coisificação"[85] dos animais e das bases naturais da

---

[82] AMARAL, Diogo Freitas do. "Acesso à justiça em matéria de ambiente e de consumo". In: *Textos "Ambiente e Consumo"*, Volume I. Lisboa: Centro de Estudos Jurídicos, 1996, p. 162.

[83] BOBBIO, Norberto. *A era dos direitos*. 10.ed. Rio de Janeiro: Campus, 1992, p. 69.

[84] Cfr. SARLET, *"Dignidade da pessoa humana..."*, p. 35.

[85] Como exemplo do pensamento jurídico que trata os animais como simples "coisas" ou "mercadorias", frontalmente combatido no presente estudo, destaca-se a decisão do Tribunal de Justiça de São Paulo que dispôs sobre o destino de seis chimpanzés como se estivesse a tratar de simples bens móveis, como um aparelho de som, um sofá ou uma geladeira. A situação seria cômica, não fosse patente o tratamento "coisificado", como uma simples mercadoria, dispensado aos chimpanzés (os animais mais próximos, em termos evolutivos e biológicos, ao ser humano), sem nenhuma preocupação com o bem-estar de tais vidas não-humanas, o que torna a abordagem da decisão, portanto, trágica. "Agravos de instrumento – *bens móveis (semoventes) – medida cautelar de seqüestro de seis chimpanzés* (...) o contrato de doação de semoventes desassociado de tradição e seguido da alienação daqueles feita a terceiros, que efetivamente os adquiriram pela tradição, faz com que o primeiro adquirente não possa exigi-lo, porque seu direito pessoal não poderá se opor ao *direito real* dos segundos adquirentes – caso em que, ademais, em momento algum foi questionada a higidez da venda ou a boa-fé dos *compradores dos chimpanzés* em celebrá-la, não se instaurando, portanto, litigiosidade em torno da *propriedade dos*

vida, superando o seu tratamento como objetos destituídos de valor intrínseco.

A Constituição Federal brasileira, no seu art. 225, § 1º, VII, enuncia de forma expressa a vedação de práticas que "provoquem a extinção de espécies ou submetam os animais à crueldade", o que sinaliza o reconhecimento, por parte do constituinte, do valor inerente a outras formas de vida não-humanas, protegendo-as, inclusive, contra a ação humana.[86] Tal conclusão é possível considerando que não se está buscando com tal previsão constitucional proteger (ao menos diretamente e em todos os casos) o ser humano. É difícil de conceber que o constituinte, ao proteger a vida de espécies naturais em face da sua ameaça de extinção, estivesse a promover unicamente a proteção de algum valor instrumental de espécies naturais, mas, ao contrário, deixa transparecer uma tutela da vida em geral nitidamente desvinculada do ser humano. Já com relação à vedação de práticas cruéis contra animais, o constituinte revela de forma clara a sua preocupação com o bem-estar dos animais não-humanos, negando uma visão meramente instrumental da vida animal. A Constituição também traz de forma expressa no mesmo dispositivo a tutela da *função ecológica da flora e da fauna*, o que dá a dimensão de sistema ou ecossistema ambiental, no sentido de contemplar a proteção integrada dos recursos naturais (e aí incluído o ser humano). Dessa forma, está a ordem constitucional reconhecendo a vida animal como um fim em si mesmo, de modo a superar o antropocentrismo kantiano.

Como aludido acima, outro argumento importante para sustentar a dignidade da vida de um modo geral é a proteção constitucional de espécies ameaçadas de extinção, porquanto, na maioria dos casos, a existência de determinada espécie no ambiente não traz nenhum benefício existencial direto (nem mesmo econômico) para o ser humano, contrariando a

---

tais semoventes – seqüestro portanto descabido – despropósito das decisões atacadas de outra parte evidenciando por três pitadas processuais extraídas do quanto dispõe o art. 822 do CPC: i) (...) disputará a *posse ou a propriedade dos chimpanzés*, tanto que à cautelar nem jungiu os atuais proprietários destes; ii) se o Espólio da doadora, tido por devedor, já alienou os animais, seqüestrá-los implicaria *violar direitos reais dos seus atuais proprietários*, já consolidados, porquanto sequer vergastados pelo donatária; iii) um dado objetivo sequer foi trazido, tornando fundado o temor de rixas entre as partes ou de *danificação dos animais* – recursos providos; expedição de fac-símile ordenada ao juízo singular, para imediata e urgentemente executar, *independentemente de intervenção do IBAMA* e se necessário com o auxílio de força policial (vale dizer, do mesmo modo como foi executado o seqüestro ora cassado), a determinação contida no acórdão, no sentido de serem os semoventes seqüestrados restituídos aos seus proprietários, junto ao santuário conservacionista aonde eram por estes mantidos". (grifos nossos) (TJSP, AI 1134343-0/0, 36ª Câmara Cível – Seção de Direito Privado, Rel. Des. Palma Bisson, julgado em 14.12.2007).

[86] De tal sorte, destaca-se o descompasso de tratamento existente entre a Lei de Proteção da Fauna (Lei 5.197/67) e a Constituição Federal, em razão do referido diploma legal, sob uma matriz eminentemente instrumental e patrimonialista da vida animal, restringir-se a determinar que a fauna silvestre seja de propriedade do Estado, sem esboçar uma maior preocupação com o bem-estar dos animais e a vedação de práticas cruéis, proibindo apenas alguns meios de abate de animais silvestres (especialmente no inciso "a" do art. 10).

visão posta pela corrente antropocêntrico-instrumental dos recursos naturais. Nesse exemplo, a proteção das espécies ameaçadas de extinção não representa a funcionalizacão da vida animal em razão da sua utilidade ao homem, mas atinge uma dimensão autônoma de proteção, reconhecendo, de certa forma, um valor – que poderia muito bem ser denominado de "dignidade" – inerente àquela existência em risco de extinção. Deve-se destacar que a proteção de espécies ameaçadas de extinção[87] é mais abrangente do que a vedação de práticas cruéis contra os animais, que se restringe aos animais, tutelando também a flora e todas as demais formas de vida que estiverem sujeitas à extinção, o que acaba por revelar, de certo modo, o reconhecimento, por parte do constituinte, de um valor inerente à vida de um modo geral digno de tutela.

A partir da leitura que faz da tutela dos animais e da vida em termos gerais na Constituição, Benjamin pontua, com precisão, que:

> o constituinte desenhou um regime de direitos de filiação antropocêntrica temporalmente mitigada (com a titularidade conferida também às gerações futuras), atrelado, de modo surpreendente, a um feixe de obrigações com beneficiários que vão além, muito além, da reduzida esfera daquilo que se chama de humanidade. Se é certo que não se chega, pela via direta, a atribuir direitos à natureza, o legislador constitucional não hesitou em nela reconhecer valor intrínseco, estatuindo deveres a serem cobrados dos sujeitos-humanos em favor dos elementos bióticos e abióticos que compõem as bases da vida. De uma forma ou de outra, o paradigma do homem como *prius* é irreversivelmente trincado.[88]

No âmbito do ordenamento jurídico infraconstitucional, é oportuno voltar o olhar sobre o Direito Penal, o qual revela a criminalização de condutas humanas que resultem em crueldade e maus-tratos contra animais.[89] Por trás de tal postura do legislador infraconstitucional, no âmbito da proteção da fauna, que seguiu a diretriz prevista na Constituição Federal,[90] está implícito o reconhecimento, ou melhor, a atribuição do "valor" dignidade a outras formas de vida não-humanas. A Lei dos Crimes Ambientais (Lei 9.605/98), na Seção dos Crimes contra a Fauna, ao mesmo tempo em que criminaliza a conduta humana que atente contra a vida e o bem-estar

---

[87] A Lista Nacional das Espécies da Fauna Brasileira Ameaçadas de Extinção, publicada em 22 de maio de 2003, pode ser consultada no saite do Ministério do Meio Ambiente. Disponível em: http://www.mma.gov.br/port/sbf/fauna/index.cfm. Acesso em: 12 de julho de 2006. Quanto às espécies da flora brasileira ameaçadas de extinção, a lista oficial consta da Portaria 37-N, de 03 de abril de 1992, do IBAMA, destacando 107 espécies da flora em risco. Disponível em: http://www.ibama.gov.br/. Acesso em: 12 de julho de 2006.

[88] BENJAMIN, "*Constitucionalização do ambiente...*", p. 110-111.

[89] A Lei dos Crimes Ambientais (Lei 9.605/98) também visa a dar uma proteção especial às espécies raras ou ameaçadas de extinção, quando prevê de forma expressa um aumento de pena (§ 4º, I) para o tipo penal do art. 29 quando este for impetrado em face de espécies naturais em tal condição de risco.

[90] "Art. 225 (...) § 1º Para assegurar a efetividade desse direito, incumbe ao Poder Público: (...) VII – proteger a fauna e a flora, vedadas, na forma da lei, as práticas que coloquem em risco a sua função ecológica, provoquem a extinção de espécies ou submetam os animais à crueldade". Cfr. artigo sobre a crueldade contra os animais de CUSTÓDIO, Helita Barreira. "Crueldade contra animais e a proteção destes como relevante questão jurídica ambiental e constitucional". In: *Revista de Direito Ambiental*, n. 7, Jul/Set, 1997, p. 54 e ss.

animal e caracteriza a reprovação social de tal prática, reconhece, em certa medida, um valor (dignidade?) inerente à vida animal, tutelando-a de forma autônoma e independentemente da sua utilidade ao ser humano.

> Art. 32. Praticar *ato de abuso, maus-tratos, ferir ou mutilar animais* silvestres, domésticos ou domesticados, nativos ou exóticos: Pena – detenção, de 3 (três) meses a 1(um) ano, e multa; § 1º Incorre nas mesmas penas quem realiza *experiência dolorosa ou cruel em animal vivo*, ainda que para fins didáticos ou científicos, quando existirem recursos alternativos; § 2º A pena é aumentada de 1/6 (um sexto) a 1/3 (um terço), se ocorre *morte do animal*. (grifos do autor)[91]

No § 1º do art. 32, o tipo penal do *caput* é ampliado para abarcar também quem "realiza experiência dolorosa ou cruel em animal vivo, ainda que para fins didáticos ou científicos, quando existirem recursos alternativos", o que evidencia a adoção de um critério de proporcionalidade (subcritério da necessidade) para justificar a utilização de animais em experiências científicas ou didáticas, ou seja, aquela prática só será juridicamente legítima quando não houver outros meios alternativos (menos lesivos) para realizar a experiência. Deve-se destacar que também a ponderação dos bens em conflito (tutela da fauna e benefícios científicos à saúde extraídos dos experimentos) deve ser procedida, a fim de contemplar a proporcionalidade "em sentido estrito" e a constitucionalidade da medida, sempre em face de um caso concreto.[92]

O penalista (e bioético) Sporleder de Souza, rompendo com a visão liberal-individualista (também antropocêntrica) do Direito Penal, ante a natureza difusa dos crimes ambientais, provoca a doutrina clássica e consagra o ambiente natural como sujeito passivo da criminalidade, juntamente com a coletividade e a humanidade.[93] O autor defende, em síntese, uma teoria antropocêntrica-ecocêntrica ou antropocêntrica-relacional dos bens jurídicos ambientais onde "o meio ambiente, mesmo sendo consi-

---

[91] A Turma Recursal dos Juizados Especiais Criminais do Estado do Rio Grande do Sul, por unanimidade, em decisão recente, com base no dispositivo legal aludido, confirmou decisão do Juizado Especial Criminal de São Gabriel (Proc. 71001193531) no sentido de condenar o réu a uma pena de seis meses de detenção por agredir cavalo e forçá-lo a puxar carroça com excesso de peso. O relator do recurso, Juiz Alberto Delgado Neto, destacou que "houve consciente e evidente prática de maus tratos a animal domesticado, que inclusive estava muito debilitado em função das agressões desmedidas praticadas pelo réu". Disponível em: HTTP://www.interessepublico.com.br/content/imprime.asp?id=40477. Acesso em: 12 de agosto de 2007.

[92] Recentemente, em 13.06.2007, foi proferida liminar (Proc. 2007.71.00.019882-0/RS), pelo Juiz Federal Cândido Alfredo Silva Leal Junior, da Vara Ambiental da Justiça Federal de Porto Alegre, em favor de estudante de Biologia que se negava a participar das aulas práticas com o uso de animais. Na decisão, a Universidade Federal do Estado do Rio Grande do Sul resultou obrigada a oferecer ao aluno aulas práticas alternativas àquelas com animais, nas disciplinas de Bioquímica II e Fisiologia Animal B, de modo a evitar que o aluno viesse a ser reprovado pelo fato de exercer sua liberdade de consciência e convicção. A decisão reconheceu o direito à objeção de consciência do aluno em face do uso de animais em aulas práticas, considerando a existência de métodos alternativos para o aprendizado. Tal análise ajusta-se ao comando constitucional imposto pelo princípio da proporcionalidade.

[93] SOUZA, Paulo Vinícius Sporleder de. "O meio ambiente (natural) como sujeito passivo dos crimes ambientais". In: *Revista Brasileira de Ciências Criminais*, Ano 12, n. 50, Set-Out, 2004. São Paulo: Revista dos Tribunais, p. 57-90.

derado um fim 'em si mesmo', deve ser alvo de proteção penal tendo em vista a idéia relacional de responsabilidade do homem não só para com a natureza, mas também para com as futuras gerações".[94] A teoria defendida por Sporleder de Souza sobre os bens jurídicos ambientais contrapõe-se às teorias: a) *antropocêntrica*, que não considera o ambiente como um "fim em si mesmo", entendendo que a sua proteção tem em vista a tutela de bens jurídicos estritamente antropocêntricos, sejam eles individuais ou supra-individuais; e b) *ecocêntrica*, inspirada no pensamento da *deep ecology* (ecologia profunda ou radical), que sustenta que o ambiente deve ser compreendido como um "fim em si mesmo", justificando-se a proteção penal independentemente de qualquer relação com o homem e com as suas necessidades, pois a Natureza possui valores próprios que merecem ser tutelados de forma autônoma pelo Direito Penal.[95]

Na jurisprudência brasileira, a vedação de práticas cruéis contra a vida animal tem encontrado amparo junto ao Supremo Tribunal Federal, que decidiu, respectivamente, pela inconstitucionalidade da prática da "farra do boi"[96] no Estado de Santa Catarina e pela inconstitucionalidade da lei do Estado do Rio de Janeiro que regulamentava a "briga de galo",[97] ambas as decisões fundamentadas na previsão constitucional do art. 225, § 1º, VII. Na decisão do STF, relativamente à prática da "farra do boi" no Estado de Santa Catarina, o Ministro-Relator Francisco Rezek, ao reconhecer que tal prática é abertamente violenta e cruel para com os animais

---

[94] SOUZA, op. cit., p. 80.

[95] SOUZA, op. cit., p. 78-80.

[96] Na decisão, o STF analisou o caso à luz do princípio da proporcionalidade e ponderou o direito à manifestação cultural das comunidades catarinenses e a crueldade contra os animais inerente à "farra do boi", vedando a referida prática e protegendo a integridade física e o bem-estar dos animais. "COSTUME. MANIFESTAÇÃO CULTURAL. ESTÍMULO. RAZOABILIDADE. PRESERVAÇÃO DA FAUNA E DA FLORA. ANIMAIS. CRUELDADE. A obrigação de o Estado garantir a todos o pleno exercício de direitos culturais, incentivando a valorização e a difusão das manifestações, não prescinde da observância da norma do inciso VII do artigo 225 da Constituição Federal, no que veda prática que acabe por submeter os animais à crueldade. Procedimento discrepante da norma constitucional denominado farra do boi" (STF, Rext n. 153.531-8-SC, Rel. Min. Francisco Resek, decisão em 03.06.97). A respeito do tema, conferir na doutrina a obra de BAHIA, Carolina Medeiros. *Princípio da proporcionalidade nas manifestações culturais e na proteção da fauna*. Curitiba: Juruá, 2006.

[97] "Constitucional. Meio Ambiente. Animais. Proteção. Crueldade. 'Briga de galos'. I – A Lei 2.895, de 20.03.98, do Estado do Rio de Janeiro, ao autorizar e disciplinar a realização de competições entre 'galos combatentes', autoriza e disciplina a submissão desses animais a tratamento cruel, o que a Constituição Federal não permite: CF, art. 225, §1º, VII. II – Cautelar deferida, suspendendo-se a eficácia da Lei 2.895.03.98, do Estado do Rio de Janeiro". (STF, Pleno, ADI n. 1.856-6-RJ, Medida Liminar, Rel. Min. Carlos Veloso, decisão unânime, Diário da Justiça, Seção I, 22.09.2000, p. 69). Em 29.06.2005, o STF voltou a enfrentar a questão no julgamento da ADI 2.514-7/SC formulada em face da Lei Estadual 11.366/00 do Estado de Santa Catarina, que autorizava a realização de "brigas de galo", vindo a Corte Constitucional, através do voto-relator do Min. Eros Grau, a reiterar o seu posicionamento anterior no sentido de que "a sujeição da vida animal a experiências de crueldade não é compatível com a Constituição do Brasil". E, mais recentemente, em 14.06.2007, o Plenário do STF, sob a relatoria do Ministro Cezar Peluzo, declarou a inconstitucionalidade, com efeito *ex tunc*, da Lei 7.380/98, do Estado do Rio Grande do Norte, que autorizava a criação, a exposição e as competições de aves das "raças combatentes", conhecidas como "brigas de galos" (ADI 3776-RN).

em desacordo com o desejo da Constituição, manifestou-se no sentido de que:

> manifestações culturais são as práticas existentes em outras partes do país, que também envolvem bois submetidos à farra do público, mas de pano, de madeira, de "papier maché"; não seres vivos, dotados de sensibilidade e preservados pela Constituição da República contra esse gênero de comportamento.

Em outro julgado,[98] proferido em 28.06.2005, pelo Juiz Federal Leal Júnior, com atuação junto à Vara Federal Ambiental, Agrária e Residual da Circunscrição Judiciária de Porto Alegre, foi proibida a caça esportiva amadora no Estado do Rio Grande do Sul em ação civil pública ajuizada pela associação civil União pela Vida.[99] O Magistrado, reconhecendo valor intrínseco inerente ao ambiente (independente da sua utilidade ao ser humano) e a ruptura com o paradigma antropocêntrico clássico, fundamentou sua decisão na vedação constitucional expressa de práticas cruéis contra a fauna e, fazendo uso do princípio constitucional da proporcionalidade, entendeu desproporcional (e, portanto, inconstitucional) a relação existente entre o direito ao lazer do caçador e o resultado de tal prática (morte cruel dos animais), uma vez que tal medida não passaria pelo critério da necessidade, ao passo que há outras práticas para o lazer humano menos restritivas e agressivas ao ambiente (no caso, especialmente em face do bem-estar animal). No julgado em tela, por fim, ficou também consignada a violação à dignidade humana na relação jurídica em causa, na medida em que a conduta atacada pela decisão dá exemplo negativo e incita condutas violentas e contrárias à preservação da Natureza, afrontando um estilo pacífico de vida, o que está alinhado à dimensão histórico-cultural da dignidade, já que a dignidade é um conceito construído historicamente e preenchido a partir dos valores sociais legitimados no âmbito comunitário.[100]

A doutrina e as decisões colacionadas revelam o quanto merece destaque a *dimensão histórico-cultural* da dignidade, porquanto a prática da caça amadora projeta e alimenta no âmbito social valores (violência, guerra, degradação ambiental, extinção de espécies animais, separação homem-Natureza, etc.) contrários ao rumo civilizatório tomado pela sociedade

---

[98] Registra-se que, durante a elaboração deste trabalho, a referida decisão foi reformada pela 1ª Turma Suplementar do Tribunal Regional Federal da 4ª Região, em 16.05.2006, atendendo ao recurso da Federação Gaúcha de Caça e Tiro e do Instituto Brasileiro do Meio Ambiente e dos Recursos Naturais, o que acabou por liberar a caça amadora no Estado do Rio Grande do Sul. Disponível em: http://ambientevital.com.br/noticia_imprimir.php?idnoticia=95. Acesso em: 17 de maio de 2006.

[99] Processo nº 2004.71.00.021481-2, Vara Federal Ambiental, Agrária e Residual da Circunscrição Judiciária de Porto Alegre. Disponível em: http://www.espacovital.com.br/novo/noticia_imprimir.php?idnoticia=488. Acesso em: 04 de julho de 2005.

[100] Sobre o tema, cfr. SILVEIRA, Patrícia Azevedo da. "O dano extrapatrimonial e a dignidade da pessoa humana em face da autorização anual da caça amadorista no Rio Grande do Sul". In: BENJAMIN, Antônio Herman (Org.). *Anais do 8º Congresso Internacional de Direito Ambiental*. São Paulo: Instituto O Direito por um Planeta Verde/Imprensa Oficial, 2004, p. 611-621.

contemporânea no limiar de século XXI. Nesse sentido, é oportuno retornar à lição de Häberle que afirma ter a dignidade uma referência cultural relativa e cambiante, ajustando-se aos valores presentes no contexto (e também no tempo) cultural de determinada comunidade humana.[101] Assim, considerando os valores inseridos no âmbito social pela cultura ambientalista, apesar da importância em se conservar uma autonomia conceitual, a dignidade da vida de um modo geral caracteriza também uma projeção e realização da dignidade humana, conjugando a dimensão individual da dignidade e de toda a comunidade humana (enquanto ente coletivo e transindividual). E, como já sinalizado em passagem anterior, para além das perspectivas individual e social, projeta-se também a *dimensão ecológica*.

Além das práticas referidas, pode-se elencar como manifestações cruéis contra animais, entre outras: caça esportiva, rodeio, tourada, rinha de cachorros e circo. A par das críticas em relação a práticas cruéis contra animais, merece destaque (e repúdio) também a "cultura *pet shop*" de "humanização" de animais domésticos (principalmente cachorros e gatos), aos quais é imposto o uso de utensílios e roupas ao modo de vestir humano, descaracterizando e desrespeitando a sua identidade animal (e natural). Da mesma forma que as práticas que infligem sofrimento aos animais, a violação da identidade natural dos animais é uma forma (também cruel) de agredir a sua existência e a sua condição natural. Quando hoje se fala em "bem-estar animal", tal compreensão não passa pelo tratamento dos animais como se humanos fossem, mas sim, pelo respeito à sua condição animal e identidade natural. Em outras palavras, a dignidade humana implica dever de respeito e consideração para com a vida não-humana e o reconhecimento de uma dignidade (valor intrínseco) das formas não-humanas de vida.

1.2.4. *Deveres jurídico-constitucionais do ser humano para com o animal não-humano e a vida em geral a partir do reconhecimento da dignidade (e valor intrínseco) de tais existências*

A partir da noção de respeito pela vida dos animais não-humanos e dos demais entes naturais viabilizada pelo reconhecimento da sua dignidade (valor intrínseco), toma forma a idéia de deveres (morais e jurídicos) dos seres humanos para com tais formas de vida. Tais deveres têm por escopo delimitar e conter a liberdade de atuação dos seres humanos quando as suas práticas não estejam pautadas pelo respeito à vida e à dignidade dos demais membros da comunidade natural. Na linha lógica da formulação dos três princípios de justiça ecológica formulados por Saladin, como projeção normativa do reconhecimento da dignidade do animal não humano e da vida em termos gerais, destacam-se os *deveres constitucionais*

---

[101] HÄBERLE, "*A dignidade humana como fundamento...*", p. 127.

ambientais dos seres humanos para com os animais não-humanos e a vida em geral, consagrando o *princípio de justiça interespécies*. É importante ressaltar que os *deveres constitucionais* dos seres humanos (ou seja, cidadãos particulares) para com os animais e a vida em geral diferem conceitualmente dos *deveres de proteção* do Estado, especificamente em relação a "quem" é atribuído o dever jurídico. No primeiro caso, atribuí-se aos atores privados os deveres e responsabilidades para com os animais não humanos e a vida em geral (art. 225, *caput*, da CF/88), ao passo que, no caso dos deveres de proteção estatal, a norma tem por objetivo conferir obrigações jurídicas de tutela dos entes naturais ao Estado (art. 225, §1°, VII, da CF/88).

Os destinatários dos deveres constitucionais ambientais são os próprios animais não-humanos e os demais entes naturais, considerando o valor intrínseco que estes transportam, já que por trás de tais responsabilidades não está (ao menos de forma direta e em todos os casos) a proteção de direitos fundamentais do ser humano, mas sim o interesse (ou direitos?) de entes naturais (animais, plantas, etc.). Nesse contexto, Nabais assevera a existência de deveres para com os "nossos companheiros de aventura humana" (animais, plantas, rios mares, etc.), o que, para o autor não implica reconhecer ou levantar a bandeira dos "direitos" dos animais, das plantas, dos rios, dos mares, etc. Para o autor português, os deveres para com a Natureza, na esteira da formulação kantiana combatida no presente estudo, representam um conjunto de deveres indiretos para com a humanidade, ou mais precisamente, de exigências necessárias a um equilibrado e adequado ambiente natural imprescindível à preservação da vida (digna de ser vivida) da espécie humana, integrada esta tanto pela geração atual como pelas gerações futuras.[102]

Nesse ponto, discorda-se do entendimento do pulicista português por entender-se que sua posição reside em uma postura excessivamente antropocêntrica, já que, mesmo sem chegar ao ponto de defender direitos próprios da natureza ou mais especificamente dos animais, é possível conceber a idéia de deveres para com esses de forma autônoma e desvinculada do ser humano ou da humanidade. Como exemplo, pode-se referir tanto a vedação constitucional de práticas cruéis para com os animais como a proteção de espécies ameaçadas de extinção (que extrapola a dimensão dos animais), o que revela a modulação do comportamento humano (por que não deveres?) em benefício do *bem-estar dos animais* ou da preservação das espécies naturais, reconhecendo, de certa forma, um valor intrínseco e um respeito a ser conferido àquela manifestação existencial.

Em tais considerações delineadas acima, reside consagrado o *princípio de justiça interespécies* formulado por Saladin, já que, especialmente em face

---

[102] NABAIS, José Casalta. *O dever fundamental de pagar impostos*: contributo para a compreensão constitucional do estado fiscal contemporâneo. Coimbra: Almedina, 1998, p. 53.

dos animais, devem ser concebidas as suas existências como um fim em si mesmo, atribuindo-lhes, como referido por Regan em passagem citada anteriormente, a condição de *sujeitos de uma vida*. Os deveres ambientais dos seres humanos, portanto, também se projetam para as suas relações com a Natureza, e especialmente com os animais. A vedação constitucional de crueldade contra os animais implica deveres no tratamento e nas práticas levadas a cabo pelos seres humano para com os animais. Há um dever de respeito para com a vida animal, que implica inclusive deveres de natureza positiva ou prestacional do ser humano, e não apenas deveres de natureza negativa ou de abstenção. Não apenas a vida humana dispõe de proteção constitucional, mas todas as demais formas de vida que compartilham com o ser humano o espaço ambiental. No contexto socioambiental contemporâneo, pode-se inclusive provocar o questionamento a respeito de se a expressão "todos"[103] ventilada no art. 225 da Constituição toma a dimensão e amplitude de todos os seres vivos (humanos e não-humanos) que habitam o planeta, caracterizando uma solidariedade ecológica entre espécies naturais.

1.2.5. Um contrato político-jurídico ecológico (ou natural)?

A ampliação da noção de dignidade humana (a partir do reconhecimento da sua dimensão ecológica) e o reconhecimento na dignidade da vida não-humana apontam para uma releitura do clássico contrato social em direção a uma espécie de *contrato socioambiental* (ou *ecológico*), com o objetivo de contemplar um espaço para tais entes naturais no âmbito da comunidade estatal. Nesse sentido, Serres pontua que há que se delinear no horizonte político-jurídico contemporâneo um *contrato natural*, onde o ser humano abandone a sua condição de dominador e "parasita" em face do mundo natural e assuma uma relação de "simbiose", caracterizada pela reciprocidade na relação entre ser humano e ambiente, ou seja, aquilo que a Natureza dá ao homem é o que este deve dar a ela, tornando-a sujeito de direito.[104] Assim, da mesma forma como a Declaração dos Direitos do Homem tentou por fim ao parasitismo abusivo entre homens, é chegado o momento histórico de, por meio de um contrato natural, se pôr um fim no parasitismo entre homem e Natureza.[105] Há que se ampliar o espectro de reconhecimento de sujeitos de direito no sentido de, contemplando novos parceiros de aventura natural, acrescentar ao contrato social a celebração de um *contrato natural* ou *ecológico* de reciprocidade e interação entre os pactuantes.

Como refere Beck, há que se conceber uma "solidariedade entre todas as coisas vivas", na forma de uma comunidade entre a terra, as plan-

---

[103] BENJAMIN também coloca a reflexão sobre o alcance da expressão "todos", referindo que "quem sabe um dia se verá no 'todos' do art. 225, caput, uma categoria mais ampla e menos solitária do que apenas os próprios seres humanos". BENJAMIN, "*Constitucionalização do ambiente...*", p. 106.

[104] SERRES, Michel. *O contrato natural*. Lisboa: Instituto Piaget, 1990, p. 66.

[105] Idem, op. cit., p. 61-64.

tas, os animais e os seres humanos, tendo em vista que a ameaça ecológica afeta por igual a todos e ao todo.[106] A proposta formulada pelo sociólogo alemão não se distancia do *contrato natural* de Serres referido acima, já que também transporta o ideal de uma comunidade política integrada por todos os membros da comunidade natural, considerando o respeito e a reciprocidade que deve orientar as relações estabelecidas em tal quadro comunitário. A consciência de uma solidariedade entre os seres naturais é despertada, conforme acentua Beck, em razão de as ameaças à vida ocasionadas pelo desenvolvimento civilizatório fazerem com que o ser humano se reconheça como um ser natural integrante de um todo natural ameaçado, e ao mesmo tempo responsável por tal situação de ameaça existencial.[107] Tal consciência leva o ser humano a reconhecer uma comunidade natural, frente a qual uma relação de solidariedade, de deveres por parte do ser humano e respeito mútuo apresenta-se como pressuposto para a permanência existencial das espécies.

Por fim, registra-se a importância da conscientização e da sensibilização humana acerca do respeito à vida do animal não-humana e dos entes naturais em geral. No diálogo travado entre os seus personagens Hans Castorp e Settembrini, Thomas Mann,[108] em sua obra *A montanha mágica*, após referir que a essência do humanismo está vinculada ao respeito à dignidade humana, destaca que o "céu, por motivos de eqüidade, pertence aos pardais". Os valores fundamentais da nossa comunidade estatal (dignidade, liberdade, igualdade e solidariedade) devem, necessariamente, ser ampliados para além do espectro humano, no intuito de alcançarmos um patamar mais evoluído da cultura jurídica, da moral e do pensamento humano, o que, à luz das formulações levantadas, se revela no reconhecimento da dignidade dos animais e da vida de um modo geral.

1.3. A qualidade ambiental como novo elemento integrante do conteúdo do princípio da dignidade humana

1.3.1. A "ética da responsabilidade" de Hans Jonas na civilização tecnológica (ou a prudência responsável do agir humano para com a sua existência natural presente e futura)

A própria existência (e não apenas a dignidade) humana está ameaçada pelos padrões tecnológicos contemporâneos. O filósofo alemão Hans Jonas colocou em cheque a "civilização tecnológica" com o seu *princípio da*

---
[106] BECK, "*La sociedad del riesgo...*", p. 83.
[107] BECK, op. cit., p. 83.
[108] MANN, Thomas. *A montanha mágica*. Rio de Janeiro: Nova Fronteira, 2000, p. 217.

responsabilidade, propondo uma abordagem ética da ciência, em vista principalmente dos riscos existenciais trazidos pelas novas tecnologias desenvolvidas pela racionalidade humana, que expressam, como nunca antes visto, o triunfo do *homo faber* sobre a Natureza e a vocação tecnológica da humanidade.[109] Para ele, a operacionalização do arsenal científico e tecnológico deve ser pautada pela responsabilidade do cientista e submetida a parâmetros éticos, a fim de preserva-se a condição existencial humana, bem como a qualidade de vida. A crítica de Jonas é pertinente, já que na grande maioria das vezes a ciência está a serviço de interesses puramente econômicos, o que, como refere, coloca o ser humano como, dentre todas as espécies que já habitaram o Planeta Terra, a mais destrutiva e ameaçadora. Nesse horizonte, ele enfrenta em tom crítico a prepotência (e suposta auto-suficiência) do pensamento humano, ao afirmar que:

> solamente con la supremacía del pensamiento y con el poder de la civilización técnica posibilitada por él, una forma de vida, "el hombre", se ha colocado en situación de poner en peligro a todas las demás formas de vida y, con ellas, a sí mismo. No pudo "la naturaleza" incurrir en mayor riesgo que el de hacer surgir al hombre.[110]

À luz de tal perspectiva, o uso de tecnologias, por vezes, expõe a existência humana a tal ponto em que o ser humano é colocado como meio ou objeto para a consecução de determinadas práticas, negando a sua condição de fim em si mesmo ou sujeito da sua história de vida, consagrada pelo pensamento kantiano na caracterização da dignidade humana.[111] Jonas propõe em sua obra uma nova concepção da ética a partir de uma adequada compreensão da ação humana em vista do atual estágio tecnológico. Em razão de a ética estar diretamente relacionada à ação humana, com a alteração da natureza dessa última, a compreensão ética também deve ser reformulada a fim de atender à complexidade contemporânea da ação humana.[112] O atual estágio do conhecimento humano alterou significativamente a relação de forças existente entre ser humano e Natureza. Se há alguns séculos atrás o poder de intervenção do ser humano no meio natural era limitado, prevalecendo esta relação de forças em favor da Natureza, hoje a balança se inverteu de forma definitiva. O ser humano, em vista do aparato tecnológico desenvolvido ao longo, principalmente, dos dois últimos séculos, concentrou tamanho poder de intervenção e alteração das condições naturais que a natureza da sua ação sofreu profundas alterações, expondo, em grande medida, a própria sobrevivência da espé-

---

[109] JONAS, "*El principio de responsabilidad...*", p. 36.

[110] JONAS, op. cit., p. 229.

[111] Nesse prisma, ANTUNES ROCHA pontua, com precisão, que a "tecnologia evoluiu, tornou-se mais eficaz, mas busca ser o seu próprio fim. A produção – ou o seu produto – não se volta ao homem; antes, tenta fazer com que o homem se volte a ela. Se um dia o homem buscou humanizar a máquina, parece certo que o que mais se vê agora é a tentativa da máquina de coisificar o homem". ANTUNES ROCHA, "*Vida digna...*", p. 25.

[112] JONAS, "*El principio de responsabilidad...*", p. 23.

cie humana. Diante dos riscos (junto com os benefícios) trazidos pela inteligência humana, essa deve estar ligada necessariamente à moralidade, a qual é tomada como a essência da existência humana.[113]

No passado, a ação humana, além de deter um poder limitado, tinha uma natureza temporal imediata ou presente (aqui e agora!), não repercutindo os seus efeitos e conseqüências para uma dimensão temporal futura. No entanto, hoje a relação de causa e conseqüência (ou efeito) vinculada à ação humana, principalmente no que tange a interações no ambiente, tem uma natureza acumulativa e projetada para o futuro. Muitas das ações humanas perpetradas hoje (como o uso de determinadas tecnologias) só poderão ser devidamente compreendidas com relação às suas possíveis conseqüências num momento futuro. Há diversos exemplos da utilização de substâncias químicas (ex. agrotóxicos e poluentes orgânicos persistentes) e medicamentos (ex. talidomida) que, em vista de um desconhecimento ou mesmo de um conhecimento científico impreciso e insuficiente das conseqüências futuras do uso de tais tecnologias, tiveram que ter o seu uso proibido em razão dos danos (acumulativos e projetados para o futuro) causados à saúde, à vida humana e ao ambiente natural.

O *princípio constitucional da precaução* (art. 225, § 1º, IV e V, da Lei Fundamental brasileira) reforça a idéia de uma nova ética para o agir humano, na esteira do pensamento de Jonas, contemplando a responsabilidade do ser humano para além da dimensão temporal presente, o que revela o elo existencial e a interdependência entre as gerações humanas presentes e futuras. O avanço tecnológico coloca nas mãos do ser humano um poder sem limites para suas intervenções no ambiente natural (ex. bomba atômica) e apresenta, conseqüentemente, um quadro de riscos crescente e cumulativo, o que exige, em face da incompletude do conhecimento científico e da imprevisibilidade de determinadas relações de causa e efeito no manuseio de determinadas tecnologias, uma ação pautada pela prudência e pela responsabilidade. Denninger, por sua vez, acentua que uma das características essenciais do pensamento científico contemporâneo reside na constatação da impossibilidade de dominar com segurança as conseqüências da técnica nas suas mais amplas dimensões espaciais e temporais (compreendendo também a sua projeção para as futuras gerações).[114] O princípio da precaução (assim como o princípio da prevenção), nesse sentido, caminha junto com o princípio da responsabilidade, reforçando o comando normativo-constitucional da solidariedade e dos deveres fundamentais de preservação da qualidade ambiental não apenas para as gerações humanas presentes, mas também para as gerações futuras. Em certa medida, é possível afirmar que a *ética da responsabilidade*

---

[113] Idem, op. cit., p. 28.

[114] DENNINGER, Erhard. "Racionalidad tecnológica, responsabilidad ética y derecho postmoderno". In: *Revista DOXA*, n. 14, 1993, p. 368.

encontra-se "juridicizada" e constitucionalizada na Lei Fundamental brasileira, especialmente no comando normativo que dispõe ser obrigação do Estado "controlar a produção, a comercialização e o emprego de técnicas, métodos e substâncias que comportem risco para a vida, a qualidade de vida e o meio ambiente (art. 225, § 1º, V)".

Em razão do mundo contemporâneo de inseguranças e incertezas, Bodin de Moraes destaca a transição de uma ética da autonomia ou da liberdade, como o marco da modernidade, para uma ética da responsabilidade ou da solidariedade, como o novo marco da pós-modernidade.[115] Independentemente de se concordar ou não com o conceito de pós-modernidade, ainda mais quando aplicado aos países em desenvolvimento onde o projeto moderno resulta ainda inacabado, a consagração de uma ética da responsabilidade ou da solidariedade ajusta-se de forma adequada a toda a crítica empregada por Jonas contra a *civilização tecnológica*, conformando a cautela e prudência necessárias ao agir humano em um mundo de riscos por demais onerosos à existência humana, ainda mais quando se almeja que essa se dê em patamares dignos.

Azevedo também denuncia a insuficiência da ética individualista e antropocêntrica para enfrentar os problemas ambientais que apontam no horizonte, defendendo uma "ética da solidariedade",[116] o que, pode-se dizer, aproxima-se muito da "ética da responsabilidade" posta por Jonas. A "nova ética" proposta por este último reside justamente na compreensão da complexidade que circunda a ação humana perpetrada em face do ambiente natural, a qual deve ter por fundamento a responsabilidade. A relação que antes se dava de forma direta entre seres humanos numa mesma dimensão temporal de existência deve ser alargada, a fim de abarcar e unificar presente e futuro na compreensão da ação humana, demarcando a responsabilidade dos seres humanos "viventes" no presente para com as gerações humanas futuras. Para cumprir tal mister, o filósofo alemão refere que nenhuma ética anterior teve que levar em conta as condições globais da vida humana nem a preocupação com o futuro, ou mesmo com a existência da espécie humana, o que projeta para o quadro ético (e também jurídico) humano de hoje *uma nova concepção de direitos e deveres*.[117] Aí está posto um dos maiores desafios para o pensamento jurídico e a ética contemporâneos.

---

[115] BODIN DE MORAES, Maria Celina. *Danos à pessoa humana*: uma leitura civil-constitucional dos danos morais. Rio de Janeiro/São Paulo: Renovar, 2003, p. 72.

[116] "A situação atual do ambiente demonstra a insuficiência da ética vigente, antropocêntrica, individualista, incapaz de perceber a íntima ligação entre todos os organismos vivos, em interconexão entre eles e com o meio inorgânico, cujos recursos são exauríveis, razão por que sua utilização tem que ser prudente e orientada por uma ética da solidariedade, em que sobressaia a responsabilidade transgeracional. Só assim poder-se-á preservar e assegurar a vida à presente geração e àquelas que venham a sucedê-la". AZEVEDO, Plauto Faraco de. *Ecocivilização*: o ambiente e o direito no limiar da vida. São Paulo: Revista dos Tribunais, 2005, p. 90.

[117] JONAS, *"El principio de responsabilidad..."*, p. 34.

1.3.2. A qualidade ambiental como elemento integrante do conteúdo do princípio (e valor) da dignidade humana (das presentes e futuras gerações)

> O "homem situado" do mundo plural, conflitual e em acelerada mutação do nosso tempo encontra-se muitas vezes dividido por interesses, solidariedades e desafios discrepantes: só na consciência da sua dignidade pessoal retoma unidade de vida e de destino.[118]

A unidade de vida e de destino do ser humano passa necessariamente pela compreensão da sua dignidade (situada no mundo natural, social e cultural). Com a citação acima, Miranda nos dá o rumo a ser seguido para enfrentar os desafios contemporâneos; rumo esse que está na própria compreensão e consciência do ser humano a respeito da sua própria dignidade, ou talvez, como já exposto anteriormente, embora esse entendimento não seja esboçado pelo constitucionalista português, para além da sua própria dignidade, no reconhecimento da dignidade inerente a outras formas de vida. A fim de possibilitar um destino digno no horizonte futuro, é chegado o momento histórico de o ser humano humildemente assumir as suas limitações existenciais e reconhecer o valor inerente ao ambiente que o abriga e lhe dá as bases naturais para a sua existência digna e saudável. Aí está a unidade da vida e o único destino possível condizente com a dignidade humana.

O conteúdo conceitual e normativo do princípio da dignidade da pessoa humana está intrinsecamente relacionado à qualidade do ambiente (onde o ser humano vive, mora, trabalha, estuda, pratica lazer, bem como o que ele come, veste, etc.). A vida e a saúde humanas[119] (ou como refere o caput do artigo 225 da Constituição Federal, conjugando tais valores, a *sadia qualidade de vida*) só são possíveis, dentro dos padrões mínimos exigidos constitucionalmente para o desenvolvimento pleno da existência humana, num ambiente natural onde haja qualidade ambiental da água que se bebe, dos alimentos que se comem, do solo onde se planta, do ar que se respira, da paisagem que se vê, do patrimônio histórico e cultural que se contempla, do som que se escuta, entre outras manifestações da dimensão ambiental. Como se percebe, o ambiente está presente nas questões mais

---

[118] MIRANDA, Jorge. "A Constituição portuguesa e a dignidade da pessoa humana". In: *Revista de Direito Constitucional e Internacional*, Ano 11, Vol. 45, Out-Dez, 2003. São Paulo: Revista dos Tribunais, p. 82.

[119] A Organização Mundial da Saúde estabelece como parâmetro para determinar uma vida saudável "um completo bem-estar físico, mental e social" (apud SARLET, *"Dignidade da pessoa humana..."*, p. 62, nota 129), o que coloca indiretamente a qualidade ambiental como elemento fundamental para o "completo bem-estar" caracterizador de uma vida saudável. Seguindo tal orientação, a Lei n. 8.080/90, que dispõe sobre as condições para a promoção, proteção e recuperação da saúde, a organização e o funcionamento dos serviços correspondentes, regulamentando o dispositivo constitucional, dispõe sobre o direito à saúde através da garantia a condições de bem-estar físico, mental e social (art. 3º, parágrafo único), bem como registra o meio ambiente como fator determinante e condicionante à saúde (art. 3º, *caput*).

vitais e elementares da condição humana, além de ser essencial à sobrevivência do ser humano como espécie animal natural.[120]

Nesse ponto, é oportuno referir a previsão normativa da Lei da Política Nacional do Meio Ambiente (Lei 6.938/81), que, no seu art. 2º, estabelece o objetivo de preservação, melhoria e recuperação da qualidade ambiental propícia à vida, com o intuito de assegurar a proteção da dignidade da pessoa humana. O conceito de ambiente adotado pelo referido texto normativo em questão, em seu artigo 3º, I, evidencia a sua essencialidade ao desenvolvimento pleno da vida humana, dispondo ser aquele o: "conjunto de condições, leis, influências e interações de ordem física, química e biológica, que permite, abriga e rege a vida em todas as suas formas". O diploma ambiental brasileiro é seguramente um dos mais destacados no nosso cenário jurídico ocidental,[121] em que pese o mesmo destaque não se dar no plano da efetividade das normas nele consubstanciadas. Sem desenvolver propriamente o conteúdo da lei referida, apenas se quer aqui registrar a percepção do legislador brasileiro para a relevância da proteção ambiental como mecanismo de tutela integral da dignidade da pessoa humana.

O conceito de vida hoje se desenvolve para além de uma concepção estritamente biológica, ao passo que os elementos "digna" e "saudável" lhe impõem um conceito mais amplo, contemplando uma dimensão existencial plena para o desenvolvimento da personalidade humana, para o que a qualidade do ambiente passa a ser um componente nuclear. À ordem jurídica cumpre acompanhar a dinâmica da vida em face dos novos desafios existenciais postos pela degradação ambiental, ampliando o seu âmbito de proteção de modo a contemplar no seu campo normativo a proteção da vida inclusive contra as novas ameaças de natureza ecológica (como, por exemplo, a contaminação química e nuclear, a degradação ambiental, o aquecimento global, etc.). A respeito de ser tomado o ambiente natural como fundamento da vida humana, o dispositivo legal enunciado acima não poderia ser mais contundente, especialmente na passagem em que destaca ser o ambiente o abrigo e ao mesmo tempo regente de todas as formas de vida, inclusive a humana.

---

[120] A partir da leitura que faz do pensamento e da obra de BECK, GOLDBLAT afirma que "os perigos ecológicos colocados por acidentes nucleares em grande escala, pela liberação de químicos em grande escala, e pela alteração e manipulação da composição genética da flora e da fauna do planeta colocam a possibilidade de autodestruição". GOLDBLAT, David. *Teoria social e ambiente*. Lisboa: Instituto Piaget, 1996, p. 232.

[121] Tal entendimento foi ratificado pelo Ministro do Superior Tribunal de Justiça ANTÔNIO HERMAN BENJAMIN, quando da sua posse na referida Corte, ao registrar que a legislação ambiental brasileira é uma das melhores do mundo, em que pese a sua implementação deixar a desejar. Disponível em: http://stj.gov.br/webstj/noticias/imprime_noticia.asp?seq_noticia=17636. Acesso em: 14 de agosto de 2006.

É precisa, nesse sentido, a lição de Antunes Rocha, concebendo o direito à vida como um conceito aberto e elástico, capaz de dar conta da sua proteção em face da "ampliação dos horizontes do viver humano", o que autoriza claramente a sua concepção normativa ampliada em razão dos novos riscos ambientais do mundo contemporâneo.

> O direito estende a vida até onde o homem poderia (ou poderá) estendê-la, em suas dimensões variadas, biopsíquica, moral e política. A extensão da vida impõe a elasticidade do direito ou do seu conteúdo previsto e assegurado pelos sistemas jurídicos. O direito à vida não tem conteúdo fechado em sua estruturação sistêmica, como a vida não o tem em sua dinâmica. O direito se abre para a vida, como essa se abre para o homem: possibilidades permanentemente oferecidas à ampliação dos horizontes do viver humano.[122]

Com base na Lei Fundamental alemã, o professor da Universidade Humboldt de Berlim, Michael Kloepfer, também destaca a relação intrínseca entre qualidade ambiental e vida (e saúde) humana (conjugando os arts. 2º, inc. 2, e 20a). Tal se dá em razão de os danos de natureza ambiental ameaçarem diretamente a vida humana, o que acaba por revelar um *complexo de direitos e deveres* que se projetam a partir da inter-relação entre os direitos fundamentais em questão, principalmente no que diz com os *deveres de proteção do Estado*[123] (e também *deveres fundamentais* dos particulares[124]) em face da tutela dos bens fundamentais referidos. Na mesma reflexão, Kloepfer admite que, em que pese um âmbito de proteção comum entre vida (e saúde) e ambiente natural, o comando do art. 20a da Lei Fundamental alemã ultrapassa "sensivelmente" a proteção da vida e da saúde humanas, em razão dos deveres ambientais objetivos (incidentes sobre os particulares) e dos deveres de proteção e objetivos do Estado referidos no dispositivo.[125] Com tal assertiva, o autor revela a autonomia do bem jurídico ambiental em relação a outros bens também tutelados constitucionalmente, como é o caso da vida e da saúde humanas. No que

---

[122] ANTUNES ROCHA, "*Vida digna...*", p. 14.

[123] "O dever de proteção à vida (e à saúde) também é hoje especialmente importante em danos de natureza ambiental que ameaçam a vida (e a saúde). Os deveres de proteção jusfundamentais (contra ameaças à vida por meio de danos ambientais) são reforçados, todavia, pela normatização do objetivo estatal previsto no art. 20a da Lei Fundamental. Este estabelece o dever do legislador de reduzir fundamentalmente as ameaças à vida e à saúde decorrentes de danos ambientais, tanto para as gerações presentes como para as gerações futuras, da forma mais abrangente possível. No que diz com os deveres de proteção jusfundamentais, todavia, estes seguem restritos ao direito subjetivo decorrente do art. 2º, inc. 2, primeira parte, da Lei Fundamental, no sentido da proteção da vida e da intangibilidade corporal contra influências lesivas oriundas de agressões ao meio ambiente, que não é relativizado por meio das cautelas limitadoras do objetivo estatal. É bem verdade que, como base dos deveres ambientais objetivos, o objetivo estatal do art. 20a da Lei Fundamental, com a proteção das bases naturais da vida, ultrapassa sensivelmente a dimensão protetiva da vida e da saúde, de forma que, nessa seara, não há que se considerar uma invocação complementar do art. 2º, inc. 2, da Lei Fundamental". KLOEPFER Michael. "Vida e dignidade da pessoa humana". In: SARLET, Ingo Wolfgang. *Dimensões da dignidade*: ensaios de Filosofia do Direito e Direito Constitucional. Porto Alegre: Livraria do Advogado, 2005, p. 167-168.

[124] O tema dos deveres fundamentais ambientais será desenvolvido em tópico específico no Capítulo III.

[125] KLOEPFER, op. cit., p. 167-168.

se refere à tutela do ambiente, de modo a reforçar a tese da autonomia do bem jurídico ambiental, destaca-se que a Lei Fundamental alemã sofreu alteração recente (26.07.2002) no seu art. 20a (que trata da proteção do ambiente) para a inclusão da proteção dos animais (*die Tiere*) entre os objetivos do Estado, que já continha a proteção das bases naturais da vida (*die natürlichen Lebensgrundlagen*), caracterizando também uma preocupação crescente das ordens jurídicas com o bem-estar dos animais. Tal perspectiva consolida o reconhecimento da autonomia da tutela constitucional da Natureza, a fim de, inclusive, limitar direitos fundamentais do ser humano quando tal medida se fizer necessária para levar a cabo o objetivo estatal de proteção do ambiente.

Na linha da caracterização da essencialidade da qualidade ambiental para a tutela da vida e da dignidade humanas, Silva afirma ser a vida a matriz de todos os demais direitos fundamentais, devendo-se promover a proteção do ambiente em razão do seu valor instrumental à tutela da vida, ou melhor, da qualidade da vida.[126] O direito à vida estaria, assim, sempre subjacente quando da tutela da qualidade ambiental. No entanto, pede-se vênia ao eminente constitucionalista para ponderar o seu posicionamento que atribui valor instrumental à Natureza, em razão de que muitas vezes a proteção do ambiente (especialmente no caso da proteção da fauna contra práticas humanas cruéis e das espécies ameaçadas de extinção) estará desvinculada da tutela da vida e da saúde humanas, objetivando uma proteção autônoma e própria. Mas, de um modo geral, especialmente no que diz respeito à poluição ou degradação do ambiente, há que se reconhecer que a tutela ambiental guarda relação direta e compartilhada (mas não apenas instrumental) com a proteção da vida e da saúde humanas, revelando um âmbito de proteção comum dos direitos fundamentais em questão.

No mesmo espectro, com base na Constituição portuguesa, Miranda, não obstante negar o reconhecimento de um fim em si mesmo à qualidade ambiental (ou melhor, à Natureza), leciona que a promoção e proteção da qualidade ambiental consagradas constitucionalmente encontram o seu fundamento na dignidade da pessoa humana.[127] A consagração do direito ao ambiente ecologicamente equilibrado como direito fundamental[128] acarreta, como referem Birnie e Boyle, no reconhecimento do "caráter vital

---

[126] SILVA, José Afonso da. *Direito ambiental constitucional*. 4.ed. São Paulo: Malheiros, 2003, p. 70.

[127] "A Constituição alude, pois, repetidas vezes à 'qualidade de vida' ligada à efetivação dos direitos econômicos, culturais e ambientais (art. 9º, d), à proteção dos consumidores (art. 60, n. 1), à defesa do meio ambiente e da natureza (art. 66), à incumbência do Estado de promoção do aumento do bem-estar social e econômico, em especial das pessoas mais desfavorecidas (art. 81, a), aos objetivos dos planos de desenvolvimento econômico e social (art. 91). Mas a qualidade de vida só pode fundar-se na dignidade da pessoa humana, não é um valor em si mesmo; e muito menos se identifica com a propriedade ou com qualquer critério patrimonial". MIRANDA, "*A Constituição portuguesa e a dignidade...*", p. 82.

[128] Destaca-se que o reconhecimento da jusfundamentalidade da proteção do ambiente na ordem constitucional brasileira é procedida através da abertura do catálogo dos direitos e garantias funda-

do ambiente como condição básica para a vida, indispensável à promoção da dignidade e do bem-estar humanos, e para a concretização do conteúdo de outros direitos humanos".[129] Dessa forma, não se pode conceber a vida – com dignidade e saúde – sem um ambiente natural saudável e equilibrado. O elemento *qualidade ambiental* passa, então, a ser constitutivo do próprio conteúdo do princípio (e valor constitucional) da dignidade da pessoa humana, na medida em que o ambiente oferece as bases naturais e existenciais necessárias ao desenvolvimento da vida humana em toda a sua potencialidade.

Ao cabo das considerações procedidas, em que pese uma convergência normativa inevitável (já que tutelam bens muito similares e, por vezes, coincidentes), merece registro a distinção conceitual possível entre vida e dignidade. O direito à vida por si só (sem o adjetivo "digna") conceberia uma noção mais restrita voltada com maior ênfase para a dimensão biológica da existência humana, consubstanciando, entre outros, como refere Antunes Rocha, o direito à integridade física (direito ao corpo), o direito de não ser atingido em sua integridade física e psíquica (vedação de tortura, de maus-tratos, de penas degradantes ou hediondas), direito ao patrimônio genético, etc.[130] Já a idéia em torno de dignidade amplia a dimensão da condição existencial humana, desdobrando-se, como acentua a autora, em todos os direitos que "tornam a vida processo de aperfeiçoamento contínuo e de garantia de estabilidade pessoal", compreendendo, além daqueles que comporiam o conteúdo do direito à vida em sentido estrito, também o direito à saúde, à educação, à cultura, ao ambiente equilibrado, aos bens comuns da humanidade, enfim, "o direito de ser em dignidades e liberdades".[131] Como se percebe, a dignidade extrapola em muito uma dimensão estritamente biológica da existência humana (ou seja, da vida em sentido estrito), fortalecendo a condição humana a partir de outras dimensões existenciais também essenciais para o pleno desenvolvimento do "espírito" humano.[132] A Constituição Federal de 1988 sinaliza no sentido de conceber uma distinção conceitual entre vida e dignidade, caso contrário não haveria razão para agregar a idéia de dignidade à vida, o que faz no art. 170, *caput*, quando faz referência ao direito à "existência digna".

Com efeito, para reforçar a tese da autonomia conceitual e normativa existente entre os direitos à vida e à dignidade, pode-se dizer que nem sempre onde houver vida haverá dignidade e vice-versa (geralmente

---

mentais prevista no art. 5º, § 2º, da Constituição Federal, em face de uma compreensão material dos direitos fundamentais e da própria Constituição.

[129] BIRNIE, Patrícia; BOYLE, Alan. *International law and the environment*. 2.ed. Oxford/New York: Oxford University Press, p. 255.

[130] ANTUNES ROCHA, "*Vida digna...*", p. 25.

[131] Idem, op. cit., p. 25.

[132] Tal tema será abordado novamente no Capítulo III, no tocante à distinção entre "mínimo vital" e "mínimo existencial".

está discussão vem à tona nas questões envolvendo aborto e eutanásia, o que não será objeto de abordagem no presente estudo).[133] Esse é o entendimento de Sarlet, para quem, sem embargo de reconhecer a vinculação existente entre a vida e a dignidade humana, ambos os conceitos mantêm um âmbito de proteção próprio e autônomo.[134] Assim, não obstante a existência de um elo comum e um âmbito de proteção compartilhado entre o direito à vida, o princípio da dignidade e a proteção do ambiente, ambos mantêm autonomia conceitual e âmbitos de proteção próprios, o que, no caso da proteção ambiental, é especialmente importante para legitimar a tutela dos animais (e também das espécies ameaçadas de extinção) de forma desvinculada do ser humano, reconhecendo-se um valor intrínseco àquelas manifestações existenciais, o que já foi desenvolvido em tópico anterior.

Por fim, a partir deste novo perfil ambiental proposto para a dignidade humana, com o reconhecimento da qualidade ambiental como um novo componente integrante do seu conteúdo, como refere Häberle, deve-se ter como imperativo para o futuro um "desenvolvimento cada vez mais reforçado dos deveres e obrigações"[135] decorrentes da dignidade humana, especialmente em razão das novas violações ao seu núcleo protetivo ocasionadas pela poluição e destruição do ambiente natural. Com tais considerações, resulta consolidada a *dimensão ecológica da dignidade humana*, bem como a idéia em torno de um *bem-estar ambiental* (em termos de qualidade ambiental do espaço onde a vida humana está sediada) imprescindível a uma vida humana merecedora da qualificação de "digna" e "saudável".

1.3.3. A "dimensão histórico-cultural" da dignidade humana à luz da cultura ambientalista: um diálogo com o pensamento jurídico-constitucional de Peter Häberle

A moldura constitucional da dignidade humana é preenchida com um conteúdo mínimo universalizável,[136] da mesma forma que parcela do

---

[133] ANTUNES ROCHA faz referência a tal idéia, aduzindo que, diante do reconhecimento de que há elementos no conteúdo da dignidade que não estão presentes no direito à vida em sentido estrito, é possível conceber que, para os casos nos quais a existência já não demonstre condições de dignidade da pessoa, o sistema jurídico teria de considerar o *direito à morte*. ANTUNES ROCHA, op. cit., p. 25.

[134] SARLET, "*Dignidade da pessoa humana...*", p. 91.

[135] "Para o futuro, um desenvolvimento mais reforçado dos deveres e obrigações decorrentes da dignidade, torna-se imperativo. Tal componente encontra fundamento especialmente na dimensão comunitária da dignidade humana, que, em princípio, já foi esporadicamente atualizada, devendo, nessa medida, tornar-se atual, tal como os "limites do crescimento" do Estado social de Direito tornaram necessária a proteção do meio ambiente (art. 20a da LF)". HÄBERLE, "*A dignidade humana como fundamento...*", p. 102.

[136] A Declaração e Programa de Ação de Viena (1993), promulgada na 2ª Conferência Mundial sobre Direitos Humanos, delineia uma tomada de posição no sentido de um "universalismo" em detrimento de um "relativismo" cultural para os direitos humanos, ou seja, independentemente do contexto cultural de determinada comunidade estatal, os direitos humanos deverão ser sempre respeitados, bem

seu conteúdo é preenchido de acordo com elementos culturais postos por determinada cultura onde a vida se contextualiza. De outra forma, pode-se dizer que a dignidade humana, para além da sua dimensão natural ou biológica, é um conceito que se reconstrói permanentemente em razão da evolução cultural, das particularidades regionais e nacionais e da inserção de novos valores ao seu conteúdo, sendo, portanto, um conceito histórico aberto em constante mutação. Para Häberle, a dignidade humana deve ser tomada como premissa antropológico-cultural, da comunidade estatal.[137] A partir de tal premissa, o constitucionalista alemão afasta qualquer conceituação absoluta da dignidade humana, em razão de tal conceito possuir uma referência cultural relativa, na medida em que se situa num determinado contexto cultural e tem o seu conteúdo normativo impregnado por essa cultura, não obstante seja também possível apontar para feições tendencialmente universais do seu conceito[138] (relacionadas mais especificamente à sua dimensão natural, e não à dimensão cultural). Nesse aspecto, pode-se dizer que determinados componentes fundamentais da personalidade humana devem ser considerados (respeitados e protegidos) em todas as culturas.[139]

A *dimensão histórico-cultural* é também inerente à própria idéia de Constituição, já que essa, como destaca Häberle, não se trata somente de um texto jurídico ou um emaranhado de normas, mas também resulta da expressão de uma situação cultural dinâmica, meio de auto-representação cultural de um povo, espelho do seu legado e fundamento das suas esperanças.[140] Assim, a Constituição deve ser tomada como um texto "vivo", construído e reconstruído constantemente a partir de novos legados e patrimônios culturais que lhe são agregados a cada novo marco histórico. Com tal perspectiva também coaduna a idéia formulada por Häberle de uma "sociedade aberta de intérpretes e criadores da Constituição",[141] configurando-se a abertura cultural e material da Constituição para uma afirmação contínua da dignidade humana em vista do futuro.

Também merece destaque a perspectiva *culturalista* da dignidade humana formulada por Herrera Flores, que, ao situar os seres humanos na

---

como promovidos e protegidos pelos Estados. Nesse sentido, dispõe a parte final do § 5º do referido diploma internacional: "Embora particularidades nacionais e regionais devam ser levadas em consideração, assim como diversos contextos históricos, culturais, religiosos, é dever dos Estados promover e proteger todos os direitos humanos e liberdades fundamentais, sejam quais forem seus sistemas políticos, econômicos e culturais".

[137] HÄBERLE, "*Libertad, igualdad, fraternidad...*", p. 45.

[138] Idem, "*A dignidade humana como fundamento...*", p. 126-127.

[139] Idem, op. cit., p. 126. Aqui há que ser tem em conta a tese da *dimensão multicultural dos direitos humanos* formulada por SANTOS, Boaventura de Souza. "Uma concepção multicultural de direitos humanos". In: *Lua Nova – Revista de Cultura e Política*, CEDEC, n. 39, 1997, p. 105.

[140] Idem, "*Libertad, Igualdad, Fraternidad...*", p. 46.

[141] Idem, op. cit., p. 74.

condição de *animais culturais*, pontua que a afirmação histórica dos direitos humanos é um processo contínuo de luta e reação simbólica em face dos meios diferentes e plurais em que vivemos, constituindo a base do que cultural e diferenciadamente temos denominado dignidade humana.[142] O autor espanhol, que presta uma homenagem a Chico Mendes na sua obra *El proceso cultural: materiales para la creatividad humana*, determina ser a dignidade humana o resultado de um processo cultural de afirmação e luta pelos direitos humanos, considerando, é claro, as particularidades e relativismos da edificação cultural de cada comunidade estatal.

Tendo em conta a dimensão histórico-cultural, Sarlet, na esteira do pensamento de Häberle, afirma que a dignidade humana

> não deve ser considerada exclusivamente como algo inerente à natureza humana (no sentido de uma qualidade inata pura e simplesmente), isto na medida em que a dignidade possui também um sentido cultural, sendo fruto do trabalho de diversas gerações e da humanidade em seu todo, razão pela qual as dimensões natural e cultural da dignidade da pessoa se complementam e interagem mutuamente.[143]

A dimensão histórico-cultural da dignidade humana permite a sua mutação conceitual diante dos novos contornos culturais que marcam cada nova etapa histórica, assim como toma em conta as circunstâncias culturais particulares de cada sociedade na conformação do seu conteúdo. No entanto, em que pese a polêmica em torno de tal constatação, é possível afirmar a existência de um núcleo essencial (mínimo) para a dignidade de certa forma perene e universalizável, o qual resultaria protegido em qualquer dos cantos do Planeta, independentemente do contexto e particularidades culturais de determinada comunidade. Em termos gerais, a dimensão histórico-cultural da dignidade tem como objetivo captar no seu âmbito protetivo novos elementos e valores que são legitimados no espaço sócio-histórico-cultural de determinada comunidade humana, dialogando com o conteúdo de tais reivindicações sociais e formatando o conteúdo da dignidade a partir de tais valores. Nesse sentido, é precisa a lição de Häberle ao afirmar a importância da tomada de consciência dos riscos e ameaças ambientais para a cultura constitucional, dando um novo contorno ao conteúdo da dignidade humana.

> O enunciado constitucional da dignidade humana traz consigo uma medida mínima em capacidade de desenvolvimento e, com isso, de mutabilidade, da aparentemente "absoluta" dignidade humana. Assim, apenas recentemente se tem tomado consciência dos riscos e ameaças da esfera ambiental, bem como grupos marginalizados foram apenas há pouco percebidos pela sociedade: as cláusulas da dignidade humana situam-se no contexto da cultura constitucional. Esta transcende o aspecto jurídico da Constituição: alcançando o cultural, textos clássicos, bem como utopias concretas (v.g. os protetores do meio ambiente), assim como as experiências de um povo (v. g. com tiranias) e também as esperanças (v.g., a seu tempo, a unidade alemã ou da Europa atual).[144]

---

[142] HERRERA FLORES, *"El proceso cultural..."*, p. 19.
[143] SARLET, *"Dignidade da pessoa humana..."*, p. 46.
[144] HÄBERLE, *"A dignidade humana como fundamento..."*, p. 135-136.

A proteção ambiental, portanto, legitimada socialmente pelo movimento ambientalista, especialmente a partir da década de 70, pode ser tomada como um novo componente cultural da dignidade humana na sua versão conceitual contemporânea, em decorrência especialmente dos riscos e ameaças existenciais postos pela degradação ambiental. À luz da perspectiva histórico-cultural, a luta travada pelo movimento ecológico corresponde a mais uma etapa de afirmação histórica dos direitos humanos, no caso o direito do ser humano a viver em um ambiente saudável e equilibrado, de modo a ampliar o conteúdo e conferir uma tutela cada vez mais ampla à dignidade humana.

1.3.4. Direitos de personalidade e proteção do ambiente

Para reforçar ainda mais a importância do ambiente (ecologicamente equilibrado) no âmbito do desenvolvimento existencial humano, é importante vincular tal idéia aos direitos de personalidade. Quanto aos direitos de personalidade, a doutrina do Direito Civil-Constitucional, resgatando a dimensão do "ser" em face da hipertrofia do "ter" do modelo liberal-clássico,[145] tem destacado a caracterização normativa de uma cláusula geral de tutela da pessoa, a qual encontra o seu fundamento no metaprincípio constitucional da dignidade da pessoa humana, não resistindo mais, em vista de uma leitura constitucionalizada dos direitos da personalidade, o entendimento acerca de uma enumeração taxativa desses.[146] A relação entre dignidade e direitos da personalidade é, de fato, muito próxima, em vista de ambos estarem diretamente comprometidos com a concretização da vida humana de forma plena e qualificada (e, portanto, também saudável).

A natureza eminentemente existencial da tutela atribuída à personalidade da pessoa humana representa uma proteção abrangente em face de todas as possibilidades de sua violação, o que deve, necessariamente, acompanhar a evolução e a complexidade das relações sociais contemporâneas, captando a dimensão ecológica de tais relações. Bodin de Moraes, no intuito de caracterizar a personalidade como um valor aberto e mutante do nosso ordenamento, afirma que "a personalidade é, portanto, não um 'direito', mas um valor, o valor fundamental do ordenamento, que está na

---

[145] Para uma abordagem do resgate da dimensão existencial humana (ou seja, do "ser" em face do "ter") no âmbito do Direito Civil-Constitucional, remete-se à leitura do "inspirador" artigo de MEIRELLES, Jussara. "O ser e o ter na codificação civil brasileira – do sujeito virtual à clausura patrimonial". In: *Repensando os fundamentos do direito civil contemporâneo*. FACHIN, Luiz Edson (Coord.). Rio de Janeiro: Renovar, 1998, p. 87-114.

[146] O rol dos direitos da personalidade elencados nos artigos 11 a 21 do novo Código Civil (Lei 10.406/02) é meramente exemplificativo, contemplando a possibilidade de direitos da personalidade fora do referido catálogo. Nesse sentido, cfr. BODIN DE MORAES, "*Danos à pessoa humana...*", p. 117-118.

base de uma série (aberta) de situações existenciais, nas quais se traduz a sua incessantemente mutável exigência de tutela".[147]

Com o mesmo ponto de vista, Mota Pinto defende a idéia de um "direito geral de personalidade" aberto, permitindo a tutela de novos bens em face de novas ameaças à pessoa humana,[148] cujo objeto seria

> a personalidade humana em todas as suas manifestações, actuais e futuras, previsíveis e imprevisíveis, e tutelaria a sua livre realização e desenvolvimento, sendo o "princípio superior de constituição" dos direitos que se referem a particulares modos de ser da personalidade. Esse direito conferiria uma tutela geral que, para além de se adequar melhor à irredutível complexidade da personalidade humana – só podendo esta ser apreendida e tutelada numa perspectiva globalizante –, pode incluir bens da personalidade não tipificados.[149]

Em vista da abertura conceitual inerente à personalidade (como direito e valor do nosso ordenamento), a fim de contextualizá-la diante dos riscos existenciais criados pela "sociedade de risco" contemporânea e atual estado de degradação ambiental, não há como não inserir a qualidade ambiental como um dos elementos-chave da tutela da personalidade humana, em vista da relação intrínseca que aquela mantém com a salvaguarda existencial (presente e futura) do ser humano.[150] A vida situada em um quadro ambiental degradado compromete o livre desenvolvimento da personalidade humana,[151] especialmente no que diz respeito à integridade psicofísica do ser humano, que comporta, nas palavras de Bodin de Moraes, um "amplíssimo direito à saúde", compreendendo um "completo bem-estar psicofísico e social".[152] Na mesma linha, Robson da Silva coloca o equilíbrio ambiental como crucial para que a personalidade humana tenha um "curso normal de desenvolvimento", o que, principalmente nas grandes e médias cidades, está constantemente comprometido em razão dos "desarranjos emocionais e físicos" provocados pela poluição sonora, atmosférica, hídrica, etc., afetando toda a sociedade e o indivíduo em particular.[153]

---

[147] BODIN DE MORAES, op. cit., p. 121.

[148] MOTA PINTO, Paulo. "Notas sobre o direito ao livre desenvolvimento da personalidade e os direitos de personalidade no direito português". In: SARLET, Ingo Wolfgang (Org.). *A Constituição concretizada*: construindo pontes entre o público e o privado. Porto Alegre: Livraria do Advogado, 2000, p. 68.

[149] Idem, *"Notas sobre o direito..."*, p. 68.

[150] MIRANDA também destaca o direito ao ambiente (juntamente com o direito à vida) como projeção dos direitos de personalidade. MIRANDA, Jorge. *Manual de direito constitucional*. Tomo IV, Direitos Fundamentais. 3.ed. Coimbra: Editora Coimbra, 2000, p. 60.

[151] À luz do direito português, SENDIN destaca entendimento doutrinário que traz "a compreensão do direito ao ambiente como um direito de personalidade, claramente autônomo em relação ao direito à saúde e aos direitos patrimoniais. Nesta construção o direito de personalidade ao ambiente justificar-se-ia porque a existência de um ambiente salubre e ecologicamente equilibrado representa uma condição essencial para um completo desenvolvimento da personalidade humana. Assim, entre os bens abrangidos pela tutela geral de personalidade, prevista no art. 70º do CC, contar-se-iam, também, os elementos componentes da relação existencial do Homem com a Natureza". SENDIN, *"Responsabilidade civil por danos ecológicos..."*, p. 36-37.

[152] BODIN DE MORAES, *"Danos à pessoa humana..."*, p. 94.

[153] ROBSON DA SILVA, José. *Paradigma biocêntrico*: do patrimônio privado ao patrimônio ambiental. Rio de Janeiro: Renovar, 2002, p. 254.

Outro suporte normativo importante para a caracterização da dimensão individual-subjetiva do direito ao ambiente em face da tutela da personalidade humana diz respeito aos direitos de vizinhança consagrados na ordem civilista. Na hipótese em que o exercício empregado por determinado proprietário (ou possuidor) de determinado imóvel interfira e prejudique a esfera jurídica de proprietário ou possuidor de área vizinha, este último, a fim de assegurar a sua segurança, sossego e saúde, encontra amparo legal para tal pretensão, nos termos do art. 1.277 do novo Código Civil.[154] A relação dos elementos saúde, segurança e sossego guardam relação intrínseca com a função socioambiental da propriedade, bem como com o *livre desenvolvimento da personalidade* humana, já contemplado na Declaração Universal dos Direitos Humanos (1948) da ONU (art. 22º).

Os direitos de vizinhança, apesar de na sua essência resguardarem e protegerem direitos individuais de proprietários e possuidores que tenham os seus direitos violados pelo exercício empregado por titular ou possuidor de propriedade vizinha, a sua aplicação pode também ser projetada para a defesa de direitos difusos e coletivos, uma vez que os direitos à segurança (desmatamento ou retirada de mata ciliar que comprometam a estrutura física que dá suporte às propriedades vizinhas), ao sossego (poluição sonora provocada por bar noturno instalado na propriedade confrontante) e à saúde (poluição hídrica e contaminação do solo provocada pelo uso de agrotóxicos ou outras substâncias químicas em propriedade vizinha), como referido nos exemplos trazidos, transcendem a esfera individual do titular do direito de vizinhança e atingem o patamar de direito transindividual.[155] No entanto, não obstante a possibilidade de o indivíduo realizar "uma verdadeira ação civil pública" na defesa do seu direito de vizinhança, quando esse coincida com o direito de toda a coletividade, o direito de vizinhança, na sua essência, é um mecanismo judicial a autori-

---

[154] "Art. 1227. O proprietário ou possuidor de um prédio tem o direito de fazer cessar as interferências prejudiciais à segurança, ao sossego e à saúde dos que o habitam, provocadas pela utilização da propriedade vizinha".

[155] PURVIN DE FIGUEIREDO, ao fazer uma leitura sistemática entre o Estatuto da Cidade, a ordem constitucional e o direito de vizinhança no novo Código Civil, aponta, com precisão, para um conceito solidário de vizinhança, caracterizando a participação democrática dos cidadãos na construção de cidades sustentáveis através dos instrumentos jurídicos conferidos para a proteção dos direitos de vizinhança. "Temos, de forma enfática, a introdução de um conceito solidário de vizinhança. Não se trata mais de buscar tão somente o bem estar pessoal delimitado no art. 554 do antigo Código Civil mas, muito mais do que isso, de contribuir para a sustentabilidade ecológica, econômica e social a partir de uma perspectiva local. Introduz o novo Código Civil, com isto, o moderno princípio da democracia participativa na gestão de cidades sustentáveis, em harmonia com as diretrizes gerais da política urbana elencadas no Estatuto da Cidade que, em seu art. 2º, incisos I e II, garante o direito a cidades sustentáveis e a gestão democrática por meio da participação da população na execução de planos, programas e projetos de desenvolvimento urbanos". PURVIN FIGUEIREDO, Guilherme José. *A propriedade no direito ambiental*: a dimensão ambiental da função social da propriedade. Rio de Janeiro: Esplanada, 2004, p. 96.

zar a tutela individual no que tange a um conjunto de direitos (segurança, saúde, sossego, etc.) que conformam a personalidade humana.[156]

Assim, sem olvidar a proeminência do interesse transindividual (ou difuso) no caso da tutela do direito fundamental ao ambiente, já que muitas vezes se está diante de questões que trazem um grande apelo social, a dimensão individual-subjetiva deve ser sempre resguardada e tutelada, apresentando especial importância na abordagem dos direitos da personalidade. Perlingieri, ao criticar a limitação da titularidade para a defesa do ambiente para associações ou mesmo para o Estado no âmbito do direito italiano, afirma que o ambiente configura-se como instrumento privilegiado para o desenvolvimento da pessoa, e, portanto, deve ter reconhecida a sua dimensão individual-subjetiva como constitutiva do *status personae*.[157]

Com tal perspectiva em foco, Morato Leite afirma a ambivalência do dano ambiental, que pode recair sobre o patrimônio ambiental (bem comum da coletividade), bem como também atingir interesses legítimos de uma determinada pessoa, "configurando um dano particular que ataca um direito subjetivo e legitima o lesado a uma reparação pelo prejuízo patrimonial ou extrapatrimonial".[158] Enfim, sem descaracterizar a natureza difusa do dano ambiental, é importante destacar sempre a dimensão individual desse, especialmente no que diz respeito ao prejuízo sofrido pelo indivíduo no desenvolvimento pleno da sua personalidade em razão de condições existenciais impróprias decorrentes da degradação ambiental. Conforme revelam Milaré e Loures, "os direitos da personalidade têm em mira a dignidade humana e, por pressuposto, a existência de condições mínimas que possibilitem o pleno desenvolvimento psíquico e físico dos indivíduos".[159]

As condições existenciais mínimas necessárias ao pleno desenvolvimento da personalidade passam necessariamente pela qualidade do

---

[156] Sobre o tema, especificamente sobre o caso de poluição sonora, de certo modo comum nas relações de vizinhança, segue decisão do Tribunal de Justiça do Estado de São Paulo: AÇÃO CIVIL PÚBLICA AMBIENTAL. RUÍDOS PRODUZIDOS POR CLUBE. Atividade festiva ou social de clube que produz *poluição sonora* em desacordo com as posturas ditadas pelo Conama, causando *desassossego à população vizinha que ali reside e à saúde pública*, deve ser obstada para garantia desta última, porquanto *a dignidade da pessoa humana diz respeito, também, à qualidade de vida*. Recurso ao qual se nega provimento (grifos nossos) (TJSP, Apel. c/ Revisão 383.789.5/2, Seção de Direito Público, Câmara Especial do Meio Ambiente, Rel. Des. Regina Zaquia Capistrano da Silva, julgado em 15 de fevereiro de 2007).

[157] "Se o ambiente é aspecto essencial ao desenvolvimento da pessoa, e se cada um, no seu *status personae*, tem direito a um *habitat* que garanta a qualidade da vida, deve-se reconhecer a cada um o direito de agir para que isso se realize. O interesse é juridicamente protegido pelo próprio Texto Constitucional. Além da tutela do patrimônio do Estado, a proteção do meio ambiente refere-se à tutela da qualidade da vida como direito que se relaciona diretamente ao *status personae*". PERLINGIERI, Pietro. *Perfis do direito civil*: introdução ao direito civil constitucional. Rio de Janeiro: Renovar, 1999, p. 172-3.

[158] MORATO LEITE, "Dano ambiental...", p. 99.

[159] MILARÉ, Édis; LOURES, Flávia Tavares Rocha. "Meio ambiente e os direitos da personalidade". In: *Revista de Direito Ambiental*, n. 37, Jan-Mar, 2005, p. 25.

ambiente (ou habitat natural) em que a vida humana se desenvolve, caracterizando um elo vital entre a proteção do ambiente e os direitos da personalidade (como projeções diretas da dignidade humana). Todavia, as necessidades existenciais, para uma tutela integral da dignidade humana, não se esgotam à luz de tal "encontro de direitos", necessitando ampliar o âmbito de proteção da dignidade humana na sua perspectiva ecológica também em face dos direitos fundamentais sociais, de modo a dar o conteúdo do tecido normativo elementar a uma existência humana digna de ser vivida, o que se fará de agora em diante.

1.3.5. Direitos fundamentais sociais e proteção do ambiente

> No País da malária, da seca, da miséria absoluta, dos menores de rua, do drama fundiário, dos sem-terra, há, por certo, espaço para mais uma preocupação moderna: a degradação ambiental.[160]

O diálogo normativo que se pretende traçar entre o direito fundamental ao ambiente e os direitos fundamentais sociais[161] é extremamente importante para a conformação do conteúdo jurídico do princípio da dignidade humana, já que os direitos em questão são projeções materiais dos elementos mais vitais e básicos para uma existência humana digna e saudável. A comunicação entre os direitos fundamentais sociais e o direito fundamental ao ambiente também é um dos objetivos centrais do con-

---

[160] BARROSO, Luís Roberto. "Proteção do meio ambiente na Constituição brasileira". In: *Revista Trimestral de Direito Público*, n. 2. São Paulo: Malheiros, 1993, p. 59.

[161] Sobre o tema dos direitos fundamentais sociais, certamente a melhor e mais "progressista" doutrina brasileira, inclusive sob a ótica da "justiciabilidade" de tais direitos, está na obra de SARLET, "*A eficácia dos direitos fundamentais...*", p. 281-359. Nesse sentido, merece registro a divergência doutrinária a respeito do reconhecimento da qualificação de direitos fundamentais aos direitos sociais. Num dos pólos teóricos, com o qual compartilhamos integralmente, SARLET posiciona-se pela inclusão dos direitos sociais no rol dos direitos fundamentais, defendendo "a tese de que – pelo menos no âmbito do sistema de direito constitucional positivo nacional – todos os direitos sociais são fundamentais, tenham sido eles expressa ou implicitamente positivados, estejam eles sediados no Título II da CF (dos direitos e garantias fundamentais) ou dispersos pelo restante do texto constitucional ou mesmo que estejam (também expressa e/ou implicitamente) localizados nos tratados internacionais regularmente firmados e incorporados pelo Brasil". SARLET, Ingo Wolfgang. "Direitos fundamentais sociais, 'mínimo existencial' e direito privado: breves notas sobre alguns aspectos da possível eficácia dos direitos sociais nas relações entre particulares". In: GALDINO, Flávio; SARMENTO, Daniel (Orgs.). *Direitos Fundamentais – Estudos em homenagem a Ricardo Lobo Torres*. Rio de Janeiro: Renovar, 2006, p. 560. No outro pólo doutrinário, TORRES defende a distinção entre direitos fundamentais e direitos sociais, já que, segundo o autor, tomar os direitos sociais como fundamentais implica confusão conceitual que não permite a eficácia dos direitos sociais sequer na sua dimensão mínima (mínimo existencial). Para o publicista carioca, apenas os direitos sociais integrantes do conteúdo do mínimo existencial seriam detentores de *jusfundamentalidade*. TORRES, Ricardo Lobo "A metamorfose dos direitos sociais em mínimo existencial". In: SARLET, Ingo Wolfgang (Org). *Direitos fundamentais sociais*: estudos de direito constitucional, internacional e comparado. Rio de Janeiro: Renovar, 2003, p. 2.

ceito de *desenvolvimento sustentável*[162] no horizonte constituído pelo *Estado Socioambiental de Direito*, na medida em que, de forma conjunta com a idéia de proteção do ambiente, também se encontra presente no seu objetivo central o atendimento às necessidades básicas dos pobres do mundo e a distribuição equânime dos recursos naturais (por exemplo, acesso à água,[163] alimentos, etc.). À luz do conceito de desenvolvimento sustentável, Silva afirma que esse tem como seu requisito indispensável um crescimento econômico que envolva eqüitativa redistribuição dos resultados do processo produtivo e a erradicação da pobreza, de forma a reduzir as disparidades nos padrões de vida da população. O constitucionalista afirma ainda que se o desenvolvimento não elimina a pobreza absoluta, não propicia um nível de vida que satisfaça as necessidades essenciais da população em geral, conseqüentemente, não pode ser qualificado de sustentável.[164]

A proteção ambiental está diretamente relacionada à garantia dos direitos sociais, já que o gozo desses últimos (como, por exemplo, saúde, moradia, alimentação, educação, etc.), em patamares desejáveis constitucionalmente, está necessariamente vinculado a condições ambientais favoráveis, como, por exemplo, o acesso à água potável (através de saneamento básico, que também é direito fundamental social integrante do conteúdo do mínimo existencial[165]), à alimentação sem contaminação química (por exemplo, de agrotóxicos e poluentes orgânicos persistentes), a moradia em área que não apresente poluição atmosférica, hídrica ou contaminação do solo (como, por exemplo, na cercania de áreas industriais) ou mesmo riscos de desabamento (como ocorre no topo de morros desmatados e margens de rios assoreados). Nesse contexto, Chagas Pinto aponta para o saneamento ambiental como um campo de atuação perfeito ao combate simultâneo da pobreza e da degradação do ambiente. A efetividade dos serviços de abastecimento de água e de esgotamento sanitário integra, direta ou indiretamente, o âmbito normativo de diversos direitos fundamentais (mas especialmente

---

[162] A Comissão Mundial sobre Meio Ambiente e Desenvolvimento das Nações Unidas, em seu relatório Nosso Futuro Comum (*Our common future*), no ano de 1987, cunhou o conceito de desenvolvimento sustentável, que seria "aquele que atende às necessidades do presente sem comprometer a possibilidade de as gerações futuras atenderem a suas próprias necessidades. Ele contém dois conceitos-chave: o conceito de 'necessidades', sobretudo as necessidades essenciais dos pobres do mundo, que devem receber a máxima prioridade; a noção das limitações que o estágio da tecnologia e da organização social impõe ao meio ambiente, impedindo-o de atender às necessidades presentes e futuras". *Nosso Futuro Comum/Comissão Mundial sobre Meio Ambiente e Desenvolvimento*. 2.ed. Rio de Janeiro: Editora Fundação Getúlio Vargas, 1991, p. 43.

[163] Com efeito, PETRELLA registra que a saúde humana está intimamente ligada ao "acesso básico e seguro à água", tendo em conta o fato de que os problemas relacionados com a quantidade ou a qualidade da água à base de 85% das doenças humanas nos países pobres. PETRELLA, Ricardo. *O Manifesto da Água*: argumentos para um contrato mundial. Petrópolis/RJ: Vozes, 2002, p. 88.

[164] SILVA, "*Direito ambiental constitucional...*", p. 26-27.

[165] Nesse sentido, cfr. BARCELLOS, Ana Paula de. *A eficácia jurídica dos princípios constitucionais*: o princípio da dignidade da pessoa humana. 2.ed. Rio de Janeiro/São Paulo/Recife: Renovar, 2008, p. 317-320.

dos direitos sociais), como o direito à saúde, o direito à habitação decente, o direito ao ambiente, o "emergente" direito à água (essencial à dignidade humana), bem como, em casos mais extremos, também o direito à vida.[166]

Ao articular a idéia de vinculação entre direitos sociais e proteção do ambiente, Ferreira aponta para a importância do diálogo entre o movimento ambientalista e os movimentos por direitos sociais, já que, como acentua, a compatibilização da qualidade ambiental ao bem-estar social seria o próximo baluarte a ser conquistado na construção da cidadania.[167] A autora destaca que os desafios das condutas políticas voltadas à qualidade ambiental residem "na dinâmica mais ampla de uma sociedade cuja expressão pública de novos direitos convive com a negação cotidiana do universo da cidadania, através da institucionalização de práticas excludentes, violentas e arbitrárias".[168] Em outras palavras, a socióloga da UNICAMP evidencia que qualquer institucionalização das demandas ecológicas deve passar necessariamente pelo enfrentamento dos direitos sociais, como premissas para uma condição cidadã, conciliando tais mundos e afirmando a própria dimensão integrativa de tais direitos na conformação de uma tutela integral da dignidade humana no horizonte político-jurídico de um *socioambientalismo*.[169]

A pobreza e a miséria geralmente andam acompanhadas pela degradação ambiental, tornando aqueles cidadãos mais prejudicados pela falta de acesso aos seus direitos sociais básicos também os mais violados no que tange aos seus direitos ambientais, razão pela qual tais demandas sociais devam ser pautadas de forma ordenada e conjunta, a fim de contemplar uma tutela integral e efetiva da dignidade humana a todos os integrantes

---

[166] CHAGAS PINTO, Bibiana Graeff. "Saneamento básico e direitos fundamentais: questões referentes aos serviços públicos de água e esgotamento sanitário no direito brasileiro e no direito francês". In: BENJAMIN, Antonio Herman (Org.). *Anais do 10º Congresso Internacional de Direito Ambiental* (Direitos humanos e meio ambiente). São Paulo: Imprensa Oficial do Estado de São Paulo, 2006, p. 408.

[167] FERREIRA, Lúcia da Costa. "Os ambientalismos, os direitos sociais e o universo da cidadania". In: FERREIRA, Leila da Costa; VIOLA, Eduardo (Orgs.). *Incertezas de Sustentabilidade na Globalização*. Campinas: Editora da UNICAMP, 1996, p. 254-255.

[168] FERREIRA, *"Os ambientalismos, os direitos sociais..."*, p. 250.

[169] Nesse sentido, VIOLA e LEIS apontam para o surgimento do *socioambientalismo*, o qual abrangeria um grande número de organizações não-governamentais, movimentos sociais e sindicatos, que têm incorporado a questão ambiental como uma dimensão importante de sua atuação, incluindo no seu conjunto: 1) movimento dos seringueiros; 2) movimentos indígenas; 3) movimento dos trabalhadores rurais sem-terra; 4) movimento dos atingidos por barragens; 5) setores dos movimentos dos moradores e comunidades de bairro; 6) movimentos pela saúde ocupacional, composto por ativistas sindicais e médicos sanitaristas; 7) setores do movimento estudantis; 8) movimentos de defesa do consumidor; 9) movimentos pacifistas; 10) grupos para o desenvolvimento do potencial humano (homeopatia, ioga, escolas alternativas, etc.); 11) setores do movimento feminista; 11) movimentos e sindicatos dos trabalhadores urbanos; 13) um setor cada vez mais importante das organizações não-governamentais de desenvolvimento social e apoio aos movimentos sociais. VIOLA, Eduardo J.; LEIS, Hector R. "A evolução das políticas ambientais no Brasil, 1971-1991: do bissetorialismo preservacionista para o multissetorialismo orientado para o desenvolvimento sustentável". In: HOGAN, Daniel Joseph; VIEIRA, Paulo Freire (Orgs.). *Dilemas socioambientais e desenvolvimento sustentável*. 2.ed. Campinas: Editora da Unicamp, 1995, p. 88-89.

da comunidade estatal. Tal compreensão está alinhada à tese da unidade e interdependência de todas as dimensões de direitos fundamentais (liberais, sociais e ecológicos). Nesse prisma, pretende-se desenvolver as conexões entre o direito fundamental ao ambiente e aqueles direitos fundamentais sociais que, na nossa compreensão, possuem maior vinculação com a proteção ambiental, merecendo destaque especial para os direitos à saúde, à moradia e à educação, em que pese a importância da qualidade do ambiente também para um desfrute adequado de outros direitos sociais, como é o caso do direito à alimentação, do direito ao trabalho, do direito ao lazer, entre outros.

1.3.5.1. Direito fundamental à saúde e proteção ambiental

Em termos gerais, o direito social que apresenta maior convergência do seu âmbito de proteção com a tutela do ambiente, no nosso entender, é o *direito fundamental à saúde*, merecendo destaque, para tal entendimento, a própria previsão constitucional do caput do art. 225 que coloca o ambiente equilibrado como "essencial à sadia qualidade de vida". Primeiramente, a fim de uma abordagem ampla da própria constituição biofísica do ser humano (denominado pelo zoólogo norte-americano Desmond Morris de *primata nu* ou *the naked ape*),[170] é importante destacar que esse possui uma natureza animal (ou natural) determinante para a sua existência, o qual lhe acompanha em todos os aspectos da sua vida, inclusive e especialmente no que toca à sua saúde. O ambiente onde está inserido o ser humano (e que também lhe constitui) integra as condições materiais necessárias à sua existência, ainda mais quando se objetiva, para além da mera sobrevivência, uma existência digna e saudável. A vida e a saúde humanas são totalmente dependentes, para o seu desenvolvimento pleno e adequado, da boa qualidade do ar, da água, do solo, dos alimentos, enfim de tudo o que lhe proporciona o ambiente natural. A poluição (e também o esgotamento) dos recursos naturais, além de desequilibrar o ecossistema e o ambiente em si, implica desestabilidade da vida humana, comprometendo a saúde do ser e impossibilitando o alcance da vida humana em patamares dignos. Há, portanto, um elo vital entre os elementos em análise, quais sejam: a qualidade ou equilíbrio ambiental e a saúde humana.

Em tempos de vacas-loucas, de gripe aviária, de alimentos contaminados com substâncias tóxicas, de aquecimento global,[171] de altos índices

---

[170] MORRIS, Desmond. *The naked ape*. New York: Dell Publishing Co., 1969.

[171] Sensível a tal realidade, CANÇADO TRINDADE aponta para a relação direta que se estabelece entre a degradação ambiental e a saúde humana, resultando esta última gradualmente comprometida na medida em que aquela avança pelo mundo. "Pelos efeitos do aquecimento global sobre a saúde humana: câncer de pele, lesão na retina ocular, catarata e eventual cegueira, lesão neurológica, menor resistência a infecções, alteração do sistema imunológico; em suma, a destruição da camada de ozônio pode resultar em danos substanciais à saúde humana assim como ao meio ambiente (danos a plantas

de câncer de pele, etc., a saúde e o equilíbrio da vida natural (animal não-humana, vegetal, mineral, etc.), considerando a cadeia alimentar que tem hoje o ser humano no seu topo (a deixar os grandes carnívoros não-humanos em desvantagem), são, cada vez mais, tomados como condição vital para a saúde humana, reconhecendo-se, portanto, o vínculo existencial entre todos os seres vivos na composição e manutenção da *teia da vida*. O ser humano, em que pese todo o aparato tecnológico de que dispõe, não consegue blindar ou isolar a sua existência em face de condições ambientais que lhe são desfavoráveis, estando, portanto, a sua saúde completamente vulnerável diante do desequilíbrio e da poluição ambiental.[172]

Diante de tais evidências, é imperiosa uma ampliação do âmbito de proteção do direito à saúde (em vista de uma vida digna e saudável), o qual deve abandonar qualquer olhar reducionista que vislumbre o ser humano dissociado do ambiente que integra e o constitui, mas compreendendo-se a vinculação direta e elementar entre tais direitos fundamentais. À luz de um conceito amplo para o direito à saúde, Baldassarre acentua que o direito à saúde está dirigido à tutela da integridade física e psíquica da pessoa frente a qualquer ameaça proveniente do ambiente externo, o que diz respeito a agressões à saúde que derivem de condições impróprias do lugar de trabalho, da escola, da cidade e de qualquer outro ambiente de vida.[173] Aí, em vista da formulação do jurista italiano, há que se incluir o ambiente natural como um todo, já que a saúde humana é totalmente dependente da saúde (ou qualidade) do ambiente que o circunda. Para reforçar tal premissa, retoma-se o dispositivo (art. 3º, I) da Lei da Política Nacional do Meio Ambiente Lei 6.938/81), já referido em passagem anterior, o qual, ao conceituar *meio ambiente*, determina ser esse o abrigo e regente de todas as formas de vida, incluindo a humana. O mesmo comando legal (art. 3º, III, "a"), ao conceituar *poluição*, dispõe ser tal a degradação da qualidade ambiental resultante de atividades que direta ou indiretamente "prejudiquem a saúde, a segurança e o bem-estar da população".

---

terrestres, destruição do plâncton, um elemento chave na cadeia alimentar), revelando assim a necessária convergência da proteção da saúde humana e da proteção ambiental." CANÇADO TRINDADE, Antônio Augusto. *Direitos humanos e meio ambiente*: paralelo dos sistemas de proteção internacional. Porto Alegre: SAFE, 1993, p. 64.

[172] A revelar tal dependência, registra-se a decisão do Tribunal de Justiça do Estado do Rio Grande do Sul: "APELAÇÃO. CRIME CONTRA O MEIO AMBIENTE. RESPONSABILIDADE PENAL DA PESSOA JURÍDICA DETERMINADA PELA CONSTITUIÇÃO FEDERAL DE 1988, EM SEU ART. 225, § 3º. PRELIMINAR DE ILEGITIMIDADE AFASTADA. LIXO HOSPITALAR. *Armazenamento de substâncias tóxicas, perigosas e nocivas à saúde humana e ao meio ambiente, em desacordo com as exigências legais.* Delito previsto no art. 56, *caput*, da Lei nº 9.605/98 configurado. Resíduos de serviços de saúde deixados em contato com o solo, queimando em local freqüentado por pessoas e animais, em desacordo com a legislação, gerando gases poluentes. Incidência do art. 54, § 2º, inciso V do mesmo diploma legal. Condenação mantida. Apelo improvido. Unânime". (TJRS, Apel. Criminal 70015164676, Rel. Des. Aristides Pedroso de Albuquerque Neto, 4ª Câmara Criminal, julgado em 08.06.2006) (grifos nossos).

[173] BALDASSARRE, Antonio. *Los derechos sociales*. Bogotá: Universidad Externado de Colômbia, 2001, p. 167.

Com efeito, o que se está a postular é justamente o reconhecimento de um direito à saúde tomado em sentido amplo, capaz de contemplar no seu conteúdo a proteção da qualidade ambiental e da saúde humana contra todos os riscos ambientais aos quais está exposta em decorrência da degradação ambiental. Cançado Trindade, por sua vez, destaca a ampliação do âmbito de proteção do direito à saúde em face da tutela jurídica do ambiente, o que, para ele, se dá em razão da própria indivisibilidade e da inter-relação de todos os direitos fundamentais.[174] Nesse horizonte, Silva coloca o entendimento acerca da existência de dois objetos por trás da tutela do ambiente: um *imediato*, que é a qualidade do ambiente; e outro *mediato*, que é a saúde, o bem-estar e a segurança que vêm se sintetizando na expressão "qualidade de vida",[175] o que permite dar a compreensão adequada da tutela compartilhada entre ambos os direitos à saúde e ao ambiente.

A Organização Mundial da Saúde, como referido anteriormente no tópico sobre a qualidade ambiental, na condição de componente da dignidade humana, estabelece como parâmetro para determinar uma vida saudável "um completo bem-estar físico, mental e social",[176] o que coloca indiretamente a qualidade ambiental como elemento fundamental para o "completo bem-estar" caracterizador de uma vida saudável. Seguindo tal orientação, a Lei 8.080/90, que dispõe sobre as condições para a promoção, proteção e recuperação da saúde, a organização e o funcionamento dos serviços correspondentes, regulamentando o dispositivo constitucional (art. 196), dispõe sobre o direito à saúde através da garantia de condições de bem-estar físico, mental e social (art. 3º, parágrafo único), bem como registra o ambiente como fator determinante e condicionante à saúde (art. 3º, *caput*). Portanto, em vista da formulação conceitual traçada pela OMS, e devidamente recepcionada pelo ordenamento jurídico (constitucional e infraconstitucional) brasileiro, tem-se um parâmetro normativo importante para caracterizar um conceito amplo de saúde, que necessariamente integra a qualidade ambiental no seu núcleo protetivo.

O tratamento normativo dispensado a ambos os direitos fundamentais (saúde e ambiente) pelo texto constitucional brasileiro é bastante semelhante, caracterizando o direito fundamental (individual e coletivo) de todos à saúde[177] e ao ambiente ecologicamente equilibrado,[178] bem como

---

[174] CANÇADO TRINDADE, "*Direitos humanos e meio ambiente...*", p. 84.
[175] SILVA, José Afonso da. *Comentário contextual à Constituição*. 2.ed. São Paulo: Malheiros, 2006, p. 835.
[176] Apud SARLET, "*Dignidade da pessoa humana...*", p. 62.
[177] "Art. 196. A saúde é direito de todos e dever do Estado, garantindo mediante políticas sociais e econômicas que visem à redução do risco de doença e de outros agravos e ao acesso universal e igualitário às ações e serviços para sua promoção".
[178] "Art. 225. Todos têm direito ao meio ambiente ecologicamente equilibrado, bem de uso comum do povo e essencial à sadia qualidade de vida, impondo-se ao Poder Público e à coletividade o dever de defendê-lo e preservá-lo para as presentes e futuras gerações".

o dever do Estado em proteger e promover a concretização de tais direitos fundamentais. Nesse contexto, resulta evidente o *dever de proteção do Estado* (*Schutzpflichten*), tanto sob um viés promocional, com a adoção de políticas públicas que assegurem a plena realização de tais direitos (*perspectiva prestacional*), quanto através da abstenção de práticas que violem o seu âmbito de proteção (*perspectiva defensiva*). Particularmente, em relação ao direito ao ambiente, o poder constituinte originário, para além do tratamento normativo dispensado com o direito à saúde, registrou no texto o *dever fundamental* de toda a coletividade (e não apenas do Estado) na preservação e proteção do direito fundamental em questão. No entanto, não obstante a falta de previsão constitucional, em razão da própria natureza do direito à saúde, como um clássico direito-dever (da mesma forma como ocorre com o direito ao ambiente), também deve ser reconhecido o *dever fundamental de proteção da saúde* atribuído aos particulares, buscando-se suporte material para tal afirmação no próprio conteúdo da dignidade da pessoa humana.

Alinhado a tal perspectiva, Cançado Trindade aponta para as *obrigações positivas* (perspectiva prestacional) e *negativas* (perspectiva defensiva) que decorrem do direito à saúde, na condição de direito humano, reconhecendo uma ampliação do âmbito de proteção do direito à saúde na medida em que se insere a dimensão ambiental como elemento integrante do núcleo essencial do direito à vida. Dessa compreensão, o notável internacionalista brasileiro sustenta a indivisibilidade e inter-relação existente entre todos os direitos humanos, já que todos eles, em maior ou menor medida, compartilham do objetivo comum de concretização da dignidade da pessoa humana. Outro argumento que resulta evidenciado na formulação argumentativa do autor é a dupla perspectiva subjetiva e objetiva do direito fundamental (social) em questão, compartilhando a dupla natureza de um direito subjetivo individual e de um valor comunitário.[179] Nesse particular, configurado o elo normativo comum que permeia tais direitos fundamentais, pode-se destacar a projeção das suas perspectivas subjetiva (individual) e objetiva (coletiva), sendo ambos os direitos em questão exemplos paradigmáticos para evidenciar a dupla perspectiva dos direitos fundamentais, o que será desenvolvido com maior minúcia no Capítulo III. A contaminação de determinado rio, por exemplo, tanto afeta individualmente o ser humano (no seu direito subjetivo à saúde ou ao ambiente), quanto a coletividade como um todo, considerando a dimensão transindividual e comunitária da proteção da saúde e do ambiente.

Outro elemento importante a ser destacado é o caráter preventivo do dever de proteção do Estado, o qual diz respeito, por exemplo, à regulação de práticas que possam colocar em risco, mesmo que potencial, os direitos

---

[179] CANÇADO TRINDADE, "*Direitos humanos e meio ambiente...*", p. 84.

fundamentais à saúde e ao ambiente. O caput do art. 196, quando trata do direito à saúde, registra a preocupação constitucional com a redução do risco de doenças, assim como o art. 225, § 1º, IV e V, respectivamente, determina a incumbência do Poder Público de exigir estudo prévio de impacto ambiental para instalação de obra ou atividade potencialmente causadora de significativa degradação do ambiente e de controlar a produção, a comercialização e o emprego de técnicas, métodos e substâncias que comportem risco para a vida, a qualidade de vida e o ambiente. É possível extrair de tais considerações a vontade constitucional de determinar uma atuação preventiva (e também precavida, ou seja, à luz tanto do princípio da prevenção quanto do princípio da precaução) do Poder Público na regulação de atividades que possam acarretar riscos à saúde e ao ambiente, agindo de forma positiva na sua eliminação ou de forma defensiva na proibição da adoção de determinadas atividades ou práticas violadoras de tais direitos fundamentais.

1.3.5.1.1. *O princípio constitucional da precaução como mecanismo de tutela simultânea dos direitos fundamentais à saúde e ao ambiente*

A partir de agora, abrem-se aqui algumas linhas para traçar a importância do papel do *princípio constitucional da precaução* na tutela dos direitos à saúde e ao ambiente, já que, conforme articulado pelo próprio texto constitucional, a tutela de tais direitos fundamentais deve ser sempre pautada por uma perspectiva preventiva (e também precavida). A adoção do princípio em questão abre caminho para uma nova racionalidade jurídica, mais abrangente e complexa, vinculando a ação humana presente a resultados futuros, sendo, portanto, um dos pilares da tutela do ambiente e também da saúde humana. Diante da racionalidade da dúvida e da incerteza científica que dita, por exemplo, as possibilidades de uso da biotecnologia quando atua no campo da engenharia genética ou de novos medicamentos, o operador do sistema jurídico deve ter como fio condutor o princípio da precaução, interpretando os institutos jurídicos que regem tais relações sociais com a responsabilidade e a cautela que demanda a importância existencial dos bens jurídicos ameaçados, quais sejam: os direitos fundamentais à vida, à saúde, ao ambiente e o princípio da dignidade da pessoa humana (das presentes e futuras gerações).

A matriz constitucional do princípio da precaução está contida no art. 225, § 1º, IV e V, que impõe o estudo prévio de impacto ambiental para a "instalação de obra ou atividade *potencialmente* causadora de significativa degradação do meio ambiente" (inciso IV), bem como que determina a obrigação do Estado de "controlar a produção, a comercialização e o emprego de técnicas, métodos e substâncias que comportem risco para a vida, a qualidade de vida e o meio ambiente" (inciso V), dita a cautela jurídica que deve reger as atividades que, enquadradas num quadro de incerteza científica quanto a possíveis danos que possam causar ao ambiente, tragam um risco, mesmo que potencial. Mais recentemente, a nova Lei de Biossegurança (Lei 11.105/05) veio a regular a matéria relativa à biossegurança, com especial destaque para os organismos geneticamente modificados (transgênicos), consagrando de forma expressa o princípio da precaução no seu art. 1º, *caput*, para fins de proteção da vida e da saúde humana, animal e vegetal, bem como da proteção ambiental como um todo.[180]

Nesse ponto, merece destaque a distinção conceitual entre os princípios da *prevenção* e da *precaução*. Com relação ao *princípio da prevenção*, submerge a idéia de um conhecimento completo sobre os efeitos de determinada técnica e, em razão do potencial lesivo já diagnosticado, o comando normativo toma o rumo de evitar tais danos já conhecidos. Nesse sentido, Gomes pontua que o princípio da prevenção traduz-se na hipótese em que, diante da iminência de uma atuação humana que comprovadamente

---

[180] "Art. 1º Esta Lei estabelece normas de segurança e mecanismos de fiscalização sobre a construção, o cultivo, a produção, a manipulação, o transporte, a transferência, a importação, a exportação, o armazenamento, a pesquisa, a comercialização, o consumo, a liberação no meio ambiente e o descarte de organismos geneticamente modificados – OGM e seus derivados, tendo como diretrizes o estímulo ao avanço científico na área de biossegurança e biotecnologia, a proteção à vida e à saúde humana, animal e vegetal, e a observância do *princípio da precaução* para a proteção do meio ambiente". Em 20.06.2005, o Procurador-Geral da República, com base em representações formuladas pelo Partido Verde e pelo Instituto Brasileiro de Defesa do Consumidor (IDEC) e recomendação da 4ª Câmara de Coordenação e Revisão (Meio Ambiente e Patrimônio Cultural) do Ministério Público Federal, ajuizou ação direta de inconstitucionalidade em face de vários dispositivos da nova Lei de Biossegurança (Lei 11.105/05), com especial destaque para os arts. 14, § 1º, e 16, §§ 2º e 3º, que dispõem ser a CTNBIO a última e definitiva instância deliberativa para determinar as hipóteses em que a atividade é potencial ou efetivamente causadora de degradação ambiental, bem como sobre a necessidade de licenciamento ambiental e a vinculação dos demais órgãos da Administração à referida decisão. Na fundamentação, a inicial da ADIN refere a afronta à competência comum dos entes federados em proteger o meio ambiente e combater a poluição em qualquer de suas formas (art. 23, VI, CF/88), a quebra do Sistema Nacional do Meio Ambiente (SISNAMA) – em razão da CTNBIO ser órgão do Ministério da Ciência e Tecnologia e não integrar o SISNAMA –, a fragmentação do processo de licenciamento ambiental, que deixa de ser obrigatório no caso de OGMs e fica a critério da CTNBIO – em desacordo ao que dispõem os arts. 225, § 1º, IV, da CF/88, 8º, I e II, e 10, *caput*, da Lei n. 6.938/81 (Lei da Política Nacional de Meio Ambiente) e Resolução 237/97 do CONAMA –, inobservância do princípio da democracia participativa – a dispensa do estudo prévio de impacto ambiental implica não-realização da audiência pública prevista no seu procedimento –, violação do princípio da separação dos poderes – em vista de decisões judiciais em plena vigência exaradas no âmbito de ações civis públicas ajuizadas pelo Instituto Brasileiro de Defesa do Consumidor e do Greenpeace contra a União Federal, que determinaram a proibição da liberação para plantio comercial da soja geneticamente modificada Roundup Ready sem estudo prévio de impacto ambiental (n. 2000.01.00.014661-DF e 1998.34.00.027681-8-DF, ambas tramitando no TRF 1ª Região). Nesse sentido, o Ex-Procurador-Geral da República Cláudio Fonteles afirmou na inicial da ADIN: "Não há dúvida de que os OGMs podem causar significativo impacto no meio ambiente pela simples razão de que toda semente geneticamente modificada é, em princípio e por natureza, potencialmente causadora de significativo impacto ambiental. E exatamente por esta razão que o Congresso Nacional está aprovando uma lei de gerenciamento dos riscos associados à manipulação genética. Portanto, a sua exclusão do processo de licenciamento ambiental é um precedente perigoso para a manutenção do equilíbrio ecológico e dos princípios que norteiam o desenvolvimento sustentável, como o princípio da precaução e o da obrigatoriedade da exigência do estudo prévio de impacto ambiental como condição para a liberação de OGM no meio ambiente".

lesará de forma grave e irreversível bens ambientais, tal intervenção deve ser travada.[181] Já o *princípio da precaução*, no entanto, tem um horizonte mais abrangente, pois objetiva regular o uso de técnicas sob as quais não há um domínio seguro dos seus efeitos, como sói acontecer, por exemplo, na hipótese dos organismos geneticamente modificados, de determinadas substâncias químicas (que são criadas constantemente pela técnica) e das radiações eletromagnéticas no uso de telefones celulares. Até que um domínio controlável e seguro da técnica seja diagnosticado, o princípio da precaução cumpre a missão constitucional de proteger o ambiente e o ser humano contra os danos potenciais acobertados pelo uso disseminado da técnica potencialmente lesiva a tais bens constitucionais. Com tal perspectiva, Gomes destaca que o princípio da precaução representaria, em termos substanciais, uma prevenção qualificada ou agravada, que atuaria sempre a favor do ambiente na ausência de certeza científica, proibindo qualquer atividade cujo efeito ambiental é desconhecido ou legitimando uma intervenção tendente a evitar um determinado efeito mesmo quando não se tem a certeza, sequer, se pode haver lesão.[182] No contexto de distinção conceitual dos princípios em tela, é precisa a lição de Freitas, ao afirmar que a diferença entre estes reside no grau estimado de probabilidade da ocorrência do dano, ou seja, "certeza" (para a prevenção) *versus* "verossimilhança" (para a precaução).[183]

Em recente decisão judicial em ação civil pública ajuizada pelo Ministério Público Federal contra a Agência Nacional de Vigilância Sanitária (ANVISA) sobre a intoxicação de mais de uma centena de funcionários de um hospital de Porto Alegre com substância química (clorpirifós, do grupo químico dos organofosforados, utilizada como inseticida no meio agrícola e urbano), o Juiz Federal Leal Júnior serviu-se do princípio da precaução para determinar que os registros das empresas que comercializam o produto fossem cancelados, bem como adotadas todas as providências para impedir a continuidade da exposição da população em geral aos riscos e efeitos nocivos à saúde e ao ambiente decorrentes do produto, mesmo que os riscos não sejam conhecidos e dimensionados de forma concreta.[184] A decisão revela um âmbito de proteção comum entre os direitos fundamentais ao ambiente e à saúde, estabelecendo um patamar mínimo de segurança e uma racionalidade constitucionalmente adequada para orientar (e o Estado regular) as relações sociais na sociedade de risco contemporânea.

---

[181] GOMES, Carla Amado. *A prevenção à prova no direito do ambiente*. Coimbra: Coimbra Editora, 2000, p. 22.

[182] GOMES, "*A prevenção à prova...*", p. 38.

[183] FREITAS, Juarez. "Princípio da precaução: vedação de excesso e de inoperância". In: *Separata Especial de Direito Ambiental da Revista Interesse Público*, n. 35, 2006, p. 36.

[184] Disponível em: http://www.espacovital.com.br/novo/noticia_complemetos.php?idcomp=60. Acesso em: 20 de julho de 2005.

A adoção do princípio da precaução também se faz presente em face dos potenciais efeitos lesivos à saúde e ao ambiente das radiações eletromagnéticas. Assim, recente julgado do Tribunal de Justiça do Estado do Rio Grande Sul considerou que, diante da falta de certeza científica a respeito dos possíveis efeitos negativos das radiações não-ionizantes para a saúde humana, há que, com base no princípio da precaução, se exigir uma "proteção mínima" diante de tal situação, determinando uma distância mínima para a instalação de unidades de radio base da telefonia celular nas proximidades de escolas, hospitais e clínicas.[185]

O risco, que difere do conceito de perigo,[186] está impregnado nas relações sociais contemporâneas através do uso de determinadas tecnologias e conhecimentos científicos nas práticas dos Estados nacionais e de particulares (verticais),[187] revelando um potencial de destruição massivo da vida humana e natural, tanto de forma direta e imediata (através, por exemplo, de contaminação nuclear ou química) quanto de forma indireta e gradual (câncer provocado por exposição à poluentes orgânicos persistentes,[188] altos índices de câncer de pele provocado pela redução da camada de ozônio, redução da fertilidade humana e animal em decorrência de alterações

---

[185] "AGRAVO DE INSTRUMENTO. ANTECIPAÇÃO DE TUTELA. AÇÃO CIVIL PÚBLICA. ADMINISTRATIVO. REQUISITOS PARA O LICENCIAMENTO DE ESTAÇÕES DE RÁDIO BASE. Pedido de antecipação de tutela em ação civil pública movida contra empresa de telefonia celular para desativação de estações de radio-base situadas nas proximidades de hospitais, clínicas e escolas. Descumprimento pela empresa de telefonia do longo prazo de adequação estabelecido pela Lei Municipal de Porto Alegre 8.896/2002 (três anos). *Incidência do princípio da precaução, no caso concreto, em face da relevante dúvida científica acerca dos malefícios das radiações emitidas por essas estações. Risco de dano irreparável, pois o objetivo é a proteção de crianças e pacientes dos estabelecimentos escolares e hospitalares situados nas proximidades das estações* (menos de 50 metros). (grifos nossos) Presença dos pressupostos para a concessão da antecipação de tutela. Decisão reformada. Agravo de instrumento provido". (TJRS, AI 70012938981, 3ª Câm. Cível, Rel. Des. Paulo de Tarso Sanseverino, julgado em 16.03.2006).

[186] Como destaca GOMES, o perigo teria causas naturais, ao passo que o risco teria na sua origem causas humanas, ou seja, seria o produto da intervenção humana no ambiente natural. GOMES, "*A prevenção à prova...*", p. 17.

[187] Cfr. a obra de MOKHIBER a respeito de alguns dos piores crimes empregados por Estados e particulares contra o ambiente, os direitos do consumidor e dos cidadãos de um modo geral, trazendo como exemplo, entre tantos outros, Bhopal, Love Canal, Minamata, Seveso, Three Mile Island, Agente Laranja, Talidomida e Ford Pinto. MOKHIBER, Russel. *Crimes corporativos*: o poder das grandes empresas e o abuso da confiança pública. Tradução de James F. S. Cook. São Paulo: Scritta, 1995.

[188] A poluição por poluentes orgânicos persistentes (POPS) é denominada de "poluição invisível", o que caracteriza bem a natureza dos perigos causados pela sociedade pós-industrial às comunidades humanas, que não são capazes de identificar os riscos que se fazem presentes no seu cotidiano de vida sem dados e estudos científicos específicos. Cfr., sobre o tema, estudo divulgado pela organização não-governamental Greenpeace no ano de 2001. *Poluentes orgânicos persistentes:* poluição invisível e global. Documento disponível em: www.greenpeace.org.br. Acesso em: 30 de junho de 2005; ainda, para uma compreensão do cenário jurídico internacional da proteção ambiental na matéria, cfr. ALBUQUERQUE, Letícia. "Fundamentos da proteção internacional do meio ambiente em matéria de segurança química". In: *Revista Direito e Justiça da Faculdade de Direito da Pontifícia Universidade Católica do Rio Grande do Sul*, vol. 29. Porto Alegre: EDIPUCRS, 2004, p. 149-169; e ALBUQUERQUE, Letícia. *Poluentes orgânicos persistentes:* uma análise da Convenção de Estocolmo. Curitiba: Juruá, 2006.

hormonais provocadas por agentes químicos, etc.). Dessa forma, a fim de preservar e proteger a existência humana de tais riscos, impõe-se uma atuação preventiva e precavida do Estado e dos particulares, movimentando-se, ambos, na lógica do *in dubio pro natura*, ou seja, quando diante da incerteza quanto a possíveis danos ao ambiente a proteção ambiental deve prevalecer e ser proibida ou retardada (até um melhor domínio da técnica) determinada prática potencialmente degradadora. Por fim, está lançada a idéia de vinculação entre os direitos fundamentais à saúde e ao ambiente, enquanto, pelo menos no que tange ao núcleo essencial de tais direitos, concretizações diretas da dignidade humana.

1.3.5.2. Direito fundamental à moradia e proteção ambiental

Com relação ao *direito fundamental social à moradia*, é importante destacar que tal, para a sua garantia em termos desejáveis constitucionalmente, em vista da sua vinculação direta com outros direitos fundamentais, e especialmente com a dignidade da pessoa humana, também exige um padrão mínimo de qualidade ambiental (acesso à água, saneamento básico, boa qualidade do ar e do solo, etc.) do local da moradia. O acesso à moradia em uma área contaminada (por exemplo, por poluentes químicos resultantes de atividade industrial) não garante ao seu titular um exercício adequado do seu direito fundamental, em razão de que a moradia implica muito mais do que apenas um teto sobre a cabeça, exigindo um espaço físico onde a vida humana possa se desenvolver de forma plena e em padrões dignos de existência.

Sem um espaço essencial para viver com um mínimo de saúde e bem estar, conforme acena Sarlet, certamente a pessoa não terá assegurada a sua dignidade, bem como, por vezes, não terá sequer assegurado o direito à própria existência física, e, portanto, o seu direito à vida.[189] O constitucionalista destaca os elementos básicos a serem atendidos em termos de um direito à moradia, identificados pela Comissão da Organização das Nações Unidas para os Direitos Econômicos, Sociais e Culturais: a) segurança jurídica para a posse, independentemente de sua natureza e origem; b) disponibilidade de *infra-estrutura básica para a garantia da saúde, segurança*, conforto e *nutrição* dos titulares do direito (*acesso à água potável, energia para o preparo da alimentação, iluminação, saneamento básico*, etc.; c) as despesas com a manutenção da moradia não podem comprometer a satisfação de outras necessidades básicas; d) a moradia deve oferecer condições efetivas de habitabilidade, notadamente assegurando a *segurança física aos seus ocupantes*; e) acesso a condições razoáveis à moradia, espe-

---

[189] SARLET, Ingo Wolfgang. "O direito fundamental à moradia na Constituição: algumas anotações a respeito de seu contexto, conteúdo e possível eficácia". In: *Revista de Direito do Consumidor*, n. 46, abril-junho, 2003, p. 209.

cialmente para os portadores de deficiência; f) localização que permita o acesso ao emprego, serviços de saúde, educação e outros serviços sociais essenciais; e g) a moradia e o modo de sua construção devem respeitar e expressar a identidade e diversidade cultural da população.[190] Entre os elementos apontados pela Comissão para os Direitos Econômicos, Sociais e Culturais, especialmente daqueles destacados em itálico, é possível indicar a dimensão ecológica inerente ao conceito de uma moradia digna.

Outro aspecto relevante na conformação do conteúdo do direito fundamental à moradia em face do direito fundamental ao ambiente passa pela abordagem da função social da propriedade (e também da posse) que, cada vez mais, à luz do seu conteúdo constitucional e infraconstitucional,[191] projeta uma dimensão normativa ambiental ou socioambiental. Assim como à propriedade é dado um novo contorno constitucional, contemplando a proteção ambiental no seu conteúdo normativo, também quando da abordagem do direito à moradia a dimensão ecológica deve conformar a sua leitura constitucional, em vista de que por trás de tais considerações reside uma preocupação constitucional com a dimensão existencial humana (e a sua dignidade), o que passa, necessariamente, pela qualidade ambiental do meio onde a vida humana se desenvolve. Nesse ponto, Fernandes destaca que, no âmbito dos assentamentos urbanos informais, quando da tutela da segurança da posse, há que se incluir a idéia de um *assentamento sustentável*, o que, como refere o autor, se coloca como um grave problema em vista de um crescimento galopante da cidade informal, causando um prejuízo à sociedade urbana como um todo.[192]

O levante da doutrina do Direito Civil-Constitucional contra a hipertrofia da dimensão patrimonial (de índole liberal-individualista) da titularidade, em defesa de um maior comprometimento da ordem civilista com a dimensão existencial do ser humano (ou seja, resgatando o "ser" do aprisionamento onde lhe havia confinado o "ter"),[193] também fortalece a leitura constitucional do direito fundamental à moradia, pois aí está consubstanciada toda a nova esfera de valores e princípios constitucionais à

---

[190] SARLET, op. cit., p. 213-214.

[191] Cfr. art. 1228, § 1º, do novo Código Civil brasileiro; art. 1º, parágrafo único, do Estatuto da Cidade (Lei 10.257/01); e art. 1º do Código Florestal (Lei 4.771/65).

[192] FERNANDES, Edésio. "Políticas de regularização fundiária: confrontando o processo de crescimento informal das cidades latino-americanas". In: *Revista Magister de Direito Ambiental e Urbanístico*, n. 6, Jun-Jul, 2006, p. 41.

[193] A respeito de um "resgate" da dimensão existencial (e não apenas patrimonial) inerente ao conteúdo do direito de propriedade, merece registro o artigo de CORTIANO JUNIOR, Eroulths. "Para além das coisas: breve ensaio sobre o direito, a pessoa e o patrimônio". In: TEPEDINO, Gustavo *et all* (Orgs.). *Diálogos sobre direito civil*: construindo uma racionalidade contemporânea. Rio de Janeiro/São Paulo: Renovar, 2002, p. 155-165, onde o autor refere que "a apropriação de bens merece ser vista e protegida enquanto atribuição de titularidades às pessoas no sentido de lhes garantir o existir como pessoas. Não se trata, então, de uma titularidade abstrata sobre coisas que se abstraem porque mercadorias, mas uma titularidade funcional, dirigida à manutenção da dignidade humana, e exercitável sobre coisas concretas porque têm importância concreta para o homem" (p. 163).

modelar a ordem jurídica contemporânea, a qual traz especial ênfase para o seu comprometimento com a dignidade humana. Tal consideração passa, necessariamente, pela garantia do acesso a uma (e não qualquer) moradia que atenda a um padrão adequado de qualidade ambiental (como, por exemplo, com acesso a serviços públicos como saneamento, água potável, etc.), bem como situada em área com segurança ambiental, não sujeita a desastres naturais, como, por exemplo, enchentes, deslizamentos de terra, etc.

Como refere Pisarello, tendo em conta a sua centralidade na vida das pessoas, uma moradia digna resulta fundamental para a sobrevivência e para uma vida segura, independente e autônoma. O autor destaca ainda que a moradia digna comporta um direito composto, já que, não concretizado, implica vulneração de outros direitos e interesses fundamentais, como é o caso do direito ao trabalho, do direito à integridade física e mental, do direito à educação, do direito à saúde, do direito ao livre desenvolvimento da personalidade, assim como o direito de participação política, entre outros.[194] A centralidade do direito à moradia na conformação dos demais direito fundamentais sugerida pelo autor traz um contorno adequado à idéia de uma compreensão integrada dos direitos fundamentais. A violação de um direito fundamental sempre trará conseqüências, de forma mais ou menos direta, ao exercício dos demais. Com relação ao direito ao ambiente, não é diferente, uma vez que a moradia em local com condições ambientais desfavoráveis não atenderá ao padrão de uma moradia digna, e, conseqüentemente, trará vulnerabilidade aos demais direitos fundamentais.

O direito fundamental social à moradia (como se verá adiante, também integrante do conteúdo do mínimo existencial, ao menos no que toca a garantia de uma moradia simples e digna) possui um âmbito de proteção compartilhado com o direito fundamental ao ambiente, porquanto, para a concretização do direito à moradia digna, de forma constitucionalmente adequada, essa deve se dar em um local com condições ambientais compatíveis com uma vida humana saudável. O estabelecimento da moradia em áreas degradadas ou com altos índices de contaminação (do solo, do ar e dos recursos hídricos) – o que geralmente ocorre nos grandes centros urbanos em virtude dos trabalhadores em atividade nos grandes parques industriais instalarem-se nas proximidades desses para facilitarem o acesso ao trabalho e também em razão dos baixos custos das habitações em tais locais – viola conjuntamente o direito à moradia em si e o direito ao ambiente ecologicamente equilibrado (bem como o direito à saúde), já que, como referido anteriormente, o primeiro não se limita a um "teto sobre a

---

[194] PISARELLO, Gerardo. *Vivienda para todos:* un derecho en (de) construcción (El derecho a una vivienda digna y adecuada como derecho exigible). Barcelona: Icaria Editorial/Observatorio de Derechos Humanos (DESC), 2003, p. 25.

cabeça" para ser concretizado, mas, para além disso, implica um conjunto de fatores existenciais (incluídas as condições ambientais favoráveis) para que a moradia possa servir a uma existência humana digna e saudável.

É importante ressaltar ainda que muitas vezes os direitos fundamentais em questão (moradia e ambiente) colocam-se em colisão, demandando a ponderação de tais bens jurídicos em conflito.[195] No contexto dos grandes centros urbanos brasileiros, é recorrente a ocupação por populações marginalizadas de áreas de preservação permanente[196] (como, por exemplo, mangues, matas ciliares e topos de morros), geralmente por ser o único espaço urbano ainda inabitado e distante dos olhares dos especuladores imobiliários. No entanto, sem que aqui se vá desenvolver o tema com maior profundidade, a preponderância de um ou outro direito fundamental só poderá ser verificada à luz das circunstâncias e peculiaridades de cada caso concreto, tendo em conta ainda que, com base no princípio da proporcionalidade, deve-se dar a maior preservação possível do direito fundamental subjugado, seja ele o ambiente, ou seja ele a moradia, resguardando sempre, é claro, o núcleo essencial de tais direitos, sob pena de incorrer em medida inconstitucional.[197] Assim, portanto, a legitimidade e constitucionalidade, por exemplo, da retirada de famílias pobres de uma área de preservação permanente em razão da proteção ambien-

---

[195] Nesse sentido, julgado do Superior Tribunal de Justiça: "AÇÃO CIVIL PÚBLICA, PROTEÇÃO DO MEIO AMBIENTE. OBRIGAÇÃO DE FAZER. MATA ATLÂNTICA. RESERVATÓRIO BILLINGS. LOTEAMENTO CLANDESTINO. ASSOREAMENTO DA REPRESA. REPARAÇÃO AMBIENTAL. 1. A destruição ambiental verificada nos limites do Reservatório Billings – que serve de água grande parte da cidade de São Paulo-, provocando assoreamentos, somados à destruição da Mata Atlântica, impõe condenação dos responsáveis, ainda que, para tanto, haja necessidade de se remover famílias instaladas no local de forma clandestina, em decorrência de loteamento irregular implementado na região. 2. Não se trata tão somente de restauração de matas em prejuízo de famílias carentes de recursos financeiros, que, provavelmente, deixaram-se enganar pelos idealizadores de loteamentos na ânsia de obterem moradias mais dignas, mas de preservação de reservatório de abastecimento urbano, que beneficia um número muito maior de pessoas do que as residentes na área de preservação. No conflito entre o interesse público e o particular há de prevalecer aquele em detrimento deste quando impossível a conciliação de ambos (...)". (STJ, Resp. 403.190-SP, Rel. Min. João Otávio de Noronha, 2ª Turma, julgado em 27.06.2006).

[196] O artigo 1º, § 2º, II, do Código Florestal (Lei 4.771/65), assim a conceitua: "Área de preservação permanente: área protegida nos termos dos arts. 2º e 3º desta Lei, coberta ou não por vegetação florestal nativa, com a função ambiental de preservar os recursos hídricos, a paisagem, a estabilidade geológica, a biodiversidade, o fluxo gênico da fauna e flora, proteger o solo e assegurar o bem-estar das populações humanas".

[197] Nesse sentido, diante da colisão entre o direito à moradia e o direito ao ambiente, a decisão do Tribunal de Justiça do Estado do Rio Grande do Sul, que, no caso concreto, fez prevalecer o segundo. "REGULARIZAÇÃO. LOTEAMENTO. MUNICÍPIO DE SAPIRANGA. PROJETO MORE LEGAL. ÁREA DE PRESERVAÇÃO AMBIENTAL. LAUDOS TÉCNICOS. FEPAM SECRETARIA DO MEIO AMBIENTE. Impossibilidade de regularizar loteamento, ainda que consolidado, com base no Projeto More Legal – Provimento nº 17/99 da CGJ – quando se trata de área de preservação ambiental. Situação fática que evidencia invasão e construção de moradias – casebres – com depósito de lixo, nas margens de arroio que faz parte da área de preservação ambiental. Exclusão das áreas de risco ambiental. Art. 1º, parágrafo único, do Provimento 17/99 da CGJ. Sentença mantida. Negaram provimento". (TJRS, Ap. Cível 70010181063, 19ª Câm. Cível, Rel. Des. Carlos Rafael dos Santos Júnior, julgado em 04.04.2006).

te, como nos julgados referidos, deve estar vinculada à disponibilização, pelo Poder Público, de outro local onde possam tais pessoas morarem em condições minimamente dignas ou mesmo a sua inscrição em programas governamentais de habitação popular. Portanto, a bandeira constitucional dos direitos fundamentais determina, sem maniqueísmos, a harmonia do sistema de proteção da dignidade humana, no sentido de garantir sempre a preservação do núcleo essencial do direito fundamental subjugado no processo de ponderação, caso contrário a inconstitucionalidade da medida seria patente.

1.3.5.3. Direito fundamental à educação e proteção ambiental

O *direito fundamental à educação* também compartilha com o direito fundamental ao ambiente um âmbito de proteção comum, na medida em que é a partir da função pedagógica dos direitos fundamentais (no caso específico do direito ao ambiente) que o futuro das condições ambientais será construído e a existência humana tornada viável num quadrante de dignidade.[198] A consciência ambiental das gerações presentes configura-se como elemento essencial para o porvir das gerações humanas futuras. Da mesma forma, a educação ambiental,[199] que inclui em certa medida o acesso às informações ambientais, compõe-se de condição para a cidadania no Estado Socioambiental de Direito, porquanto só a partir de tal pressuposto o exercício democrático será viabilizado de forma qualificada e participativa. O direito social à educação, inclusive na forma de educação ambiental (225, §1º, VI, primeira parte, da Constituição), diz respeito à própria autonomia do indivíduo no momento de tomar uma decisão que pode colocar em risco a sua saúde e bem-estar ambiental (ou seu direito ao ambiente propriamente), uma vez que é através da educação, como fonte para a obtenção de informações, que o indivíduo exercerá de forma autônoma os seus direitos fundamentais e a sua condição política de cidadão,[200] bem como preservará a sua dignidade contra possíveis violações decorrentes de riscos ambientais.

---

[198] Sobre o reconhecimento de um direito fundamental social à educação ambiental, cfr. COSTA, José Kalil de Oliveira e. "Educação ambiental, um direito social fundamental". In: BENJAMIN, Antônio Herman (Org.). *Anais do 6º Congresso Internacional de Direito Ambiental*. São Paulo: Instituto O Direito por um Planeta Verde/Imprensa Oficial, 2002, p. 445-467.

[199] Cfr., a respeito do tema, o diploma legal que regulou a educação ambiental na ordem jurídica brasileira, estabelecendo as bases normativas da política nacional de educação ambiental (Lei 9.795/99). No seu Art. 1º, tem-se o conceito de educação ambiental, a qual é entendida como "os processos por meio dos quais o indivíduo e a coletividade constroem valores sociais, conhecimentos, habilidades, atitudes e competências voltadas para a conservação do meio ambiente, bem de uso comum do povo, essencial à sadia qualidade de vida e sua sustentabilidade".

[200] Conforme lição de SARLET, "negar-se, por exemplo, o acesso ao ensino fundamental obrigatório e gratuito (ainda mais em face da norma contida no art. 208, § 1º, da CF, de acordo com a qual se cuida de direito público subjetivo) importa igualmente em grave violação ao princípio da dignidade da pessoa humana, na medida em que este implica para a pessoa humana a capacidade de compreensão

Por fim, como apontado no início deste tópico, há outros tantos direitos sociais que também tocam de forma significativa a questão da tutela ambiental, como é o caso do direito ao trabalho, do direito à alimentação, do direito ao lazer, etc., mas que aqui, em razão do caráter apenas ilustrativo dos pontos de contato entre os direitos fundamentais sociais e a tutela ambiental, não serão objeto de investigação. Registra-se, ainda, que o tema voltará a ser estudado no último ponto do estudo, especificamente sob a ótica do mínimo existencial ecológico, que conjuga as prestações materiais mínimas em termos sociais e ambientais para uma vida com dignidade, a ressaltar uma compreensão integrada dos direitos fundamentais sociais e da proteção ambiental, o que, como o leitor já deve ter identificado, é um dos fios condutores do presente trabalho.

1.3.6. Dignidade (e direitos?) das futuras gerações humanas?

Outro ponto importante na discussão acerca da relação entre dignidade humana e proteção do ambiente diz respeito ao reconhecimento da dignidade (e direitos?) das gerações humanas futuras.[201] Com tal perspectiva, pode-se conceber o *princípio da solidariedade* numa dimensão intergeracional (mas sem desconsiderar a importância da solidariedade também no plano intrageracional), pois há um vínculo elementar na relação traçada entre o comportamento das gerações humanas contemporâneas para com o ambiente e os recursos naturais e a qualidade (ou mesmo viabilidade) da vida das gerações futuras. A degradação do ambiente e o esgotamento dos recursos naturais implicam inviabilidade da vida (em patamares de dignidade e salubridade) das futuras gerações humanas. Häberle aponta, nesse sentido, para um complexo de responsabilidades e deveres das gerações contemporâneas "viventes" em resguardar as condições existenciais para as pessoas que virão a habitar o planeta, devendo-se voltar o olhar para o futuro de um povo.[202]

---

do mundo e a liberdade (real) de autodeterminar-se e formatar a existência, o que certamente não será possível em se mantendo a pessoa sob o véu da ignorância". SARLET, "*O direito fundamental à moradia...*", p. 238.

[201] Nesse ponto, merece registro a Declaração da UNESCO sobre as Responsabilidades das Gerações Presente para com as Gerações Futuras, de 12 de novembro de 1997, bem como a Declaração Universal sobre Bioética e Direitos Humanos da UNESCO, de 24 de junho de 2005.

[202] "Compreendido de modo científico-cultural isso abrange a perspectiva generacional supra-individual: a conexão entre gerações institui uma comunidade responsável, à qual o indivíduo nem deve, nem pode, se subtrair. Novos textos constitucionais positivos também têm tomado progressivamente consciência da perspectiva das gerações (v. g., art. 20, a. da LF e o preâmbulo da Constituição Cantonal de Waad, de 2003) e lançam um olhar para o futuro de um povo e dos seus cidadãos "viventes" com dignidade humana. Isso também gera responsabilidades e deveres". HÄBERLE, "*A dignidade humana como fundamento...*", p. 128. Destaca-se que o tema dos deveres fundamentais para com as futuras gerações humanas será mais bem desenvolvido Capítulo III, especificamente no tópico sobre os *deveres fundamentais ambientais*.

A dignidade da pessoa humana é tomada como elemento nuclear do Estado Social,[203] na medida em que esta se dá, de certa forma, na "referência ao outro" (*Du-Bezug*),[204] reconhecendo-se igualdade em dignidade de todos os membros de determinada comunidade estatal. No âmbito do Estado Socioambiental de Direito, a "referência ao outro" toma uma amplitude maior, uma vez que busca proteger também um "outro" que se encontra num espaço temporal-geracional distinto do presente (ou seja, no plano futuro). Dessa forma, pode-se dizer que a dignidade humana fundamenta tanto a sociedade já constituída como também aquela ainda a ser constituída no futuro, apontando para deveres e responsabilidades das gerações presentes para com as gerações humanas futuras, em que pese a herança negativa em termos ambientais legada pelas gerações passadas. Esse é o conteúdo da norma constitucional expressa no art. 225, *caput*, a qual deposita nas mãos do Estado e dos atores privados o "dever" de preservar e proteger o ambiente para as presentes e futuras gerações humanas.

Na mesma linha argumentativa, Miranda afirma a natureza relacional e solidarista da dignidade humana, realizando-se esta, para além da sua dimensão individualista, na dignidade de todos, ao destacar que "cada pessoa tem, contudo, de ser compreendida em relação com as demais. A dignidade de cada pessoa pressupõe a de todos".[205] No âmbito das relações jurídicas ambientais, pode-se conceber a idéia de solidariedade intergeracional, tendo em vista o compromisso para com as gerações futuras (reconhecendo também a sua dignidade) que se atribui às gerações humanas presentes que hoje habitam a Terra. No mesmo sentido, o professor catedrático da Universidade de Lisboa, com base na Constituição portuguesa, leciona que a Constituição portuguesa, após 1997, apela à solidariedade entre gerações, a propósito do aproveitamento racional dos recursos naturais (art. 66°, n. 2, d), bem como que a solidariedade assenta ainda no valor dignidade, já que "é para que as gerações futuras, compostas por homens e mulheres com a mesma dignidade dos de hoje, possam igualmente desfrutar dos bens da natureza que importa salvaguardar a capacidade de renovação desses recursos e a estabilidade ecológica".[206]

Antunes Rocha também se mostra sensível à problemática da dignidade das futuras gerações humanas, considerando a espécie humana na sua integralidade, o que abrange também as futuras gerações e os seus

---

[203] HÄBERLE, "*A dignidade humana como fundamento...*", p. 115.
[204] HÄBERLE, op. cit., p. 127.
[205] MIRANDA, "*A Constituição portuguesa e a dignidade...*", p. 86.
[206] MIRANDA, op. cit., p. 89. Cfr. também do mesmo autor, sobre o direito fundamental ao ambiente, no âmbito do direito português, MIRANDA, "*Manual de direito constitucional...*", p. 532-542. A proteção do ambiente e dos recursos naturais, no âmbito da Constituição portuguesa, foi elevada à tarefa fundamental do Estado e direito fundamental da pessoa humana na revisão constitucional de 1982.

respectivos direitos fundamentais a serem potencialmente exercidos no futuro. A Ministra do Supremo Tribunal Federal acentua que:

> a ética e o direito passaram a considerar a dignidade humana, de cada um dos diretamente interessados e do seu enlaçamento a todos os outros que convivem na mesma aventura humana. E até mesmo para os da espécie que vierem depois. A espécie humana é tomada em sua integralidade, pelo que alguns direitos fundamentais são considerados em sua potencialidade, quer dizer, em relação aos efeitos que poderá carrear para as gerações futuras.[207]

De igual modo, OST esboça a sua preocupação na construção de pontes existenciais entre as gerações humanas, utilizando a questão ambiental como o paradigma mais evidente do que ele denomina de "risco de discronia".[208] Para o autor, a proteção do ambiente revela uma situação de "destemporalização",[209] na medida em que se está a admitir que o comportamento dos seres humanos contemporâneos (por exemplo, nos modos de produção e consumo) repercute de forma direta nas condições existenciais das futuras gerações, com a degradação e poluição ambiental aumentando de forma cumulativa para o futuro. Cabe ao Direito e ao Estado (sem desconsiderar a responsabilidade de forma individualizada dos membros de determinada comunidade) sincronizar os "ritmos diferentes" – entre o ser humano e a Natureza; e entre as gerações presentes e as gerações futuras –, regulando responsabilidades e deveres para com "seres ainda virtuais, colocados em relação a nós, em relação aos nossos contemporâneos, numa situação de dependência radical e total assimetria".[210] O princípio constitucional da precaução revela bem esta responsabilidade para com as gerações futuras, colocando o jurista, de certa forma, como guardião do tempo e das vidas futuras, o que determina a função prospectiva do Direito em vista da resolução de conflitos futuros.[211]

Com o foco voltado para o futuro, Häberle estabelece uma dimensão prospectiva da dignidade da pessoa humana, apontando para a necessidade de "um futuro compatível com a dignidade da pessoa".[212] É na esteira de tornar factível um futuro condizente com uma vida humana digna e saudável para todos os membros da comunidade humana que as pontes conceituais e normativas entre proteção ambiental e dignidade humana mostram-se cada vez mais relevantes na edificação permanente da teoria dos direitos fundamentais. Nesse caminhar, no espaço temporal contemporâneo, em vista da defesa de um futuro humano a partir da

---

[207] ANTUNES ROCHA, "Vida digna...", p. 40.
[208] OST, François. O tempo do Direito. Lisboa: Instituto Piaget, 1999, p. 39-41.
[209] OST, op. cit., p. 39.
[210] OST, "O tempo do Direito..." p. 81.
[211] Especificamente sobre a abordagem do princípio da precaução em face dos interesses (e direitos?) das gerações humanas futuras, cfr. artigo de KISS, Alexandre. "Os direitos e interesses das futuras gerações e o princípio da precaução". In: VARELLA, Marcelo Dias; PLATIAU, Ana Flávia Barros (Orgs.). Princípio da precaução. Belo Horizonte: Del Rey, 2004, p. 1-12.
[212] HÄBERLE, "A dignidade humana como fundamento...", p. 91.

dimensão prospectiva da dignidade, é preciso reforçar cada vez mais o elo existencial que vincula a dignidade humana e o ambiente natural. Há que se reforçar a idéia de responsabilidade e dever jurídico (para além do plano moral) para com as gerações humanas futuras, inclusive com o reconhecimento da dignidade de tais vidas, mesmo que potenciais, de modo a afirmar a perpetuidade existencial da espécie humana. Por fim, em vista do que foi discutido até agora, o reconhecimento da *dignidade das futuras gerações humanas* (e mesmo os seus direitos fundamentais[213]), assim como da dignidade dos animais não-humanos e da Natureza em si, surge como mais um elemento a formatar e ampliar a fórmula de tutela da dignidade humana que, desde Kant, tem nos guiado até o atual estágio do pensamento humano. Se tais formulações ainda não encontram eco no âmbito do direito tradicional, não significa que não tenhamos que insistir em tais questionamentos, a fim de afirmar a nossa permanência existencial no Planeta.

---

[213] Cfr., nesse sentido, a lapidar decisão do Des. RENATO NALINI do Tribunal de Justiça do Estado de São Paulo: "Ação civil pública. Prescrição. *O meio ambiente é direito fundamental imprescritível, pois titularizado pelas futuras gerações. Não faria sentido a incidência de velhos paradigmas calcados nos efeitos do decurso de tempo em relação ao titular de direito essencial previsto na Constituição para quem ainda não nasceu.* Preliminar rejeitada (...). (grifos nossos) (TJSP, Apel. Cível 462.624-5/6, Seção de Direito Público – Câmara Especial de Meio Ambiente, Rel. Des. Renato Nalini, julgado em 14.12.2006).

Capítulo II – **A consagração da proteção *jusfundamental* do ambiente na edificação jurídico-constitucional do Estado Socioambiental de Direito**

2.1. Estado Socioambiental de Direito

2.1.1. Estado "Socioambiental" de Direito: a proteção ambiental como tarefa ou fim do Estado de Direito brasileiro contemporâneo

2.1.1.1. Do Estado Liberal ao Estado Socioambiental de Direito

O Relatório *Nosso Futuro Comum* (ou Relatório Bruntdland), datado de 1987, da Comissão Mundial sobre Meio Ambiente e Desenvolvimento da Organização das Nações Unidas, na ante-sala da Conferência das Nações Unidas sobre Meio Ambiente e Desenvolvimento (1992), reconhece a nossa dependência existencial em face da biosfera e destaca o quadro de desigualdade social na base do projeto de desenvolvimento econômico e social levado a cabo até agora no cenário mundial, revelando que uns poucos países e comunidades no mundo consomem e esgotam boa parte dos recursos naturais, ao passo que outros, em um número muito maior, consomem muito pouco e vivem na perspectiva da fome, da miséria, da doença e da morte prematura.[214] O enfrentamento dos problemas ambientais e a opção por um *desenvolvimento sustentável* passam, portanto, necessariamente, pela correção do quadro alarmante de desigualdade social e da falta de acesso da população pobre aos seus direitos sociais básicos, o

---

[214] "Há só uma Terra, mas não um só mundo. Todos nós dependemos de uma biosfera para conservarmos nossas vidas. Mesmo assim, cada comunidade, cada país luta pela sobrevivência e pela prosperidade quase sem levar em consideração o impacto que causa sobre os demais. Alguns consomem os recursos da Terra a um tal ritmo que provavelmente pouco sobrará para as gerações futuras. Outros, em número muito maior, consomem pouco demais e vivem na perspectiva da fome, da miséria, da doença e da morte prematura". *Nosso Futuro Comum/Comissão Mundial sobre Meio Ambiente e Desenvolvimento*. 2.ed. São Paulo: Editora da Fundação Getúlio Vargas, 1991, p. 29.

que, diga-se de passagem, também é causa potencializadora da degradação ambiental. O projeto da modernidade ainda está em curso. Os direitos sociais foram deixados no meio do caminho, além de ter sido agregado um novo desafio existencial ao projeto: a proteção do ambiente. No contexto dos novos desafios postos no mundo contemporâneo para a sociedade, o Direito e o Estado, Benjamin destaca que o surgimento do direito ambiental está justamente vinculado às dificuldades do Estado (e dos cidadãos de um modo geral) de enfrentar uma nova e complexa situação posta no seio da sociedade industrial: a degradação ambiental.[215]

Já nas primeiras linhas traçadas para fundamentar o novo modelo de *Estado de Direito* que aponta no horizonte jurídico-constitucional contemporâneo, impõe-se a justificativa acerca da preferência do autor pela expressão *socioambiental*, registrando-se a existência de inúmeros e diferentes termos para denominar o novo projeto da comunidade estatal, entre eles: *Estado Pós-social*,[216] *Estado Constitucional Ecológico*,[217] *Estado de Direito Ambiental*,[218] *Estado do Ambiente*,[219] *Estado Ambiental de Direito*,[220] *Estado de Bem-Estar Ambiental*,[221] entre outros. A preferência pela expressão *socioambiental* resulta, como se verá ao longo do presente estudo, da necessária convergência das "agendas" social e ambiental num mesmo projeto jurídico-político para o desenvolvimento humano. O objetivo do Estado contemporâneo não é "pós-social", em razão de o projeto de realização dos direitos fundamentais sociais (de segunda dimensão) não ter se completado, remanescendo a maior parte da população mundial (o que se apresenta de forma ainda mais acentuada na realidade brasileira e dos países em desenvolvimento de um modo geral) até os dias atuais

---

[215] BENJAMIN, Antônio Herman. "Função ambiental". In: BENJAMIN, Antônio Herman (Coord.). *Dano Ambiental: Prevenção, Reparação e Repressão*. São Paulo: Revista dos Tribunais, 1993, p. 15.

[216] Cfr., adotando a expressão Estado Pós-Social, PEREIRA DA SILVA, "*Verde cor de direito...*", p. 24; PUREZA, José Manuel. *Tribunais, natureza e sociedade*: o direito do ambiente em Portugal. Lisboa: Cadernos do Centro de Estudos Judiciários, 1996, p. 27; e SARMENTO, Daniel. "Os direitos fundamentais nos paradigmas Liberal, Social e Pós-Social (Pós-modernidade constitucional?)". In: SAMPAIO, José Adércio Leite (Coord.). *Crise e desafios da Constituição*: perspectivas críticas da teoria e das práticas constitucionais brasileiras. Belo Horizonte: Del Rey, 2003, p. 375-414.

[217] CANOTILHO, José Joaquim Gomes. "Estado Constitucional Ecológico e democracia sustentada". In: SARLET, Ingo Wolfgang (Org.). *Direitos fundamentais sociais*: estudos de direito constitucional, internacional e comparado. Rio de Janeiro/São Paulo: Renovar, 2003, p. 493-508.

[218] MORATO LEITE, "*Dano ambiental...*", p. 33-45; e MORATO LEITE, José Rubens. "Estado de Direito do Ambiente: uma difícil tarefa". In: MORATO LEITE, José Rubens (Org.). *Inovações em direito ambiental*. Florianópolis: Fundação Boiteux, 2000, p. 13-40.

[219] HÄBERLE, "*A dignidade humana como fundamento...*", p. 128.

[220] NUNES JUNIOR, Amandino Teixeira. "Estado ambiental de Direito". In: *Jus Navigandi*, n. 589, fevereiro/2005. Disponível em: http://www1.jus.com.br/doutrina/texto.asp?id=6340. Acesso em: 22 de fevereiro de 2005.

[221] PORTANOVA, Rogério. "Direitos humanos e meio ambiente: uma revolução de paradigma para o Século XXI". In: BENJAMIN, Antônio Herman (Org.). *Anais do 6º Congresso Internacional de Direito Ambiental* (10 anos da ECO-92: o Direito e o desenvolvimento sustentável). São Paulo: Instituto O Direito por um Planeta Verde/Imprensa Oficial, 2002, p. 681-694.

desprovida do acesso aos seus direitos sociais básicos (e, inclusive, da garantia constitucional do mínimo existencial indispensável a uma vida digna). Há, portanto, um percurso político-jurídico não concluído pelo Estado Social.

A partir de tal premissa, deve-se ter em conta a existência tanto de uma *dimensão social* quanto de uma *dimensão ecológica* como elementos integrantes do núcleo essencial do princípio da dignidade da pessoa humana, sendo que somente um projeto jurídico-político que contemple conjuntamente tais objetivos constitucionais atingirá um quadro compatível com a condição existencial humana tutelada na nossa Lei Fundamental. De igual modo, Häberle afirma que os objetivos estatais do Estado Ambiental, assim como do Estado Social, são, em seu conteúdo fundamental, conseqüências do dever jurídico-estatal de respeito e proteção da dignidade humana, no sentido de uma "atualização viva do princípio", em constante atualização à luz dos novos valores humanos que são incorporados ao seu conteúdo normativo, o que acaba por exigir uma medida mínima de proteção ambiental.[222]

Tanto as ideologias liberais quanto as ideologias socialistas, como acentua Morato Leite, não souberam lidar com, e nem mesmo contemplaram no seu projeto político, a crise ambiental, considerando que ambos, respectivamente, o capitalismo industrialista e o coletivismo industrialista, colocaram em operação um modelo industrial agressivo aos valores ambientais da comunidade.[223] O quadro contemporâneo de degradação e crise ambiental é fruto, portanto, dos modelos econômicos experimentados no passado, não se tendo cumprido a promessa de bem-estar para todos como decorrência da revolução industrial, mas um contexto de devastação ambiental planetária e indiscriminada.[224] No mesmo sentido, Pereira da Silva destaca que o Estado Social "desconhecera em absoluto" a problemática ambiental, por estar imbuído de uma "ideologia otimista" do crescimento econômico, como "milagre" criador do progresso e de qualidade de vida.[225] Somente com a crise do modelo de Estado Social ou de Providência, surgida no final dos anos 60 e cujos sintomas mais agudos só foram sentidos nos anos 70, com a denominada "crise do petróleo", que se obrigou a uma tomada generalizada de consciência acerca dos limites do crescimento econômico e da esgotabilidade dos recursos naturais. Também data desse período os relatórios do Clube de Roma sobre os limites do crescimento econômico.[226]

---

[222] HÄBERLE, "*A dignidade humana como fundamento...*", p. 130.
[223] MORATO LEITE, "*Dano ambiental...*", p. 22.
[224] Idem, op. cit., p. 22.
[225] PEREIRA DA SILVA, "*Verde cor de direito...*", p. 18.
[226] Idem, op. cit., p. 17-18.

Diante de tais considerações, a proteção ambiental projeta-se como um dos valores constitucionais mais importantes a serem incorporados como tarefa ou objetivo do Estado de Direito neste início século XXI, porquanto, diante dos novos desafios impostos pela *sociedade de risco* diagnosticada por Beck,[227] diz respeito diretamente à concretização de uma existência humana digna e saudável e marca paradigmaticamente a nova ordem de direitos transindividuais que caracterizam as relações jurídicas cada vez mais massificadas do mundo contemporâneo. O processo histórico, cultural, econômico, político e social gestado ao longo século XX determinou o momento que se vivencia hoje no plano jurídico-constitucional, marcando a passagem do Estado Liberal ao Estado Social e chegando-se ao Estado Socioambiental (também Constitucional e Democrático), em vista do surgimento de direitos de natureza transindividual e universal que têm na proteção do ambiente o seu exemplo mais expressivo.

Com efeito, à luz especialmente dos seus *deveres de proteção*[228] em relação aos direitos fundamentais e à dignidade humana, o Estado contemporâneo deve ajustar-se (e, se necessário, remodelar-se) a cada novo passo histórico no sentido de enfrentar como tarefa estatal as novas ameaças e riscos ecológicos que fragilizam a existência humana, tendo em vista, como refere Häberle, um "processo dialético posto em marcha",[229] que se renova constantemente no horizonte do projeto político-jurídico da comunidade estatal. Nessa perspectiva, é certeira a afirmação de Häberle sobre a necessidade de um desenvolvimento mais reforçado de deveres e obrigações decorrentes da dignidade humana em vista do futuro humano, o que se justifica especialmente nas dimensões comunitária e ecológica da dignidade humana. Como refere o constitucionalista alemão, tal afirmativa já foi esporadicamente contemplada no âmbito constitucional alemão (art. 20a da Lei Fundamental), que, reconhecendo os "limites do crescimento" do Estado Social de Direito, tornou necessária a proteção do ambiente, enquanto um reforço da proteção da dignidade humana.[230] Tal perspectiva também está contemplada na ordem constitucional brasileira, conforme se pode apreender dos artigos 170 (caput e inciso VI), 186 (inciso II) e 225, delineando um modelo jurídico-econômico ajustado ao princípio do desenvolvimento sustentável.

---

[227] BECK, *"La sociedad del riesgo..."*.

[228] Sobre o tema dos deveres de proteção (ou imperativos de tutela) para com os direitos fundamentais depositados pela ordem constitucional na figura do Estado, à luz da jurisprudência do Tribunal Constitucional Federal alemão, DIMOULIS e MARTINS afirmam que esses foram identificados na hipótese do dever conferido ao ente estatal de tomar medidas no sentido de controlar os riscos e perigos derivados do desenvolvimento tecnológico, em razão do comprometimento dos direitos fundamentais à vida, à saúde e ao equilíbrio ambiental. Há, na hipótese, um dever estatal de garantia da segurança ou de prevenção de riscos. DIMOULIS, Dimitri; MARTINS, Leonardo. *Teoria geral dos direitos fundamentais*. São Paulo: Revista dos Tribunais, 2007, p. 123.

[229] HÄBERLE, *"Libertad, igualdad, fraternidad..."*, p. 53.

[230] Idem, *"A dignidade humana como fundamento..."*, p. 102.

No sentido de combater a hipertrofia do indivíduo e a base axiológica marcadamente patrimonialista do modelo do *Estado Liberal*, o "novo" Estado de Direito projeta como seu estandarte axiológico o terceiro (e quase esquecido!) lema da Revolução Francesa, qual seja, a *solidariedade* (ou fraternidade), de cunho eminentemente existencial, comunitário e universalista. A fim de reparar o débito social do projeto burguês do Estado Liberal e agregar a dimensão coletiva da condição humana alçada pelo *Estado Social*,[231] projeta-se, hoje, no horizonte jurídico da comunidade estatal o modelo de *Estado Socioambiental*, que, conjugando as conquistas positivas (em termos de tutela da dignidade humana) dos modelos de Estado de Direito que o antecederam, possa incorporar a tutela dos novos direitos transindividuais e, num paradigma de solidariedade humana (nas dimensões nacional, supranacional e mesmo intergeracional), projetar a comunidade humana num patamar mais evoluído de efetivação de direitos fundamentais (especialmente dos novos direitos de terceira dimensão[232]) e de concretização de uma vida humana digna e saudável a todos os seus membros. O ideário da Revolução Francesa – liberdade, igualdade (material) e fraternidade (ou solidariedade) –, adaptado a uma leitura contemporânea substanciosa e constitucional, ainda serve de bandeira a ser erguida e proclamada nos dias atuais.

A edificação do *Estado Socioambiental de Direito*, é importante consignar, não representa um marco "ahistórico" (ou "marco zero") na construção da comunidade político-jurídica estatal, mas apenas mais um passo num caminhar contínuo iniciado sob o marco do Estado Liberal, não obstante a importância das formulações jurídico-políticas de organização societária que o antecederam. O novo modelo de Estado de Direito objetiva uma salvaguarda cada vez maior da dignidade humana e de todos os direitos fundamentais (de todas as dimensões), em vista de uma construção histórica permanente dos seus conteúdos normativos, já que, como refere Häberle, ao destacar a importância histórica da Revolução Francesa, em 1789, há uma eterna peregrinação, constituída de inúmeras etapas, em di-

---

[231] Conforme destaca SHULTE, à luz da Lei Fundamental alemã, o atributo "social" caracteriza um Estado que "assegura a cada pessoa uma existência humanamente digna, assiste ao fraco, oferece a cada pessoa possibilidades de desenvolvimento, concedendo-lhe em ampla medida oportunidades iguais e garantindo-lhe a sua quota-parte (*Teilhabe*) nos bens econômicos segundos critérios de justiça". SHULTE, Bernd. "Direitos fundamentais, segurança social e proibição de retrocesso". In: SARLET, Ingo Wolfgang. *Direitos fundamentais sociais*: estudos de direito constitucional, internacional e comparado. Rio de Janeiro/São Paulo: Renovar, 2003, p. 306.

[232] Nesse prisma, PEREIRA DA SILVA destaca que "o Estado Pós-Social em que vivemos, no quadro de uma lógica constitutiva e infra-estrutural dirigida para a criação de condições para a colaboração de entidades públicas e privadas, está associado a uma terceira geração de direitos humanos em novos domínios da vida da sociedade, como é o caso do ambiente e da qualidade de vida, da proteção individual relativamente à informática e às novas tecnologias, da tutela da vida e da personalidade em face da genética, sendo ainda de incluir nesta categoria as garantias individuais de procedimento (o qual é entendido não apenas como instrumento de legitimação do poder mas também como modo de realização da proteção jurídica subjetiva)". PEREIRA DA SILVA, *"Verde cor de direito..."*, p. 23.

reção ao Estado Constitucional.²³³ Pureza, nessa linha, refere que o modelo de Estado de Direito Ambiental revela o ganho de uma nova dimensão para completar o elenco presente dos fins fundamentais do Estado de Direito contemporâneo (qual seja: o imperativo da proteção do ambiente), a qual se articula dialeticamente com as outras dimensões já plenamente consagradas ao longo do percurso histórico do Estado de Direito (proteção dos direitos fundamentais, realização de uma democracia política participativa, disciplina da atividade econômica pelo poder político democrático e realização de objetivos de justiça social).²³⁴

Com o olhar voltado para tal perspectiva, diante de possíveis conflitos entre os direitos fundamentais de diferentes dimensões, Pereira da Silva alerta para que:

> os valores ético-jurídicos da defesa do ambiente não esgotam todos os princípios e valores do ordenamento jurídico, pelo que a realização do Estado de Direito Ambiental vai obrigar à conciliação dos direitos fundamentais em matéria de ambiente com as demais posições jurídicas subjetivas constitucionalmente fundadas, quer se trate de direitos da primeira geração, como a liberdade e a propriedade, quer se trate de direitos fundamentais da segunda geração, como os direitos econômicos e sociais (o que, entre outras coisas, tem também como conseqüência que a preservação da natureza não significa pôr em causa o desenvolvimento econômico ou, ironizando, não implica o "retorno à Idade da Pedra").²³⁵

Tal perspectiva ajusta-se à tese da indivisibilidade e interdependência dos direitos fundamentais de todas as diferentes dimensões, defendida em várias passagens ao longo do presente estudo. A harmonia do sistema de tutela da dignidade humana delineada pela tese referida, não obstante a inevitável ocorrência de conflitos ou colisões entre direitos fundamentais, que se dá pela própria complexidade das relações sociais, é medida indispensável a uma tutela integral e efetiva da pessoa. Nesse caminhar, Cançado Trindade, ao formular sua crítica à concepção de "gerações de direitos humanos", com o que estamos de pleno acordo, destaca a "natureza complementar" de todos os direitos humanos. O eminente internacionalista pontua que, por trás da perspectiva "fantasiosa" das gerações, está uma visão fragmentária dos direitos humanos, a qual tem operado a postergação da realização de alguns dos direitos humanos, como ocorre com os direitos econômicos, sociais e culturais.²³⁶ Contra tal mal, a tese da unidade e indivisibilidade dos direitos humanos (e o mesmo ocorre com os direitos fundamentais) é o melhor antídoto, rompendo com qualquer hierarquização ou priorização da realização de direitos humanos em razão da sua precedência geracional.

---

²³³ HÄBERLE, "*Libertad, igualdad, fraternidad...*", p. 58.
²³⁴ PUREZA, "*Tribunais, natureza e sociedade...*", p. 27.
²³⁵ PEREIRA DA SILVA, "*Verde cor de direito...*", p. 28.
²³⁶ CANÇADO TRINDADE, Antônio Augusto. *Tratado de direito internacional dos direitos humanos*. Volume I. 2.ed. Porto Alegre: SAFE, 2003, p. 43.

O Estado de Direito contemporâneo, para Canotilho, apresenta as seguintes dimensões fundamentais: juridicidade, democracia, sociabilidade e sustentabilidade ambiental.[237] A seqüência das dimensões apresentada pelo constitucionalista português traça a evolução histórica de conquista e reconhecimento dos seus valores e princípios fundamentais. Desde a sua formulação "primitiva", o Estado de Direito vem passando por um processo evolutivo contínuo e dialético, reconhecendo e agregando novas dimensões político-jurídicas no seu horizonte constitutivo: o Estado Constitucional, o Estado Democrático, o Estado Social e o Estado Socioambiental. Da mesma forma como ocorre com a evolução dos direitos fundamentais, as dimensões do Estado de Direito se agregam e se somam para formar o arcabouço de princípios e valores consagrados pela sociedade em um processo histórico permanente e cumulativo. No transcorrer do processo civilizatório da humanidade, muitas foram as faces e etapas tomadas pelo Estado de Direito até evoluir para o que se entende hoje como a sua forma mais adequada à tutela da dignidade humana, especialmente em face dos novos desafios existenciais postos contemporaneamente pela degradação dos recursos naturais.

Nesse sentido, Canotilho pontua que "a forma que na nossa contemporaneidade se revela como uma das mais adequadas para colher esses princípios e valores de um Estado subordinado ao direito é o *Estado constitucional de Direito democrático e social ambientalmente sustentado*".[238] O constitucionalista português assevera, por sua vez, que a qualificação de um Estado como Estado Ambiental traduz-se em duas dimensões jurídico-políticas relevantes: a) a obrigação do Estado, em cooperação com outros Estados e cidadãos ou grupos da sociedade civil, de promover políticas públicas (econômicas, educativas, de ordenamento) pautadas pelas exigências da sustentabilidade ecológica; e b) o dever de adoção de comportamentos públicos e privados amigos do ambiente de forma a dar expressão concreta à assunção da responsabilidade dos poderes públicos perante as gerações futuras.[239]

As lutas travadas pelo movimento ambientalista a partir da década de 60[240] – e que se estendem até os dias atuais – são materializadas na ordem constitucional e na formatação do Estado Socioambiental de Direito.

---

[237] CANOTILHO, José Joaquim Gomes. *Estado de Direito*. Cadernos Democráticos, n. 7. Fundação Mário Soares. Lisboa: Gradiva, 1998, p. 23.

[238] Idem, op. cit., p. 21.

[239] Idemm, op. cit., p. 44.

[240] Cfr, acerca do movimento ambientalista, na literatura européia, a coletânea de artigos da ex-parlamentar do partido verde alemão KELLY, Petra K. *Por un futuro alternativo*: el testimonio de una de las principales pensadoras-activistas de nuestra época. Barcelona: Paidós, 1997; e, no âmbito brasileiro, TAVOLARO, Sergio Barreira de Faria. *Movimento ambientalista e modernidade*: sociabilidade, risco e moral. São Paulo: Annablume/Fapesp, 2001, e LUTZEMBERGER, José. A. *Fim do futuro?* Manifesto Ecológico Brasileiro. Porto Alegre: Movimento/UFRGS, 1980.

A legitimidade da causa ambiental, e o seu posterior reconhecimento como direito fundamental, está justamente na movimentação da sociedade no sentido de reivindicar os valores de matriz ecológica e de posicionar-se contra a degradação ambiental. Nesse compasso, como já sinalizado por Canotilho acima, há um perfil de atuação compartilhada entre o Estado e os atores privados na consecução do objetivo constitucional de tutela do ambiente. Esse é o conteúdo da norma constitucional expressa no art. 225, *caput*.

2.1.1.2. Capitalismo Socioambiental: rumo ao desenvolvimento sustentável

O modelo do Estado Socioambiental difere substancialmente do Estado Liberal, já que, como refere Canotilho, "o 'Estado do Ambiente' não é um Estado liberal, no sentido de um Estado de polícia, limitado a assegurar a existência de uma ordem jurídica de paz e confiando que também o livre jogo entre particulares – isto é, uma 'mão invisível' – solucione os problemas do ambiente".[241] Ao contrário, o Estado Socioambiental tem um papel ativo e promocional dos direitos fundamentais, especialmente no que tange à tutela ambiental. Teixeira propõe, à luz do conteúdo normativo expresso na Constituição Federal (art. 225), que o Estado deve levar em conta a crise ambiental e posicionar-se diante da sua tarefa de defesa do ambiente, cumprindo um papel intervencionista e implementador de novas políticas públicas para tal mister.[242] O Estado Socioambiental aponta para a compatibilidade da atividade econômica com a idéia de desenvolvimento (e não apenas crescimento!) sustentável, de modo que a "mão invisível" do mercado é substituída necessariamente pela "mão visível" do Direito, já que, como salienta López Pina, em prólogo à obra de Häberle (*Liberdade, Igualdade e Fraternidade*),

> el mercado no es un fin en sí mismo, un espacio libre de Derecho extramuros del Estado y dela ética. La economía solo tiene servicio al servicio del Hombre, debiendo encontrar en ella su lugar no menos la "visible hand" del Derecho Constitucional que la "invisible hand" del mercado.[243]

Há uma tensão dialética permanente entre a proteção ambiental e o desenvolvimento econômico. Em face do forte conteúdo econômico inerente à utilização dos recursos naturais, e, conseqüentemente, das pressões de natureza político-econômicas que permeiam, na grande maioria das vezes, as medidas protetivas do ambiente, pontua Antunes que não se pode entender a natureza econômica da proteção jurídica do ambiente

---

[241] CANOTILHO, José Joaquim Gomes. "Privatismo, associacionismo e publicismo no direito do ambiente: ou o rio da minha terra e as incertezas do direito público". In: *Textos "Ambiente e Consumo"*, Volume I. Lisboa: Centro de Estudos Jurídicos, 1996, p. 156.
[242] TEIXEIRA, Orci Paulino Bretanha. *O direito ao meio ambiente ecologicamente equilibrado como direito fundamental*. Porto Alegre: Livraria do Advogado, 2006, p. 104.
[243] PINA, Antonio López. Prólogo à obra de HÄBERLE, *Libertad, igualdad, fraternidad...*", p. 15.

como um tipo de relação jurídica que privilegie a atividade produtiva em detrimento de um padrão de vida mínimo que deve ser assegurado aos seres humanos, mas que a preservação e a utilização sustentável e racional dos recursos ambientais devem ser encaradas de modo a assegurar um padrão constante de elevação da qualidade de vida, sendo, portanto, o fator econômico encarado como desenvolvimento, e não como crescimento.[244]

O Estado *Socioambiental* de Direito, longe de ser um Estado "Mínimo", é um Estado regulador da atividade econômica, capaz de dirigi-la e ajustá-la aos valores e princípios constitucionais, objetivando o desenvolvimento humano e social de forma ambientalmente sustentável. O princípio do desenvolvimento sustentável expresso no art. 170 (inciso VI) da Constituição Federal, confrontado com o direito de propriedade privada e a livre iniciativa (caput e inciso II do art. 170), também se presta a desmitificar a perspectiva de um capitalismo liberal-individualista em favor da sua leitura à luz dos valores e princípios constitucionais socioambientais. Com relação à pedra estruturante do sistema capitalista, ou seja, a propriedade privada, os interesses do seu titular devem ajustar-se aos interesses da sociedade e do Estado na determinação do exercício do seu direito, na esteira das suas funções social e ecológica. A ordem econômica constitucionalizada no art. 170 da Carta da República, com base também nos demais fundamentos constitucionais que lhe constituem e informam, expressa um *capitalismo socioambiental*, capaz de compatibilizar a livre iniciativa, a autonomia privada e a propriedade privada com a proteção ambiental e a justiça ambiental (e também social), tendo como o seu norte normativo "nada menos" do que a realização de uma vida humana digna e saudável (e, portanto, com qualidade ambiental) a todos os membros da comunidade estatal.

O *estudo prévio de impacto ambiental* (art. 225, § 1º, IV, da CF) exigido para a instalação de obra ou atividade causadora ou potencialmente causadora de significativa degradação ambiental é um mecanismo jurídico de ajuste e regulação da atividade econômica, bem como constitui um *dever fundamental* que limita o direito de propriedade e a livre iniciativa dos atores econômicos privados, conformando o *princípio constitucional do desenvolvimento sustentável*. Nesse prisma, Derani pontua que o "espírito" da avaliação de impacto ambiental incorpora um processo de planejamento para a "sustentabilidade" das atividades econômicas, integrado por um conjunto de ações estratégicas em vista de uma melhoria (e também melhor distribuição) da qualidade de vida.[245] Teixeira também aponta para o poder de polícia como um instrumento conferido ao Estado viabilizador da sua intervenção na economia, de modo a fiscalizar e regulamentar as atividades poluidoras ou potencialmente poluidoras.[246] A idéia central do

---

[244] ANTUNES, Paulo de Bessa. *Direito ambiental*. 7.ed. Rio de Janeiro: Lúmen Júris, 2005, p. 23.
[245] DERANI, Cristiane. *Direito ambiental econômico*. 3.ed. São Paulo: Saraiva, 2008, p. 158.
[246] TEIXEIRA, "*O direito ao meio ambiente...*", p. 92.

desenvolvimento sustentável, como preceitua o princípio do poluidor-pagador, orienta no sentido de se incluírem sempre os custos ambientais (da mesma forma que os custos sociais) no "cálculo" da atividade produtiva, tendo em vista desestimular práticas econômicas incompatíveis com a proteção ambiental.

Em passagem da sua obra, Pureza articula a idéia de que a incorporação da proteção ambiental como objetivo fundamental do Estado não é pacífica, em razão de transportar consigo, acima de tudo, uma reorientação radical das funções econômicas e sociais do Estado.[247] Diferentemente da lógica limitativa que estava em jogo entre Estado Liberal e o Estado Social, a questão decisiva para o Estado de Direito Ambiental não é a intensidade da intervenção econômica do Estado, mas sim o primado do princípio do destino universal dos bens ambientais, o que impõe como tarefa fundamental o controle jurídico do uso racional do patrimônio natural. Por fim, refere Pureza que o Estado Ambiental assume abertamente o patrimônio natural e o ambiente como bens públicos, objeto de utilização racional (controlada, por exemplo, através de instrumentos fiscais ou administrativos), impondo balizas jurídicas que orientem toda a atividade econômica para um horizonte de solidariedade substancial.[248] O art. 225, *caput*, da Lei Fundamental brasileira é partidário de tal compreensão, na medida em que dispõe ser o ambiente "bem de uso comum do povo".

À luz de tal perspectiva, Mateo assevera com precisão que o conceito de "desenvolvimento sustentável" vai mais além de uma mera harmonização entre a economia e a ecologia, incluindo valores morais relacionados à solidariedade,[249] o que contempla uma nova ordem de valores que devem conduzir a ordem econômica rumo a uma produção social e ambientalmente compatível com a dignidade de todos os integrantes do tecido social. O desenvolvimento econômico deve estar vinculado à idéia de uma melhoria substancial e qualitativa (e não apenas quantitativa em termos de crescimento econômico) da qualidade de vida. Com a mesma idéia de solidariedade, inclusive considerando a dimensão intergeracional desta, Milaré alerta para a relação entre "direito" e "dever" consubstanciada no princípio do desenvolvimento sustentável,[250] na medida em que tal comando constitucional impulsiona, para além do direito individual e coletivo de viver e desenvolver-se em um ambiente ecologicamente equilibrado, a idéia de responsabilidade e dever das gerações humanas

---

[247] PUREZA, *"Tribunais, natureza e sociedade..."*, p. 27.

[248] Idem, op. cit., p. 28.

[249] MATEO, Ramón Martín. *Manual de derecho ambiental*. 3.ed. Navarra: Editorial Thomson/Aranzadi, 2003, p. 38.

[250] MILARÉ, Édis. "Princípios fundamentais do direito do ambiente". In: *Revista dos Tribunais*, São Paulo: RT, n. 756, 1998, p. 64.

presentes em preservar e garantir condições ambientais favoráveis para o desenvolvimento adequado da vida das futuras gerações.

Os princípios que regem o desenvolvimento ambiental e socialmente sustentável devem orientar e vincular as condutas públicas e privadas no seu trânsito pela órbita econômica. Na linha defendida por Derani, consideradas as prescrições constitucionais operantes sobre a ordem econômica, em razão da vinculação da garantia da propriedade privada ao desempenho de uma função social (arts. 5º, XXIII, e 170, III), estaríamos diante de um *capitalismo social*,[251] ao passo que o desenvolvimento econômico encontra limites no interesse coletivo, devendo servir apenas como meio (e não um fim em si mesmo) de realização dos valores fundamentais do Estado de Direito contemporâneo.

Com razão, Perez Luño aponta para a opção constitucional espanhola de tutela ambiental, objetivando um modelo de desenvolvimento econômico e humano de resgate do "ser" (qualitativo) em detrimento de um modelo predatório do "ter" (quantitativo), o que se ajusta perfeitamente ao modelo de desenvolvimento econômico traçado pela Constituição brasileira, comprometido com a proteção ambiental e, acima de tudo, com a dignidade da pessoa humana, ampliada necessariamente para todos os membros da nossa comunidade política. À luz do texto constitucional espanhol, pontua ainda Perez Luño que:

> con la protección de "un medio ambiente adecuado para el desarrollo de la persona" se hace eco de la inquietud contemporánea por ofrecer una alternativa al modelo, de signo puramente cuantitativo, del desarrollo económico y humano. La opción constitucional representa un expreso rechazo de la lógica del "tener", centrada en la acumulación exclusiva y excluyente de los productos de una explotación ilimitada de los recursos humanos y naturales; a favor del modelo del "ser", que exige el goce compartido (o inclusivo) de los frutos de un progreso selectivo y equilibrado. De que tal propósito no sea traicionado, o relegado al limbo de las buenas intenciones, depende el inmediato futuro de nuestra calidad de vida.[252]

Toda prática econômica desajustada aos valores ambientais e sociais no seu processo produtivo estará agindo de forma contrária aos ditames constitucionais, já que, como pontua Antunes Rocha, a Constituição Federal traz o bem-estar social e a qualidade de vida como "princípios-base" da ordem econômica, sendo que a ordem social (aí também incluída a proteção ambiental), que era relegada a um plano secundário antes de 1988, ganhou "foro e título próprios" no novo texto constitucional.[253] Pode-se dizer, portanto, que o constituinte brasileiro delineou no texto constitucional, para além de um capitalismo social, um *capitalismo socioambiental*

---

[251] DERANI, *"Direito ambiental econômico..."*, p. 9.

[252] PÉREZ LUÑO, Antonio Enrique. *Derechos humanos, Estado de Derecho y Constitución*. 5.ed. Madrid: Editorial Tecnos, 1995, p. 478.

[253] ANTUNES ROCHA, Cármen Lúcia. "Constituição e ordem econômica". In: FIOCCA, Demian; GRAU, Eros Roberto (Orgs.). *Debate sobre a Constituição de 1988*. São Paulo: Paz e Terra, 2001, p. 12.

(ou *ecológico*), consagrando a proteção ambiental como princípio-base da ordem econômica (art. 170, VI, da Lei Fundamental).[254]

2.1.1.3. Estado de Justiça Ambiental

A idéia de *justiça ambiental*[255] também perpassa a abordagem da concepção de Estado *Socioambiental* de Direito, na medida em que esse, à luz de uma justiça distributiva e solidária, toma como fundamento a proteção das minorias (que, por vezes, tomam a forma de maiorias, como no caso brasileiro) expostas de forma desigual à degradação ambiental. Canotilho destaca a idéia de um *Estado de Justiça Ambiental*, o que conduz à proibição de práticas discriminatórias que tenham a questão ambiental de fundo, como decisão, seleção, prática administrativa ou atividade material referente à tutela do ambiente ou à transformação do território que onere injustamente indivíduos, grupos ou comunidade pertencentes a minorias populacionais em virtude de raça, situação econômica ou localização geográfica.[256] A "injustiça ambiental" se revela de diversas formas, mas, assim como a "injustiça social", afeta de forma mais intensa os cidadãos mais desfavorecidos economicamente, os quais possuem um acesso mais restrito aos serviços públicos essenciais (água, saneamento básico, educação, saúde, etc.), bem como dispõem de um acesso muito mais limitado à informação de natureza ambiental, o que acaba por comprimir a sua autonomia e liberdade de escolha, impedindo que evitem determinados riscos ambientais por absoluta (ou mesmo parcial) falta de informação e conhecimento.

Para reforçar tal entendimento, Beck refere que determinados grupos sociais, em razão do seu baixo poder aquisitivo, encontram-se mais vulneráveis a certos aspectos da degradação ambiental, em que pese existir, de certa forma, uma dimensão "democrática" da degradação ou poluição ambiental, que atinge a todos de forma igual (como, por exemplo, a poluição atmosférica, o aquecimento global, etc.), rompendo com a concepção tradicional de classes sociais.[257] Como exemplo, basta fotografar a realidade dos grandes centros urbanos brasileiros onde as populações mais carentes são comprimidas em direção às áreas mais degradas do ambiente urbano (conseqüentemente, menos disputadas pela especulação imobiliária),

---

[254] "Art. 170 (...) VI – a defesa do meio ambiente, inclusive mediante tratamento diferenciado conforme o impacto ambiental dos produtos e serviços e de seus processos de elaboração e prestação."

[255] Também sobre a idéia de *justiça ambiental* e de um *Estado de Justiça Ambiental*, conferir a obra de MORATO LEITE, José Rubens; AYALA, Patryck de Araújo. *Direito ambiental na sociedade de risco*. São Paulo: Forense Universitária, 2002, p. 28-39.

[256] CANOTILHO, "*Privatismo, associacionismo e publicismo...*", p. 157-158.

[257] BECK, "*La sociedad del riesgo...*", p. 40-41.

geralmente próximas a lixões,[258] recursos hídricos contaminados e áreas industriais. Aí fica exposta a conexão entre o acesso aos direitos sociais básicos (como saúde, saneamento básico, moradia, alimentação, etc.) e a degradação ambiental, sendo que os grupos sociais mais pobres acabam tendo os seus direitos fundamentais violados duplamente, ou seja, tanto em face dos seus direitos sociais como também em relação aos seus direitos ambientais.

2.1.1.4. Estado de Segurança Ambiental

Em vista do atual contexto de desenvolvimento tecnológico e industrial das sociedades contemporâneas, o sociólogo alemão Ulrich Beck publicou, em 1986, a sua obra sobre a *sociedade de risco (Risikogeselshaft)*,[259] diagnosticando o contexto dos riscos existenciais e ambientais enfrentados pela humanidade em vista do enorme poder destrutivo das "novas" tecnologias desenvolvidas pela ciência (pós) moderna. Beck construiu a teoria da "sociedade de risco" a partir da perspectiva das ciências sociais, inserindo a degradação ambiental no centro da teoria social. Entre os perigos ecológicos referidos por Beck em sua obra, podem-se destacar os acidentes nucleares, a liberação de substâncias químicas em grande escala, a alteração e manipulação da composição genética da flora e da fauna do planeta, os quais colocam até mesmo a possibilidade de autodestruição das sociedades humanas.[260]

Assim, outro fator importante na configuração do Estado Socioambiental de Direito diz respeito à questão da *segurança ambiental*, que, para além da dimensão social, busca resguardar os cidadãos ante as novas violações da sua dignidade e dos seus direitos fundamentais em razão dos riscos ambientais produzidos pela sociedade (pós-industrial) de risco contemporânea.[261] Nesse sentido, Goldblat, a partir da análise que faz da obra de Beck, afirma a incapacidade da forma de Estado de Direito que se tem hoje de enfrentar os riscos ambientais gerados pela sociedade de risco contemporânea, uma vez que a esfera pública convencional do Estado democrático representativo tornou-se incapaz de lutar adequadamente contra a escalada de riscos e incertezas com que é confrontada, ao

---

[258] O premiado documentário *Ilha das Flores*, do cineasta gaúcho Jorge Furtado, registrou de forma contundente a realidade degradante das comunidades humanas que se alimentam dos lixos nas proximidades da Capital gaúcha.

[259] Cfr. BECK, "*La sociedad del riesgo...*"; BECK, Ulrich; GIDDENS, Anthony; LASH, Scott. *Modernização reflexiva*: política, tradição e estética na ordem social moderna. São Paulo: Editora UNESP, 1997.

[260] GOLDBLAT, David. *Teoria social e ambiente*. Lisboa: Instituto Piaget, 1996, p. 232.

[261] Com tal foco, BODIN DE MORAES destaca que "as novas questões, postas pelas manipulações genéticas, pela reprodução assistida, pela energia nuclear, pelas agressões ao meio ambiente, pelo desenvolvimento da cibernética, configuram 'situações-problema' cujos limites não poderão ser decididos internamente, estabelecidos pelos próprios biólogos, físicos ou médicos, mas deverão ser resultantes de escolhas ético-político-jurídicas da sociedade". BODIN DE MORAES, "*Danos à pessoa humana...*", p. 61.

mesmo tempo em que o projeto do Estado Providência teria esgotado as suas energias utópicas.[262] O Estado de Direito, a fim de promover a tutela da dignidade humana frente aos novos riscos ambientais e insegurança gerados pela *sociedade tecnológica* contemporânea, deve ser capaz de conjugar os valores fundamentais que emergem das relações sociais e, através das suas instituições democráticas, garantir aos cidadãos a segurança necessária à manutenção e proteção da vida com qualidade ambiental, vislumbrando, inclusive, as conseqüências futuras resultantes da adoção de determinadas tecnologias.

A concepção de *Estado de Segurança* desenvolvida por Beck vincula a legitimidade das instituições do Estado na manutenção da segurança dos cidadãos em termos ecológicos. O sociólogo alemão traz o conceito de *irresponsabilidade organizada* para explicar como e porque as instituições da sociedade moderna devem reconhecer inevitavelmente a realidade da catástrofe, ao mesmo tempo em que também a negam, evitando a indenização e o controle. A consciência do perigo em grande escala e de riscos catastróficos provoca uma dinâmica de transformação política e cultural que abala as burocracias do Estado, desafia o predomínio da ciência e traça de novo as fronteiras e linhas de combate da política contemporânea.[263]

Habermas também chega a falar em uma nova dimensão estatal: a do Estado de Segurança (*Sicherheitstaat*), ou de prevenção (*Präventionstaat*), fundado no princípio da solidariedade e na prevenção coletiva, e que, sucedendo o Estado de Direito (*Rechtstaat*) e o Estado Social (*Sozialstaat*), tem ampliadas a base financeira (*Geldbasis*) e a base do conhecimento (*Wissensbasis*)".[264] À luz da perspectiva da segurança como tarefa do Estado contemporâneo, Morato Leite e Ayala destacam que "o Estado de Direito Ambiental traz consigo um típico direito pós-moderno, fruto da sociedade científico-técnico-industrial".[265] Assim, a tarefa estatal de segurança é resultado de todo o potencial destrutivo inerente à técnica contemporânea.

Com efeito, Torres destaca que, em razão da configuração contemporânea de um "Estado da Sociedade de Risco", o qual tem como característica a idéia de uma *sociedade de riscos*, em oposição à *sociedade industrial* que dava sustentação ao Estado de Bem-Estar Social ou Estado Providência, é importante estabelecer os novos princípios que regem as novas relações sociais do risco, bem como redesenhar o relacionamento entre as atribuições do Estado e da própria sociedade.[266] Nesse sentido, Torres assevera que, em que pesem os riscos e inseguranças da sociedade moderna não

---

[262] GOLDBLAT, *"Teoria social e ambiente..."*, p. 237.

[263] GOLDBLAT, op. cit., p. 230.

[264] Apud TORRES, Ricardo Lobo. *Tratado de direito constitucional financeiro e tributário*. Volume II: Valores e princípios constitucionais tributários. Rio de Janeiro/São Paulo/Recife: Renovar, 2005, p. 179.

[265] MORATO LEITE; AYALA, *"Direito ambiental na sociedade..."*, p. 30.

[266] TORRES, *"Tratado de direito..."*, p. 176-177.

poderem ser eliminados, há que serem aliviados por mecanismos de segurança social, econômica e ambiental, postulando pela adoção de novos princípios éticos e jurídicos.[267] Assim, os princípios da transparência, da responsabilidade, do custo-benefício, da solidariedade social e da solidariedade do grupo passam a fundamentar as exações necessárias ao financiamento das garantias da segurança social.[268] A tal grupo de princípios deve ser agregado também o princípio da precaução, como comando jurídico-constitucional a trilhar um caminho de "menos riscos" ou "riscos controlados" para a comunidade humana diante das novas tecnologias, muitas com suas conseqüências ainda não plenamente conhecidas e controladas. Por fim, deve-se ter em conta que os riscos (ou ao menos certos riscos) são inerentes e inevitáveis ao desenvolvimento tecnológico e ao caminhar da humanidade; no entanto, a dimensão dos novos riscos ambientais toma uma feição completamente nova, já que, como nunca ocorrido em outro momento da nossa História, coloca a nossa própria sobrevivência como espécie "em cheque".

2.1.1.5. O novo papel constitucional do Estado e da sociedade no Estado Socioambiental de Direito

Na medida em que a proteção do ambiente é colocada na estrutura constitucional do Estado brasileiro como *dever de proteção*[269] estatal, e também como direito fundamental da pessoa humana, há que se remodelar a estrutura do Estado no intuito de traçar, de forma "transversal" e cooperativa, a atuação de todos os seus poderes políticos, entes estatais, órgãos administrativos, instituições jurídicas (Ministério Público e Defensoria Pública), etc., a fim de perseguir e atingir tal objetivo. Diante de tal contexto, é possível demarcar o novo papel constitucional do Estado em face da tutela do ambiente, tendo, inclusive, o art. 225, § 1º, da Constituição, arrolado uma série de tarefas ambientais para os poderes públicos. A proteção do ambiente passa, de forma definitiva, a constituir-se como objetivo ou fim constitucional do Estado de Direito brasileiro.

Diante da pluralidade de interesses em jogo na sociedade de riscos, afirma Torres, tal se configura por ser necessariamente uma sociedade litigiosa, o que permite caracterizar, inclusive, um novo esquema de separação de poderes, onde se destacam a flexibilização da legalidade tributária, a tipificação administrativa e a judicialização da política.[270] Com efeito, outro aspecto importante do modelo de Estado de Direito contemporâneo,

---

[267] Idem, op. cit., p. 178.
[268] TORRES, op. cit., p. 179.
[269] O tema dos deveres de proteção do Estado será abordado com maiores detalhes em tópico próprio no Capítulo III.
[270] TORRES, *"Tratado de direito..."*, p. 180.

como refere Torres, diz respeito ao novo papel assumido pelas instituições políticas e sociais no enfrentamento da crise ambiental, merecendo destaque para um papel mais ativo tanto do Ministério Público quanto do Judiciário, especialmente na defesa dos direitos difusos, em cooperação com as instituições sociais, afastando-se da missão neutra que desempenhavam na sociedade industrial.[271] De igual modo, é possível destacar também o novo perfil constitucional da Defensoria Pública impulsionada pela "Reforma do Judiciário", através da Emenda Constitucional 45/2004, e mais recentemente pela inserção da instituição no quadro dos entes legitimados para a propositura da ação civil pública (art. 5º da Lei 7.437/85). Consoante se observou, há um papel mais ativo e promocional dos direitos fundamentais a cargo do Poder Público, representado tanto na atuação dos Poderes Executivo, Legislativo e Judiciário quanto na atuação de instituições como o Ministério Público, a Defensoria Pública e o IBAMA, estando todos vinculados à salvaguarda do direito fundamental ao ambiente.

Com relação ao papel cada vez mais ativo do Ministério Públicos (Estadual e Federal) no âmbito da tutela de interesses transindividuais, especialmente ambiental, Herman Benjamin destaca que, ao contrário dos seus similares europeus, o Ministério Público brasileiro joga um papel fundamental na proteção do ambiente, atuando em todas as formas de implementação da legislação ambiental como: de forma preventiva e administrativa ao fiscalizar estudos de impacto ambiental e ao instaurar inquérito civil preventivo; na esfera judicial, reparatória ou repressiva, ao propor ação civil pública ou ação penal.[272]

No que diz com a Defensoria Pública, esta cumpre um papel constitucional essencial na tutela e implementação dos direitos fundamentais de todas as dimensões ou gerações, pautando-se, inclusive, pela perspectiva da integralidade, indivisibilidade e interdependência de todas elas.[273] Da mesma forma que a Defensoria Pública atua na tutela dos direitos civis e políticos (ou de primeira dimensão), opera também, e de forma exemplar, no sentido de tornar efetivos os direitos econômicos, sociais, culturais (ou de segunda dimensão). Nessa linha, com o surgimento dos direitos fundamentais de solidariedade (ou de terceira dimensão), como é o caso da proteção do ambiente, automaticamente a tarefa constitucional de zelar

---

[271] TORRES, op. cit., p. 180.

[272] BENJAMIN, Antônio Herman. "A implementação da legislação ambiental: o papel do Ministério Público". In: BENJAMIN, Antônio Herman (Coord.). *Dano ambiental: prevenção, reparação e repressão.* São Paulo: Revista dos Tribunais, 1993, p. 371.

[273] A respeito do tema, merece destaque a Declaração e Programa de Ação de Viena (1993), promulgada na 2ª Conferência Mundial sobre Direitos Humanos, a qual estabeleceu no seu art. 5º que "todos os direitos humanos são universais, indivisíveis, interdependentes e inter-relacionados", reconhecendo que as diferentes dimensões de direitos humanos conformam um sistema integrado de tutela da dignidade humana. Sobre o tema, cfr., na doutrina brasileira, WEIS, Carlos. *Direitos humanos contemporâneos.* São Paulo: Malheiros, 2006, p. 117-121; e SCHÄFER, Jairo. *Classificação dos direitos fundamentais: do sistema geracional ao sistema unitário.* Porto Alegre: Livraria do Advogado, 2005.

por eles é atribuída à Defensoria Pública. As dimensões de direitos fundamentais, na sua essência, materializam os diferentes conteúdos integrantes do *princípio da dignidade humana*, o qual se apresenta como o pilar da arquitetura constitucional e objetivo maior a ser perseguido na atuação da Defensoria Pública.

Para certificar tal "estado da arte" da atuação institucional da Defensoria Pública no âmbito do Estado Socioambiental de Direito brasileiro, registra-se a recente inclusão da "instituição cidadã" no rol dos entes legitimados para a propositura da ação civil pública (art. 5º da Lei 7.347/85, com redação dada pela Lei 11.448/07). Tal mudança legislativa transpõe para o plano infraconstitucional o novo perfil dado à Defensoria Pública a partir da Reforma do Poder Judiciário, levada a cabo através da Emenda Constitucional n. 45/2004.[274] A legitimidade da Defensoria Pública para a propositura da ação civil pública, nesse prisma, força ainda mais a abertura das portas do Judiciário às demandas coletivas dos pobres do Brasil (no que tange aos seus interesses individuais homogêneos, coletivos em sentido estrito e difusos), ampliando o seu acesso à justiça. Da mesma forma como ocorria anteriormente em face dos direitos liberais e dos direitos sociais, hoje a atuação da Defensoria Pública está atrelada de forma indissociável à tutela dos direitos difusos, dentre os quais desponta como paradigma a proteção do ambiente (art. 225 da Lei Fundamental brasileira).[275]

A Defensoria Pública, nessa perspectiva, está perfeitamente legitimada a atuar como "guardiã" do direito fundamental ao ambiente na ordem jurídico-constitucional brasileira. Tal tarefa constitucional conferida à Defensoria Pública ganha ainda maior relevância quando está em causa a proteção de um patamar mínimo de qualidade ambiental, sem o qual a vida humana não pode se desenvolver com dignidade. Infelizmente, tal "retrato" de degradação ambiental é perfeitamente enquadrado nos grandes centros urbanos, onde uma massa expressiva da população carente é comprimida a viver próxima a áreas poluídas e degradadas (ex. próximas a lixões, pólos industriais, rios e córregos poluídos, encostas de morros sujeitas a desabamentos, etc.). A Defensoria Pública, diante de tal contexto, deve movimentar-se na defesa de tais cidadãos, fazendo com que seja garantido a eles um padrão mínimo de qualidade ambiental no local onde trabalham e sediam, de um modo geral, as suas existências.

---

[274] No sentido de aprofundar ainda mais o processo constitucional de fortalecimento da Defensoria Pública, tramita no Congresso Nacional a PEC 487.

[275] Nessa perspectiva, de forma exemplar, a lei que criou a Defensoria Pública do Estado de São Paulo (Lei Complementar nº 988, de 09 de janeiro de 2006) elencou, entre as suas atribuições institucionais, a promoção da "tutela dos direitos humanos em qualquer grau de jurisdição, inclusive perante os sistemas global e regional de proteção dos direitos humanos" (art. 5º, VI, "b"), "tutela do meio ambiente, no âmbito de suas finalidades institucionais" (art. 5ª, VI, "e") e "ação civil pública para tutela de interesse difuso, coletivo ou individual homogêneo" ((art. 5ª, VI, "g").

No tocante ao papel de tutela ambiental conferido ao Poder Público, Leite Farias trabalha com a idéia de uma ideologia constitucional ecológica na nova configuração do Estado de Direito brasileiro (Pós-1988), a partir da irradiação da normatividade da proteção do ambiente para todo o texto constitucional, ao afirmar que "a ideologia, adotada na Constituição da República, permite que se fale em Estado de Direito Ambiental, o que impregna todas as normas que se relacionam com o vasto leque do domínio normativo da expressão 'meio ambiente'".[276] A transversalidade, expressão que cada vez ganha maior projeção político-administrativa para a abordagem ambiental, diz respeito exatamente à idéia de irradiação das normas ambientais para todas as esferas do Poder Público, alcançando, inclusive, a sociedade, a ponto de modelar comportamentos (com uma carga maior de responsabilidades e deveres) em favor da defesa ecológica.

Outra característica importante do Estado Socioambiental de Direito, que também revela a sua dimensão democrática, diz respeito à "tutela compartilhada público-privada" do bem ambiental, ou seja, a possibilidade da proteção ambiental ser promovida tanto pelo Estado quanto pela sociedade, em vista de uma "recusa à estatização ou publicização" (como refere Canotilho[277]) da proteção do ambiente, já que esta última toma a forma de "dever" de todos os membros da comunidade estatal, e não apenas dos poderes públicos. A Constituição brasileira registrou de forma expressa a idéia de uma tutela ambiental levada a cabo tanto pelo Estado quanto pela sociedade ao impor ao Poder Público e à coletividade o dever de defender e preservar o ambiente para as presentes e futuras gerações (*caput* do art. 225,). Tal abordagem da tutela ambiental revela a idéia de solidariedade que perpassa o tratamento constitucional conferido à matéria, ao passo que a responsabilidade e o dever de proteção do ambiente são compartilhados entre o Estado e a sociedade, registrando uma marca importante do Estado Socioambiental de Direito, ao remodelar os papéis políticos e jurídicos do Estado e da sociedade. Registra-se, assim, o "movimento jurídico" de ampliação normativa do princípio da solidariedade, que acaba por ventilar, no ordenamento jurídico brasileiro, novos institutos, como, por exemplo, a boa-fé objetiva, a função social da propriedade e do contrato, o abuso de direito, os deveres fundamentais conexos e autônomos, a eficácia dos direitos fundamentais nas relações entre particulares, entre outras dimensões normativas, os quais têm como função estabelecer uma nova postura dos particulares nas suas relações privadas e públicas. Tal perspectiva é importante para compreender a nova condição jurídica e papel constitucional atribuído à sociedade na consecução dos direitos fundamentais, e especialmente da proteção ambiental.

---

[276] LEITE FARIAS, Paulo José. *Competência federativa e proteção ambiental*. Porto Alegre: SAFE, 1999, p. 226.
[277] CANOTILHO, *"Privatismo, associacionismo e publicismo..."*, p. 154.

Com base na reflexão proposta até aqui, faz sentido colocar a necessidade de repensar o *pacto social*, em vista de contemplar o novo papel que o Estado e a sociedade desempenham no âmbito do Estado Socioambiental de Direito. Como refere Pereira da Silva, da mesma forma que a crise do Estado-Providência obrigou a repensar e renovar o "pacto social", na tentativa de reequacionar o papel do Estado na sociedade e de dar resposta às necessidades sociais acrescidas em razão de novas ameaças dos poderes públicos e privados, também a "questão ecológica" (como outrora a questão social, mas também ainda a questão social) vai implicar a assunção de novas tarefas estatais,[278] além de projetar uma nova postura política (e também jurídica) para a sociedade civil, que, especialmente sob o marco normativo da solidariedade, deverá compartilhar com o Estado (não obstante em menor intensidade) a carga de responsabilidades e deveres de tutela do ambiente (para as presentes e futuras gerações). Assim como uma nova feição estatal se delineia, também novos atores políticos, públicos e privados, devem emergir de tal conjuntura político-jurídica comprometida com o futuro.

2.1.2. O princípio da solidariedade como marco jurídico-constitucional do Estado "Socioambiental" de Direito

2.1.2.1. O "princípio constitucional da solidariedade" em matéria ambiental

O *princípio da solidariedade* renasce como Fênix das cinzas jurídicas da Revolução Francesa para transformar-se no novo marco jurídico-constitucional do *Estado Socioambiental de Direito* contemporâneo.[279] No compasso das promessas não cumpridas da modernidade, os princípios da liberdade e da igualdade, como os marcos normativos, respectivamente, do Estado Liberal e do Estado Social (de Direito), não deram conta sozinhos de contemplar uma vida digna e saudável a todos os integrantes da comunidade humana, deixando para os juristas contemporâneos uma obra normativa ainda inacabada. Nesse horizonte, o princípio da solidariedade aparece como mais uma tentativa histórica de realizar na integralidade o projeto da modernidade, concluindo o ciclo dos três princípios revolucionários:

---

[278] PEREIRA DA SILVA, *"Verde cor de direito..."*, p. 24.

[279] No mesmo sentido, TORRES refere que, em que pese a solidariedade, como sinônimo da fraternidade, ter sido valor fundante do Estado de Direito e já aparecer na trilogia da Revolução Francesa (liberdade, igualdade e fraternidade), o pensamento jurídico posterior a KANT exacerbou a idéia de liberdade, diluindo-a na de legalidade, com o que ficaram esquecidas as idéias de justiça e solidariedade. TORRES, *"Tratado de direito..."*, p. 180-181. HÄBERLE também afirma a existência de um déficit de elaboração jurídico-positiva e ético-social do postulado da fraternidade de 1789 na atualidade e no futuro Estado constitucional, guardando especial importância a sua aplicação no que tange à proteção ambiental, juntamente com o princípio da responsabilidade. HÄBERLE, *"Libertad, igualdad, fraternidad..."*, p. 90.

liberdade, igualdade e fraternidade.²⁸⁰ O princípio da solidariedade busca continuar na edificação de uma comunidade estatal que teve o seu marco inicial com o Estado Liberal, alicerçando agora novos pilares constitucionais ajustados à nova realidade social e desafios existenciais postos no espaço histórico-temporal contemporâneo.²⁸¹

O art. 1º da Declaração Universal dos Direitos Humanos da ONU (1948) coloca de forma clara o projeto da modernidade referido, situando todos os princípios revolucionários (liberdade, igualdade e fraternidade), ademais de destacar o princípio fundamental da dignidade da pessoa humana, que, diga-se de passagem, desde as luzes lançadas por Kant sobre a razão e a moral humanas, constitui a pedra fundamental da edificação constitucional do Estado Socioambiental de Direito contemporâneo.

> Art. 1º Todos os seres humanos nascem livres e iguais em dignidade e direitos. Dotados de razão e consciência, devem agir uns para com os outros em espírito e *fraternidade*.

Com tal premissa de continuidade do projeto jurídico-político moderno, Sarmento destaca que, em vez de abandonar o ideário da modernidade, deve-se aprofundá-lo, sobretudo nas sociedades periféricas (pré-modernas sob certos aspectos), como é o caso da brasileira, que enfrentam carências já solucionadas nos países desenvolvidos. E, a partir de uma perspectiva racional, ressalta o autor que cumpre insistir, mais e mais, na luta pela implementação dos grandes valores do Iluminismo, da liberdade, da igualdade, da democracia e da solidariedade.²⁸² E, para cumprir com o projeto iluminista, há especial destaque para o fortalecimento constitucional do princípio da solidariedade, reequacionando as responsabilidades de tutela dos direitos fundamentais entre o Estado e a sociedade. Nesse compasso, Sarmento destaca que, em vista da eficácia horizontal dos direitos fundamentais, incluídos neles os direitos sociais, recupera-se a noção de solidariedade, revestindo-a de juridicidade, o que confere aos poderes econômicos privados não apenas o dever moral de garantir certas prestações sociais para as pessoas carentes com que se relacionarem, mas também, em certas situações, a obrigação jurídica de fazê-lo.²⁸³

O "renascimento" do princípio da solidariedade para o Direito tomou forma principalmente a partir da segunda metade do século XX

---

²⁸⁰ No presente trabalho, as expressões *solidariedade* e *fraternidade* serão tomadas como sinônimos, não obstante a existência de divergência doutrinária a respeito de tal correspondência entre os conceitos. No sentido de atribuir identidade aos conceitos, cfr. TORRES, "*Tratado de direito...*", p. 181.

²⁸¹ Embora não se encontrando em vigor, merece destaque a Carta dos Direitos Fundamentais da União Européia que prevê logo no início do seu preâmbulo, à luz do projeto da modernidade aludido anteriormente, que a comunidade estatal que constitui está alicerçada "nos valores indivisíveis e universais da dignidade do ser humano, da liberdade, da igualdade e da solidariedade", bem como nos princípios da democracia e do Estado de Direito.

²⁸² SARMENTO, Daniel. *Direitos fundamentais e relações privadas*. Rio de Janeiro: Lumen Juris, 2004, p. 64.

²⁸³ Idem, "*Direitos fundamentais...*", p. 53.

(Pós-Segunda Guerra Mundial), especialmente em face das Constituições dos Estados nacionais promulgadas ao longo desse período, que, como ocorrido com a Constituição brasileira de 1988 (art. 1°, III), acabaram por se construírem sob o marco fundamental da dignidade humana, corroborando, como refere Bodin de Moraes, a idéia de "primazia das situações existenciais sobre as situações de cunho patrimonial".[284] A Constituição Federal traz o princípio da solidariedade como objetivo da República no seu artigo 3°, I, ao estabelecer a "construção de uma sociedade livre, justa e solidária", além de destacar também como objetivo, a "erradicação da pobreza e da marginalização social e a redução das desigualdades sociais e regionais", o que estabelece um novo marco normativo-constitucional, consolidando a solidariedade como princípio e valor constitucional da República brasileira.

O princípio da solidariedade também aparece consubstanciado no Preâmbulo da Constituição Federal ao estabelecer que os direitos sociais e individuais, a liberdade, a segurança, o bem-estar, o desenvolvimento, a igualdade e a justiça como valores supremos de uma *sociedade fraterna*. À vista de tal contexto, merece registro as linhas traçadas por Silva ao comentar o objetivo constitucional de estabelecer uma "sociedade livre, justa e solidária" (art. 3°, I,), onde o constitucionalista refere que tal missão constitucional posta no âmbito da República Federativa brasileira implica a construção de uma "ordem de homens livres, em que a justiça distributiva e retributiva seja um fator de dignificação da pessoa e em que o sentimento de responsabilidade e apoio recíprocos solidifique a idéia de comunidade fundada no bem comum. Surge aí o signo do Estado Democrático de Direito, voltado à realização da justiça social, tanto quanto a fórmula liberdade, igualdade e fraternidade o fora no Estado Liberal proveniente da Revolução Francesa".[285]

Uma das principais tensões axiológico-normativas na conformação do Estado Socioambiental de Direito, como outrora verificado no conflito entre liberdade e igualdade levado a cabo na edificação do Estado Social, reside justamente no enfrentamento entre liberdade e solidariedade. No entanto, o conflito é apenas aparente, já que ambos os princípios (e valores) têm o seu conteúdo estabelecido de forma sistemática no ordenamento jurídico, objetivando ambos a uma tutela integral da dignidade humana. Na abordagem que faz do "direito-dever de solidariedade social", Bodin de Moraes ressalta que não se trata em verdade de impor limites à liberdade individual, atribuindo necessariamente maior relevância à solidariedade, mas sim da conformação de ambos os princípios em face da proteção da dignidade humana, o que, à luz do caso concreto, poderá fazer com

---

[284] BODIN DE MORAES, "*Danos à pessoa humana...*", p. 109.

[285] SILVA, José Afonso da. *Comentário contextual à Constituição*. 2.ed. São Paulo: Malheiros, 2006, p. 46-47.

que "a medida de ponderação para a sua adequada tutela propenda ora para a liberdade, ora para a solidariedade".[286] Deve-se referir o necessário resguardo do núcleo essencial dos direitos (e princípios) em colisão, procedendo-se, à luz do caso concreto, sempre com o "teste" da proporcionalidade (adequação, necessidade e proporcionalidade em sentido estrito ou razoabilidade) para traçar a legitimidade constitucional de qualquer medida restritiva de direitos fundamentais.[287]

A solidariedade expressa a necessidade fundamental de coexistência do ser humano em um corpo social, formatando a teia de relações intersubjetivas e sociais que se traçam no espaço da comunidade estatal. Só que aqui, para além de uma obrigação ou dever unicamente moral de solidariedade, há que se transpor para o plano jurídico-normativo tal compreensão, como pilar fundamental à construção de uma sociedade e de um Estado de Direito guardiões dos direitos fundamentais de todos os seus integrantes, sem exclusões. Nesse ponto, concorda-se com Bodin de Moraes, no sentido de ressaltar a força normativa do agora princípio constitucional da solidariedade, o qual transcende do campo da moral para o mundo jurídico-normativo, uma vez que, como refere a autora, a solidariedade social, no âmbito da "juridicizada sociedade contemporânea", já não pode ser considerada como resultante de ações eventuais, éticas ou caridosas, pois se tornou um princípio geral do ordenamento jurídico, dotado de força normativa e capaz de tutelar o devido respeito a cada um.[288] Por fim, a eminente jurista destaca que as hipóteses mais conhecidas e tuteladas com base no fundamento da solidariedade são representadas pela defesa dos consumidores e do meio ambiente.[289]

O princípio da solidariedade não opera de forma isolada no sistema normativo, mas atua juntamente com outros princípios e valores presentes na ordem jurídica, merecendo destaque especial para a justiça social (como justiça distributiva e corretiva), a igualdade substancial e a dignidade humana. Nesse sentido, em que pese a análise voltada mais para o âmbito do direito tributário, é oportuna a lição de Torres, para quem a solidariedade se aproxima da *justiça* "por criar o vínculo de apoio mútuo entre os que participam dos grupos beneficiários da redistribuição de bens sociais", já que a justiça social e a justiça distributiva passam pelo fortalecimento da solidariedade. Assim, assevera o autor que os direitos sociais, ou de segunda dimensão como preferem outros, dependem

---

[286] BODIN DE MORAES, *"Danos à pessoa humana..."*, p. 108.

[287] Quanto aos exames ou testes inerentes à proporcionalidade, em que pese o nosso entendimento contrário à adoção da proporcionalidade como postulado normativo defendido pelo autor ora citado, e sim como princípio constitucional, cfr. ÁVILA, Humberto. *Teoria dos princípios*: da definição à aplicação dos princípios jurídicos. 5.ed. São Paulo: Malheiros, 2006, p. 152-161.

[288] BODIN DE MORAES, *"Danos à pessoa humana..."*, p. 115-116.

[289] Idem, op. cit., p. 117.

dos vínculos de fraternidade.[290] O mesmo raciocínio pode ser ampliado também para a compreensão dos direitos fundamentais de terceira dimensão, como é o caso dos direitos ecológicos, que, em vista da sua natureza difusa e dispersa em toda a coletividade, também encontram o seu fundamento no princípio da solidariedade e da idéia de *justiça ambiental* (ou *socioambiental*). Na perspectiva ecológica, há também a necessidade de se colocar uma redistribuição justa e equânime do acesso aos recursos naturais.

Para destacar a importância do princípio da solidariedade associado à dignidade humana, merece destaque a lição de Perlingieri no sentido de que o princípio da solidariedade, juntamente com o princípio da igualdade, é instrumento e resultado da atuação da dignidade social do cidadão, a qual confere a cada um o direito ao "respeito" inerente à qualidade de homem, assim como a pretensão de ser colocado em condições idôneas de exercer as próprias aptidões pessoais, assumindo a posição a estas correspondentes.[291] Na mesma perspectiva, Bodin de Moraes destaca que a solidariedade foi consagrada no âmbito constitucional como princípio geral, que tem como objetivo, à luz do que foi acima exposto, a "igual dignidade social", garantindo uma existência humana digna e saudável comum a todos os membros da sociedade.[292]

Antunes Rocha, por sua vez, reforça com precisão a relação direta entre solidariedade e dignidade humana, contemplados pelos sistemas constitucionais contemporâneos, relatando uma nova face da "tortura" no contexto brasileiro hodierno como subproduto da "falta" de solidariedade no universo social, qual seja: a fome. A Ministra do Supremo Tribunal Federal destaca que, da mesma forma que a tortura individualizada, aquela praticada de maneira direta e específica num atentado contra o corpo da pessoa, pelo que impõe solução identicamente objetivada e dirigida à pessoa do torturador,

> a fome toma a forma de uma tortura que se impõe socialmente, atingindo grupos e decorrendo da adoção de políticas públicas ou de decisões econômicas (ou ambas) que agridem pessoas que se espalham e se escondem, conquanto sejam visíveis como sombras sociais que perambulam pelas praças públicas e habitam viadutos imundos.[293]

Na mesma perspectiva do quadro social descrito acima, tem-se como um dos elementos mais marcantes consubstanciados no princípio da solidariedade justamente à idéia de justiça distributiva (e também corretiva), já que o princípio oxigena a relação entre sociedade e Estado, deslocando parte das responsabilidades e encargos sociais para os particulares, prin-

---

[290] TORRES, *"Tratado de direito..."*, p. 183.
[291] PERLINGIERI, *"Perfis do direito civil..."*, p. 37.
[292] BODIN DE MORAES, *"Danos à pessoa humana..."*, p. 114.
[293] ANTUNES ROCHA, *"Vida digna..."*, p. 76.

cipalmente no que tange à concretização dos direitos fundamentais e da dignidade humana, o que, especialmente no modelo liberal, só era possível de se conceber em face do Estado. Mateo também destaca a exigência de justiça distributiva contida no princípio da solidariedade, referindo-se, inclusive, à idéia de "círculos sociais progressivamente ampliados", o que objetiva contemplar uma dupla dimensão intercomunitaria e intergeneracional para a aplicação do princípio.[294]

O Princípio 3 da Declaração do Rio, no mesmo sentido, conforma a idéia de um *desenvolvimento sustentável* que atenda, de forma eqüitativa as necessidades em termos econômicos, sociais e ambientais das gerações humanas presentes e futuras.[295] O conceito de desenvolvimento sustentável trazido pelo Relatório *Nosso Futuro Comum* da Comissão Mundial sobre Meio Ambiente e Desenvolvimento traz a idéia de que há que se atender às necessidades das gerações presentes, mas sem comprometer a possibilidade de as gerações futuras atenderem a suas próprias necessidades.[296] O princípio da solidariedade encontra-se necessariamente consubstanciado no conceito de desenvolvimento sustentável. A própria natureza difusa do bem ambiental coloca tal feição à titularidade do direito, que, em regra, deve ser usufruído tendo em vista o interesse de toda a coletividade. Não é a toa que a idéia de um patrimônio comum da humanidade também toca de forma direta a questão ambiental, pois se busca dar a dimensão de importância dos bens ambientais de forma alijada de uma perspectiva individualista.

O comando constitucional expresso no art. 225, *caput*, tem especial relevância para tal compreensão, pois traz justamente a idéia de responsabilidades e encargos ambientais compartilhados entre Estado e sociedade, quando subscreve que se impõe "ao Poder Público e à coletividade o *dever*" de defender e proteger o ambiente para as presentes e futuras gerações, destacando que os deveres de solidariedade na tutela ambiental, para além do Estado, são atribuídos agora também aos particulares. A idéia de *dever fundamental* é um dos aspectos normativos mais importantes trazidos pela "nova dogmática" dos direitos fundamentais, vinculando-se diretamente com o princípio da solidariedade.[297] Como bem observa

---

[294] "Este principio tiene intrínseca validez y operatividad por lo que debería razonablemente esperarse su efectividad en círculos sociales progresivamente ampliados. Su transcendencia para la tutela del ambiente opera en una doble dimensión: intercomunitaria e intergeneracional. La importancia de la aplicación de este principio para la efectividad de la tutela ambiental se deriva de las propias exigencias de la justicia distributiva, lo que es válido tanto a escala extra como intracomunitária y nacional". MATEO, "*Manual de derecho ambiental...*", p. 44.

[295] "Princípio 3. O direito ao desenvolvimento deve ser exercido de modo a permitir que sejam atendidas eqüitativamente as necessidades de desenvolvimento e de meio ambiente das gerações presentes e futuras".

[296] *Nosso Futuro Comum/Comissão Mundial sobre Meio Ambiente e Desenvolvimento*. 2.ed. Rio de Janeiro: Editora Fundação Getúlio Vargas, 1991., p. 46.

[297] O tema dos deveres fundamentais será abordado em tópico específico no Capítulo III.

Häberle, a fraternidade ou solidariedade, como o terceiro ideal freqüentemente esquecido da Revolução Francesa, reclama por deveres fundamentais e vinculação social.[298]

2.1.2.2. Solidariedade entre cidadãos de diferentes Estados nacionais

O princípio da solidariedade deve ser projetado para além das fronteiras dos Estados nacionais,[299] o que se impõe pelo próprio contexto internacional da maioria dos sistemas naturais, no sentido de ser tomado como um imperativo, ao mesmo tempo ético e prático, a conformar e limitar as práticas sociais (e também estatais) predatórias do ambiente, em vista de um desenvolvimento sustentável mundial. O modelo clássico de soberania nacional está com os dias contados em razão da crise ecológica. Nesse sentido, Mateo destaca que:

> Más allá de los limites que acotan las soberanías de los Estados nacionales, la solidaridad debe ser un imperativo no sólo ético, sino también práctico, impuesto por la base internacional de la mayoría de los sistemas naturales y por la necesidad de limitar, en aras del desarrollo sostenible, un excesivo uso de los recursos, lo que requiere obligadamente de asistencias y transvases. Así la solidaridad aparece como complemento y a la vez consecuencia y corolario de la puesta en vigor de los principios antes enunciados (ubicuidad, sostenibilidad, globalidad y subsidiaridad).[300]

De igual modo, Ferrajoli registra que o fim dos blocos e, ao mesmo tempo, a crescente interdependência econômica, política, ecológica e cultural realmente transformam o mundo, apesar do aumento de sua complexidade e de seus inúmeros conflitos e desequilíbrios, numa aldeia global.[301] Deve-se conceber, portanto, o mundo inteiro como integrante de uma mesma "aldeia global" em termos ecológicos. Em outras palavras, pode-se dizer que todos somos reféns, em maior ou menor medida, das condições ambientais, na medida em que a própria *teia da vida* formulada por Capra[302] determina a conexão entre todos os ecossistemas mundiais. Tal conexão natural entre todos os cantos do mundo é determinante para a idéia de solidariedade entre cidadãos de diferentes nações, pois suas ações prejudiciais ao ambiente trarão efeitos para além das fronteiras dos seus próprios países. O aquecimento global é o exemplo mais ilustrativo de tal situação.

Com base na Convenção sobre Diversidade Biológica (1992),[303] Comparato aponta para a aplicação do princípio fundamental da solida-

---

[298] HÄBERLE, "*Libertad, igualdad, fraternidad...*", p. 52.

[299] O tema será enfrentado com maior desenvolvimento em tópico adiante sobre Estados Pós-Nacionais.

[300] MATEO, "*Manual de derecho ambiental...*", p. 44.

[301] FERRAJOLI, Luigi. *A soberania no mundo moderno*. São Paulo: Martins Fontes, 2002, p. 46-47.

[302] CAPRA, "*A teia da vida...*".

[303] A Convenção sobre a Diversidade Biológica foi aprovada pelo Decreto Legislativo n. 2, de 03.02.1994, e promulgada pelo Decreto n. 2.519, de 16.03.1998, incorporando-se ao ordenamento jurídico brasileiro.

riedade na esfera planetária, destacando a incidência do princípio nas relações entre todas as nações, povos e grupos humanos da mesma geração, bem como entre a geração atual e a futura. O autor destaca, como projeção normativa do princípio da solidariedade, o *dever fundamental* atribuído às presentes gerações de garantir uma qualidade de vida ao menos igual a que desfrutam no presente para as futuras gerações.[304] Aí está um dos aspectos mais importantes do princípio da solidariedade, que, em face de conter a liberdade individual naquilo em que ela represente uma ameaça ao desfrute dos direitos fundamentais e, principalmente, da dignidade humana dos indivíduos, busca equilibrar as relações sociais na esfera comunitária mundial, estabelecendo uma carga de responsabilidades e deveres (que outrora só tocava ao Estado) aos particulares tanto no plano interno dos Estados nacionais quanto no plano internacional.

2.1.2.3. Solidariedade entre diferentes gerações humanas

Como já referido anteriormente, outro aspecto fundamental por trás do princípio constitucional da solidariedade, especialmente na sua aplicação voltada para a questão ambiental, diz respeito à solidariedade entre as gerações humanas presentes (ou viventes) e as gerações humanas futuras, à luz, inclusive, do reconhecimento da dignidade de tais vidas potenciais. Tal situação se dá em razão de que a proteção ambiental, como refere o próprio *caput* (parte final) do art. 225 da Constituição Federal, objetiva garantir condições ambientais favoráveis ao desenvolvimento da vida humana em patamares de dignidade não apenas para as gerações que hoje habitam a Terra e usufruem dos recursos naturais, mas salvaguardando tais condições também para as gerações que irão habitar a Terra no futuro, o que implica, necessariamente, um conjunto de deveres e responsabilidades a cargo das gerações presentes para com as gerações futuras. Nesse sentido, OST coloca o questionamento a respeito do reconhecimento de um dever (das gerações presentes) de assegurar a existência das gerações futuras.[305]

Ao formular o *princípio de eqüidade intergeracional*, Sampaio destaca que "as presentes gerações não podem deixar para as futuras gerações uma herança de déficits ambientais ou do estoque de recursos e benefícios inferiores aos que receberam das gerações passadas. Esse é um princípio de justiça ou eqüidade que nos obriga a simular um diálogo com nossos filhos e netos na hora de tomar uma decisão que lhes possa prejudicar

---

[304] COMPARATO, Fábio Konder. *A afirmação histórica dos direitos humanos*. 3.ed. São Paulo: Saraiva, 2003, p. 422.

[305] OST, François. *A natureza à margem da lei* (a ecologia à prova do direito). Lisboa: Instituto Piaget, 1995, p. 318.

seriamente".³⁰⁶ Há um princípio de justiça ou equidade intergeracional que também fortalece tal entendimento.³⁰⁷ Na medida em que o vínculo existencial entre o ser humano e as condições naturais para o seu desenvolvimento é cada vez mais reforçado no âmbito científico (e repercute nas formulações políticas e jurídicas), é possível, como um critério de justiça ou equidade, cogitar inclusive de um "direito" das futuras gerações a não receberem a Terra ou os recursos naturais em condições ambientais piores do que as recebidas pelas gerações anteriores, a conformar, inclusive, uma proibição de retrocesso em termos de qualidade ambiental.³⁰⁸ À luz da responsabilidade (e também cautela) imposta como imperativo à conduta do ser humano contemporâneo, especialmente quando do manuseio de novas tecnologias, o princípio da precaução joga um papel fundamental para a tutela dos interesses (ou direitos?) das gerações futuras.³⁰⁹ Portanto, a incidência normativa do princípio da solidariedade nas relações entre gerações humanas revela a carga de deveres atribuída à geração presente, reforçando, inclusive a tese da dignidade de tais vidas futuras, conforme já sinalizado em tópico anterior.

2.1.2.4. Solidariedade entre espécies naturais

Como projeção normativa do princípio constitucional da solidariedade na órbita ecológica, como refere Beck, há que se conceber também uma "solidariedade entre todas as coisas vivas", na forma de uma comunidade entre a terra, as plantas, os animais e os seres humanos, tendo em vista que a ameaça ecológica afeta por igual a todos e ao todo.³¹⁰ A proposta formulada pelo sociólogo alemão não se distancia do *contrato natural* de Serres, já

---

³⁰⁶ SAMPAIO, José Adércio Leite. "Constituição e meio ambiente na perspectiva do direito constitucional comparado". In: SAMPAIO, José Adércio Leite; WOLD, Chris; NARDY, Afrânio. *Princípios de Direito Ambiental na dimensão internacional e comparada*. Belo Horizonte: Del Rey, 2003, p. 53.

³⁰⁷ A idéia de justiça entre gerações também está presente na formulação de RAWLS acerca do "princípio da poupança justa", concebendo a existência de deveres e obrigações entre gerações. "Podemos agora ver que as pessoas de diferentes gerações têm deveres e obrigações em relação umas às outras exatamente como as têm as pessoas que vivem numa mesma época. A geração atual não pode fazer o que bem entender, mas é obrigada, por princípios que seriam escolhidos na posição original, a definir a justiça entre as pessoas que vivem em épocas diferentes. Além disso, os homens têm um dever natural de defender e promover o crescimento das instituições justas, e para isso a melhoria da civilização até um certo nível é exigida. A dedução desses deveres e obrigações pode parecer no início uma aplicação forçada da doutrina contratualista. No entanto, essas exigências seriam reconhecidas na posição original e, por isso, a concepção da justiça como eqüidade abrange essas questões sem nenhuma alteração de sua idéia básica". RAWLS, John. *Uma teoria da justiça*. 2.ed. São Paulo: Martins Fontes, 2002, p. 323-324.

³⁰⁸ O tema da garantia constitucional da proibição de retrocesso ambiental será desenvolvido em tópico específico no Capítulo III.

³⁰⁹ Nesse sentido, cfr. o artigo de KISS, Alexandre. "Os direitos e interesses das futuras gerações e o princípio da precaução". In: VARELLA, Marcelo Dias; PLATIAU, Ana Flávia Barros (Orgs.). *Princípio da Precaução*. Belo Horizonte: Del Rey, 2004, p. 1-12.

³¹⁰ BECK, "*La sociedad del riesgo...*", p. 83.

que também transporta o ideal de uma comunidade política integrada por todos os membros da comunidade natural, considerando o respeito e a reciprocidade que deve orientar as relações estabelecidas em tal quadrante comunitário. A consciência de uma solidariedade entre os seres naturais é despertada, conforme acentua Beck, em razão de as ameaças à vida ocasionadas pelo desenvolvimento civilizatório fazerem com que o ser humano se reconheça como um ser natural integrante de um todo natural ameaçado, e ao mesmo tempo responsável por tal situação de ameaça existencial. A ameaça de contaminação faz com que o ser humano perceba que o seu corpo forma parte das "coisas naturais", e que, portanto, juntamente com as pedras e as árvores, está também exposto à chuva ácida.[311] Tal consciência leva o ser humano a reconhecer uma comunidade natural, frente a qual uma relação de solidariedade e respeito mútuo apresenta-se como pressuposto para a permanência existencial das espécies naturais (incluída entre eles a espécie humana).

A idéia de "solidariedade entre espécies naturais" transporta o reconhecimento do valor intrínseco inerente a todas as manifestações existenciais, bem como o respeito e a reciprocidade indispensável ao convívio harmonioso entre todos os seres vivos na nossa casa planetária comum. E, para tanto, é pertinente a proposta de um *contrato natural* formulada por Serres,[312] capaz de ampliar o atual pacto social, incluindo novos parceiros de aventura natural no rol dos sujeitos de direito. A proteção ambiental passa a ser uma das bases éticas fundamentais da sociedade contemporânea na sua caminhada civilizatória, exigindo-se, para o convívio harmonioso entre todos os integrantes da comunidade humana, a firmação de um *pacto socioambiental* em relação à proteção da Terra, onde todos os atores sociais e estatais assumam as suas responsabilidades e papéis na construção de uma sociedade nacional e mundial ambientalmente saudável. Propõe-se uma reconciliação do *homem natural* com o *homem político*.

2.1.3. Democracia participativa e cidadania ambiental

O problema crucial é: como passar de uma situação crítica a uma visão crítica – e, em seguida, alcançar uma tomada de consciência.[313]

2.1.3.1. Democracia e proteção do ambiente

O *princípio democrático* está no âmago do Estado de Direito contemporâneo. Todo o pensamento constitucional contemporâneo, especialmente no âmbito da teoria dos direitos fundamentais, também está pautada

---

[311] BECK, "*La sociedad del riesgo...*", p. 83.
[312] SERRES, Michel. *O contrato natural*. Lisboa: Instituto Piaget, 1990.
[313] SANTOS, "*Por uma outra globalização...*", p. 116.

pela perspectiva democrática. Nesse contexto, o art. 1º, II, da Constituição brasileira traz, de forma expressa, a cidadania como princípio fundamental do Estado de Direito e de toda a edificação normativo-constitucional da comunidade estatal, bem como registra no parágrafo único do mesmo artigo que "todo o poder emana do povo, que o exerce por meio de representantes eleitos ou diretamente, nos termos desta Constituição", o que demarca a perspectiva democrático-participativa que deve pautar as relações sociais e estatais no âmbito da República brasileira. Assim, já sob o marco do Estado Socioambiental de Direito, aponta no horizonte a idéia de uma *cidadania ambiental*, que tem como marca característica o protagonismo da sociedade civil na proteção do ambiente. Alinhado ao dever de proteção ecológica conferido ao Poder Público, para que o direito fundamental em questão seja exercido de forma adequada no plano jurídico-constitucional, a participação da sociedade civil deve ser sempre postada de forma conjunta.

No presente estudo, propõe-se uma análise sistemática do fenômeno da participação democrática e cidadã na defesa do ambiente, destacando os quatro subprincípios que informam o conteúdo do conceito em questão: *princípio da participação popular, princípio do acesso à informação ambiental, princípio da educação ambiental* e *princípio do consumo sustentável*. A conjugação integrada dos princípios elencados coloca à disposição do cidadão, em termos individuais ou coletivos, os mecanismos necessários ao seu trânsito democrático de forma autônoma e livre no cenário político ambiental. Nesse contexto, na perspectiva democrática do Estado Socioambiental de Direito, há condições para o surgimento de um novo sujeito político ativo e protagonista do seu destino existencial, bem como do destino da espécie humana como um todo.

O conceito de democracia se recria a cada nova tomada de consciência política e avanço civilizatório. Não se pode aceitar a fórmula democrática da modernidade como a sua possibilidade última. A democracia, em um mundo tão desigual e injusto como o vivido em nosso tempo, vai ser sempre a bandeira a ser erguida na luta contra a dominação e espoliação dos mais favorecidos economicamente em relação aos carentes de poder econômico, social, tecnológico, etc. E, na medida em que enfrenta novas realidades políticas e sociais, a democracia vai se adaptando e transformando, mas sem nunca perder de vista o seu ideal emancipatório e libertário, bem como o seu compromisso com a realização dos direitos fundamentais e da existência humana digna e saudável para todo o conjunto da comunidade estatal. No presente estudo, o fio condutor democrático será estribado à luz da *teoria da democracia participativa* formulada por Bonavides, que se caracteriza como direito constitucional progressivo e vanguardeiro, objetivando "repolitizar a legitimidade e reconduzi-la às suas nascentes históricas, ou seja, àquele período em que foi bandeira de liberdade dos povos".³¹⁴ Registra-se que, para o notável constitucionalista brasileiro, a teoria da democracia participativa é a teoria da emancipação, na medida em que se constitui de uma teoria radicalmente nacional e patriótica, a fim de garantir a sobrevivência da República diante de uma conjuntura jurídico-política em que a globalização e o neoliberalismo dissolvem os valores da sociedade democrática e constitucional e conjuram por uma sociedade recolonizada e submissa ao capital internacional.³¹⁵

Delimitado o papel central da democracia participativa no Estado Socioambiental de Direito, pontua-se que esta se caracteriza por revitalizar e fortalecer o princípio democrático, que, com acerto, destaca Bonavides integrar o rol dos direitos fundamentais de quarta dimensão. ³¹⁶ Nas questões ambientais, o processo democrático³¹⁷ deve estar sempre presente, tendo em vista a repercussão e a natureza coletiva da degradação ambiental para todo o conjunto da sociedade. A própria natureza transindividual das questões que circundam a temática ecológica impõe um processo democrático e transparente para que as decisões políticas tomadas tenham legitimidade e fundamento constitucional. Toda e qualquer atividade lesiva ou potencialmente lesiva ao ambiente, antes de ser efetivada, deve ser subordinada a um processo decisório democrático, dando-se voz e vez a todos os representantes dos grupos sociais interessados na questão. O Princípio 10 da Declaração do Rio sobre Meio Ambiente e Desenvolvimento³¹⁸ declara de forma explícita a importância de se assegurar a participação de todos os cidadãos, locais ou globais, nos processos decisórios relativos a questões ambientais, bem como o livre acesso às informações ambientais que as autoridades públicas (e também particulares!) dispõem, possibilitando a conscientização e participação dos cidadãos de forma qualificada no cenário político-ambiental.

O Princípio 10 é categórico nesse sentido, dando o contorno normativo de uma *democracia participativa ecológica*:

> Princípio 10. A melhor maneira de tratar as questões ambientais é assegurar a participação, no nível apropriado, de todos os cidadãos interessados. No nível nacional, cada indivíduo terá acesso adequado às informações relativas ao meio ambiente de que disponham as autoridades públicas, inclusive informações acerca de materiais e atividades perigosas em suas comunidades, bem como a oportunidade de participar dos processos decisórios. Os Estados irão facilitar e estimular a conscien-

---

³¹⁴ BONAVIDES, Paulo. *Teoria constitucional da democracia participativa*: por um direito constitucional de luta e resistência, por uma nova hermenêutica, por uma repolitização da legitimidade. São Paulo: Malheiros, 2001, p. 33.
³¹⁵ BONAVIDES, op. cit., p. 41.
³¹⁶ Idem, Paulo. *Curso de direito constitucional*. São Paulo: Malheiros, 2002, p. 525.
³¹⁷ De modo a reforçar tal entendimento, cabe destacar o Estatuto da Cidade (Lei 10.2567/01), que estabeleceu capítulo próprio sobre a gestão democrática da cidade, criando instrumentos de participação popular na gestão urbana (arts. 43, 44 e 45).
³¹⁸ *Conferência das Nações Unidas sobre Meio Ambiente e Desenvolvimento*. 3. ed. Brasília: Senado Federal, Subsecretaria de Edições Técnicas, 2001, p. 595. A Declaração resultou da Conferência das Nações Unidas sobre Meio Ambiente e Desenvolvimento, em 1992, sediada no Rio de Janeiro.

tização e participação popular, colocando as informações à disposição de todos. Será proporcionado o acesso efetivo a mecanismos judiciais e administrativos, inclusive no que se refere à compensação e reparação de danos.

2.1.3.1.1. Princípio da participação popular

O *princípio da participação popular* na proteção do ambiente, como referido anteriormente, toma uma feição estruturante para a conformação do Estado Socioambiental de Direito.[319] Na medida em que a degradação ambiental em termos locais e planetários aproxima-se de um quadro limite e preocupante, não se pode conceber um cidadão apático ou mesmo conformado com os rumos trágicos da História humana. Para tanto, é imperativo conceber um cidadão[320] comprometido com tal momento histórico que atue de forma decisiva no rumo civilizatório, a fim de transformá-lo em favor do interesse comum e planetário. Registra-se que, a partir do comando constitucional do *caput* do art. 225, a defesa do ambiente pela sociedade civil não se constitui apenas de mero voluntarismo e altruísmo de uns poucos idealistas, mas toma a forma de dever jurídico fundamental, revelando a dupla natureza de direito e dever fundamental da abordagem constitucional conferida à proteção do ambiente.

Incumbe ao Estado, por sua vez, à luz da *perspectiva organizacional e procedimental* do direito fundamental ao ambiente,[321] criar instituições e procedimentos administrativos e judiciais adequados a viabilizar a participação popular nas estruturas estatais, a fim de possibilitar e potencializar a intervenção e o controle popular na tomada de decisões políticas

---

[319] Nesse sentido, PEREIRA DA SILVA acentua a importância da atuação das associações de defesa do ambiente, afirmando que "a proteção jurídica subjetiva, garantida pela Constituição e pelas normas jurídicas, em matéria ambiental, tanto se refere ao indivíduo como a associações representativas dos seus direitos ou interesses. O que revela, de um modo especial, no nosso domínio, dada a importância das associações de defesa do ambiente na realização do Estado de Direito Ambiental. Tais associações actuam, assim, como verdadeiros sujeitos das relações ambientais, para a defesa das respectivas posições jurídicas subjetivas, de acordo com os seus fins estatutários". PEREIRA DA SILVA, "*Verde cor de direito...*", p. 29.

[320] Nesse contexto, é precisa a lição de AGUIAR: "A cidadania é um conceito conquistado historicamente. Ela é uma superação da posição do súdito das decisões do poder. O cidadão é o sujeito das normas e ações do poder. Se o Estado dispõe de instrumentos para controlar os cidadãos, estes têm em suas mãos os instrumentos de sobrevivência ou não desse Estado. (...) Assim, a cidadania é um exercício tenso de seres humanos que não dispõem nem das armas, nem da burocracia para fazer valer seus desígnios. Seu campo de ação está na luta política no campo dos direitos, dentro de uma ordem minimamente estável. Nas ordens instáveis e exasperadamente desiguais, as alternativas serão outras. (...) O exercício democrático da cidadania é fundamentalmente ético. É uma opção valorativa no sentido de entendimento e práticas de transformação em busca de uma sociedade mais justa, mais livre e mais feliz. Essas pautas éticas são o inverso do conformismo e estabelecem bases para a constituição de novos direitos". AGUIAR, Roberto Armando Ramos de. *Direito do meio ambiente e participação popular*. Brasília: Edições Ibama, 1998, p. 42-43.

[321] Tema desenvolvido em tópico específico no Capítulo III.

relativas ao ambiente.[322] O *caput* do paradigmático art. 225[323] da nossa Lei Fundamental não deixa qualquer dúvida quanto à vontade do constituinte de integrar sociedade civil e Estado na tutela jurídico-constitucional do ambiente. Quando impõe ao Poder Público e à coletividade o dever de defender e preservar o ambiente para as presentes e futuras gerações, a Constituição determina os "protagonistas" do cenário jurídico-político ambiental. As funções administrativa, legislativa e judiciária do Estado (bem como instituições públicas como a Defensoria Pública e o Ministério Público) devem aliar-se à criatividade e ao ideário da sociedade civil para proteger o ambiente. Como direito e dever fundamental de todos, com funções e responsabilidades bem delineadas constitucionalmente, cabe a cada um agora pegar o roteiro da peça teatral da condição existencial humana e assumir o seu papel de protagonista na defesa do ambiente e da vida em termos gerais.

No Estado Socioambiental de Direito, as decisões e ações políticas são orientadas e determinadas a partir de um filtro constitucional de valores e de princípios de natureza ecológica. No entanto, para que tais valores constitucionais sejam implementados, deve-se transportá-los do universo cultural para espaço político e jurídico, depositando tal responsabilidade de "transposição" a cargo não apenas do Estado, mas também dos atores privados. Nesse horizonte, Pereira da Silva afirma que, em vista do que hoje se passa na vida e no funcionamento da Administração Pública em conta de uma perspectiva democrática em suas atividades em geral, também ao nível do direito do ambiente se defende, inclusive com uma intensidade acrescida, existe a necessidade de não apenas os órgãos e agentes administrativos, mas igualmente os diversos grupos sociais existentes na comunidade, intervirem, não só de forma consultiva, senão que também um papel ativo nas tomadas de decisão relevantes para o ambiente.[324]

Ao propor uma *democracia participativa ecológica*, o Estado Socioambiental de Direito pressupõe uma sociedade civil politizada, criativa e protagonista do cenário político estatal, reclamando por um cidadão autônomo, participativo e não-submisso à máquina estatal e ao poder econômico. Em outras palavras, o Estado de Direito constrói-se de baixo para cima, e não de cima para baixo, a partir da sua base democrática, em oposição ao

---

[322] Por sua vez, DIAS e CAPOBIANCO asseveram que "a legislação ambiental e os mecanismos que permitem a participação popular nos processos decisórios são, sem dúvida, uma das principais armas do movimento ambientalista no caso de obras e empreendimentos que envolvam grandes interesses econômicos e políticos". DIAS, Inês de Souza; CAPOBIANCO, João Paulo. "As organizações não-governamentais e a legislação ambiental: a experiência da Fundação SOS Mata Atlântica". In: BENJAMIN, Antônio Herman (Coord.). *Dano ambiental: prevenção, reparação e repressão*. São Paulo: Revista dos Tribunais, 1993, p. 394.

[323] "Art. 225. Todos têm direito ao meio ambiente ecologicamente equilibrado, bem de uso comum do povo e essencial à sadia qualidade de vida, impondo-se ao Poder Público e à coletividade o dever de defendê-lo e preservá-lo para as presentes e futuras gerações".

[324] FIGUEIREDO DIAS, "*Direito constitucional e administrativo...*", p. 20.

Estado de "Não-Direito". Bonavides, a partir da conformação de uma teoria constitucional que nos aparta dos modelos representativos clássicos, coloca a democracia participativa como fonte de legitimação do processo político brasileiro, fazendo do "cidadão-povo" a medula da legitimidade de todo o sistema. O constitucionalista brasileiro pontua que, com base na democracia participativa, estar-se-ia por acabar com a intermediação representativa, como símbolo de tutela, sujeição e menoridade democrática do cidadão (meio povo, meio súdito).[325] A "maioridade" política e democrática passa, então, pela concepção de um sujeito político capaz de construir o seu próprio mundo e identidade, e não mais como mero objeto e instrumento manipulável por interesses dominantes.

O parágrafo único do art. 1º da Lei Fundamental brasileira[326] declara de forma expressa que o poder político deve ser exercido pelo povo (e para o povo) por meio de representantes eleitos ou de forma direta. Nada mais justo que assim o seja, na medida em que todo o poder emana da própria vontade popular, conforme prevê o referido artigo constitucional. O cidadão deve exercer controle sobre a ação política estatal, a fim de condicionar e orientar as decisões políticas, de forma democrática, ao interesse coletivo. O processo democrático propõe uma acentuada aproximação entre o cidadão comum e o espaço político. Os camarotes e cadeiras centrais do "estádio político", até então cativos de uns poucos, devem ser ocupados pelo público das arquibancadas e galerias gerais. Como em um estádio de futebol, onde se rompem as grades que separam as cadeiras e os camarotes das arquibancadas e da geral, também no "campo" político as "grades" que impossibilitam a participação dos cidadãos nos processos políticos decisórios devem ser rompidas. A participação popular deve estar sempre presente (e não apenas representada) na formação da vontade do Estado, especialmente no que toca à sua atuação na seara ecológica. Como destaca Séguin, o princípio da participação popular na defesa ambiental objetiva impedir a formação de um "exército de selenciosos",[327] considerando não apenas o direito mas também a obrigação ou o dever dos cidadãos de participarem da construção de um mundo sustentável.

2.1.3.1.2. Princípio do acesso à informação ambiental

No horizonte do Estado Socioambiental de Direito, toma forma também o *princípio do acesso à informação ambiental*,[328] como componente essen-

---

[325] BONAVIDES, *"Teoria constitucional da democracia participativa..."*, p. 33.

[326] "Art. 1º (...). Parágrafo único. Todo o poder emana do povo, que o exerce por meio de representantes eleitos ou diretamente, nos termos desta Constituição".

[327] SÉGUIN, Elida. *O direito ambiental*: nossa casa planetária. 3.ed. Rio de Janeiro: Forense, 2006, p. 313.

[328] Além de dispor de informação para tomar consciência política dos fatos, a sociedade civil tem a missão de descortinar a névoa midiática que bloqueia a visão da realidade. Nesse aspecto, BONAVIDES denuncia a escravização e docilidade dos meios de comunicação brasileiros e da casta política ao

cial ao exercício pleno da democracia participativa ecológica. De acordo com Bonavides, o direito à informação constitui-se de direito fundamental de quarta dimensão, assim como o direito à democracia e ao pluralismo, já que da realização desses direitos "depende a concretização da sociedade aberta do futuro, em sua dimensão de máxima universalidade, para a qual parece o mundo inclinar-se no plano de todas as relações de convivência".[329] Somente o cidadão devidamente informado e consciente da realidade e da problemática ambiental é capaz de atuar qualitativamente no processo político, ensejando a autonomia e autodeterminação da sua condição política. A informação conforma a própria esfera de liberdade do indivíduo. Especialmente num mundo como o de hoje, onde a informação circula de forma desordenada e complexa, somente o acesso à informação possibilitará ao indivíduo e ao grupo social como um todo tomarem partido no jogo político.

Nesse quadro, o acesso à informação ambiental enfrenta duas dimensões distintas para a sua concretização. A primeira diz respeito propriamente ao acesso à informação sobre determinados dados e fatos (por exemplo, na hipótese da construção de uma hidrelétrica em área de Mata Atlântica,[330] o estudo de impacto ambiental, os dados sociais, antropológicos, econômicos, ambientais, etc.); a segunda, ao falseamento de informações que os meios de comunicação (pagos que são pelos grandes empreendedores) se encarregam de produzir, manipulando e deformando a opinião pública à vontade do interesse econômico, como infelizmente sói acontecer na Brasil, e devidamente denunciado por Bonavides na nota anteriormente referida. Há que se ter sempre em pauta a vulnerabilidade (técnica, econômica e jurídica, etc.) do cidadão diante tanto dos poderes

---

capital em detrimento da coisa pública, deslegitimando o processo político brasileiro e deformando a opinião pública. "Atuam eles em função da ordem capitalista, não da coisa pública. De tal sorte que para lograr esse escuso objetivo se valem, ao mesmo passo, do mais poderoso instrumento de descaracterização da verdade e da legitimidade na sociedade regida pelo capital. Reportamo-nos aos meios de comunicação, a saber, as grandes empresas de jornais, as vastas cadeias de rádio, as poderosas redes de televisão, as quais, submissas ao capital e ao poder que lhes ministram copiosos subsídios de publicidade paga, se transformam numa usina ou laboratório onde se fabrica o sofisma da opinião pública (opinião publicada e informação divulgada) e se legitimam as mais absurdas políticas de governo, contrariando o interesse nacional e destruindo as células morais do ente cívico que é a *polis*. A mídia escravizada ao capital deforma, entorpece e anula a livre vontade, o livre raciocínio, a livre consciência do ser político, rebaixando o cidadão nominal, a cidadão súdito, a cidadão vassalo – que enorme contradição isto representa! E assim as ditaduras constitucionais sobem ao poder e nele se conservam ostentando a imagem da pseudo-democracia e do pseudo-regime representativo". BONAVIDES, *"Teoria constitucional da democracia participativa..."*, p. 12.

[329] BONAVIDES, *"Curso de direito constitucional..."*, p. 525.

[330] A hipótese referida converteu-se em trágica realidade no Caso Barra Grande, onde, para a construção de uma hidrelétrica, uma área dos mais bem preservados e biologicamente ricos fragmentos de Floresta Ombrófila Mista do Estado de Santa Catarina (com Araucárias), formação florestal integrante do Bioma da Mata Atlântica, foi omitido no estudo de impacto ambiental (EIA) e relatório de impacto ambiental (RIMA) apresentados ao IBAMA para a obtenção da licença de operação do empreendimento. PROCHNOW, Miriam (Org.). *Barra Grande*: a hidrelétrica que não viu a floresta. Rio do Sul/SC: APREMAVI, 2005.

econômicos privados quanto do Poder Público. O acesso à informação, nesse plano, atua como mecanismo de equalização das relações jurídicas, possibilitando ao cidadão (ou associação civil) titular do direito ao ambiente de, em um patamar mais igualitário, reivindicar o respeito ao seu direito fundamental ao ambiente.

Assim, é precisa a lição de Graf ao afirmar que:

> o direito à informação constitui um indicador significativo dos avanços em direção a uma democracia participativa: oponível ao Estado, comprova a adoção do princípio da publicidade dos atos administrativos; sob o ponto de vista do cidadão, é instrumento de controle social do poder e pressuposto da participação popular, na medida em que o habilita a interferir efetivamente nas decisões governamentais; e se analisado em conjunto com a liberdade de imprensa e o banimento da censura, também funciona como instrumento de controle social do poder.[331]

O constituinte mostrou-se preocupado com a questão do acesso à informação de um modo geral, ao consagrar duas garantias individuais: primeiramente, no inciso XIV do art. 5º do texto constitucional, ao estabelecer que "é assegurado a todos o acesso à informação e resguardado o sigilo da fonte, quando necessário ao exercício profissional"; assim como no inciso XXXIV do mesmo dispositivo constitucional, ao dispor que "são a todos assegurados, independentemente de taxas: a) o direito de petição aos poderes públicos em defesa de direito ou contra ilegalidade ou abuso de poder, e b) a obtenção de certidões em repartições públicas, para a defesa de direitos e esclarecimento de situações de interesse pessoal". Mais especificamente em relação à informação ambiental,[332] pode-se destacar o art. 225, § 1º, que estabelece o dever do Poder Público, como forma de assegurar efetividade do direito fundamental ao ambiente: "exigir, na forma da lei, para a instalação de obra ou atividade potencialmente causadora de significativa degradação do meio ambiente, estudo prévio de impacto ambiental, a que se dará *publicidade*" (inciso IV); e "promover a *educação ambiental* em todos os níveis de ensino e a *conscientização pública* para a preservação do meio ambiente" (inciso VI).

Um mecanismo exemplar de acesso à informação diz respeito à *audiência pública* ou *consulta pública* para ciência dos interessados sobre o estudo de impacto ambiental levado a cabo quando da instalação de obra ou atividade causadora ou potencialmente causadora de significativa degradação ambiental.[333] No processo de licenciamento ambiental de

---

[331] GRAF, Ana Cláudia Bento. "O direito à informação ambiental". In: FREITAS, Vladimir Passos de (Org.). *Direito ambiental em evolução*, Vol. I. 2.ed. Curitiba: Juruá, 2002, p. 13-14

[332] Destaca-se, no plano europeu, a Convenção sobre Acesso à Informação, Participação do Publico no Processo de Tomada de Decisão e Acesso à Justiça em Matéria de Ambiente, realizada em Aarhus, na Dinamarca, em 25 de junho de 1998.

[333] Destaca-se o "vanguardismo" do Código Estadual do Meio Ambiente do Estado do Rio Grande do Sul (Lei Estadual 11.520/00), que prevê, nos seus arts. 84 e 85, a *obrigatoriedade da realização de audiência pública* nos casos de avaliação do impacto ambiental de empreendimentos, quando solicitada por uma entidade governamental ou não-governamental legalmente constituída, por 50 pessoas ou pelo Minis-

determinado empreendimento, o art. 2º, § 1º, da Resolução nº 009/87 do CONAMA determina que, com o recebimento do relatório de impacto ambiental (RIMA), o órgão público ambiental responsável publicará e anunciará pela imprensa local a abertura de prazo de 45 dias para a solicitação de audiência pública para a discussão do empreendimento. Nesse sentido, Mirra afirma que a audiência pública garantida constitucionalmente por força das normas do art. 1º, parágrafo único, da CF, que estabeleceu no país o regime de democracia semidireta, e do art. 225, *caput*, da CF, que consagrou o direito de todos ao meio ambiente ecologicamente equilibrado, é um instrumento de informação e consulta da população a respeito de uma atividade sujeita ao estudo de impacto ambiental, aparecendo, assim, como um dos principais instrumentos de participação popular na proteção do meio ambiente.[334]

Conjugado ao princípio democrático-participativo, merece destaque também o *princípio da publicidade* inerente à atividade administrativa, e que se encontra consagrado no *caput* do art. 37 da Constituição Federal. Tal princípio coloca limites à atuação do administrador, em vista principalmente do controle social que deve pautar a sua atividade num horizonte democrático. Assim, a publicidade estabelece a transparência na condução da administração pública, possibilitando a todos os interessados tomarem ciência de temas que lhes tocam diretamente em relação aos seus direitos. Para a questão ambiental, mais especificamente para a consagração do princípio do acesso à informação ambiental, guarda importância ímpar. Nesses termos, Machado destaca que a publicidade "abre as portas da Administração Pública", assim como "a transparência conserva essas portas abertas e mantém a circulação da informação pelas referidas portas". Com efeito, destaca o jusambientalista brasileiro que a publicidade estrutura o manuseio da informação, ao passo que a transparência operacionaliza a fruição do direito à informação frente à Administração Pública e àqueles que usam bens comuns da coletividade.[335]

Por fim, destaca-se que também os particulares (e não apenas o Estado) estão obrigados a fornecer informações que detenham em mãos, quando tais informações sejam essenciais a informar grupos sociais ou mesmo indivíduos a respeito de questões atinentes à proteção do ambiente.[336] Tal

---

tério Público Estadual ou Federal, sob pena de a licença concedida não ter validade. Registra ainda o dispositivo a garantia de manifestação a todos os interessados devidamente inscritos.

[334] MIRRA, Álvaro Luiz Valery. *Impacto ambiental*: aspectos da legislação brasileira. 2.ed. São Paulo: Editora Juarez de Oliveira, 2002, 81.

[335] MACHADO, Paulo Afonso Leme. *Direito à informação e meio ambiente*. São Paulo: Malheiros, 2006, p. 62.

[336] Em recente decisão judicial liminar (21.09.2007), no Processo n. 583.00.2007.218243 que tramita na 3ª Vara Cível da Capital paulista, proferida em sede de ação civil púbica proposta pelo Ministério Público do Estado de São Paulo contra as duas maiores fabricantes de óleo de soja do Brasil, Bunge Alimentos e Cargill Agrícola, o Juiz determinou que as Rés devem informar no rótulo da embalagem, através

conclusão é possível inclusive a partir da eficácia entre particulares do direito fundamental ao ambiente, justificando, por exemplo, o dever de informação dos particulares e a inversão do ônus da prova nos processos judiciais e administrativos.[337] Outros fundamentos para embasar tal entendimento podem ser extraídos do princípio da boa-fé objetiva, do princípio da função social (da propriedade e do contrato) e do instituto do abuso de direito, ambos reguladores das relações de direito privado. Tais institutos jurídicos atuam no sentido de determinar deveres conexos aos direitos em geral, fazendo com que o exercício de determinado direito esteja alinhado ao seu fim social.

2.1.3.1.3. *Princípio da educação ambiental*

Outro aspecto elementar à idéia de cidadania e democracia participativa ambiental diz respeito ao *princípio da educação ambiental*. O próprio constituinte mostrou-se ciente de tal preocupação, incluindo na norma do art. 225, § 1º, VI, o dever do Estado de promoção da educação ambiental em todos os níveis de ensino e da consciência pública para a preservação do ambiente.[338] Trata-se a educação ambiental, em verdade, de um mecanismo basilar para dar efetividade social ao direito fundamental ao ambiente, já que só com a consciência político-ambiental ampliada no meio social é que a proteção ambiental tomará a forma desejada pelo constituinte do Estado Socioambiental de Direito. Também é uma forma de conferir autonomia e liberdade aos indivíduos para agirem no plano político. Nesse contexto, a contemplar uma perspectiva integrada dos princípios da democracia participativa ambiental listados, Morato Leite destaca que a informação, e conseqüente participação, só se complementam com a educação ambiental, de forma a ampliar a consciência popular no que diz respeito aos valores ambientais. Destaca ainda o autor que, em uma rede interligada de informação, participação e educação, a última é a base das demais, pois só munido de educação pertinente é que o cidadão exerce o seu papel ativo, com plenitude[339] e autonomia política.

A educação ambiental cumpre a missão de conscientização da sociedade sobre os problemas ambientais contemporâneos, apontando cami-

---

de um triângulo amarelo com um T no meio, que o óleo é fabricado a partir de grão geneticamente modificado. Conforme apontou o Juiz na decisão, "é inegável que *o consumidor tem direito à correta informação* acerca dos produtos colocados no mercado, mormente no que tange às suas composições (art. 6º, III e 31, CDC)", na medida em que "a Lei 11.105/05 determina em seu art. 40 que os alimentos e ingredientes destinados ao consumo humano que contenham ou sejam produzidos a partir de organismos geneticamente modificados deverão conter informação neste sentido em seus rótulos".

[337] O tema da eficácia do direito fundamental ao ambiente nas relações entre particulares é desenvolvido no Capítulo III.

[338] Conforme já apontado em passagem anterior, destaca-se, sobre o tema da educação ambiental, a Lei 9.795, de 27 de abril de 1999.

[339] MORATO LEITE, *"Dano ambiental..."*, 41.

nhos políticos e jurídicos para a superação de tais desafios. Como refere Melo Filho, há um elemento temporal que deve ser apontado no âmbito do ensino jurídico, em vista de que esse deve estar voltado tanto para o seu momento e contexto social atual como para perspectivas futuras.[340] Em verdade, trata-se de uma educação para o futuro, ou seja, para construir um futuro de plenitude e concretização do espírito humano, o que, necessariamente, passa pela conscientização de todos acerca da necessidade de uma reconciliação entre o "animal humano", a sua racionalidade e o seu meio natural. Dessa forma, a educação deve ser tomada como elemento determinante para os rumos da nossa História futura. História que cabe a todos construir. Uma existência humana digna e saudável coloca-se no horizonte almejado pela educação, ou seja, deve-se educar para uma vida comum plena, onde todos sejam portadores de condições existenciais capazes de potencializar ao máximo o espírito humano.

Dentro da perspectiva de formação educacional para a proteção do ambiente, também merece destaque o ensino do direito ambiental, já que também se apresenta como projeção do próprio princípio da educação ambiental, inclusive com a sua progressiva inclusão como disciplina nos currículos universitários. O Direito Ambiental também é um instrumento importante de formação político-ambiental da sociedade, já que é, na sua essência, um direito de luta. Em razão do seu objeto e da dimensão dos interesses que visa proteger, o direito "verde" se difere dos demais ramos, militando em defesa da vida (humana e planetária). Em vista de nascer com um meio natural já degradado, ao direito ambiental é imposta uma dinâmica de ação, ou seja, além de não permitir que mais desastres ambientais se sucedam, lhe é incumbida a função de recuperar e restaurar os danos já causados em momentos passados.

A partir do conceito formulado pelo professor francês Michel Prieur,[341] e com grande adesão pela doutrina brasileira, constata-se o caráter "militante" impregnado na abordagem da proteção jurídica ambiental. A mesma militância deve estar presente no ensino do direito ambiental e da educação ambiental. É a partir dessa concepção de luta e participação popular que emerge o Estado Socioambiental de Direito, tendo no princípio da solidariedade a sua matriz axiológica. Esse centraliza na sua estrutura a democracia partici-

---

[340] MELO FILHO, Álvaro. "Subsídios para a implementação de projeto didático-pedagógico de curso jurídico". In: *Revista da Ordem dos Advogados do Brasil*, Ano XXVIII, n. 67, Jul-Dez, 1998, p. 69.

[341] O professor francês MICHEL PRIER da Universidade de Limoges leciona que "o Direito do Ambiente, construído por um conjunto de regras jurídicas relativas à proteção da natureza e à luta contra as poluições. Ele se define, portanto, em primeiro lugar pelo seu objeto. Mas é um Direito tendo por finalidade um objetivo: nosso ambiente está ameaçado, o Direito deve poder vir em seu socorro, imaginando sistemas de prevenção ou de reparação adaptados a uma melhor forma de defesa contra as agressões da sociedade moderna. Então o Direito do ambiente mais do que a descrição do Direito existente é um Direito portador de uma mensagem, um Direito do futuro e da antecipação, graças ao qual o homem e a natureza encontrarão um relacionamento harmonioso e equilibrado". Apud MACHADO, Paulo Afonso Leme. *Direito ambiental brasileiro*. São Paulo: Malheiros, 1999, p. 91.

pativa (e direta) voltada para a proteção ambiental e a consagração dos direitos e dos deveres fundamentais do cidadão baseados nos valores relativos ao ambiente e à dignidade humana, agregando todas as lutas e conquistas obtidas pela sociedade ao longo do seu caminhar (ou navegar) civilizatório.

2.1.3.1.4. Princípio do consumo sustentável

O *princípio do consumo sustentável*[342] também está intrinsecamente relacionado à concepção de uma cidadania ambiental ou democracia participativa ambiental, pois as práticas de consumo impetradas pelo indivíduo também conformam um espaço de atuação política.[343] Uma atuação consciente do consumidor ajustada a um padrão de qualidade ambiental dos produtos e serviços de que dispõe no âmbito das suas práticas de consumo é também um instrumento de controle individual e social do comportamento de fornecedores de bens e serviços. Há inúmeros estudos que dão conta da "insustentabilidade" dos padrões de consumo adotados pelos países desenvolvidos, especialmente em razão da escassez progressiva de recursos naturais e da degradação ambiental. Como pontua Lovelock, mentor da Teoria de Gaia, em obra recente,

> somos mais de 6 bilhões de indivíduos famintos e vorazes, todos aspirando a um estilo d vida de Primeiro Mundo, nosso modo de vida urbano avança sobre o domínio da Terra viva. Consumimos tanto que ela já não consegue sustentar o mundo familiar e confortável a que nos habituamos.[344]

A crítica às práticas de consumo, posteriormente incorporadas ao discurso do movimento ambientalista e do Partido Verde europeu, já datam da Revolução de Maio de 1968. No movimento revolucionário havia uma crítica ao consumismo, que teve expressão com Marcuse, ao criticar a mania de adquirir coisas, ao homem "unidimensional" que sofre do fetichismo da mercadoria, a crítica ao mercado como medida do valor das coisas e das pessoas, o elogio à capacidade do ser humano livre de criar sua própria estrutura de necessidades, autodeterminada, imune à publicidade e às satisfações psicologicamente satisfatórias que o consumo pro-

---

[342] Sobre o tema do *consumo sustentável* na doutrina brasileira, cfr. PURVIN DE FIGUEIREDO, Guilherme José. "Consumo sustentável". In: BENJAMIN, Antônio Herman (Org.). *Anais do 6º Congresso Internacional de Direito Ambiental*. São Paulo: Instituto O Direito por um Planeta Verde/Imprensa Oficial, 2002, p. 187-223. LOCATELLI, Paulo Antônio. "Consumo sustentável". In: *Revista de Direito Ambiental*, n. 19, Jul-Set, 2000, p. 297-300; SPÍNOLA, Ana Luíza. "Consumo sustentável". In: *Revista de Direito Ambiental*, n. 24, Out-Dez, 2001, p. 209-216; e LISBOA, Roberto Senise. "O contrato como instrumento de tutela ambiental". In: *Revista de Direito do Consumidor*, n. 35, Jul-Set, 2000, p. 171-197.

[343] Nesse prisma, é certeira a crítica de AZEVEDO: "Nossa vida transcorre neste ambiente de desorientação ética, indiferente aos valores da humanidade e da solidariedade, dominada pela racionalidade técnica, e orientada no sentido da busca da prosperidade individual e de bens matérias freqüentemente desnecessários". AZEVEDO, *"Ecocivilização..."*, p. 30.

[344] LOVELOCK, *"A vingança de Gaia..."*, p. 20.

porciona.³⁴⁵ Como refere Kelly, uma das principais lideranças do Partido Verde na Alemanha, o ideário político verde toma a forma de um "partido antipartido", em vista de práticas de desobediência civil (própria de movimentos populares), ou seja, de uma estratégia política de ações diretas não-violentas fora do Parlamento, a partir de uma base ética de controle sobre as nossas práticas de consumo.

> Nuestra fundamental prioridad fue tratar de transformar la mentalidad consumista y nuestro sistema de crecimiento económico industrial en una economía ecológicamente sostenible con la conservación reemplazando al consumo como fuerza directora, una base ética de control, una conciencia de los límites que capacitase a las personas para actuar sin dañarse a sí mismas o al entorno. Ecología, justicia social, no violencia, feminismo, antimilitarismo y estructuras no centralizadas fueron y son los principales pilares de nuestro programa.³⁴⁶

Com efeito, dispõe o Princípio 8 da Declaração do Rio sobre Meio Ambiente e Desenvolvimento (1992) que "para alcançar o desenvolvimento sustentável e uma qualidade de vida mais elevada para todos, os Estados devem reduzir e eliminar os padrões insustentáveis de produção e consumo, e promover políticas demográficas adequadas". A *Agenda 21*, elaborada na Conferência das Nações Unidas sobre Meio Ambiente e Desenvolvimento, em 1992, apresenta um capítulo próprio para tratar da *mudança dos padrões de consumo*, trazendo nos seus objetivos: a) promover padrões de consumo e produção que reduzam as pressões ambientais e atendam às necessidades básicas da humanidade; b) desenvolver uma melhor compreensão do papel do consumo e da forma de se implementar padrões de consumo mais sustentáveis.³⁴⁷ Merece registro também o conceito de consumo sustentável elaborado pela Comissão de Desenvolvimento Sustentável da Organização das Nações Unidas – CDS/ONU, em 1995: "Consumo sustentável é o uso de serviços e produtos que respondam às necessidades básicas de toda população e trazem a melhoria da qualidade de vida, ao mesmo tempo em que reduzem o uso dos recursos naturais e de materiais tóxicos, a produção de lixo e as emissões de poluição em todo ciclo de vida, sem comprometer as necessidades das gerações futuras".

O conteúdo do *princípio do poluidor-pagador* não se dirige única e exclusivamente ao "fornecedor" de bens de consumo, mas também coloca responsabilidades para o consumidor de tais produtos ou serviços. De tal forma, é possível identificar o *princípio do usuário-pagador*, o qual orienta normativamente no sentido de adequar as suas práticas de consumo ao uso racional e sustentável dos recursos naturais, bem como à ampliação do uso de tecnologias limpas no âmbito dos produtos e serviços de

---

³⁴⁵ ALIER, Joan Martinez. *Da economia ecológica ao ecologismo popular*. Blumenau: Editora da FURB, 1998, p. 348-349.
³⁴⁶ KELLY, *"Por un futuro alternativo..."*, p. 144.
³⁴⁷ *Conferência das Nações Unidas sobre Meio Ambiente e Desenvolvimento*. 3.ed. Brasília: Senado Federal, Subsecretaria de Edições Técnicas, 2001, p. 40.

consumo. A respeito do tema, dispõe a Lei da Política Nacional do Meio Ambiente (Lei 6.938/91), no seu art. 4º, inciso VII, que se visará "à imposição, ao poluidor e ao predador, da obrigação de recuperar e/ou indenizar os danos causados e, ao usuário, da contribuição pela utilização de recursos ambientais com fins econômicos".

A livre escolha do consumidor, conforme indica Petter, pode ser legitimamente limitada em nome da defesa ambiental, em conta de que os consumidores precisam tornar-se conscientes da dimensão ecológica do processo de consumo em geral e do seu comportamento individual em particular.[348] Na medida em que a proteção ambiental limita a própria autonomia da vontade, aos consumidores deve ser conferida a responsabilidade de orientar as suas práticas de consumo de modo a se informar (e também serem informados pelos fornecedores) a respeito da origem e do processo produtivo dos produtos e serviços dos quais se servem para a satisfação das suas necessidades, tendo em conta aspectos relativos ao consumo de energia (mais ou menos limpas) e de recursos naturais, às tecnologias adotadas, à geração de resíduos, etc.[349]

Não obstante a necessidade de uma tutela coletiva por parte do Poder Público, e também das associações de defesa do consumidor e de defesa do ambiente, contra práticas publicitárias que, de forma abusiva,[350] incentivem hábitos de consumo inadequados a um padrão de qualidade ambiental, bem como que violem valores ecológicos, o próprio consumidor, considerado individual ou coletivamente, também tem parcela de responsabilidade no enfrentamento de práticas de consumo insustentáveis. Para tanto, deve evitar o consumo de produtos e serviços que não atendam às normas ambientais e não sigam uma política empresarial amiga do ambiente, dando preferência às empresas que sigam tais padrões ecologicamente sustentáveis.

Outra questão fundamental onde as práticas de consumo repercutem de forma direta na questão ambiental diz respeito à alimentação. Sensível a tal questão, Singer acaba de lançar, juntamente com Mason, o livro *The way we eat – Why our food choices matter* sobre a ética alimentar, já que, como referem os autores, a produção de alimentos é a maneira pela qual os seres humanos mais afetam diretamente o planeta. Na obra, o filósofo australiano aponta para cinco princípios éticos a serem adotados nas práticas alimentares: transparência, equilíbrio, humanidade, responsabilidade so-

---

[348] PETTER, Lafayete Josué. *Princípios constitucionais da ordem econômica*: o significado e o alcance do art. 170 da Constituição Federal. São Paulo: Revista dos Tribunais, 2005, p. 240-241.

[349] Apud SPÍNOLA, Ana Luíza. "Consumo sustentável". In: *Revista de Direito Ambiental*, n. 24, Out-Dez, 2001, p. 209-216.

[350] Nesse sentido, o Código de Defesa do Consumidor (Lei 8.078/90) dispõe no seu art. 37, § 2º, que constitui publicidade abusiva práticas publicitárias que "desrespeitem valores ambientais".

cial e necessidade.³⁵¹ O autor refere em passagem do livro que as pessoas deveriam, quando se dirigem ao supermercado, praticar um ato político, assim como ocorre com a votação eleitoral,³⁵² tendo em conta que as suas escolhas de consumo possuem conteúdo ético e político. Assim, todas as implicações ecológicas, econômicas, morais, jurídicas, etc. que circundam os nossos hábitos alimentares devem ser colocadas na balança quando das nossas práticas de consumo.

A idéia central é pensar a condição de consumidor para além de uma perspectiva estritamente econômica, mas sim de acordo com uma condição política cidadã. Há um espaço de diálogo fundamental entre a proteção do consumidor e a proteção ambiental. Não se deve elidir o consumidor da responsabilidade de agir, ou seja, consumir produtos e serviços de acordo com práticas ecologicamente equilibradas. Além do mais, com base no *caput* do art. 225 da Constituição, há também como se considerar o *dever fundamental* dos cidadãos-consumidores de ajustarem as suas práticas de consumo de modo a proteger o ambiente para as gerações presentes e futuras. Ao tomar consciência das suas concretas necessidades existenciais e abandonar o seu estado de "apatia política", estará o consumidor livre das amarras que o mercado publicitário lhe imprime, transcendendo de uma condição de súdito do mercado para uma condição política de cidadão.

2.1.3.2. Cidadania ambiental cosmopolita

A defesa de uma *cidadania ambiental cosmopolita*,³⁵³ como projeção da participação popular no cenário internacional, justifica-se, como já apontado em linhas anteriores, em razão da dimensão global da crise ambiental. A sociedade civil coloca-se hoje como a consciência política da nação e do mundo.³⁵⁴ Na medida em que se verifica a inaptidão e incapacidade

---

[351] MASON, Jim; SINGER, Peter. *The way we eat: why our food choices matter*. New York: Rodale, 2006, p. 270-271.
[352] MASON; SINGER, "*The way we eat...*", p. 5.
[353] Sobre o conceito de *cidadania ambiental cosmopolita*, cfr. FENSTERSEIFER, Tiago. "Cidadania ambiental cosmopolita: um conceito em construção". In: BENJAMIN, Antônio Herman (Org.). *Anais do 8º Congresso Internacional de Direito Ambiental*. São Paulo: Instituto O Direito por um Planeta Verde/Imprensa Oficial, 2004, p. 733-753.
[354] Registra-se a pintura do quadro internacional dos movimentos sociais e as novas possibilidades democráticas apontadas por GOMEZ: "Certamente, não se deduz do anterior que o potencial democrático das sociedades contemporâneas foi esgotado e que o projeto e as forças da globalização dominante reinam com absoluta hegemonia. Nesse sentido, basta lembrar o surgimento de várias tendências de claro perfil contra-hegemônico, tanto no Norte quanto no Sul, que abrangem desde os sinais de recomposição da sociedade civil (movimentos sociais de base local e transnacional que buscam uma visão de mundo alternativa, combinando eqüidade social, sustentabilidade da biosfera e democracia participativa substantiva; crescimento de comunidades de auto-ajuda sobre bases locais), até as ostensivas manifestações de oposição política e social (revoltas sociais, inúmeras greves – sendo emblemática a da França em novembro/dezembro de 1995 –, recentes triunfos eleitorais de oposição na França e na Grã-Bretanha, conformação de alianças aglutinantes das forças de oposi-

dos Estados nacionais para lidarem com diversas temáticas sociais relevantes, a sociedade civil, geralmente em sua forma organizada, passa a ocupar espaços políticos cada vez mais importantes no cenário político nacional e internacional. Registra-se hoje a articulação de diversos movimentos sociais e organizações não-governamentais (ONGs) em forma de rede e coalizão, possibilitando a atuação conjunta de diversos atores sociais regionais e internacionais na defesa de uma causa comum. Tal articulação tem representação significativa no Fórum Social Mundial,[355] possibilitando unidade de atuação e força política para a sociedade civil, vivenciando o local e o universal simultaneamente. A cidadania ambiental, na sua dimensão planetária e cosmopolita, apresenta-se como a nova "cara pintada" da democracia contemporânea, na medida em que agrega consigo a defesa dos valores mais elementares da humanidade (neles incluída a proteção do ambiente).

Nessa teia social mundial, o ponto de conexão entre os diferentes atores sociais (locais, regionais e globais) é a informação. Através das redes de informação, possibilitadas principalmente pela *internet*, as ONGs e movimentos sociais trocam informações e articulam, de forma conjunta, com grande eficiência, as suas ações políticas. A democratização e o acesso à informação configuram-se como as principais "armas" à disposição da sociedade civil para cobrar ações e responsabilidades de Estados e atores privados. A velocidade com a que a informação circula possibilita a articulação política quase que imediata dos grupos sociais mobilizados na ação política pró-ambiente, caracterizando uma *sociedade civil global* e uma cidadania ativa para além das fronteiras nacionais. Nos cenários nacional e internacional, destacam-se algumas ONGs ambientalistas com alcance e representatividade mundial: Amigos da Terra, Greenpeace, WWF, entre outras. No exemplo do Greenpeace,[356] suas campanhas ultrapassam fronteiras locais e nacionais, buscando uma ação política integrada no plano internacional. A projeção mundial das ONG's reflete a necessidade de uma ação conjunta e integrada de diversas sociedades mundiais na proteção ambiental.[357]

ção, etc.). Mas, para reverter as tendências dominantes, dada a complexidade dos problemas e dos dilemas que geram, parece evidente que se precisa bem mais do que a criação de condições sociopolíticas favoráveis: é indispensável repensar as perspectivas e as possibilidades da democracia e da cidadania à luz da problemática ambivalente da globalização quando entendida em um sentido mais amplo e diferente do dominante". GÓMEZ, José Maria. *Política e democracia em tempos de globalização*. Petrópolis/RJ: Vozes; Buenos Aires: CLACSO; Rio de Janeiro: LPP – Laboratório de Políticas Públicas, 2000, p. 43-44.

[355] CATTANI. Antonio David (Org.) *Fórum Social Mundial*: a construção de um mundo melhor. Porto Alegre/Petrópolis: Editora da Universidade/UFRGS/Vozes/Unitrabalho/Corag/Veraz Comunicação, 2001.

[356] Cfr. páginas eletrônicas: www.greenpeace.org, www.greenpeace.org.br. Sobre o Greenpeace, cfr. o texto de CASTELLS, Manuel. *La Era de la Información*: Economia, Sociedade e Cultura, Vol. II, p. 8-9.

[357] No Brasil, merecem destaque: SOS Mata Atlântica, Fundação Vitória Amazônica, GAMBA- Grupo Ambientalista da Bahia, AGAPAN – Associação Gaúcha de Proteção ao Ambiente Natural, AMDA – Associação Mineira de Defesa do Ambiente, ISA – Instituto Socioambiental, entre outras.

Com a mesma perspectiva, Gómez diz que já há início de materialização de uma *cidadania ativa global* na emergência e na expansão de redes de atividades transnacionais, que abrangem uma diversidade de movimentos sociais transnacionais, associações ou grupos de cidadãos, organizações internacionais não governamentais, como por exemplo, Anistia Internacional, Greenpeace, *Médecins sans Frontéres*, movimentos de mulheres, ambientalistas, de defesa dos direitos humanos, entre outros. Refere o autor que o "ativismo transnacional", ao construir espaços institucionais rudimentares de ação e lealdade desenvolvidos "em" e "através" dos Estados, produz novas orientações com relação à identidade e à comunidade política que estão na base de uma *sociedade civil global* em gestação.[358]

A figura da cidadania ambiental cosmopolita, enquanto condição política supraterritorial, reconhece a *dimensão planetária* da crise ambiental, afirmando o princípio democrático para além das fronteiras nacionais. As características biofísicas da degradação ambiental (como ocorre, por exemplo, no caso do aquecimento global, da poluição atmosférica e oceânica, etc.) evidenciam a limitação dos Estados nacionais para lidarem com os problemas ambientais. A cidadania ambiental volta-se cada vez mais para uma dimensão planetária. É preciso a ação local do cidadão ambiental, mas sempre com uma visão voltada para os reflexos que a degradação ambiental traz para todo o ecossistema planetário. Como exemplo, a poluição atmosférica e o aquecimento global gerados, em grande parte, pelos países desenvolvidos têm reflexos diretos na qualidade ambiental e condições de vida dos países em desenvolvimento. É necessária, portanto, uma nova concepção de cidadania, reconhecendo-se o papel e a importância que todos têm na defesa do Planeta Terra.

Aguiar refere, por sua vez, que o exercício da cidadania hoje apresenta uma dimensão planetária, na medida em que a produção projeta os seus efeitos destrutivos por todo o planeta, não mais se circunscrevendo aos parâmetros geopolíticos do internacionalismo, mas avançando para a questão da própria sobrevivência do planeta e da espécie humana, o que leva à necessidade de o ser humano conceituar-se de modo diferente.[359] Conforme destaca o autor, não se deve mais conceber um cidadão que domina a Natureza para criar seu próprio mundo, mas sim um ser da Natureza que cria seu mundo convivendo com ela; esse cidadão planetário tem na questão ambiental um dos problemas políticos e humanos mais sérios da contemporaneidade, já que o ser humano chegou ao ponto de poder se destruir enquanto espécie.[360]

---

[358] GÓMEZ, "*Política e democracia em tempos de globalização...*", p. 72.
[359] AGUIAR, "*Direito do meio ambiente e participação popular...*", p. 46.
[360] Idem, ibidem..

No entanto, em que pese a importância da discussão democrática no plano internacional, especialmente em razão da dimensão transfronteiriça das questões ambientais, há que se respeitar e dar a devida autonomia e importância sempre ao espaço político local na proteção ambiental, dando conformação de forma conjugada ao *princípio da subsidiariedade* e ao *princípio federativo*. Na medida em que se postula por uma democracia que efetivamente se construa de baixo para cima, há que se dar sempre voz a defesa dos interesses por parte de todos aqueles interessados na tutela ambiental, e especialmente às instituições mais próximas dos cidadãos, como as associações de moradores, associações de escolas, associações ambientais locais, etc. A atuação participativa e deliberativa da sociedade civil e dos movimentos sociais no processo de formulação das decisões e vontade política é elemento fundamental para a superação do momento de crise ambiental vivenciado contemporaneamente pela *civilização do risco*. Até que o homem tecnológico crie mundos artificiais em outros planetas, o que hoje só é possível na ficção, a vida só irá se concretizar e se desenvolver de forma plena se houver um quadro de condições ambientais favorável, o que só será possível com a ampliação da dimensão democrática dos Estados nacionais para o plano internacional.

2.1.4. Estados (pós) nacionais e proteção ambiental

Para além das fronteiras nacionais! Uma das características mais marcantes da degradação e poluição do ambiente diz respeito à sua globalidade, ou seja, não há fronteiras nacionais capazes de conter a degradação ambiental no âmbito territorial do Estado nacional. Na grande maioria das questões ambientais, que tem como paradigma o aquecimento global, a ação poluidora impetrada na dimensão espacial de determinado Estado nacional projeta as suas conseqüências para além das fronteiras nacionais, causando dano ambiental para outras sociedades e Estado nacionais. A constatação fática da complexidade e globalidade que permeiam a problemática ambiental fragiliza a capacidade dos Estados nacionais de enfrentarem tais questões, na medida em que muitas vezes somente uma atuação conjunta de Estados nacionais e mesmo organizações internacionais será capaz de abranger toda a complexidade e dispersão territorial ocasionadas por determinada poluição ou degradação ambiental.[361]

O Relatório *Nosso Futuro Comum* (ou Relatório *Brundtland*) da Comissão Mundial sobre Meio Ambiente e Desenvolvimento da Organização das Nações Unidas, de 1987, revela de forma paradigmática o que se está aqui

---

[361] Como exemplo da "globalidade" da problemática ambiental, é importante destacar alguns documentos firmados no âmbito internacional, que, de certa forma, consolidam a sua dimensão transfronteiriça da poluição ambiental, como a Convenção sobre Poluição Transfronteiriça de Longo Alcance (1979) e a Convenção da Basiléia sobre Controle de Movimentos Transfronteiriços de Resíduos Perigosos e seu Depósito (1989).

a dizer, destacando as limitações dos Estados para por si só enfrentarem a degradação ambiental em algumas de suas formas.

> Muitos dos riscos que derivam de nossas atividades produtivas e de nossas tecnologias ultrapassam as fronteiras nacionais; muitos deles são globais. As atividades que causam tais perigos tendem a concentrar-se em poucos países, mas há riscos para todos, ricos e pobres, tanto para os que se beneficiam dessas atividades como para os que não se beneficiam. A maioria dos países que compartilham esses riscos influi pouco nos processos decisórios que regulamentam essas atividades.[362]

Com tal perspectiva, Ferrajoli acentua que a crise enfrentada hoje não é menos radical do que aquela pela qual passou o mundo quatro séculos atrás, quando nasceu na Europa o Estado moderno e a comunidade internacional dos Estados soberanos. Tal situação fática se deve, em grande medida, em razão do poder destrutivo das armas nucleares, das agressões sempre mais catastróficas ao ambiente, do aumento das desigualdades e da miséria, da explosão dos conflitos étnicos e intranacionais dentro dos próprios Estados, tornando o equilíbrio internacional e a manutenção da paz cada vez mais precários.[363]

O jurista italiano aborda a crise do Estado nacional e postula um "direito internacional levado a sério", capaz de proporcionar uma integração mundial fundada no Direito,[364] tendo em conta que o Estado é demasiado pequeno para atender "às funções de governo e de tutela que se tornam necessárias devido aos processos de internacionalização da economia e às interdependências cada vez mais sólidas que, na nossa época, condicionam irreversivelmente a vida de todos os povos da Terra".[365] Ferrajoli, ao fotografar a realidade jurídica-política global contemporânea, afirma que, fora do horizonte do direito internacional, nenhum dos problemas que dizem respeito à humanidade pode ser solucionado, bem como nenhum dos valores do nosso tempo pode ser realizado, como, por exemplo: a paz, a igualdade, a tutela dos direitos de liberdade e mesmo a sobrevivência, a segurança contra a criminalidade, a defesa do ambiente concebido como patrimônio comum da humanidade, conceito que também inclui as futuras gerações.[366]

Como estratégia para enfrentar a referida crise do Estado moderno, Ferrajoli aposta, para além de um constitucionalismo nacional, na idéia de um *constitucionalismo mundial* para a superação da crise dos Estados nacionais, através da crescente despotencialização desses últimos e do deslocamento também para o plano internacional dos fundamentos do constitucionalismo tradicionalmente ligados aos Estados nacionais, pos-

---
[362] *Nosso Futuro Comum/Comissão Mundial sobre Meio Ambiente e Desenvolvimento.* 2.ed. São Paulo: Editora da Fundação Getúlio Vargas, 1991, p. 38.
[363] FERRAJOLI, "*A soberania no mundo...*", p. 46-47.
[364] Idem, op. cit., p. 47.
[365] Idem, op. cit., p. 50-51.
[366] Idem, "*A soberania no mundo...*", p. 50-51.

sibilitando, às cartas dos direitos fundamentais sediadas no âmbito da comunidade, as mesmas garantias jurídicas do constitucionalismo nacional, a fim de superar o quadro atual de quase total ineficácia dos textos internacionais.[367] Para o jurista italiano, repensar o Estado em suas relações externas à luz do atual direito internacional não é diferente de pensar o Estado em sua dimensão interna à luz do direito constitucional, o que implica analisar as condutas dos Estados em suas relações entre si e com seus cidadãos (as guerras, os massacres, as torturas, as opressões das liberdades, as ameaças ao ambiente, as condições de miséria e fome nas quais vivem enormes multidões de seres humanos), interpretando-as "não como males naturais e tampouco como simples 'injustiças', quando comparadas com uma obrigação utópica de ser moral ou política, mas sim como violações jurídicas reconhecíveis em relação à obrigação de ser do direito internacional vigente, tal como ele já está vergado em seus princípios fundamentais".[368]

O mundo gira cada vez mais em torno de uma mesma realidade ambiental (como pode ser percebido com o aquecimento global), sendo que as atividades levadas a cabo no âmbito local, regional e nacional acabam por ser determinantes para a composição da realidade global. Com tal contexto enquadrado, Goldblat acentua, acompanhado o pensamento de Beck, que o local do conflito político mudou-se do Estado-nação para o campo internacional devido às características físicas dos riscos ecológicos contemporâneos.[369] Mateo também põe em cheque a concepção moderna de soberania dos Estados nacionais para garantir a efetividade dos "direitos ambientais", em face de uma compreensão limitada da questão ambiental, especialmente na abordagem do espaço físico territorial, uma vez que os problemas ambientais transcendem substancialmente o espaço territorial dos Estados nacionais.[370]

A natureza universal e solidarista dos novos direitos fundamentais, especialmente daqueles de terceira e quarta dimensão, impulsiona a reconstrução do espaço político do Estado de Direito contemporâneo, em vista de superar as limitações territoriais para cumprir com os seus deveres de proteção (*Schutzpflichten*) ambiental. O marco político e jurídico do Estado nacional é desafiado perante as novas ameaças ambientais, as quais, em razão da sua natureza transfronteiriça,[371] revelam a limitação e a ineficiência do modelo de Estado-Nação para lidar com os principais

---

[367] Idem, op. cit., p. 53-54.
[368] FERRAJOLI, op. cit., p. 46.
[369] GOLDBLAT, *"Teoria social e ambiente..."*, p. 253.
[370] MATEO, *"Manual de derecho ambiental..."*, p. 58.
[371] Ajustada a idéia de "globalidade" dos problemas ambientais, a recente decisão, de certo modo paradigmática, do Superior Tribunal de Justiça em sede de ação civil pública, que, ao reconhecer a *dimensão transfronteiriça dos danos ambientais*, determinou que "a conservação do meio ambiente não se prende a situações geográficas ou referências históricas, extrapolando os limites impostos pelo ho-

problemas ambientais enfrentados pela humanidade hoje – entre os exemplos mais significativos, temos as mudanças climáticas ocasionadas pelo aquecimento global e as contaminações químicas dos elementos naturais (água, ar, solo, etc.). Diante de tal quadro, os mecanismos de proteção ecológica do Estado Socioambiental de Direito devem estar em sintonia com a dimensão supraterritorial e global dos problemas ambientais, mas sem perder de vista e reservar parcela de igual importância jurídica e política para os universos locais, regionais e nacionais na defesa do ambiente. O aspecto federativo e a autonomia dos entes políticos na proteção do ambiente devem ser sempre ressaltados e resguardados, ainda mais em vista da complexidade e particularidades dos diversos ecossistemas que compõe a rede ambiental planetária.

O *princípio da subsidiariedade*,[372] nesse aspecto, tem um papel importante, na medida em que, à luz da máxima do movimento ambientalista de "pensar globalmente e agir localmente", reconhece a autonomia de todos os entes políticos, assim como dos movimentos sociais, descentralizando a atuação política e o poder estatal. O princípio prega justamente a idéia de que o ente centralizador (por exemplo, a União) só deve agir quando os entes menores (por exemplo, Estados e Municípios) não tiverem condições estruturais para enfrentar determinado problema ambiental, dando forma a um sistema político mais democrático e participativo, uma vez que as decisões estariam sendo tomadas por instâncias políticas mais próximas dos cidadãos.[373] O mesmo raciocínio deve ser empregado na perspectiva internacional, só devendo, por exemplo, a Organização das Nações Unidas intervir em determinada situação ambiental problemática diante da incompetência ou omissão dos Estados nacionais de solucionarem tal hipótese.

O *princípio da solidariedade* também marca o cenário internacional de proteção ambiental, abordando a questão da cooperação internacional (inclusive tomado como princípio estruturante do Estado de Socioambiental

---

mem. A natureza desconhece fronteiras políticas. Os bens ambientais são transnacionais" Grifos nossos) (STJ, Resp. 588.022/SC, 1ª Turma, Rel. Min. José Delgado, DJ 05/04/2004).

[372] MATEO destaca o *princípio da subsidiariedade* como um dos *megaprincípios* do Direito Ambiental (juntamente com o *princípio ubiqüidade*, o *princípio da sustentabilidade*, o *princípio da globalidade* e o *princípio da solidariedade*). O autor espanhol refere que o V Programa da Comunidade Econômica Européia sobre Meio Ambiente e Desenvolvimento adotou o princípio da subsidiariedade ao estabelecer que a Comunidade somente interviesse na medida em que os objetivos de determinada ação pretendida não pudessem ser alcançados de maneira suficiente pelos Estados membros, bem como que as decisões devem ser tomadas da forma mais próxima possível dos cidadãos. MATEO, "*Manual de derecho ambiental...*", p. 43. No âmbito normativo brasileiro, sobre o princípio da subsidiariedade, cfr. LEITE FARIAS, "*Competência federativa...*", p. 316-324.

[373] À luz do cenário constitucional brasileiro, BAGGIO entende que a subsidiariedade teria sido recepcionada como um princípio implícito, tendo sido incorporado ao texto constitucional quando este institui competências comuns entre os entes da federação (inclusive municípios), mas principalmente quando atribui competências vinculadas à realização de interesses locais. BAGGIO, Roberta Camineiro. "Democracia, republicanismo e princípio da subsidiariedade: em busca de um federalismo social". In: *Revista Direito e Democracia da ULBRA*, Vol. 5, N. 2, 2004, p. 335.

de Direito³⁷⁴), o que determina uma atuação solidária dos Estados nacionais na salvaguarda dos recursos naturais planetários, em vista especialmente dos deveres e responsabilidades mútuos existente entre todos os países na proteção ambiental. Ajustado a tal premissa, o Princípio 7 da Declaração do Rio declara que:

> os Estados irão cooperar, em espírito de parceria global, para a conservação, proteção e restauração da saúde e da integridade do ecossistema terrestre. Considerando as diversas contribuições para a degradação do meio ambiente global, os Estados têm responsabilidades comuns, porém diferenciadas. Os países desenvolvidos reconhecem a responsabilidade que lhes cabe na busca internacional do desenvolvimento sustentável, tendo em vista as pressões exercidas por suas sociedades sobre o meio ambiente global e as tecnologias e recursos financeiros que controlam.

Alinhado com o princípio da solidariedade, deve-se destacar também o *princípio da cooperação*,³⁷⁵ que consagra o caráter internacionalista e planetário da crise ambiental, porquanto declara o marco jurídico da solidariedade entre todos os Estados e seus respectivos cidadãos na efetivação da proteção ambiental. Conforme destaca Morato Leite, o princípio da cooperação postula uma política mínima de cooperação solidária entre os Estados em busca de combater efeitos devastadores da degradação ambiental, o que pressupõe ajuda, acordo, troca de informações e transigência no que toca a um objetivo macro de toda coletividade, além de apontar para uma atmosfera política democrática entre os Estados, visando a um combate eficaz da crise ambiental global.³⁷⁶ O princípio da cooperação também está presente de forma expressa no texto constitucional brasileiro, através da previsão que há no inciso IX do art. 4º sobre a "cooperação entre os povos para o progresso da humanidade", bem como, de forma indireta, também no inciso II que estabelece a "prevalência dos direitos humanos" nas relações do Estado brasileiro no plano internacional.

No âmbito da legislação brasileira, a Lei dos Crimes Ambientais (Lei 9.605/98) consagrou no seu corpo normativo um capítulo próprio sobre a cooperação internacional para a preservação do ambiente, destacando a necessidade de ser mantido um sistema de comunicações apto a facilitar o intercâmbio rápido e seguro de informações com órgãos de outros países (art. 78). O texto em tela revela a preocupação do legislador nacional com a dimensão internacional não apenas da criminalidade ecológica, mas de todas as medidas de tutela ambiental formuladas pelo Estado brasileiro.

Por tal caminho, à luz do *postulado globalista* formulado por Canotilho, a proteção do ambiente não deve ser feita ao nível de sistemas jurídicos isolados (estatais ou não), mas sim ao nível dos sistemas jurídico-políticos internacionais e supranacionais, de forma que se alcance um *standard* ecológico ambiental razoável em nível planetário e, ao mesmo tempo, se

---

³⁷⁴ MORATO LEITE, "*Dano ambiental...*", p. 53-56.
³⁷⁵ Consubstanciado nos Princípios 5, 7, 12, 13, 14, 18, 19 e 27 da Declaração do Rio (1992).
³⁷⁶ MORATO LEITE, op. cit., p. 54-55.

estruture uma responsabilidade global (de estados, organizações, grupos) quanto às exigências de sustentabilidade ambiental.[377] O constitucionalista lusitano destaca que o globalismo ambiental, em que pese propor uma espécie de *direito de ambiente mundial (Welt-Umweltrecht)* e de uma *República Ambiental Planetária*", na ótica do já referido princípio da subsidiariedade, não significa o desprezo das estruturas estatais e das instituições locais onde as instâncias nacionais e locais consigam densificações positivas dos *standards* ecológicos.[378]

Por fim, registra-se que a superação da concepção moderna do Estado nacional e sua inaptidão e limitação para lidar com a problemática ambiental global, coloca, diante da dimensão universalista da problemática ambiental, a idéia de uma *República Ambiental Mundial*, impulsionando o princípio democrático e a tutela dos direitos fundamentais para além das fronteiras nacionais. Nesse contexto, Höffe defende um modelo de *República Federativa Mundial* que projeta o Estado de bem-estar social e o Estado de proteção ambiental para o âmbito mundial, em razão das perspectivas "sombrias" para a situação ambiental do mundo, merecendo a proteção ambiental o mesmo grau hierárquico da garantia de padrões sociais.[379]

2.2. O direito ao ambiente como direito fundamental de terceira dimensão e a "constitucionalização" da proteção do ambiente no ordenamento jurídico brasileiro

2.2.1. *A evolução histórico-constitucional das dimensões de direitos fundamentais e a consagração da proteção do ambiente como direito fundamental de terceira dimensão*

Os direitos fundamentais da pessoa humana constituem o núcleo normativo-axiológico da ordem constitucional e, conseqüentemente, de todo o sistema jurídico, representando projeções normativas e materializações do princípio (e valor) supremo da dignidade humana no marco jurídico-político do Estado de Direito. Häberle, sob a mesma perspectiva, situa a dignidade humana, na condição de *premissa antropológico-cultural* da sociedade constituída e por ser constituída, como a norma-base do Estado de Direito e fundamento da comunidade estatal, projetando sua força protetiva pluridimensional contra as situações de perigo que ameaçam os bens jurídicos de estatura constitucional.[380] Com efeito, deve-se

---

[377] CANOTILHO, "*Estado Constitucional Ecológico...*", p. 496.
[378] Idem, op. cit., p. 496.
[379] HÖFFE, Otfried. *O Que é justiça?* Porto Alegre: EDIPUCRS, 2003, p. 123-127.
[380] HÄBERLE, "*A dignidade humana como fundamento...*", p. 128.

considerar a elementar constatação de que as condições de vida e os requisitos para uma vida com dignidade constituem dados variáveis de acordo com cada sociedade e em cada época, o que se harmoniza com a dimensão histórico-cultural da própria dignidade da pessoa humana e, portanto, também dos direitos fundamentais que lhe são inerentes. Häberle destaca, nesse sentido, que "a dignidade humana possui uma referência cultural relativa, ela se situa no contexto cultural, possuindo, contudo, também feições tendencialmente universais".[381] O processo histórico-civilizatório das sociedades determina e legitima os direitos que devem integrar o rol destacado dos direitos fundamentais, tendo-se em conta um horizonte normativo-conceitual mutável e aberto materialmente em face dos novos desafios existenciais postos a cada novo avanço civilizatório.[382] Na linha do pensamento de Hannah Arendt, Lafer acentua que os direitos humanos não são um "dado", mas um "construído" historicamente, ligados à idéia de organização da comunidade política,[383] o que se dá ao longo de um processo histórico contínuo de afirmação político-jurídica dos direitos humanos.

O caráter histórico-relativo dos direitos fundamentais, compreendidos no presente estudo como os direitos humanos positivados no ordenamento jurídico interno dos Estados nacionais por meio da sua "constitucionalização",[384] permite a constatação de que sociedade modifica e incorpora novos valores na medida em que as demandas históricas a impulsionam para novos caminhos e necessidades, objetivando sempre a plena realização de uma vida humana digna e saudável para todos os seus membros. Nesse contexto, ao mencionar, no âmbito da evolução histórica, o problema das dimensões (ou gerações)[385] dos direitos fundamentais, Pereira da Silva ensina

---

[381] Idem, op. cit., p. 127.

[382] Sobre o tema, cfr. a trajetória traçada por CANOTILHO dos direitos fundamentais ao longo dos tempos, bem como as teorias relativas aos direitos fundamentais que caracterizam cada marco histórico. CANOTILHO, José Joaquim Gomes. *Direito constitucional e teoria da Constituição*. 5.ed. Coimbra: Almedina, 2002, p. 380-387.

[383] LAFER, Celso. *A reconstrução dos direitos humanos*: um diálogo com o pensamento de Hannah Arendt. São Paulo: Companhia das Letras, 2001, p. 134. O autor destaca a afirmação político-jurídica dos direitos humanos na História, ao longo da consagração das suas sucessivas gerações, especialmente nas p. 125-134.

[384] Em face da "constitucionalização" dos "direitos humanos" na ordem jurídico-constitucional dos Estados nacionais, dá-se a configuração dos direitos fundamentais. CANOTILHO refere que: "Sem esta positivação jurídico-constitucional, os 'direitos do homem são esperanças, aspirações, idéias, impulsos, ou, até, por vezes, mera retórica política', mas não são direitos protegidos sob a forma de normas (regras e princípios) de direito constitucional". CANOTILHO, *"Direito constitucional e teoria..."*, p. 377.

[385] Consigna-se aqui a nossa preferência pela expressão "dimensões" de direitos fundamentais em detrimento de "gerações" de direitos fundamentais, em razão de esta última sugerir a superação de uma pela outra, quando, na verdade, elas se somam e se acumulam num processo histórico-evolutivo contínuo das comunidades humanas, rumo a uma tutela cada vez mais abrangente da dignidade da pessoa humana. No mesmo sentido, cfr. SARLET, *"A eficácia dos diretos fundamentais..."*, p. 53. Há, inclusive, no âmbito doutrinário, quem sustente a superação do modelo geracional (ou mesmo dimensional) de classificação dos direitos fundamentais em favor de um sistema unitário. Cfr. SCHÄFER, Jairo. *Classificação dos direitos fundamentais*: do sistema geracional ao sistema unitário. Coleção "Estado e Constituição", Vol. 5. Porto Alegre: Livraria do Advogado, 2005.

que "as gerações representariam assim a dimensão histórica dos direitos humanos, mostrando como a matriz comum dessas posições subjetivas se vai concretizando ao longo do tempo, conduzindo ao progressivo aprofundamento e desenvolvimento das formas de realização da dignidade da pessoa humana". [386] Nesse caminhar histórico, como se verá adiante, a qualidade ambiental colocou-se como elemento indispensável a uma vida digna.

Cada dimensão de diretos fundamentais representa a fotografia constitucional de um dado momento e contexto histórico, considerando-se que o registro fotográfico e a revelação de novas "fotos" devam ser constantes a fim de acompanhar os novos enfrentamentos constitucionais formulados permanentemente diante da busca de uma salvaguarda plena da dignidade humana a cada etapa evolutiva e dialética da História humana. Nesse ponto, joga um importante papel o marco (e princípio fundamental) do Estado de Direito, pois, a partir do seu desenvolvimento histórico, o que já foi feito em tópico anterior e não será aqui tomado com maior minúcia, também é possível traçar as dimensões de direitos fundamentais, já que ambos os conceitos estão intrinsecamente relacionados.[387] Da mesma forma como ocorre com os modelos de Estado de Direito, as dimensões ou gerações de direitos fundamentais não se eliminam mutuamente, mas, pelo contrário, compõem de forma integrada uma mesma unidade normativa para a salvaguarda da dignidade humana. Por óbvio que há tensionamentos e conflitos entre os direitos fundamentais das diferentes dimensões (como, por exemplo, ocorre entre a liberdade e a igualdade, como marcos axiológicos, respectivamente, do Estado liberal e dos direitos fundamentais de primeira dimensão e do Estado Social e dos direitos fundamentais de segunda dimensão), mas tal colisão toma sempre uma formatação dialética e integrativa, com o intuito ajustar-se de forma mais adequada à tutela da dignidade humana.

De igual modo, merece destaque a Declaração e Programa de Ação de Viena (1993), promulgada na 2ª Conferência Mundial sobre Direitos Humanos, a qual estabeleceu no seu art. 5º que "todos os direitos humanos são universais, indivisíveis, interdependentes e inter-relacionados", reconhecendo que as diferentes dimensões de direitos humanos (o que

---

[386] PEREIRA DA SILVA, *"Verde cor de direito..."*, p. 22.

[387] PEREIRA DA SILVA conecta a *dimensão histórica dos direitos humanos* com a própria conformação dos modelos de Estado de Direito, sendo que ambos representariam sucessivas formas históricas de concretização da dignidade da pessoa humana. "A dimensão histórica dos direitos humanos constitui uma forma de realização da sua dimensão axiológica, uma vez que os princípios ético-jurídicos ligados à realização da dignidade da pessoa humana assumem uma configuração histórica concreta numa determinada comunidade, num momento dado. A perenidade dos direitos do Homem, enquanto exigências de realização integral da dignidade da pessoa humana, não impede, pois, a circunstancialidade da sua concretização num local e numa época determinados. Daí que faça sentido, não apenas falar na história dos direitos do Homem, como fazer a ligação entre tais direitos e os diferentes modelos de Estado, que representariam sucessivas formas históricas da sua concretização, podendo-se falar, a este propósito, em 'gerações' de direitos fundamentais". PEREIRA DA SILVA, *"Verde cor de direito..."*, p. 21-22.

também se opera em relação aos direitos fundamentais) conformam um sistema integrado de tutela da dignidade humana. As diferentes dimensões de direitos fundamentais se fortalecem mutuamente, considerando-se, por exemplo, que a liberdade só encontra sentido e unidade se exercitada em harmonia com os valores comunitários e, acima de tudo, com a dignidade dos demais membros de determinada comunidade estatal (e mesmo mundial). Com tal perspectiva, Silva destaca a integração das diferentes categorias de direitos fundamentais estampada na Constituição brasileira, afirmando que essas integram "um todo harmônico, mediante influências recíprocas", até porque os direitos individuais, consubstanciados no seu art. 5º, estão contaminados de dimensão social, de tal sorte que a previsão dos direitos sociais, entre eles, e os direitos de nacionalidade e políticos lhes quebra o formalismo e o sentido abstrato".[388]

Sob tal perspectiva, o marco do *Estado Liberal*, fundado sob o alicerce do *princípio da liberdade* e instituído paradigmaticamente com a ascensão da burguesia ao poder e a derrocada do Estado Absolutista e do despotismo levada a cabo pela Revolução Francesa (1789),[389] sob a base normativa da Declaração dos Direitos do Homem e do Cidadão, também é o marco da consagração dos *direitos fundamentais de primeira dimensão*, constituídos pelos direitos civis e políticos, como, por exemplo, a vida, a integridade física e a propriedade. A característica essencial dos direitos (humanos) fundamentais de primeira dimensão reside na característica essencial de serem direitos de natureza negativa ou defensiva, oponíveis em face do Estado, ao qual cabia apenas uma postura abstencionista, ou seja, de não invadir a esfera privada e violar com a sua conduta os referidos direitos individuais. Lafer acentua que os direitos humanos de primeira geração se fundamentam numa "clara demarcação entre Estado e não-Estado, fundamentada no contratualismo de inspiração individualista".[390] O ser humano, na condição de titular de direitos fundamentais, era pensado apenas sob uma ótica individualista, e não como um indivíduo integrante de um contexto social e, ao mesmo tempo, responsável para com os valores comunitários. As grandes bandeiras eram o individualismo e a afirmação hipertrofiada da liberdade, sob uma feição apenas negativa e formal.

Já o *Estado Social*, sob a égide do *princípio da igualdade*, com seu marco histórico na Constituição de Weimar (1919), na Alemanha, representa a

---

[388] SILVA, "*Comentário contextual à Constituição...*", p. 59.

[389] HOBSBAWN capta em sua narrativa histórica sobre a Revolução Francesa a queda da Bastilha como o seu marco histórico simbólico. "O resultado mais sensacional de sua mobilização foi a queda da Bastilha, uma prisão estatal que simbolizava a autoridade real e onde os revolucionários esperavam encontrar armas. Em tempos de revolução nada é mais poderoso do que a queda de símbolos. A queda da Bastilha, que fez do 14 de julho a festa nacional francesa, ratificou a queda do despotismo e foi saudada em todo o mundo como o marco inicial de libertação". HOBSBAWM, Eric J. *A Revolução Francesa*. Rio de Janeiro: Paz e Terra, 1996, p. 24.

[390] LAFER, Celso. "*A reconstrução dos direitos humanos...*", p. 126.

caracterização dos *direitos fundamentais de segunda dimensão*, que se expressam nos direitos sociais, econômicos e culturais. Nesse marco, é importante chamar a atenção para a mudança do papel desempenhado pelo Estado, o qual passa de uma postura negativa ou abstencionista para uma postura positiva ou prestacional, já que a efetivação dos direitos de segunda dimensão passa necessariamente pela intervenção do Estado, assumindo esse a função ativa de implementar e promover as condições materiais necessárias ao desfrute de tais direitos, tendo como exemplos clássicos o direito à saúde, o direito à educação, o direito à assistência social, etc. Aí está um dos traços mais significativos da distinção entre os direitos de primeira e de segunda dimensão, espelhando a própria feição do modelo de Estado de Direito vigente ao momento da sua consagração histórica.

O próximo passo histórico tomado no cenário jurídico-político do Estado de Direito reside na configuração do *Estado Socioambiental*, que tem como referência os *direitos fundamentais de terceira dimensão* (ou, como refere Silva, os direitos fundamentais "do gênero humano" ou direitos fundamentais "do homem solidário").[391] Na construção e conquista histórica dos direitos fundamentais, fica caracterizada, em razão da natureza dos direitos de cada dimensão, a passagem dos modelos de Estado de Direito, chegando-se hoje a um novo modelo capaz de dar conta dos novos desafios existenciais humanos e incorporar no seio do ordenamento constitucional os novos direitos fundamentais de natureza transindividual, como o novo marco histórico-cultural dos direitos fundamentais do Estado Socioambiental de Direito.

Bolzan de Morais traça a passagem histórica dos direitos fundamentais, da primeira à terceira dimensão, acompanhando a evolução do papel ocupado pelo Estado em cada momento. O autor pontua que no percurso de transposição dos direitos de primeira geração ou direitos da liberdade, circunscritos às liberdades negativas como oposição à atuação estatal, para os de segunda geração ou direitos sociais, culturais e econômicos, vinculados à positividade da ação estatal e preocupados com a questão da igualdade, aparecem, posteriormente, como pretensão a uma atuação corretiva por parte dos Estados, os direitos de terceira geração, que se afastam consideravelmente dos anteriores por incorporarem, agora sim, um conteúdo de universalidade não como projeção, mas como compactuação, comunhão, como direitos de solidariedade, vinculados ao desenvolvimento, à paz internacional, ao meio ambiente saudável, à comunicação.[392]

---

[391] SILVA, *"Comentário contextual à Constituição..."*, p. 59.
[392] MORAIS, José Luis Bolzan de. *"Do direito social aos interesses transindividuais..."*, p. 162.

No quadro histórico dos direitos fundamentais, Bonavides, acompanhado de Bobbio,[393] defende a existência de quatro[394] dimensões (ou gerações) distintas, sendo o direito ao ambiente o mais notável integrante da terceira categoria,[395] juntamente com os direitos ao desenvolvimento, à autodeterminação dos povos, à qualidade de vida, à paz, à comunicação e ao direito de propriedade sobre o patrimônio comum da humanidade.[396] É atribuída uma tendência universalista aos direitos de terceira e quarta dimensões, sendo esses últimos relativos ao direito à democracia, à informação e ao pluralismo.[397] Na base da terceira categoria de direitos fundamentais, conforme pontua Bosselmann, está a idéia de serem eles essencialmente coletivos em sua dimensão, expressando direitos coletivos ou de grupos, bem como de dependerem de cooperação substancial de todas as forças sociais para a sua realização.[398]

Em razão de os direitos fundamentais sociais não terem posto termo à ampliação do campo dos direitos fundamentais, Ferreira Filho identifica a "nova" terceira dimensão de direitos fundamentais como *direitos de solidariedade*, já que trazem desafios, não mais apenas à vida e à liberdade, mas especialmente à qualidade de vida e à solidariedade entre os seres humanos de todas as raças ou nações.[399] Na mesma perspectiva, Canotilho refere que, a partir da década de 60, começou desenhar-se uma nova categoria de direitos fundamentais, conectados com o ideário da solidariedade. Entre os direitos de terceira (e também quarta) dimensão, o constitucionalista insere: o direito à autodeterminação, o direito ao patrimônio comum da humanidade, o direito a um ambiente saudável

---

[393] BOBBIO, "*A era dos direitos...*", p. 06.

[394] BONAVIDES, diferentemente de outros constitucionalistas que reconhecem apenas três dimensões de direitos fundamentais, defende a existência de uma quarta categoria. BONAVIDES, "*Curso de direito constitucional...*", p. 525. Mais recentemente, o eminente constitucionalista brasileiro tem se pronunciado a favor de uma "quinta" dimensão de direitos fundamentais, deslocando o direito à paz para tal categoria. BONAVIDES, Paulo. "O direito à paz como direito fundamental de quinta geração". In: *Revista Interesse Público*, n. 40. Porto Alegre: Editora Notadez, Nov-Dez, 2006, p. 15-22.

[395] No mesmo sentido, BOBBIO, em que pese o "estado da arte" conceitual dos direitos fundamentais de terceira dimensão ainda se encontrar excessivamente heterogêneo e vago, aponta para o direito ao ambiente como o seu mais importante representante. "Ao lado dos direitos sociais, que foram chamados de direitos de segunda geração, emergiram hoje os chamados direitos de terceira geração, que constituem uma categoria, para dizer a verdade, ainda excessivamente heterogênea e vaga, o que nos impede de compreender do que efetivamente se trata. O mais importante deles é o reivindicado pelos movimentos ecológicos: o direito de viver num ambiente não poluído". BOBBIO, op. cit., p. 06.

[396] BONAVIDES, "*Curso de direito constitucional...*", p. 514-531. Por sua vez, FERREIRA FILHO refere que os quatro principais direitos fundamentais de terceira dimensão seriam: o direito à paz, o direitos ao desenvolvimento, o direito ao ambiente e o direito ao patrimônio comum da humanidade; sendo incluídos também por alguns autores no respectivo rol: o direito à autodeterminação dos povos e o direito à comunicação. FERREIRA FILHO, Manoel Gonçalves. *Direitos humanos fundamentais*. 6.ed. São Paulo: Saraiva, 2004, p. 58.

[397] BONAVIDES, "*Curso de direito constitucional...*", p. 524-525.

[398] BOSSELMANN, Klaus. *Ökologische Grundrechte*: zum Verhältnis zwischen individueller Freiheit und Natur. Baden-Baden: Nomos Verlagsgesellschaft, 1998, p. 293.

[399] FERREIRA FILHO, "*Direitos humanos fundamentais...*", p. 57.

e sustentável, o direito à comunicação, o direito à paz e o direito ao desenvolvimento.[400]

Para Karl Vasak, a quem é creditada a primeira referência ao conceito de direitos humanos de terceira dimensão, com seu clássico ensaio intitulado "For the Third Generation of Human Rights: The Rights of Solidarity", apresentado em 1979 na aula inaugural da 10ª Sessão de Estudos do Instituto Internacional de Direitos Humanos, em Strasburgo, os novos direitos se definem nos seguintes termos:

> Eles são novos nas aspirações que expressam, são novos do ponto de vista dos direitos humanos na medida em que eles objetivam inserir a dimensão humana em áreas onde ela tem sido frequentemente esquecida, tendo sido deixadas para o Estado ou Estados... Eles são novos na medida em que podem simultaneamente ser invocados contra o Estado e exigidos deste; mas, acima de tudo (e aqui reside a sua característica essencial), eles só podem ser realizados através de esforços conjuntos de todos os atores da cena social: o indivíduo, o Estado, corporações públicas e privadas e a comunidade internacional.[401]

Com a degradação e poluição ambiental cada vez mais impactantes sobre a qualidade de vida e o pleno desenvolvimento do ser humano, fragilizando a proteção da dignidade humana, e com a mobilização sociocultural em sua defesa a partir das décadas de 60 e 70, a proteção do ambiente passa a ser reconhecido em sede jurídico-constitucional como um dos valores que compõem o rol dos direitos (humanos) fundamentais. A questão ambiental é, portanto, um novo enfrentamento histórico a impulsionar novos valores para a seara das relações sociais, formatando, sob o paradigma da transindividualidade, um novo quadro de direitos (e deveres) fundamentais a desafiar o jurista contemporâneo, diante das suas atuais e concretas circunstâncias históricas, culturais e naturais. Perez Luño assevera que a incidência direta do ambiente na existência humana (sua transcendência para o seu desenvolvimento ou mesmo possibilidade) é que justifica a sua inclusão no estatuto dos direitos fundamentais, considerando o ambiente como todo o conjunto de condições externas que conformam o contexto da vida humana.[402]

A Declaração de Estocolmo de 1972 das Nações Unidas sobre Meio Ambiente Humano constitui-se do marco histórico-normativo inicial da proteção ambiental, projetando pela primeira vez no horizonte jurídico, especialmente no âmbito do direito internacional, a idéia em torno de um direito fundamental ao ambiente, tomando a qualidade do ambiente como elemento essencial para uma vida humana com dignidade e bem-estar. No preâmbulo do diploma, está também a referência a que ambos os aspectos do ambiente do homem, natural ou construído, são essenciais ao bem-es-

---

[400] CANOTILHO, "Direito constitucional e teoria...", p. 386.
[401] Apud BOSSELMANN, "Ökologische Grundrechte...", p. 293-294.
[402] PÉREZ LUÑO, "Derechos humanos, Estado de Derecho...", p. 463.

tar e ao gozo dos direitos humanos básicos, mesmo (e pode-se dizer principalmente) o próprio direito à vida (com dignidade e saúde).[403]

> Princípio 1. O homem tem o direito fundamental à liberdade, igualdade e adequadas condições de vida, num meio ambiente cuja qualidade permita uma vida de dignidade e bem-estar, e tem a solene responsabilidade de proteger e melhorar o meio ambiente, para a presente e as futuras gerações.

Mais recentemente, a Declaração e Programa de Ação de Viena (1993), promulgada na Conferência Mundial sobre Direitos Humanos, também conferiu, no seu art. 11, destaque especial ao *direito ao desenvolvimento*, o qual deve ser realizado de modo a satisfazer as necessidades ambientais e de desenvolvimento das gerações presentes e futuras. A Declaração também reconheceu que a prática de descarregar ilicitamente substâncias e resíduos tóxicos e perigosos constitui uma grave ameaça em potencial aos direitos de todos à vida e à saúde. Dessa forma, diferentemente do que constava da Declaração Universal dos Direitos Humanos (1948), e mesmo dos Pactos Internacionais de Nova Iorque (1966), o direito ao ambiente tomou acento de forma definitiva também no *direito internacional dos direitos humanos*, em razão da sua essencialidade à dignidade humana, pilar de todo o sistema internacional de proteção dos direitos humanos.

Os direitos fundamentais de terceira dimensão (direitos de solidariedade ou fraternidade) são de titularidade proeminentemente transindividual (difusa e coletiva), revelando um conteúdo altamente humanista e universal. Eles se distinguem substancialmente dos direitos fundamentais de primeira (civis e políticos) e de segunda (sociais, culturais e econômicos) dimensões, que têm, em regra, a sua titularidade individualizada ou ao menos individualizável. A marca distintiva dos direitos de terceira dimensão, portanto, reside basicamente na sua natureza transindividual, com titularidade muitas vezes indefinida e indeterminável, o que se revela especialmente no direito ao ambiente, reclamando novas técnicas de garantia e proteção.[404] No entanto, o direito ao ambiente, em que pese a habitual presença do interesse coletivo ou difuso, não deixa de objetivar também a proteção da vida e da qualidade de vida do homem na sua individualidade.[405] Como se verá no último capítulo com maior minúcia, a proteção ambiental toma simultaneamente a forma de um objetivo estatal e de um direito subjetivo conferido ao indivíduo e à coletividade.

O direito fundamental ao ambiente, na esteira da sua característica de transindividualidade, apresenta um caráter transfronteiriço ou supraterritorial, o que se dá em razão da globalidade da degradação e poluição

---

[403] Vinte anos depois da Declaração de Estocolmo, em 1992, proclamou-se na Conferência das Nações Unidas (Eco-92) a Declaração do Rio de Janeiro sobre Meio Ambiente e Desenvolvimento, que consigna que "os seres humanos estão no centro das preocupações com o desenvolvimento sustentável. Tem direito a uma vida saudável e produtiva em harmonia com a natureza (Princípio 1º)".

[404] SARLET, "*A eficácia dos direitos fundamentais...*", p. 57.

[405] Idem, p. 62.

ambiental, revelando muitas vezes as limitações dos próprios Estados nacionais em lidarem com a questão ecológica. Com tal perspectiva, compreende-se com mais clareza porque os direitos de terceira dimensão, especialmente o direito ao ambiente, são denominados usualmente como direitos de solidariedade ou fraternidade, já que acarretam em implicações de escala global e universal, exigindo esforços e responsabilidades, como apontado em tópico anterior, em escala até mesmo mundial para a sua efetivação. Outro aspecto importante do direito fundamental ao ambiente alinhado à "globalidade" da questão ecológica diz respeito à indivisibilidade do seu objeto, já que, por exemplo, a qualidade ambiental é um bem de natureza eminentemente difusa, compreendendo o equilíbrio de todo ecossistema natural.

Pereira da Silva afirma que a consagração do direito ao ambiente como direito humano é resultado da "necessidade de repensar a posição do indivíduo na comunidade perante os novos desafios colocados com as modernas sociedades",[406] seguindo com a afirmação de que a realização da dignidade da pessoa (fundamento dos direitos humanos) exige, em cada novo momento histórico, um esforço de adaptação e de aprofundamento, que é determinado pelas concretas circunstâncias históricas.[407] O direito fundamental ao ambiente, nesse contexto, ajusta-se aos novos enfrentamentos históricos de natureza existencial postos pela degradação e poluição ambiental em prejuízo do pleno desenvolvimento da vida humana, no sentido de contemplar um complexo normativo mais abrangente (e de máxima eficácia jurídica e social) para a tutela da dignidade humana. É com razão que Viera de Andrade aponta para "um sistema de direitos fundamentais em permanente transformação, de busca de um 'estatuto da humanidade'",[408] a fim de contemplar a abertura histórica e cultural inerente à afirmação dos direitos fundamentais no âmbito jurídico, reconhecendo-se um processo dialético em constante evolução.

O Supremo Tribunal Federal, em importante julgado, reconheceu o direito ao ambiente como direito fundamental da pessoa humana de terceira dimensão à luz de uma perspectiva histórico-evolutiva dos direitos fundamentais (1ª dimensão – direitos civis e políticos; 2ª dimensão – direitos econômicos, sociais e culturais; e 3ª dimensão – direito ao ambiente, entre outros), contemplando o princípio da solidariedade como fundamento axiológico para tal categoria de direitos fundamentais. Na mesma decisão, é possível extrair a consagração dos três princípios da Revolução Francesa (liberdade, igualdade e solidariedade ou fraternidade) espelhados, respectivamente, nas dimensões dos direitos fundamentais, caracteri-

---

[406] PEREIRA DA SILVA, Vasco. "Verdes são também os direitos do homem". In: *Revista Portugal-Brasil – Ano 2000*, p. 130.
[407] PEREIRA DA SILVA, op. cit., p. 130.
[408] VIEIRA DE ANDRADE, "*Os direitos fundamentais...*", p. 65.

zando a passagem do Estado Liberal ao Estado Socioambiental de Direito contemporâneo. No seu voto, o Ministro Celso de Mello refere a idéia de titularidade coletiva consubstanciada no direito à integridade do ambiente, como direito fundamental de terceira geração, que expressa um "poder atribuído não ao indivíduo identificado em sua singularidade, mas, num sentido verdadeiramente mais abrangente, a própria coletividade social", sendo, inclusive, conferido "genericamente a todas as formações sociais". O eminente Ministro destaca que os direitos de terceira dimensão, com base no princípio da solidariedade, constituem um momento importante no "processo de desenvolvimento, expansão e reconhecimento dos direitos humanos, caracterizados, enquanto valores fundamentais indisponíveis, pela nota de uma essencial inexauribilidade".[409]

Diante de tal perspectiva, Bosselmann aponta para as duas dimensões (liberal e social) dos direitos humanos no contexto da sua evolução histórica, o que resulta consubstanciado nas duas maiores tradições políticas (o pensamento liberal e o pensamento social). A primeira resulta do liberalismo do Século 18 e da afirmação da idéia de liberdade individual, ao passo que a segunda marca os Séculos 19 e 20 através dos princípios democrático e social consignados na idéia de igualdade e solidariedade. O objetivo da Modernidade teria sido conceber o ser humano como indivíduo numa sociedade livre, democrática e social. No entanto, conforme alerta Bosselmann, "o tempo passou", e agora, não obstante os seres humanos continuarem sendo uma ameaça aos seus companheiros de espécie humana, eles também passaram a ser uma ameaça para as condições naturais da vida, o que demanda um conceito alargado de solidariedade, incorporando uma dimensão ecológica à já existente dimensão social para uma adequada compreensão dos direitos humanos.[410] A constatação do jurista alemão é certeira, contemplando um novo caminhar cultural empregado pela humanidade na busca incessante por sua afirmação existencial em um patamar cada vez mais amplo.

---

[409] "A questão do direito ao meio ambiente ecologicamente equilibrado – direito de terceira geração – princípio da solidariedade. O direito à integridade do meio ambiente – típico direito de terceira geração – constitui prerrogativa jurídica de titularidade coletiva, refletindo, dentro do processo de afirmação dos direitos humanos, a expressão significativa de um poder atribuído, não ao indivíduo identificado em sua singularidade, mas, num sentido verdadeiramente mais abrangente, a própria coletividade social. Enquanto os direitos de primeira geração (Direito Civis e Políticos) – que compreendem as liberdades clássicas, negativas ou formais – realçam o princípio da liberdade e os direitos de segunda geração (Direitos Econômicos, Sociais e Culturais) – que se identificam com as liberdades positivas, reais ou concretas – acentuam o princípio da igualdade, os direitos de terceira geração, que materializam poderes de titularidade coletiva atribuídos genericamente a todas as formações sociais, consagram o princípio da solidariedade e constituem um momento importante no processo de desenvolvimento, expansão e reconhecimento dos direitos humanos, caracterizados, enquanto valores fundamentais indisponíveis, pela nota de uma essencial inexauribilidade". STF, Tribunal Pleno, MS 22.164/SP, Rel. Min. Celso de Mello, v. unân., publicado no DJ 17.11.95.

[410] BOSSELMANN, Klaus. "*Environmental rights and duties...*", p. 12.

Mesmo diante do avanço conceitual do princípio da dignidade da pessoa humana e da consagração doutrinária ampliativa dos direitos fundamentais, o que também é importante para a concretização desses valores, a grande problemática de ambos os sistemas nacionais e internacionais de proteção do ambiente e dos direitos fundamentais de um modo geral é a sua implementação. Apesar de belas constituições, legislações, declarações e documentos internacionais que exaltam a importância máxima dos direitos fundamentais em questão, no momento da sua efetivação, os seus conteúdos se esvaziam e não saem do plano formal (literalmente, do papel).[411] Na medida em que não há instrumentos para a sua efetivação, os direitos fundamentais não passam de meras "aspirações ideais", não alcançando um patamar de direitos propriamente ditos. Essa é a grande aporia da civilização contemporânea, que, por hora, não encontra solução minimamente satisfatória.

2.2.2. Algumas experiências de "constitucionalização" da proteção do ambiente no direito comparado

Não se pretende aprofundar neste tópico o estudo do ordenamento jurídico de nenhum país em particular, nem compreender uma gama abrangente de experiências, mas apenas apontar alguns exemplos da incorporação da proteção do ambiente por alguns ordenamentos constitucionais no âmbito do direito comparado, que, na compreensão do autor, seriam os mais significativos e próximos da experiência constitucional brasileira.

A proteção do ambiente, especialmente na Europa,[412] com uma atenção mais destaca ainda para a Alemanha, tem tomado uma dimensão cada

---

[411] BOBBIO levanta a sua voz contra tal "estado de coisas", afirmando que "a maior parte dos direitos sociais, os chamados direitos de segunda geração, que são exibidos brilhantemente em todas as declarações nacionais e internacionais, permaneceu no papel. O que dizer dos direitos de terceira e de quarta geração? A única coisa que até agora se pode dizer é que são expressão de aspirações ideais, às quais o nome de 'direitos' serve unicamente para atribuir um título de nobreza. Proclamar o direito dos indivíduos, não importa em que parte do mundo se encontrem (os direitos do homem são por si mesmos universais), de viver num mundo não poluído não significa mais do que expressar a aspiração a obter uma futura legislação que imponha limites ao uso de substâncias poluentes. Mas uma coisa é proclamar esse direito, outra é desfrutá-lo efetivamente. A linguagem dos direitos tem indubitavelmente uma grande função prática, que é emprestar uma força particular às reivindicações dos movimentos que demandam para si e para os outros a satisfação de novos carecimentos materiais e morais; mas ela se torna enganadora se obscurecer ou ocultar a diferença entre o direito reivindicado e o direito reconhecido e protegido. Não se poderia explicar a contradição entre a literatura que faz a apologia da era dos direitos e aquela que denuncia a massa dos 'sem-direitos'. Mas os direitos de que fala a primeira são somente os proclamados nas instituições internacionais e nos congressos, enquanto os direitos de que fala a segunda são aqueles que a esmagadora maioria da humanidade não possui de fato (ainda que sejam solene e repetidamente proclamados)". BOBBIO, "*A era dos direitos...*", p. 9-10.
[412] Nesse contexto, em que pese não se encontrar em vigor, destaca-se que a Carta dos Direitos Fundamentais da União Européia prevê no Título IV, destinado a conformar o princípio da solidariedade, art. II-97°, a proteção do ambiente, ao asseverar que "todas as políticas da União devem integrar um

vez mais importante no debate jurídico, e especialmente no debate constitucional. O reconhecimento do ambiente como um direito fundamental por boa parte dos países europeus, ou mesmo apenas como objetivo do Estado, ao longo das últimas décadas, tem ocasionado uma releitura e reestruturação do próprio conceito e papel do Estado no novo cenário político e jurídico que desponta no horizonte contemporâneo, bem como das funções e conteúdo dos direitos fundamentais, especialmente dos designados de terceira dimensão, que carregam no seu conteúdo a visão de um mundo solidário e universal em dissonância com o clássico modelo de Estado nacional soberano. Nesse prisma, à luz das discussões provocadas pela "constitucionalização" da proteção ambiental no cenário europeu, Winter acentua que, uma vez que nós aceitarmos que uma biosfera equilibrada é pré-condição física para a vida, à proteção do ambiente deve ser proporcionada essencial e privilegiado status constitucional, afetando todos os elementos básicos da Constituição, quais sejam: os objetivos políticos, os direitos fundamentais e as instituições. Os objetivos do governo devem ampliar-se do econômico e social para o bem-estar ecológico; os direitos fundamentais devem ser complementados por deveres fundamentais e direitos ecológicos; e as instituições devem estar abertas para permitir a representação de interesses ecológicos.[413]

É importante destacar, como referido acima, a existência de duas tendências constitucionais contemporâneas de tratamento do direito ao ambiente: a primeira, encabeçada pela Lei Fundamental alemã e acompanhada das Constituições holandesa, italiana, finlandesa, sueca e grega, caracteriza o direito ao ambiente apenas como tarefa, objetivo, incumbência ou fim do Estado; a segunda, consagrada, entre outras, pelas Constituições portuguesa, espanhola, venezuelana, colombiana, argentina, brasileira, indiana, sul-africana e polonesa, para além da sua consagração como objetivo do Estado, eleva a proteção do ambiente à condição de direito fundamental da pessoa humana.[414]

A primeira experiência de destaque na tutela constitucional do ambiente no direito comparado é da República Federal da Alemanha. É oportuno destacar que a Alemanha tem sediado o pensamento mais vanguardista na seara da política ambiental, bem como do Direito Constitucional e do Direito Ambiental. Muitas das lições divulgadas por autores alemães acabaram por influenciar o pensamento *jusambientalista* mundo afora. Com relação ao tratamento constitucional conferido à matéria ambiental, merece destaque o artigo 20a da Lei Fundamental, inserido pela reforma

---

elevado nível de proteção do ambiente e a melhoria da sua qualidade, e assegurá-los de acordo com o princípio do desenvolvimento sustentável".

[413] WINTER, Gerd. "*Constitutionalising Environmental Protection in the European Union*". Disponível em: http://www-user.uni-bremen.de/~feu/eframe.html. Acesso em: 12 de maio de 2006.

[414] Cfr. FIGUEIREDO DIAS, "*Direito constitucional e administrativo...*", p. 29-30.

constitucional de 1994, e, posteriormente, modificado em 2002, para incluir também a proteção dos animais (*die Tiere*) no referido dispositivo. O art. 20a[415] traz a idéia de que a proteção ambiental se constitui de tarefa ou objetivo do Estado. Nesse sentido, Kloepfer refere que a Constituição alemã estabeleceu deveres de proteção do ambiente atribuídos ao Estado, os quais devem contemplar também medidas de natureza preventiva, tendo em conta que há deveres de proteção que tutelam também os interesses das gerações humanas futuras, ou seja, a proteção do mundo subseqüente, como emanação dos juízos de valor jurídico-objetivos da norma constitucional.[416]

No Direito Constitucional português, a proteção do ambiente toma a forma de direito fundamental, o que implica reconhecimento da sua dupla dimensão objetiva e subjetiva, caracterizando simultaneamente valor comunitário (e, conseqüentemente, objetivo ou tarefa do Estado) e direito (fundamental) subjetivo do indivíduo.[417] Nesse sentido, Canotilho afirma que o ambiente caracteriza um novo valor que ganha cada vez mais importância para a comunidade jurídico e politicamente organizada, em face da sua dimensão pública ou coletiva, o que "não prejudica (mas, pelo contrário, reforça) a circunstância de o ambiente dever ser assumido como direito subjetivo de todo e qualquer cidadão individualmente considerado",[418] evidenciando, dessa forma, que o ambiente, apesar de ser bem social unitário e público, é dotado também de uma indiscutível dimensão pessoal que deve ser devidamente tutelada. A Constituição da República portuguesa de 1976 (sistematicamente situado na sua Parte I, relativa aos Direitos e Deveres Fundamentais dos cidadãos) prevê no seu artigo 66,[419]

---

[415] "Art. 20a (Fundamentos naturais da vida). No âmbito da ordem constitucional, o Estado protege as bases naturais da vida e os animais, tendo em conta a sua responsabilidade para com as futuras gerações, por meio do poder legislativo, e segundo a lei e o direito por meio dos poderes executivo e judicial". (Tradução livre do autor)

[416] KLOEPFER, Michael. "A caminho do Estado Ambiental: a transformação do sistema político e econômico da República Federal da Alemanha através da proteção ambiental, especialmente desde a perspectica esclarecedora da ciência jurídica". Tradução de Carlos Alberto Molinaro e revisão de Ingo Wolfgang Sarlet. No prelo, p. 10.

[417] PEREIRA DA SILVA acentua, com base na sua previsão constitucional, que a tutela ambiental adquiriu a "dimensão de elemento caracterizador essencial da ordem jurídica portuguesa", integrando não apenas a constituição formal mas também a constituição material, como novo componente dos princípios e valores da ordem jurídica portuguesa e, portanto, limite material de revisão constitucional. PEREIRA DA SILVA, "*Verde cor de direito...*", p. 63.

[418] CANOTILHO, José Joaquim Gomes (Coord.). *Introdução ao direito do ambiente*. Lisboa: Universidade Aberta, 1998, p. 26.

[419] "Art. 66 da Constituição portuguesa: 1. Todos têm direito a um ambiente de vida humana, sadio e ecologicamente equilibrado e o dever de o defender. 2. Incumbe ao Estado por meio de organismos próprios e por apelo a iniciativas populares: a) prevenir e controlar a poluição e os seus efeitos e as formas prejudiciais de erosão; b) ordenar o espaço territorial de forma a construir paisagens biologicamente equilibradas; c) criar e desenvolver reservas e parques naturais e de recreio, bem como classificar e proteger paisagens e sítios, de modo a garantir a conservação da Natureza e a preservação de valores culturais de interesse histórico e artístico; d) promover o aproveitamento racional dos recursos naturais, salvaguardando a sua capacidade de renovação e a estabilidade ecológica. 3. O cidadão

de forma paradigmática, o "direito a um ambiente de vida humano, sadio e ecologicamente equilibrado" como direito fundamental autônomo em face de outros direitos (como, por exemplo, vida, saúde e propriedade), bem como "tarefa fundamental do Estado" (Art. 9º, "d" e "e"), revelando, como referido acima, uma *dupla dimensão objetiva e subjetiva*.[420] Pereira da Silva aponta, inclusive, que, em que pese a consagração simultânea da tutela objetiva e a proteção subjetiva do ambiente, o legislador constituinte adotou um modelo predominantemente "subjetivista" da tutela ambiental.[421]

Outro aspecto importante do texto constitucional português diz respeito à atribuição de um *dever fundamental* de defesa do ambiente a todos os particulares, bem como os *deveres de proteção* conferidos ao Estado (elencados nos incisos do art. 66), como, por exemplo, prevenir e controlar a poluição e os seus efeitos, ordenar o espaço territorial de forma a construir paisagens biologicamente equilibradas, criar e desenvolver reservas e parques naturais, de modo a garantir a conservação da Natureza e a preservação de valores culturais de interesse histórico e artístico e promover o aproveitamento racional dos recursos naturais e a melhoria progressiva e acelerada da qualidade de vida de todos.

Na Espanha, o direito ao ambiente aparece consubstanciado no art. 45 da Constituição (1978),[422] o qual é caracterizado como fundamental ao desenvolvimento da personalidade, tendo, portanto, o texto constitucional espanhol vinculado a qualidade do ambiente diretamente à dignidade humana. Assim como a redação do texto constitucional português, a Constituição espanhola também estabelece o dever de todos os particulares de conservação do ambiente, estabelecendo a idéia de solidariedade coletiva a que está vinculado o direito ao ambiente. Quanto aos deveres de proteção do Estado, traz o controle sobre a utilização racional dos recursos naturais, com o fim de proteger e melhorar a qualidade de vida, bem como restaurá-lo.

Mateo nega a jusfundamentalidade do direito ao ambiente, em razão da sua localização no texto constitucional espanhol, (art. 45 inserido no Capítulo III, que abrange os princípios diretores da política social e econômica), o que autorizaria a sua postulação somente no âmbito da jurisdição

---

ameaçado ou lesado no direito previsto no n. 1 pode pedir, nos termos da lei, a cessação das causas de violação e a respectiva indenização. 4. O Estado deve promover a melhoria progressiva e acelerada da qualidade de vida de todos os portugueses".

[420] CANOTILHO, *"Introdução ao direito do ambiente..."*, p. 27.

[421] PEREIRA DA SILVA, *"Verde cor de direito..."*, p. 32.

[422] "Art. 45.1. 1. Todos tienen derecho a disfrutar de un medio ambiente adecuado para el desarrollo de la personalidad, así como el deber de conservarlo. 2. Los poderes públicos velarán por la utilización racional de todos los recursos naturales con el fin de proteger y mejorar la calidad de vida y defender y restaurar el medio ambiente apoyándose en la indispensable solidariedad colectiva. Para quienes violen lo dispuesto en el apartado anterior, los términos que la Ley fije se establecerán sanciones penales o, en su caso, administrativas, así como la obligación de reparar el daño causado".

ordinária.⁴²³ Pede-se vênia para discordar do eminente jusambientalista espanhol, em face do autor ater-se a uma leitura formalista do texto constitucional, desconsiderando a fundamentalidade material do direito ao ambiente, ainda mais quando o próprio texto constitucional espanhol destaca a importância de condições ambientais adequadas para o desenvolvimento da personalidade humana. Mais ajustado à crítica que se está a colocar, está a lição de Perez Luño, que, conforme referido anteriormente, acentua a incidência direta do ambiente na existência humana justifica a sua inclusão no estatuto dos direitos fundamentais, considerando o ambiente como todo o conjunto de condições externas que conformam o contexto da vida humana.⁴²⁴

No direito francês, em conta de uma doutrina extremamente consolidada, merece registro a Carta Constitucional de Meio Ambiente da França (*Charte de L'Environnement*), aprovada em 28.02.2005 pelo Parlamento francês e promulgada sob o n° 205 em 02.03.2005. Com tal medida, o ordenamento jurídico francês coloca a Carta Constitucional do Meio Ambiente no mesmo patamar que a Declaração dos Direitos Humanos e do Cidadão, de 1789, e que o preâmbulo da Constituição de 1958, onde está inserida a Declaração dos Direitos Econômicos e Sociais de 1946.⁴²⁵ Entre os aspectos mais relevantes do texto francês ao longo dos seus 10 artigos, conforme pontua Machado, está, por vez primeira no âmbito do direito comparado, a consagração expressa do princípio da precaução em texto constitucional, bem como o direito à informação ambiental e o direito a participar na elaboração de políticas públicas que tenham incidência sobre o meio ambiente.⁴²⁶

Outra experiência relevante diz respeito à recente Constituição Sul-Africana de 1996, que incluiu a proteção ambiental no seu catálogo de direitos fundamentais (*Bill of Rights*),⁴²⁷ conferindo ao direito ao ambiente o mesmo status atribuído aos demais direitos fundamentais nele consubstanciados. Kotzé destaca a natureza *sui generis* do direito fundamental ao

---

⁴²³ MATEO, "*Manual de derecho ambiental...*", p. 61.

⁴²⁴ PÉREZ LUÑO, "*Derechos humanos, Estado de Derecho...*", p. 463. No mesmo sentido, cfr. ROCA, Guillermo Escobar. *La ordenación constitucional del medio ambiente*. Madrid: Dykinson, 1995, p. 65-109.

⁴²⁵ MACHADO, Paulo Afonso Leme. "A Carta Constitucional de Meio Ambiente e o Brasil". In: *Revista Interesse Público*, N. 30. Porto Alegre, Editora Nota Dez, p. 57.

⁴²⁶ MACHADO, "*A Carta Constitucional...*", p. 58.

⁴²⁷ "Seção 24 – Todos têm direito: a) a um ambiente que não seja prejudicial à sua saúde ou bem-estar; e b) a ter o ambiente protegido, para o benefício das presentes e futuras gerações, através de medidas razoáveis de ordem legislativa ou outras que: i) previnam poluição e degradação ecológica; ii) promovam conservação; e iii) garantam desenvolvimento e uso de recursos naturais de modo ecologicamente sustentável, enquanto promovam desenvolvimento econômico e social justo". (Tradução livre do autor de: "Section 24 – Everyone has the right: a) to an environment that is not harmful to their health or well-being; and b) to have the environment protected, for the benefit of present and future generations, through reasonable legislative and other measures that: i) prevent pollution and ecological degradation; ii) promote conservation; and iii) secure ecologically sustainable development and use of natural resources while promoting justifiable economic and social development).

ambiente (direito fundamental de terceira geração ou *green right*) no cenário constitucional sul-africano, o qual se caracteriza por conter aspectos tanto dos direitos fundamentais de primeira geração ou direitos civis e políticos (*blue rights*) quanto dos direitos de segunda geração ou direitos socioeconômicos (*red rights*), podendo operar simultaneamente no sentido de determinar a proibição do Estado de infringir o direito ao ambiente do indivíduo, bem como obrigar o Estado a tomar medidas de natureza prestacional para realizar o conteúdo do direito ao ambiente.[428] No mesmo sentido, refere o autor sul-africano que o direito ao ambiente produz efeitos de natureza vertical e horizontal, o que determina a sua imposição tanto no âmbito das relações entre particulares quanto entre particulares e Estado.[429] Nesse contexto, pode-se apreender da leitura da Seção 26 que a Constituição sul-africana contemplou tanto uma dimensão subjetiva quanto outra objetiva para a proteção ambiental, inserindo no seu corpo normativo tanto o direito fundamental subjetivo do indivíduo ao ambiente quanto o objetivo ou tarefa constitucional do Estado de promover a tutela do ambiente.

No cenário sul-americano, a Constituição argentina adotou capítulo próprio no seu texto pela reforma constitucional de 1994 para consagrar "novos diretos e garantias",[430] dentre os quais se encontra o direito fundamental ao ambiente, juntamente com a defesa do consumidor, que passa a integrar o conjunto de liberdades e garantias da Constituição. Entre os aspectos mais importantes do texto constitucional, está a vinculação entre o desenvolvimento humano e a proteção ambiental, tendo como base atividades produtivas que satisfaçam as necessidades das gerações presentes, mas sem comprometer as necessidades das gerações futuras. Da mesma forma, a redação do art. 41 destaca o dever fundamental de preservar o ambiente atribuído às gerações presentes, bem como a base democrática que está subjacente ao direito ao ambiente, destacando o direito à informação e à educação ambiental, o que também ressoa no âmbito da Lei Geral do Ambiente (Lei 25.675) argentina, que destaca um capítulo sob o título de "participação cidadã", com a caracterização de um direito do indivíduo

---

[428] KOTZÉ, Louis J. "*The South African Environment and the 1996 Constitution*: some reflections on a decade of democracy and constitutional protection of the environment", no prelo, p. 6.

[429] KOTZÉ, "*The South African Environment...*", p. 8.

[430] "Art. 41. Todos los habitantes gozan del derecho a un ambiente sano, equilibrado, apto para el desarrollo humano y para que las actividades productivas satisfagan las necesidades presentes sin comprometer las de las generaciones futuras; y tienen el deber de preservarlo. El daño ambiental generará prioritariamente la obligación de recomponer, según lo establezca la ley. Las autoridades proveerán a la protección de este derecho, a la utilización racional de los recursos naturales, a la preservación del patrimonio natural y cultural y de la diversidad biológica, y a la información y educación ambientales. Corresponde a la Nación dictar las normas que contengan los presupuestos mínimos de protección, y a las provincias, las necesarias para complementarlas, sin que aquéllas alteren las jurisdicciones locales. Se prohíbe el ingreso al territorio nacional de residuos actual o potencialmente peligrosos, y de los radiactivos".

a ser consultado e a opinar em procedimentos administrativos que se relacionem com a preservação e proteção do ambiente (art. 19).[431]

Já a Constituição colombiana de 1991, no seu art. 79, destaca a proteção da diversidade e integridade do ambiente como dever do Estado.[432] Com relação ao texto constitucional colombiano, merece registro a consagração da *função ecológica da propriedade* no art. 58 da Lei Fundamental, imputando obrigações, e não apenas abstenções, ao titular do domínio no exercício do seu direito.

A recente Constituição venezuelana de 1999 traz no seu corpo um capítulo próprio para a matéria dos direito ambientais (*Capítulo IX – De los Derechos Ambientales*). No seu art. 127,[433] consagra a proteção ambiental como um direito (e também dever), de natureza simultaneamente individual e coletiva, de todos a desfrutarem de uma vida em um ambiente seguro, saudável e ecologicamente equilibrado, atribuindo também ao Estado o dever de protegê-lo. Merece destaque a incumbência conferida ao Estado no dispositivo constitucional de garantir a participação ativa da sociedade nas questões atinentes à tutela ambiental, bem como a proibição expressa de patenteamento dos seres vivos.

Por fim, registra-se que a investigação do tratamento constitucional conferido por outros Estados nacionais à tutela ambiental abre caminho para uma melhor compreensão do próprio texto constitucional brasileiro, reconhecendo as suas influências históricas. No caso, o principal destaque é conferido à Constituição portuguesa, que, reconhecidamente pela doutrina, influenciou a redação do art. 225 do texto constitucional brasileiro. A partir de agora, portanto, voltar-se-á a atenção para o texto constitucional pátrio e o regime jurídico da proteção constitucional conferida ao direito fundamental ao ambiente.

---

[431] SABSAY, Daniel Alberto. "*La protección del medio ambiente en la Constitución nacional*". Disponível em: http://aplicaext.cjf.gov.br/phpdoc/pages/sen/portaldaeducacao/textos_fotos/ambiental2005/textos/Daniel%20Sabsay%20La%20proteccion%20del%20MA%20en%20la%20CN.doc. Acesso em: 19 de maio de 2006.

[432] "Art. 79. É dever do Estado proteger a diversidade e a integridade do ambiente, conservar as áreas de especial importância ecológica".

[433] "Art. 127. Es un derecho y un deber de cada generación proteger y mantener un ambiente en beneficio de sí misma y del mundo futuro. Toda persona tiene derecho individual y colectivamente a disfrutar de una vida y de un ambiente seguro, sano y ecológicamente equilibrado. El Estado protegerá el ambiente, la diversidad biológica, los recursos genéticos, los procesos ecológicos, los parques nacionales y monumentos naturales y demás áreas de especial importancia ecológica. El genoma de los seres vivos non podrá ser patentado, y la ley que se refiera a los principios bioéticos regulará la materia. Es una obligación fundamental del Estado, con la activa participación de la sociedad, garantizar que la población se desenvuelva en un ambiente libre de contaminación, en donde el aire, el agua, los suelos, las costas, el clima, la capa de ozono, las especies vivas, sean especialmente protegidos, de conformidad con la ley".

2.2.3. A "constitucionalização" da proteção ambiental no ordenamento jurídico brasileiro[434]

2.2.3.1. Breves notas sobre a "constitucionalização" da proteção ambiental no ordenamento jurídico brasileiro

A proteção do ambiente no cenário jurídico brasileiro tem dois momentos históricos bem delimitados. O "divisor de águas" e marco normativo a traçar temporalmente os dois momentos é a promulgação da Lei Fundamental brasileira de 1988. Portanto, pode-se dizer que hoje nós nos encontramos diante de uma nova "era" da proteção ambiental no contexto jurídico brasileiro, tendo a Constituição de 1988 incorporado ao seu corpo normativo um capítulo próprio para a tutela do ambiente e, portanto, "constitucionalizado" a proteção ambiental.[435] Nesse sentido, Silva refere que a Constituição de 1988 é eminentemente ambientalista, assumindo o tratamento da matéria em termos amplos e modernos, uma vez que, além de destacar capítulo próprio para a temática ambiental, a questão permeia todo o seu texto, correlacionada com os temas fundamentais da ordem constitucional.[436] No entanto, antes de avançar no regime constitucional da proteção do ambiente, é importante apenas traçar algumas linhas a respeito do período "Pré-1988", destacando o corpo normativo de tutela do ambiente que antecedeu a sua consagração constitucional.

---

[434] Sobre o tema, no âmbito da doutrina brasileira, cfr. BENJAMIN, Antônio Herman. "Meio ambiente e Constituição: uma primeira abordagem". In: BENJAMIN, Antônio Herman (Org.) *Anais do 6º Congresso Internacional de Direito Ambiental.* São Paulo: IMESP, 2002, p. 89-101; MORATO LEITE, "*Dano ambiental...*", p. 15-96; MEDEIROS, Fernanda Luiza Fontoura. *Meio ambiente: direito e dever fundamental.* Porto Alegre: Livraria do Advogado, 2004; GAVIÃO FILHO, Anízio Pires. *Direito fundamental ao ambiente.* Porto Alegre: Livraria do Advogado, 2005; TEIXEIRA, Orci Paulino Bretanha. *O direito ao meio ambiente ecologicamente equilibrado como direito fundamental.* Porto Alegre: Livraria do Advogado, 2006; SILVA, José Afonso da. *Direito ambiental constitucional.* 4.ed. São Paulo: Malheiros, 2003; SAMPAIO, José Adércio Leite. "Constituição e meio ambiente na perspectiva do direito constitucional comparado". In: SAMPAIO, José Adércio Leite; WOLD, Chris; NARDY, Afrânio. *Princípios de direito ambiental na dimensão internacional e comparada.* Belo Horizonte: Del Rey, 2003, p. 37-111; BARROSO, Luís Roberto. "Proteção do meio ambiente na Constituição brasileira". In: *Revista Trimestral de Direito Público,* n. 2. São Paulo: Malheiros, 1993, p. 58 e ss; MACHADO, Paulo Afonso Leme. *Direito ambiental brasileiro.* 13.ed. São Paulo: Malheiros, 2005, especialmente o Título II do Capítulo I ("Constituição Federal e Meio Ambiente"), p. 102-144; PASSOS DE FREITAS, Vladimir. *A Constituição Federal e a efetividade das normas ambientais.* 3.ed. São Paulo: Revista dos Tribunais, 2005. Mais recentemente, destaca-se a obra de CANOTILHO, José Joaquim Gomes; MORATO LEITE, José Rubens (Orgs.). *Direito constitucional ambiental brasileiro.* São Paulo: Saraiva, 2007.

[435] Quanto aos dispositivos constitucionais que tratam da temática ambiental, além do art. 225, pode-se destacar: a) de forma direta, art. 5º, LXXIII; art. 7º, XXII; art. 23, III, IV, VI e VII; art. 24, I, VI, VII e VIII; art. 129, III; art. 170, VI; art. 186, II; art. 200, VIII; art. 216, V; art. 220 § 3º, II; e art. 231, § 1º; e b) de forma indireta, art. 20 (sobre os bens da União); art. 21, XIX, XX, XXIII (alíneas a, b e c) e XXV; art. 22, IV, XII e XXVI; art. 23, IX e XI; art. 26 (sobre os bens dos Estados); art. 30, I e IX; art. 43, § 2º, IV, e § 3º; art. 49, XIV e XVI; art. 91, § 1º, III; art. 174, §§ 3º e 4º; art. 176 e §§; art. 182 e §§; art. 196; art. 200, IV, VI e VII; art. 216, §§ 1º, 3º e 4º; art. 231, §§ 2º, 3º e 6º; art. 232; e Ato das Disposições Constitucionais Transitórias, arts. 43 e 44 e §§.

[436] SILVA, "*Direito ambiental constitucional...*", p. 46.

Como já referido anteriormente, a idéia acerca da proteção ambiental foi impulsionada pela sociedade brasileira (e também mundial) principalmente a partir da década de 70, repercutindo mais tarde na adoção de medidas legislativas que recepcionaram no tecido normativo pátrio tais reivindicações e novos valores sociais. O primeiro e mais importante diploma legislativo dedicado exclusivamente à temática ambiental diz respeito à Lei da Política Nacional do Meio Ambiente (Lei 6.938/81), estabelecendo os fins e mecanismos da tutela ambiental no cenário jurídico brasileiro, bem como uma abordagem integral e sistemática da matéria. Entre os seus aspectos inovadores mais importantes, estão a responsabilidade objetiva (independentemente de culpa) do poluidor por danos causados ao ambiente (art. 14, § 1º) e o estudo prévio de impacto ambiental para a instalação de obra ou atividade lesiva ou potencialmente lesiva ao ambiente (art. 10). Da mesma forma, a Lei da Ação Civil Pública (Lei 7.347/85) contemplou no seu objeto de tutela a responsabilidade por danos causados ao ambiente (Art. 1º, I), aos bens e direitos de valor artístico, estético, turístico e paisagístico (inciso II), e, mais recentemente (2001), a ordem urbanística. Um dos aspectos mais importantes da LACP está na atribuição de legitimidade ativa para as associações civis (Art. 5º), dando uma margem democrática maior à tutela ambiental e reconhecendo o protagonismo da sociedade civil para tanto.[437] Nesse cenário, é importante destacar também o Código Florestal (Lei 4.771/65), o qual antecedeu os diplomas anteriores, elencando importantes institutos de tutelas ambiental no que diz respeito ao uso propriedade rural, como a reserva legal (art. 1º, § 2º, III) e a área de preservação permanente (art. 1º, § 2º, II).

Como se pode vislumbrar, a primeira fase da proteção do ambiente no cenário jurídico brasileiro ("Pré-Constitucional") tem justamente no Código Florestal, na Lei da Política Nacional do Meio Ambiente e na Lei da Ação Civil Pública os seus grandes referenciais normativos, ao passo que a segunda fase do Direito Ambiental brasileiro passa a ser impulsionada pelo advento da nova Lei Fundamental brasileira, em 1988, que passou a destacar capítulo próprio para o ambiente no seu texto (art. 225), e especialmente a consagração do direito fundamental ao ambiente, além de inúmeros outros diplomas infraconstitucionais que passaram a regular a matéria. De tal sorte, é possível falar de um processo de "constitucionalização" do Direito Ambiental brasileiro Pós-1988, assim como ocorrido com outros ramos do Direito, notadamente com o Direito Privado. A Constituição passou a ser o grande vértice normativo da proteção jurídica do ambiente, de modo a irradiar a sua normatividade para todo o cor-

---

[437] Para uma introdução ao Direito Ambiental, com destaque para a evolução normativa da tutela ambiental no cenário brasileiro, merece destaque o "clássico" ensaio de BENJAMIN, Antônio Herman. "Introdução ao direito ambiental brasileiro". In: SOARES JÚNIOR, Jarbas; GALVÃO, Fernando (Coord.). *Direito ambiental: na visão da Magistratura e do Ministério Público*. Belo Horizonte: Del Rey, 2003, p. 11-115.

po legislativo infraconstitucional anterior e posterior à sua promulgação, bem como não recepcionando os textos anteriores no que estivessem em desacordo com as suas disposições. Se antes da Constituição de 1988 a proximidade ou mesmo origem do Direito Ambiental estava vinculada ao Direito Administrativo, após a promulgação daquela essa relação inverteu-se em favor do Direito Constitucional, especialmente em razão da consagração do ambiente como direito fundamental.

A formulação constitucional da proteção ambiental permite extrair a consagração de um "novo" direito (e dever) fundamental da pessoa humana, bem como a atribuição de uma tarefa ou fim constitucional de proteção ambiental ao Estado brasileiro, o que, do ponto de vista jurídico-constitucional, se caracteriza por ser uma composição extremamente importante para uma tutela constitucional efetiva do ambiente, lançando mão de dois flancos distintos para garantir uma tutela plena e integral, ou seja, tanto através da atuação do Estado como da mobilização da sociedade na defesa do ambiente. Tal caracterização pode ser extraída do caput do art. 225 da Constituição, ao dispor que se impõe ao Poder Público e à coletividade o dever de defender e de preservar o ambiente para as presentes e as futuras gerações.

À luz de tal perspectiva, Barroso destaca a caracterização constitucional (art. 225) do ambiente como um bem jurídico autônomo,[438] configurando-se, portanto, um "novo" direito autônomo conferido a toda coletividade. O eminente constitucionalista brasileiro afirma que, no caso do direito ao ambiente, não se está diante de típico direito subjetivo (divisível, particularizável ou desfrutável individualmente), mas de um direito que se caracteriza por trazer como titulares uma série indeterminada de sujeitos, bem como a indivisibilidade de seu objeto.[439] No entanto, há que se ponderar as considerações de Barroso, no sentido de afirmar também uma dimensão subjetiva individualizável da tutela ambiental (o que será melhor desenvolvido mais adiante no tópico sobre a dimensão subjetiva do direito ao ambiente), não obstante a dimensão mais importante e característica do direito ao ambiente residir, de fato, na sua natureza difusa e transindividual, o que justamente o diferencia em face dos demais direitos fundamentais.

A localização constitucional do direito ao ambiente no âmbito da "ordem social" (Título VIII) também permite referir a sua natureza de direito social do homem.[440] Não em sentido estrito, como direitos fundamentais de segunda dimensão (econômicos, sociais e culturais), mas como um direito que transporta o interesse de toda a sociedade e coletividade, o que é facilmente visível ante a sua natureza difusa e transindividual. A lesão ao bem ambiental, como, por exemplo, com a contaminação de um manan-

---

[438] BARROSO, "Proteção do meio ambiente...", p. 66.
[439] BARROSO, op. cit., p. 64 e 67.
[440] SILVA, "Direito ambiental constitucional...", p. 50.

cial hídrico que abastece toda uma comunidade ou a poluição atmosférica resultante de atividades industriais, acarreta prejuízo a toda coletividade, sendo, inclusive, muitas vezes, difícil individualizar o dano e determinar a sua perspectiva subjetiva. Nesses casos, tem-se uma preponderância, e que em geral sempre ocorre no caso do direito fundamental ao ambiente, da sua perspectiva objetiva, o que será mais bem desenvolvido em tópico específico no Capítulo III. Com tal perspectiva, Morato Leite e Ayala destacam que, diferentemente do que ocorre com os tradicionais direitos sociais, que objetivam concretizar positivamente uma realidade que não existe (por exemplo, habitação, saúde, etc. para todos os membros da sociedade), o Estado de Direito Ambiental tem por finalidade garantir o que já existe (bem ambiental) e recuperar o que deixou de existir (dano ambiental).[441] Neste momento, com o objetivo de identificar o bem ambiental (ou seja, o objeto) tutelado pelo "novo" direito fundamental ao ambiente, é importante traçar o conceito jurídico de "ambiente" espelhado na ordem constitucional brasileira.

2.2.3.2. O conceito jurídico-constitucional do bem jurídico ambiental

Antes de traçar o conceito jurídico de ambiente, é importante justificar, como o leitor já deve ter observado, a preferência do autor pela expressão "ambiente", ao invés de "meio ambiente", para descrever o objeto maior do presente estudo, não obstante a Constituição Federal ter adotado de forma expressa a última opção, bem como a maior parte da doutrina pátria preferi-la. A razão está no fato da expressão "meio" ambiente sugerir algo que está ao redor ou em torno do ser humano, quando, na verdade, o ambiente constitui a própria essência e caracteriza elemento intrínseco da existência humana. A expressão "meio" ambiente revela uma tinta antropocêntrica na pintura do conceito, quando, a partir da reflexão que está proposta no presente estudo, o ser humano *é* também ambiente, e não apenas *está* envolvido pelo ambiente. O ambiente não se limita a ser o meio ou entorno onde o homem desenvolve a sua existência, mas constitui a sua própria natureza. A expressão "ambiente", sob a ótica sugerida, encerra de forma mais adequada a abordagem integrada e sistemática que se pretende traçar entre ser humano e Natureza, considerando uma compreensão biocêntrica e holística do fenômeno socioambiental.

Com relação ao conceito jurídico de ambiente, a doutrina diverge a respeito entre conceitos mais restritivos e outros mais abrangentes do bem jurídico em questão. Os conceitos restritivos tendem a separar os componentes ambientais "naturais" e os componentes ambientais "humanos", à luz ainda de uma visão eminentemente antropocêntrica que insiste em negar o ser humano como componente do ambiente. Em que pese defen-

---
[441] MORATO LEITE; AYALA, *"Direito ambiental na sociedade..."*, p. 30.

der um conceito restritivo de ambiente centrado nos elementos naturais, Canotilho refere que a adoção de um conceito amplo de ambiente possibilita "exprimir a globalidade das condições envolventes da vida que atuam sobre uma unidade vital",[442] o que acaba por dar uma abordagem integral ao ambiente (ar, água, solo, animais, plantas, bem como o mundo artificial e social construído pelo ser humano) e, conseqüentemente, acarreta inegável "vantagem para a tutela ambiental em razão de oferecer um sistema global de interpretação completa do mundo e da vida",[443] representando um passo civilizatório à frente para a ruptura com as concepções antropocêntricas tradicionais.

O constitucionalista português, após referir as vantagens do conceito mais amplo, justifica a sua opção pelo conceito mais restritivo em razão de que, para ele, os elementos naturais constituiriam o "âmago" da proteção jurídica do ambiente (e do Direito Ambiental), não obstante fazer a ressalva de que por vezes será necessário à luz do caso concreto alargar tal noção para abarcar componentes ambientais humanos para contemplar uma tutela ambiental efetiva e "evitar desvios à unidade do sistema jurídico".[444] Nesse ponto específico, pede-se vênia para discordar do Mestre português. Tanto a compreensão do fenômeno ambiental quanto do sistema jurídico demandam um olhar sistemático, complexo e integral, sob pena de cair-se nos mesmos equívocos reducionistas do pensamento cartesiano. Ademais, a separação entre os componentes artificiais e naturais continua a alimentar uma separação falaciosa e inexistente entre ser humano e Natureza.[445] O enfrentamento do antropocentrismo deve ser tomado como uma das principais bandeiras para uma salvaguarda adequada do patrimônio ambiental, caso contrário estar-se-á a fazer uma abordagem reducionista do fenômeno ambiental. Um olhar sobre a cultura indígena talvez facilite a compreensão de como os componentes natural, artificial e cultural (ou natural e construído pelo ser humano) constituem uma mesma unidade e realidade de vida.

No que tange à opção adotada pelo constituinte brasileiro, esse parece ter preferido uma concepção ampla e integrada do bem jurídico ambiental, contemplando a tutela do ambiente natural, do ambiente cultural (por exemplo, do patrimônio histórico, arqueológico, paisagístico e artístico), do ambiente artificial (por exemplo, da ordem urbanística) e do ambiente do trabalho. Nesse contexto, o entendimento de Silva no sentido de conferir uma compreensão globalizante ao conceito de ambiente, abrangendo

---
[442] CANOTILHO, "Introdução ao direito do ambiente...", p. 22.
[443] Idem, ibidem.
[444] Idem, op. cit., p. 24.
[445] Nesse sentido, merece destaque que cada vez há maior dificuldade de separar os ambientes, na medida em que o ser humano incorpora elementos artificiais como se naturais fossem no ambiente (como ocorre, por exemplo, na engenharia genética).

toda a natureza artificial e original, bem como os bens culturais, ou seja, entre outros, o solo, a água, o ar, a flora, as belezas naturais, o patrimônio histórico, artístico, turístico, paisagístico e arqueológico.[446]

Conforme se pode apreender do texto constitucional, o objeto de tutela do ambiente aponta para quadro direções ou dimensões distintas, mas necessariamente integradas. Assim, pode-se distribuir o bem jurídico ambiental em: a) *ambiente natural ou físico*, que contempla os recursos naturais de um modo geral, abrangendo a terra, a água, o ar atmosférico, a flora, a fauna e o patrimônio genético; b) *ambiente cultural*,[447] que alberga o patrimônio histórico, artístico, paisagístico, arqueológico e turístico; c) *ambiente artificial ou criado*, que compreende o espaço urbano construído, quer através de edificações, quer por intermédio de equipamentos públicos; e também d) *ambiente do trabalho*, que integra o ambiente onde as relações de trabalho são desempenhadas, tendo em conta o primado da vida e da dignidade do trabalhador em razão de situações de insalubridade e periculosidade (arts. 7º, XXII, XXIII e XXXIII; e 200, II e VIII, do texto constitucional de 1988).

Também merece destaque uma reflexão acerca do conceito e do regime jurídico do *bem ambiental*, na medida em que a Constituição refere constituir-se o ambiente de um "bem de uso comum do povo". Primeiramente, deve-se ressaltar que o conceito de bem ambiental difere substancialmente do que a doutrina civilista clássica conceitua como a "coisa", sobre a qual recai a exclusividade do exercício da titularidade. É necessário fincar as bases para compreensão do regime jurídico que recai sobre o bem ambiental na sua complexidade biofísica e na multiplicidade de interesses (patrimoniais e não-patrimoniais; individuais, coletivos e difusos) que recaem sobre a utilização de determinado bem integrante do patrimônio ambiental.

A compreensão do conceito de bem jurídico ambiental impõe novos desafios ao jurista contemporâneo, pois implica abrir mão de um aparato clássico na leitura do instituto e servir-se de informações e conhecimentos que, por vezes, ultrapassam as barreiras do universo jurídico propriamente. Com isso, reconhecem-se a complexidade da temática ambiental e as limitações do conhecimento técnico-jurídico para compreender de forma adequada o fenômeno ambiental, e regime jurídico dos bens ambientais. O reconhecimento da importância de certos bens para todo o ecossistema onde está inserido, e, conseqüentemente, para o interesse de todo o conjunto da sociedade requer uma conhecimento abrangente e holístico da realidade ambiental, o que extrapola os limites literais dos códigos e legislações.

---

[446] SILVA, "*Direito ambiental constitucional...*", p. 20. Em obra mais recente, SILVA conceitua o ambiente como "a interação do conjunto de elementos naturais, artificiais e culturais que propiciem o desenvolvimento equilibrado da vida em todas as suas formas. A integração busca assumir uma concepção unitária do ambiente, compreensiva dos recursos naturais e culturais". SILVA, "*Comentário contextual à Constituição...*", p. 832.

[447] Cfr. sobre o tema a obra MARCHESAN, Ana Maria Moreira. *A tutela do patrimônio cultural sob a perspectiva do direito ambiental*. Porto Alegre: Livraria do Advogado, 2007.

Como pontua Morato Leite, o bem jurídico ambiental pode ser tratado a partir de duas dimensões: *macrobem* e *microbem*. Como destaca o autor, o ambiente, como *macrobem*, configura-se como um bem incorpóreo e imaterial de uso comum do povo, o que determina que o proprietário (público ou privado) de um bem com valor ambiental não poderá dispor da qualidade do ambiente em razão do *macrobem* pertencer a todos, conforme se pode extrair do comando constitucional.[448] Em razão da natureza difusa do *macrobem* ambiental, o ambiente não pode ser individualizado, devendo ser compreendido como a unidade e a totalidade das relações presentes no meio natural. Já com relação ao *microbem* ambiental, Morato Leite afirma que este se identifica com os elementos (florestas, rios, animais, propriedade de valor paisagístico, etc.) que compõem o ambiente, podendo ter um regime de propriedade variado (publica ou privada).[449]

Devido à sua natureza difusa, por mais que seja possível a individualização dos bens ambientais de forma singularizada (florestas, rios, espécies da fauna, espécies da flora, etc.), o ambiente, enquanto ecossistema, não permite a sua concepção sem a integralidade dos bens ambientais, constituindo um único bem imaterial (e sistêmico). Mais uma vez (e sempre) os universos público e privado se tocam, pois o exercício empregado pelo titular do *microbem ambiental* encontra limites no interesse público e no equilíbrio do *macrobem ambiental*, contemplando uma visão integrada do espaço natural. Portanto, com relação ao *macrobem ambiental*, a sua natureza será sempre pública,[450] como preceitua a Constituição Federal em seu art. 225, *caput*, ao dispor que o ambiente se trata de um "bem de uso comum do povo".[451] A reforçar tal entendimento, o art. 2º, I, da Lei 6.938/81 institui como princípio da Política Nacional do Meio Ambiente que "a ação governamental na manutenção do equilíbrio ecológico, considerando *o meio ambiente como um patrimônio público* a ser necessariamente assegurado e protegido, tendo em vista o *uso coletivo*". Assim, defende Morato Leite a tese de imprescritibilidade do dano ambiental quando atin-

---

[448] MORATO LEITE, *"Dano ambiental..."*, p. 86.

[449] Idem, op. cit., p. 89.

[450] Alinha a tal compreensão, o entendimento de BENJAMIN: "O meio ambiente, embora como interesse (visto pelo prisma da legitimação para agir) seja uma categoria *difusa*, como macrobem jurídico é de *natureza pública*. Como bem – enxergado como verdadeira *'universitas corporalis'* – é *imaterial*, não se confundindo com esta ou aquela coisa material (floresta, rio, mar, sítio histórico, espécie protegida, etc.) que o forma, manifestando-se, ao revés, como o complexo de bens agregados que compõem a realidade ambiental. Assim, o meio ambiente é bem, mas bem como entidade que se destaca dos vários bens materiais em que se firma, ganhando proeminência, na sua identificação, muito mais o valor relativo à composição, característica ou utilidade da coisa do que a própria coisa. Uma definição como esta de meio ambiente, como macrobem, não é incompatível com a constatação de que o complexo ambiental é composto de entidades singulares (as coisas, por exemplo) que, em si mesmas, também são bens jurídicos: é o rio, a casa de valor histórico, o bosque com apelo paisagístico, o ar respirável, a água potável". BENJAMIN, *"Função ambiental..."*, p. 75.

[451] Da mesma forma, o art. 99, I, do Novo Código Civil, dispõe serem bens públicos "os de uso comum do povo, tais como rios, mares, estradas, ruas e praças".

gido o *macrobem* ecológico, em conta da já referida natureza pública e coletiva de tal bem; enquanto que, em face do dano ao *microbem* ambiental, que então pode ter natureza de ordem privada, este seguiria as normas do Código Civil sobre prescrição.[452] Portanto, os danos individuais e individuais homogêneos vinculados à degradação prescrevem em 3 anos, consoante dispõe o art. 206, § 3°, V, do novo Código Civil brasileiro. Tal perspectiva também pode ser apreendida tendo em vista a natureza de direto da personalidade inerente ao direito ao ambiente, o que, da mesma forma, conduziria também a imprescritibilidade do bem ambiental.[453]

No entanto, tratados os bens ambientais de forma individualizada, não desconsiderada a sua sistematização e a sua funcionalização para com o macrobem (ou seja, o ambiente como um todo considerado e interconectado), estes podem integrar a titularidade tanto na esfera pública quanto privada. Nessa hipótese, o titular do bem deverá exercer o seu direito de propriedade sempre em consonância com o equilíbrio e salubridade do *macrobem ambiental*, bem como ajustado à sua função ambiental (art. 186, II, da CF). A conceituação e a compreensão da natureza jurídica do bem ambiental são fundamentais para conceber o regime jurídico, a relação de titularidade e o exercício do direito de propriedade que recaia sobre um patrimônio ambiental, o que, em que pese a relevância do tema, não será desenvolvido no presente estudo com maior minúcia. Apenas alguns delineamentos serão traçados quando do desenvolvimento da temática do *dever fundamental ao ambiente*, no Capítulo III.

2.2.3.3. A "jusfundamentalidade" do direito ao ambiente a partir da abertura material do catálogo de direitos fundamentais do art. 5°, § 2°, da Lei Fundamental brasileira

Na caracterização da sua *jusfundamentalidade*, a doutrina e a jurisprudência brasileiras são pacíficas no sentido de reconhecer o direito ao

---

[452] MORATO LEITE, "*Dano ambiental...*", p. 209-211.

[453] De modo a reconhecer a imprescritibilidade do dever de indenizar os danos ambientais, diante da natureza pública e indisponível do direito ao ambiente, segue decisão do Tribunal de Justiça do Rio Grande do Sul. "APELAÇÃO CÍVEL. DIREITO PÚBLICO NÃO ESPECIFICADO. AÇÃO CIVIL PÚBLICA. REPARAÇÃO DE DANOS AO AMBIENTE. PRESCRIÇÃO. 1. *Imprescritibilidade do dever de indenizar danos ambientais decorrentes de atividades poluidoras, diante do caráter público indisponível do direito ao meio ambiente equilibrado e saudável.* 2. Comprovado o dano ambiental decorrente da conduta do ora apelante, não há que se falar em afastamento do dever de indenizar. Apelação desprovida" (grifos nossos). (TJRS, Apel. Cível 70013741947, 3ª Câm. Cível, Rel. Des. Rogério Gesta Leal, julgado em 09.02.2006). No mesmo sentido, decisão do Tribunal de Justiça do Estado de São Paulo: "Ação civil pública. Invasão e edificação em parque ecológico. Utilização indevida de unidade de conservação. *Ausência de direito adquirido contra a natureza.* Apelo do réu desprovido. Ação civil pública. Prescrição. *O meio ambiente é direito fundamental imprescritível, pois titularizado pelas futuras gerações. Não faria sentido a incidência de velhos paradigmas calcados nos efeitos do decurso de tempo em relação ao titular de direito essencial previsto na Constituição para quem ainda não nasceu.* Preliminar rejeitada (...). (grifos nossos) (TJSP, Apel. Cível 462.624-5/6, Seção de Direito Público – Câmara Especial de Meio Ambiente, Rel. Des. Renato Nalini, julgado em 14.12.2006).

ambiente como integrante do rol dos direitos e garantias fundamentais da pessoa humana, constante da Lei Fundamental de 1988, não obstante estar situado fora Título II do seu texto. É, portanto, a partir de uma leitura "material" do seu conteúdo e das relações que mantém com os demais valores constitucionais fundamentais que o direito ao ambiente alcança o *status* de direito fundamental. A configuração da sua fundamentalidade resulta da sua identificação com os valores que compõem o conteúdo essencial do princípio da dignidade humana e do Estado de Direito brasileiro. Nesse aspecto, a doutrina destaca a dupla perspectiva da "fundamentalidade" dos direitos fundamentais: formal e material. Um direito fundamental pode ser concebido como tal em razão de estar consagrado de forma expressa no coração constitucional, ou seja, no rol dos direitos fundamentais trazido pelo texto constitucional, bem como através de um critério material que visa justamente a analisar o conteúdo do direito e a sua importância na composição dos valores constitucionais fundamentais, o que se dá também através da sua vinculação em maior ou menor medida com a dignidade da pessoa humana.

Canotilho, nessa perspectiva, refere que os direitos fundamentais constituem-se de uma "norma de *fattispecie* aberta", abrangendo, para além das objetivações concretas, "todas as possibilidades de 'direitos' que se propõem no horizonte da ação humana", o que permite "considerar como direitos extraconstitucionais materialmente fundamentais os direitos equiparáveis pelo seu objeto e importância aos diversos tipos de direitos formalmente fundamentais".[454] Com base em tal idéia, se considerada a importância do conteúdo do direito ao ambiente para o conjunto dos demais direitos fundamentais (como, por exemplo, a vida, a integridade física, o desenvolvimento da personalidade e a saúde humanas) e especialmente para a dignidade humana, não resulta difícil extrair a natureza jusfundamental do direito ao ambiente. Como refere Alexy, os direitos fundamentais são materialmente fundamentais porque com eles se tomam decisões sobre a estrutura normativa básica do Estado e da sociedade.[455] E tal decisão foi tomada pelo constituinte brasileiro em relação ao direito ao ambiente, quando referiu ser o mesmo "essencial à sadia qualidade de vida" (art. 225, *caput*, da CF). No sentido de caracterizar a fundamentalidade material do direito ao ambiente no cenário jurídico-constitucional espanhol, Echavarría pontua que a recente constitucionalização da proteção do ambiente dá mostra do caráter moderno das nossas Constituições, as quais adotam decisões nucleares sobre todas as questões relevantes para a

---

[454] CANOTILHO, *"Direito constitucional e teoria..."*, p. 403-404. No mesmo sentido, CANOTILHO destaca que somente a idéia de "fundamentalidade material" pode fornecer suporte para a abertura da constituição a outros direitos também fundamentais, isto é, direitos materialmente, mas não formalmente fundamentais, conforme dispõe o art. 16º/1º Constituição portuguesa (p. 404).

[455] ALEXY, *"Teoría de los derechos fundamentales..."*, p. 505.

comunidade e, sem dúvida, a preocupação com os problemas ambientais, difundida pela consciência ecológica, é um desses temas.[456]

Conforme referido anteriormente, a despeito de não estar previsto no Título II da Constituição, é, portanto, por intermédio do direito constitucional positivo (art. 5º, § 2º, da CF) que é atribuído ao direito ao ambiente fundamentalidade material,[457] o que se dá pela abertura material da Lei Fundamental a direitos fundamentais não constantes do seu rol fundamental e, portanto, apenas materialmente fundamental (situados fora do catálogo dos direitos fundamentais ou mesmo do texto constitucional). No caso do direito ao ambiente, o mesmo integra a Constituição formal (art. 225 e demais artigos dispersos sobre o tema), e, portanto, apresenta a característica de um direito *formal e materialmente fundamental*.[458] Alinhado a tal premissa, Benjamin defende a posição de que "a Constituição Federal de 1988 elevou o direito ao meio ambiente à categoria de direito fundamental do homem, ao caracterizar o equilíbrio ecológico como bem essencial à sadia qualidade de vida".[459]

Diante da abertura material do rol dos direitos fundamentais prevista do art. 5º, § 2º, por se tratar o direito ao ambiente de um direito fundamental (e, portanto, também um direito humano à luz da ordem jurídica internacional), é possível a incorporação dos tratados e convenções internacionais relativos à proteção ambiental ao direito constitucional pátrio com hierarquia equivalente às emendas constitucionais, conforme dispõe o art. 5º, § 3º, da Constituição Federal, na medida em que forem aprovados, em cada Casa do Congresso Nacional, em dois turnos, por três quintos dos votos dos respectivos membros. Deve-se ter em conta apenas que tal incorporação não deve ser tomada em termos abrangentes e gerais, ou seja, de todas as normas ambientais dispostas em tratados internacionais, mas mais especificamente àquelas normas de tratam de forma mais direta ao núcleo do direito fundamental (e humano) ao ambiente. A mesma tese é defendida na doutrina brasileira por Marchesan, Steigleder e Cappelli.[460]

Já em nota conclusiva, em vista de tudo o que foi discutido até aqui, pode-se afirmar que o direito ao ambiente, portanto, carrega na sua essên-

---

[456] ECHAVARRÍA, Juan José Solozábal. "El derecho al medio ambiente como derecho publico subjetivo". In: *A tutela jurídica do meio ambiente (presente e futuro) – Boletim da Faculdade de Direito da Universidade de Coimbra* (STVDIA IVRIDICA, n. 81). Coimbra: Editora Coimbra, 2005, p. 32.

[457] De acordo com tal entendimento, cfr. SARLET, *"A eficácia dos direitos fundamentais..."*, p. 136.

[458] A respeito de outros direitos fundamentais, além da proteção do ambiente, localizados fora do catálogo da Constituição, mas com *status* constitucional formal e material, como, por exemplo, a garantia da publicidade e fundamentação das decisões judiciais (art. 93, IX) e as limitações constitucionais ao poder de tributar (art. 150, I a VI), cfr. SARLET, op. cit., p. 134-136.

[459] BENJAMIN, Antonio Herman. "Responsabilidade civil pelo dano ambiental". In: *Revista de Direito Ambiental*, v. 9, Jan-Mar, 1998, p. 12.

[460] MARCHESAN, Ana Maria Moreira; STEIGLEDER, Annelise Monteiro; CAPPELLI, Sílvia. *Direito ambiental*. 3.ed. Porto Alegre: Editora Verbo Jurídico, 2006, p. 19.

cia a fundamentalidade material necessária para inseri-lo no destacado rol dos direitos fundamentais, tanto que é de nós desconhecida qualquer oposição doutrinária à posição referida, já tendo sido inclusive consolidado tal entendimento pelo Supremo Tribunal Federal.[461] Assim, embora não elencado de forma expressa no rol dos direitos e garantias fundamentais da Constituição de 1988, o direito ao ambiente passa a integrar necessariamente tal campo constitucional, em virtude de estar inserido, indiscutivelmente, ante a sua importância de índole existencial para o ser humano, no núcleo protetivo do direito à vida humana digna e saudável.

2.2.3.4. *O direito fundamental ao ambiente elevado à "cláusula pétrea" do sistema constitucional brasileiro*

Como refere Sarlet, não há qualquer distinção quanto ao regime jurídico ou força jurídica a ser aplicada aos direitos fundamentais presentes no catálogo e àqueles incluídos no rol através da abertura do art. 5°, §2°, da Constituição,[462] tendo, portanto, o direito fundamental ao ambiente *aplicação imediata*, na linha do que dispõe o § 1° do referido artigo constitucional, bem como constituindo-se de norma de eficácia direta e irradiante sob todo o ordenamento jurídico e passando a integrar o rol das *cláusulas pétreas* (art. 60, § 4°, inc. IV, da CF). Sob uma perspectiva material, houve uma decisão tomada pelo constituinte brasileiro ao consolidar o direito subjetivo dos indivíduos e da coletividade a viverem em um (e não qualquer) ambiente ecologicamente equilibrado, considerando ser o mesmo "essencial à sadia qualidade de vida" (art. 225, *caput*, da CF). Ao declarar ser a qualidade ambiental essencial a uma vida humana saudável (e também digna), o constituinte consignou no pacto constitucional sua escolha de incluir a proteção ambiental entre os valores permanentes e fundamentais da República brasileira.

Conforme a lição de Silva, em razão da aderência do direito ao ambiente ao direito à vida, há a contaminação da proteção ambiental com uma qualidade que impede sua eliminação por via de emenda constitucional,[463] estando, por via de conseqüência, inserido materialmente no rol das matérias componentes dos limites materiais ao poder de reforma constan-

---

[461] Nesse sentido, cfr. o lapidar voto do Ministro CELSO DE MELLO na Ação Direta de Inconstitucionalidade 3.540/DF, relativamente ao art. 4°, *caput* e §§ 1° a 7°, da Lei N. 4.771/65 (Código Florestal), em face da redação dada pela Medida Provisória n. 2.166-67 de 2001. Na oportunidade, o Ministro destacou o processo de expansão e reconhecimento de direitos fundamentais, destacando especialmente a titularidade difusa e coletiva (de todos os integrantes dos agrupamentos sociais) dos direitos fundamentais de terceira dimensão (ao lado dos direitos de quarta dimensão, como, por exemplo, o direito à paz) e a consagração do princípio da solidariedade. STF, Tribunal Pleno, ADIN 3.540-1/DF, Rel. Min. Celso de Mello, decisão em 01.09.2005.

[462] SARLET, "*A eficácia dos direitos fundamentais...*", p. 154.

[463] SILVA, José Afonso da. "Fundamentos constitucionais da proteção do meio ambiente". In: *Revista de Direito Ambiental*, n. 27, Jul-Set, 2002, p. 55.

tes do art. 60, § 4°, da Constituição Federal, de modo a conferir ao direito fundamental ao ambiente o status de *cláusula pétrea*. Outra não poderia ser a interpretação constitucional dada ao direito ao ambiente, em vista da consagração da sua jusfundamentalidade. O que está subjacente à afirmação de SILVA é a relação intrínseca entre vida, dignidade e proteção do ambiente, em vista de que a primeira, para atingir o patamar objetivado pelo ordenamento constitucional brasileiro, passa necessariamente pela qualidade ambiental, a qual, como já referido anteriormente, se agrega como componente nuclear do princípio constitucional da dignidade humana.

A consolidação constitucional da proteção ambiental como cláusula pétrea corresponde à decisão essencial da Lei Fundamental brasileira, em razão da sua importância do desfrute de uma vida com qualidade ambiental à proteção e equilíbrio de todo o sistema de valores e direitos constitucionais, e especialmente à dignidade humana. Com o reconhecimento da proteção ambiental como cláusula pétrea, a Constituição brasileira, como identificou Benjamin, conferiu um "valioso atributo de durabilidade" à proteção ambiental no âmbito ordenamento jurídico-constitucional brasileiro, o qual "funcional como barreira à desregulamentação e a alterações ao sabor de crises e emergências momentâneas, artificiais ou não".[464]

Na condição de direito fundamental da pessoa humana, o direito ao ambiente ecologicamente equilibrado, e o decorrente dever fundamental de proteção ambiental, passa a integrar a esfera dos valores permanentes e indisponíveis da sociedade brasileira, demandando dos poderes públicos e da sociedade sua atenta observância, guarda e promoção. A tutela do bem jurídico ambiental, expresso em capítulo próprio da Constituição Federal de 1988 (art. 225), carrega consigo a essência e a proteção jurídica de um direito fundamental da pessoa humana com força normativa vinculante e inafastável, não sujeito à discricionariedade estatal ou à livre disposição individual.[465] Há que se ter em conta também o *princípio da aplicabilidade imediata dos direitos fundamentais* (e não regra), consubstanciado no § 1° do art. 5°, da Constituição Federal, que, conforme dispõe Sarlet,

---

[464] BENJAMIN, "Constitucionalização do ambiente...", p. 79.

[465] A decisão colacionada traz a idéia de indisponibilidade do bem ambiental: "MEIO AMBIENTE. AÇÃO CIVIL PÚBLICA. LOTEAMENTO EM ÁREA DE PRESERVAÇÃO PERMANENTE, COM SUPRESSÃO DE VEGETAÇÃO NATURAL E ATERRAMENTO DE CURSO D'ÁGUA. HOMOLOGAÇÃO DE PROPOSTA DE ACORDO. INADMISSIBILIDADE. TRANSAÇÃO VEDADA EM CASO DE INTERESSES INDISPONÍVEIS. POSSIBILIDADE, APENAS, DA ELABORAÇÃO DE COMPROMISSO DE AJUSTAMENTO DE CONDUTA (...) Transação vedada no caso de *interesses indisponíveis*, admitindo-se, em tese, apenas o compromisso de ajustamento de conduta (Lei 7.347/85, art. 5°, §6°). Implantação de loteamento em área de preservação permanente, com supressão de vegetação natural e aterramento de cursos d'água, causando a destruição da flora e fauna assoadas à Mata Atlântica. Conduta lesiva não negada pelos réus. Propriedade cujo exercício deve conformar-se ao interesse da coletividade. *Direito ao meio ambiente ecologicamente equilibrado (CF, art. 225) que prevalece sobre o alegado valor social do empreendimento*. Ação procedente. Recursos providos em parte" (grifos nossos) (TJSP, ApCív. 258.003-5/0-00, 9ª Câmara de Direito Público, rel. Des. Ricardo Lewandowski, j. 19.02.2003).

traz por escopo a *máxima eficácia possível*[466] do direito fundamental ao ambiente, tendo em conta tanto a sua perspectiva defensiva quanto a sua perspectiva positiva ou prestacional, as quais podem ser confrontadas em face do Estado ou mesmo em face de particulares, conforme será desenvolvido com maiores no Capítulo III.

---

[466] SARLET, *"A eficácia dos direitos fundamentais..."*, p. 273.

Capítulo III – **As dimensões normativas do direito (e dever) fundamental ao ambiente**

3.1. A dupla perspectiva *subjetiva* e *objetiva* dos direitos fundamentais e a proteção ambiental

3.1.1. *A dupla perspectiva subjetiva e objetiva dos direitos fundamentais e o direito fundamental ao ambiente*

Há uma tensão dialética permanente entre as dimensões do indivíduo e da coletividade no âmbito da comunidade estatal, especialmente em relação ao exercício dos direitos. O desenvolvimento da vida humana e a afirmação dos seus direitos fundamentais projetam-se no quadro armado pelo contexto social, influenciando e sendo influenciados constantemente pela esfera comunitária. A mesma tensão também aparece no horizonte normativo traçado entre as perspectivas (ou dimensões) *subjetiva* (interna) e *objetiva* (externa ou institucional) dos direitos fundamentais, tendo em conta que tais direitos tomam simultaneamente a forma de um *direito subjetivo* particularizável conferido ao indivíduo e de um *valor de toda a comunidade*. Nesse sentido, Hesse destaca o caráter duplo dos direitos fundamentais, que atuam simultaneamente como "direitos subjetivos" e como "elementos fundamentais da ordem objetiva da coletividade".[467]

Conforme a precisa lição de Perez Luño acerca da "dupla função" em questão,

> los derechos fundamentales, lo mismo las libertades que los derechos sociales, poseen junto a su dimensión *institucional*, en la que aparecen como un conjunto de valores objetivos de la comunidad constitucionalmente sancionados, una significación *subjetiva*, en cuanto son las garantías básicas de las situaciones jurídicas individuales y del pleno desarrollo de la persona.[468]

---

[467] HESSE, Konrad. *Elementos de direito constitucional da República Federal da Alemanha* (Tradução da 20.ed. alemã). Porto Alegre: SAFE, 1998, p. 228-244.

[468] PÉREZ LUÑO, Antonio Enrique. *Los derechos fundamentales*. 8.ed. Madrid: Tecnos: 2005, p. 210.

O ser humano é, essencialmente, um ser social, e tal constatação implica interação das duas dimensões (individual e comunitária) na afirmação da dignidade humana para todo o conjunto da comunidade humana, e não apenas para "certos" indivíduos isoladamente. A mesma tensão também pode ser captada na confrontação dos modelos de Estado de Direito (Liberal e Social), que representam, de certa forma, uma colisão entre liberdade e igualdade. Há um diálogo sem fim entre indivíduo, sociedade e Estado, que, no contexto contemporâneo, tem novos elementos incorporados, especialmente em razão de uma nova gama de direitos fundamentais de terceira dimensão, os quais consolidam o princípio da solidariedade no plano jurídico-normativo, impulsionando uma nova feição para o Estado de Direito e reforçando a responsabilidade e participação ativa dos atores privados na consecução dos objetivos e valores jusfundamentais.

A idéia em torno do "direito" fundamental, como posição jurídica subjetiva, em que pese sua posição central na compreensão da Teoria dos Direitos Fundamentais, não encerra todas as conseqüências e possibilidades jurídico-normativas resultantes da jusfundamentalidade dos direitos, exigindo-se necessariamente outras dimensões normativas para uma tutela integral da dignidade humana. Daí a importância da perspectiva objetiva dos direitos fundamentais, que, como refere Vieira de Andrade, representa uma "mais-valia jurídica",[469] em razão da complementação de efeitos que agrega à proteção subjetiva dos direitos fundamentais. Os direitos fundamentais projetam um conjunto normativo complexo de direitos e deveres para as relações que se traçam tanto na órbita particular-Estado, quanto particular-particular, e mesmo Estado-Estado.

A idéia de direito subjetivo está vinculada à posição jurídica do titular de um direito fundamental de "impor judicialmente seus interesses juridicamente tutelados perante o destinatário (obrigado)",[470] o que caracteriza uma relação trilateral formada entre titular do direito, objeto e destinatário do direito.[471] Borowski refere que é característico dos direitos subjetivos a possibilidade do seu titular torná-lo efetivo em face dos tribunais.[472] De tal constatação, é possível determinar que a idéia de exigibilidade ou justiciabilidade está vinculada à perspectiva subjetiva dos direitos fundamentais, que, conforme acentua Sarlet, terá "intensidade variável e dependente da normatividade de cada direito fundamental".[473] A perspectiva subjetiva dos direitos fundamentais estabelece uma posição jurídica de autodeterminação e liberdade do indivíduo para se opor e se defender

---

[469] VIEIRA DE ANDRADE, "Os direitos fundamentais...", p. 138.

[470] SARLET, "A eficácia dos direitos fundamentais...", p. 167.

[471] Nesse sentido, conferir CANOTILHO, "Direito constitucional e teoria...", p. 1254.

[472] BOROWSKI, Martin. La estructura de los derechos fundamentales. Bogotá: Universidad Externado de Colômbia, 2003, p. 42.

[473] SARLET, op. cit., p. 169.

em face de qualquer violação ao *âmbito de proteção*⁴⁷⁴ dos seus direitos fundamentais, tornando-os efetivos através da manifestação autônoma e livre da sua vontade individual.

Da sua "infância" à "maturidade" normativa, os direitos fundamentais (e humanos) passam por um longo processo de reconhecimento e afirmação histórica. No caso dos direitos sociais e dos direitos ecológicos, diferentemente do que ocorreu com os diretos liberais (civis e políticos), o seu devido lugar na constelação dos direitos fundamentais tardou um pouco mais a se consolidar. E tal consolidação ou "maturidade" jurídica toma forma especialmente no reconhecimento de uma posição jurídica subjetiva por trás de determinado direito. Alinhado a tal premissa, Abramovich e Courtis afirmam que o que qualifica a existência de um direito social como um "direito pleno" não é simplesmente a conduta cumprida pelo Estado (ou seja, a realização dos seus deveres constitucionais de proteção através de políticas públicas satisfatórias), mas sim a existência de algum poder jurídico para o titular do direito atuar em caso de descumprimento da obrigação devida pelo Estado.⁴⁷⁵ A leitura normativa dos direitos ecológicos deve ser a mesma, reconhecendo-se a sua dimensão subjetiva (além, é claro, da sua dimensão objetiva), tornando possível a defesa de tais direitos pelo seu titular em caso de ação ou omissão estatal, ou mesmo de violações impetradas por particulares.

Em outras palavras, o fato de se conferir a um direito uma perspectiva ou dimensão subjetiva revela a sua maior intensidade normativa, já que ao titular do direito é dada uma maior esfera de autonomia para torná-lo efetivo. É o reconhecimento de uma posição jurídica subjetiva que autoriza o indivíduo a postular o seu direito em face do Poder Judiciário, exigindo, portanto, a tutela do Estado (tanto diante do próprio Estado quanto de um particular) para torná-lo efetivo.

O reconhecimento de um direito subjetivo fundamental, como afirma Vieira de Andrade, está ligado hoje à "proteção intencional e efetiva da disponibilidade de um bem ou de um espaço de autodeterminação individual, que se traduzirá sempre no poder de exigir ou de pretender comportamentos (positivos ou negativos) ou de produzir autonomamente efeitos

---

⁴⁷⁴ Aqui é importante trazer o conceito de *âmbito de proteção* formulado por CANOTILHO, o qual toma forma ao articularmos, em termos materiais, um direito fundamental com determinado âmbito da realidade social ("domínios da realidade" ou "âmbitos da vida"). CANOTILHO, "*Direito constitucional e teoria...*", p. 449. Em outras palavras, pode-se dizer que o âmbito de proteção se identifica com o raio de cobertura normativa operada pela norma de direito fundamental diante das circunstâncias concretas da vida. No entanto, para tal tarefa hermenêutica, como refere o Mestre português há que se ter sempre um trabalho de mediação jurídica, com o intuito de "recortar-se limitativamente o conteúdo merecedor de garantia jurídico-constitucional" (p. 449).

⁴⁷⁵ ABRAMOVICH, Víctor; COURTIS, Christian. *Los derechos sociales como derechos exigibles*. Madrid: Editorial Trotta, 2004, p. 37.

jurídicos".⁴⁷⁶ O constitucionalista português refere também a idéia de que o direito subjetivo apresenta-se como mecanismo de tutela da autonomia da pessoa, exprimindo a "soberania jurídica" (embora limitada) do indivíduo, quer garantindo-lhe certa liberdade de decisão, quer tornando efetiva a afirmação do "poder de querer" que lhe é atribuído.⁴⁷⁷ É importante cotejar um necessário equilíbrio entre as perspectivas subjetiva e objetiva, a fim de que a "soberania" do indivíduo não seja absoluta e blindada contra a ingerência dos direitos (também) fundamentais dos demais integrantes do corpo social, preservando-se, no entanto, sempre o núcleo essencial da autonomia do indivíduo.

Conforme o entendimento de Pereira da Silva, a perspectiva subjetiva corresponde a instrumento de libertação do indivíduo em face do Estado (e também de poderes privados), o que é determinante para a sua condição de cidadão, e não de súdito do poder estatal. Com o reconhecimento dos direitos subjetivos, o indivíduo deixa de ser tratado como um "objeto do poder", transpondo-se de uma condição de "súdito" a uma condição de cidadão, ou seja, um sujeito de direito em condições de estabelecer relações jurídicas com os órgãos do Poder Público,⁴⁷⁸ assim como com outros particulares em patamares de igualdade e dignidade. Em outras palavras, o reconhecimento de direitos subjetivos em face das autoridades públicas corresponde a uma exigência de ordem axiológica, decorrente do próprio respeito pela dignidade humana.⁴⁷⁹ Canotilho caracteriza a perspectiva subjetiva "quando se refere ao significado ou relevância da norma consagradora de um direito fundamental para o indivíduo, para os seus interesses, para a sua situação de vida, para a sua liberdade".⁴⁸⁰ Com relação à perspectiva objetiva da norma definidora de direito fundamental, o constitucionalista português leciona que tal sentido se dá "quando se tem em vista o seu significado para toda a coletividade, para o interesse público, para a vida comunitária".⁴⁸¹

O reconhecimento da perspectiva ou dimensão objetiva dos direitos fundamentais, como sustenta Sarmento, não significa desprezo à sua dimensão subjetiva, mas um reforço a ela, agregando, na esteira da lição de Vieira de Andrade antes referida, uma espécie de "mais-valia", através de esquemas que transcendem a estrutura relacional típica dos direitos subjetivos,⁴⁸² os quais ainda se encontram marcadamente estruturados sob um paradigma individualista incompatível com a dinâmica e coletivização das relações sociais contemporâneas. A dimensão objetiva, nessa

---
⁴⁷⁶ VIEIRA DE ANDRADE, "Os direitos fundamentais...", p. 115.
⁴⁷⁷ Idem, op. cit., p. 116.
⁴⁷⁸ PEREIRA DA SILVA, "Verde cor de direito...", p. 92.
⁴⁷⁹ Idem, op. cit., p. 92.
⁴⁸⁰ CANOTILHO, "Direito constitucional e teoria...", p. 1242.
⁴⁸¹ Idem, op. cit., p. 1242.
⁴⁸² SARMENTO, "Direitos fundamentais...", p. 136.

perspectiva, presta-se a justificar certas limitações impostas aos direitos subjetivos em favor de interesses da coletividade.[483] Pode-se constatar, assim, a existência de uma relação dialética entre as dimensões subjetiva e objetiva dos direitos fundamentais, a fim de que a hipertrofia de alguma delas não venha a comprometer tanto o núcleo essencial de um direito subjetivo, quanto a ordem objetiva de valores comunitários. O princípio da proporcionalidade, nesse sentido, opera como instrumento capaz de equilibrar a relação em prol da pacificação social, sem desguarnecer a tutela individual da dignidade humana.

A dimensão ou perspectiva objetiva, como assevera Sarmento, está conectada à idéia de que "os direitos fundamentais devem ser exercidos no âmbito da vida societária, e que a liberdade a que eles aspiram não é anárquica, mas social". Dessa forma, as necessidades coletivas são relevantes para a conformação do âmbito de validade, e também de eficácia, dos direitos fundamentais, podendo justificar restrições em face de tais direitos, sempre respeitados, é claro, o núcleo essencial e o princípio da proporcionalidade.[484] O constitucionalista destaca a relevância das formulações teóricas levadas a cabo pela dogmática dos direitos fundamentais a respeito da dupla perspectiva desses (como direitos subjetivos individuais ou transindividuais e como elementos objetivos fundamentais da comunidade), os quais não se restringem mais à mera função de direitos subjetivos de defesa do indivíduo contra atos do Poder Público, mas que, para além disso, "constituem decisões valorativas de natureza jurídico-objetiva da Constituição", projetando a sua eficácia para todo o ordenamento jurídico e fornecendo diretrizes (com carga normativa) para os órgãos legislativos, judiciários e executivos,[485] bem como modelando a atuação dos particulares à luz de tais valores.

3.1.2. A dimensão subjetiva do direito fundamental ao ambiente

O *direito fundamental ao ambiente*, conforme dispõe de forma expressa o caput do art. 225 da Lei Fundamental brasileira, além de ter a sua dimensão individual subjetiva resguardada, representa um valor de toda a comunidade estatal, consagrado através do processo de afirmação histórica dos direitos fundamentais. A dimensão objetiva dos direitos fundamentais projeta o "direito" em questão para o plano de valor jurídico do Estado *Socioambiental* de Direito esculpido na Constituição brasileira de 1988. Nesse ponto, à luz da experiência constitucional portuguesa, Pereira da Silva acentua que a *dimensão objetiva do direito fundamental ao ambiente* implica, de imediato, os princípios e valores ambientais serem tomados

---
[483] SARMENTO, *"Direitos fundamentais..."*, p. 136-137.
[484] Idem, op. cit., p. 137.
[485] SARLET, *"A eficácia dos direitos fundamentais..."*, p. 157.

como *bens jurídicos fundamentais*, projetando-se na atuação quotidiana de aplicação e de concretização do direito, para além de imporem objetivos e finalidades que não podem ser afastados pelos poderes públicos, como tarefa ou objetivo estatal.[486]

De igual modo, Canotilho destaca que as Constituições portuguesa e espanhola, sob influência direta da Convenção de Estocolmo (1972), em que pese a diferença da sua localização no corpo de cada texto constitucional, reconheceram um direito subjetivo ao ambiente, diferentemente do ocorrido em outras Constituições européias, como é o caso da alemã, da sueca, da finlandesa e da holandesa, que apenas atribuíram à proteção do ambiente o status de fim ou tarefa do Estado, não reconhecendo o seu status de direito subjetivo.[487] Como argumento a favor do reconhecimento de uma dimensão subjetiva do direito ao ambiente, o autor português afirma que "só o reconhecimento de um direito subjetivo ao ambiente permitirá, em termos jurídico-constitucionais, recortar o ambiente como bem jurídico autônomo não dissolvido na proteção de outros bens jurídicos constitucionalmente relevantes" (como a vida, a integridade física, propriedade privada e saúde),[488] já que isso não seria possível somente com a sua previsão constitucional como tarefa ou fim do Estado. A caracterização da *dimensão subjetiva do direito ao ambiente* cumpre uma função especial em face da colisão com outros direitos fundamentais, reforçando o seu peso, a depender, é claro, do caso concreto.

No sentido de conferir uma dimensão subjetiva ao direito fundamental ao ambiente no cenário jurídico-constitucional espanhol, Echavarría defende a possibilidade de

> una reclamación judicial ante la jurisdicción ordinaria defendiendo un derecho al medio ambiente en los términos de su especificación legal, pero interpretado, al menos en el sentido de aseguramiento de un mínimo de protección, de acuerdo con los términos constitucionales de aseguramiento del derecho.[489]

Especificamente em relação à tutela do ambiente no contexto do direito constitucional alemão, Borowski defende a posição de que, em que pese não se poder extrair nenhum direito subjetivo da norma do art. 20a da Lei Fundamental, onde a proteção do ambiente é prevista apenas como objetivo do Estado, é possível atribuir um "direito" a instaurar uma demanda por organizações ambientais, como prevê o § 61 da Lei Federal de Proteção da Natureza, em razão da sua finalidade ser a obtenção de uma maior medida de proteção do ambiente, o que o autor designa como "subjetivização mediante um bem coletivo". Para o constitucionalista alemão,

---

[486] PEREIRA DA SILVA, "*Verde cor de direito...*", p. 63-64.

[487] CANOTILHO, José Joaquim Gomes. "O direito ao ambiente como direito subjetivo". In: CANOTILHO, José Joaquim Gomes. *Estudos sobre direitos fundamentais*. Coimbra: Coimbra Editora, 2004, p. 179-181.

[488] Idem, "*O direito ao ambiente como direito subjetivo*", p. 183-184.

[489] ECHAVARRÍA, "*El derecho al medio ambiente...*", p. 40-41.

a concretização da proteção do ambiente em um nível maior exige que o direito se "subjetive".[490] Nesse contexto, Pereira da Silva acentua que o tratamento da proteção ambiental como direito subjetivo permite que o particular possa fazer valer a sua posição jurídica subjetiva em face da Administração e do poluidor, o que, conforme refere o autor, caracteriza uma relação jurídica multilateral entre a Administração, o poluidor e o privado que é lesado no seu direito fundamental.[491]

No plano jurídico brasileiro, não há necessidade de "subjetivização" da proteção do ambiente, pois a própria Constituição Federal (art. 225, caput) consagrou de forma expressa o direito subjetivo ao ambiente, possibilitando a sua "judicialização" ante qualquer violação, provenha ela do poder estatal ou de poderes privados. O próprio enfoque de "direito-dever" fundamental presente no nosso texto constitucional traça um modelo de tutela ambiental que desloca o Estado da condição de único guardião da Natureza, inserindo os particulares ("toda coletividade") no quadro permanente de defensores do ambiente, o que torna imprescindível a possibilidade de levar as lesões ao patrimônio ambiental a juízo, tanto sob um viés "associacionista" de cidadania, ou seja, através de associações civis ambientais (como, por exemplo, através do manuseio da ação civil pública), como sob um viés "individualista" de cidadania, através do próprio cidadão levar a cabo a defesa do ambiente (como, por exemplo, através da ação popular e das ações de direito de vizinhança).

É oportuno registrar a existência de objeções pronunciadas contra a caracterização de uma perspectiva subjetiva individual para o bem jurídico ambiental, especialmente em razão da sua notória natureza difusa, o que o tornaria supostamente insuscetível de apropriação individual. No entanto, tal não é o caso do direito ao ambiente, que, como insistentemente referido no presente estudo, apesar de guardar uma natureza proeminentemente transindividual ou difusa, não deixa de contemplar também uma perspectiva individual subjetiva, na medida em que a lesão ao ambiente pode atingir simultaneamente tanto a coletividade quanto o indivíduo. Nesse sentido, é certeira a afirmação de Pereira da Silva ao referir que a alegação de impossibilidade de caracterização do ambiente como direito subjetivo em razão da sua natureza de bem público ou coletivo, assenta num "erro de perspectiva", uma vez que não é o bem ambiental, de natureza coletiva ou pública, que é apropriável, mas sim que tal bem pode dar origem a relações jurídicas em que existam concretos direitos e deveres, decorrentes da sua fruição individual.[492] Conforme afirma o jurista português, uma coisa é a tutela objetiva do bem ambiental, e outra coisa é a sua proteção jurídica subjetiva, decorrente da existência de um "domínio

---

[490] BOROWSKI, "*La estructura de los derechos fundamentales...*", p. 44.
[491] PEREIRA DA SILVA, "*Verde cor de direito...*", p. 104.
[492] Idem, p. 95.

individual constitucionalmente protegido de fruição ambiental", que protege o seu titular de agressões ilegais provenientes de entidades públicas (e privadas).[493] Nessa perspectiva, Pereira da Silva rebate com propriedade as objeções ao reconhecimento da perspectiva subjetiva do direito ao ambiente, delineando, de forma clara, a posição defendida no presente estudo de uma dupla perspectiva (subjetiva e objetiva) para a tutela do direito fundamental em questão.

Paralelamente à natureza transindividual do direito fundamental ao ambiente, evidenciando a sua relevância para todo o conjunto comunitário (como projeção da perspectiva objetiva), também há que ser sempre resguardada a sua perspectiva subjetiva, uma vez que, como referido por Vieira de Andrade em passagem anterior, está albergado um espaço jurídico de auto-regulação e decisão individual do titular do direito para buscar a reparação e proteção do seu bem jurídico ambiental lesado. Nesse sentido, assim como o ambiente pode ser defendido em juízo de forma coletiva (por associações e órgãos estatais), também a sua tutela pode ser impulsionada individualmente por cada cidadão na defesa unicamente do seu direito subjetivo,[494] ou mesmo na defesa do direito de toda a coletividade, manuseando, a título exemplificativo, o instituto da ação popular[495] (art. 5º, LXXIII, da Constituição),[496] bem como as ações que resguardam os

---

[493] PEREIRA DA SILVA, op. cit., p. 95.

[494] ZAVASCKI traz um exemplo que contempla as duas dimensões do direito ao ambiente, caracterizando uma situação jurídica heterogênea que dá forma simultaneamente tanto a uma dimensão individual de tutela quanto a uma dimensão coletiva de tutela (transindividual). "O transporte irregular de produto tóxico constitui ameaça ao meio ambiente, direito de natureza transindividual e difusa. Mas constitui, também, ameaça ao patrimônio individual e às próprias pessoas moradoras na linha de percurso do veículo transportador (= direitos individuais homogêneos). Eventual acidente com o veículo atingirá o ambiente natural (v.g., contaminando o ar ou a água), o que importa ofensa a direito difuso, e, ao mesmo tempo, à propriedade ou à saúde das pessoas residentes na circunvizinhança, o que configura lesão coletiva a direitos individuais homogêneos". ZAVASCKI, Teori Albino. *Processo Coletivo*: tutela de direitos coletivos e tutela coletiva de direitos. São Paulo: Revista dos Tribunais, 2006, p. 47.

[495] Acerca da ação popular na doutrina brasileira, em termos gerais, cfr. MEIRELLES, Hely Lopes. *Mandado de segurança*. 27.ed. Atualizada por Arnoldo Wald e Gilmar Ferreira Mendes. São Paulo: Malheiros, 2004, p. 125-162; MANCUSO, Rodolgo de Camargo. *Ação popular*: proteção do erário, do patrimônio público, da moralidade administrativa e do meio ambiente. 3.ed. São Paulo: Revista dos Tribunais, 1998; e mais especificamente voltado para a proteção ambiental, cfr. MORATO LEITE, José Rubens. "Ação popular: um exercício da cidadania ambiental?". In: *Revista de Direito Ambiental*, n. 17, Jan-Mar, 2000, p. 123-140; e JUCOVSKY, Vera Lucia. "Meios de defesa do meio ambiente: ação popular e participação pública". In: *Revista de Direito Ambiental*, n. 17, Jan-Mar, 2000, p. 65-122.

[496] No sentido de reconhecer a perspectiva subjetiva do direito fundamental ao ambiente, é exemplar a recente decisão do Superior Tribunal de Justiça que reconheceu a legitimidade do cidadão para ajuizar ação popular, inclusive para impugnar atos administrativos omissivos que possam causar danos ao ambiente. "ADMINISTRATIVO. AÇÃO POPULAR. INTERESSE DE AGIR. PROVA PERICIAL. DESNECESSIDADE. MATÉRIA CONSTITUCIONAL (...) 3. A *ação popular pode ser ajuizada por qualquer cidadão* que tenha por objetivo anular judicialmente atos lesivos ou ilegais aos interesses garantidos constitucionalmente, quais sejam, ao patrimônio público ou de entidade de que o Estado participe, à moralidade administrativa, ao meio ambiente e ao patrimônio histórico e cultural. 4. *A ação popular é o instrumento jurídico que deve ser utilizado para impugnar atos administrativos omissivos ou comissivos que possam causar danos ao meio ambiente.* 5. Pode ser proposta ação popular ante a *omissão do Estado em promover condições de melhoria na coleta do esgoto da Penitenciária Presidente Bernardes, de modo a que cesse*

direitos de vizinhança. A caracterização de instrumentos processuais que permitem a tutela individual do ambiente, como é o caso da ação popular, revela a clara opção da ordem constitucional brasileira pelo reconhecimento da perspectiva subjetiva de tutela do ambiente, não obstante configurar também um elemento da ordem objetiva de seus valores fundamentais. Gavião Filho também destaca a caracterização da dimensão subjetiva do direito fundamental ao ambiente a partir da legitimação constitucional do cidadão para promover ação popular para anular ato lesivo ao ambiente.[497]

Os direitos de vizinhança no novo Código Civil de 2002 (arts. 1277 a 1313), por sua vez, permitem, de um modo geral, ao proprietário ou possuidor de um prédio fazer cessar as interferências prejudiciais à segurança, ao sossego e à saúde dos que o habitam, provocadas pela utilização anormal de propriedade vizinha (art. 1277), podendo-se compreender em tal conceito as perturbações de natureza ambiental (ex. poluição sonora, atmosférica ou hídrica, etc.) provocadas pelo seu uso inadequado.[498] Nesse sentido, Purvin de Figueiredo destaca que, com o advento do novo Código Civil, o uso anormal da propriedade passou a comportar uma dimensão ambiental até então inédita, possibilitando ao proprietário ou ao possuidor pleitear a cessação dos conflitos ambientais, como a ocupação de áreas de mananciais, evidente hipótese de dano à saúde, com base na legislação civil.[499] Com a consagração dos direitos de vizinhança no novo Código Civil, tem-se, em certa medida, a regulamentação infraconstitucional do comando constitucional (art. 225) que delineia a perspectiva subjetiva do direito fundamental ao ambiente.

3.1.3. A proteção do núcleo essencial do direito fundamental ao ambiente

A garantia do *núcleo essencial dos direitos fundamentais* representa importante avanço doutrinário[500] e jurisprudencial de origem alemã

---

o despejo de elementos poluentes no Córrego Guarucaia (obrigação de não fazer), a fim de evitar danos ao meio ambiente (...)" (grifos nossos). (STJ, RESP 889.766-SP, Rel. Min. Castro Meira, julgado em 4/10/2007).

[497] GAVIÃO FILHO, *"Direito fundamental ao ambiente..."*, p. 39.

[498] Sobre o tema, cfr. a decisão do Tribunal de Justiça do Estado do Rio Grande do Sul: "APELAÇÃO CÍVEL. *DIREITO DE VIZINHANÇA. USO NOCIVO DA PROPRIEDADE*. Resta evidenciado, pela prova produzida, que o réu por diversas vezes foi instado pelos técnicos da Secretaria de Meio Ambiente para providenciar a regularização das instalações usadas para o abate e criação de porcos, não tendo atendido às determinações, mantendo o *lançamento de resíduos no ambiente sem prévio tratamento*, chiqueiros de madeira inadequados, assim como gerando odores e vetores, restando, assim, evidente que a atividade exercida na propriedade do réu, além de causar transtornos ao apelado e sua família, causou também *danos ao meio ambiente*. Ademais, ausente licença para criação e abate de porcos, impondo-se a manutenção da procedência da ação para cessar atividade" (grifos nossos). (TJRS, Ap. Cív. 70013364617, Rel. Des. Alexandre Mussoi Moreira, 17ª Câmara Cível, julgado em 20.04.2006).

[499] PURVIN DE FIGUEIREDO, *"A propriedade no direito ambiental..."*, p. 94.

[500] Cfr. HÄBERLE, Peter. *La garantía del contenido esencial de los derechos fundamentales en la Ley Fundamental de Bonn*: una contribución a la concepción institucional de los derechos fundamentales y a la teoría de la reserva de la ley. Madrid: Dykinson, 2003.

(*Wesensgehaltgarantie*), fundada no art. 19, 2 e no art. 1, 1 da Lei Fundamental de Bonn, no sentido de dar um contorno mínimo de eficácia normativa aos direitos fundamentais, bem como de colocar balizas ou limites normativos à atuação do legislador infraconstitucional. Trata-se da expressão denominada de "limite dos limites", ou seja, a garantia do núcleo essencial é um limite constitucional a possíveis limites e restrições postas pelo legislador infraconstitucional ao conteúdo dos direitos fundamentais.[501] Tal barreira ou blindagem normativa o legislador não pode ultrapassar, sob pena de incorrer em medida inconstitucional. Em razão de tal conteúdo mínimo ser extraído diretamente do comando constitucional, não dependendo dos humores políticos e da mediação do Legislador e do Administrador para garantir tal medida mínima de proteção, o titular do direito fundamental se encontra autorizado a postular judicialmente a realização de tal patamar normativo mínimo de forma imediata a partir do texto constitucional. De tal modo, há uma vinculação imediata dos Poderes Públicos à garantia do conteúdo essencial, independentemente da sua regulamentação infraconstitucional. Como afirma Perez Luño, sob a perspectiva da *teoria institucional* capitaneada por Häberle, a garantia do conteúdo essencial se refere à obrigação do legislador de salvaguardar a garantia institucional dos direitos fundamentais, que faz referência aos fins objetivamente estabelecidos pela Constituição, e, em função dos quais, precisamente, se reconhecem os direitos e liberdades fundamentais.[502]

Também tomado como limite às restrições aos direitos fundamentais, a garantia do núcleo essencial objetiva não permitir que, através da regulação do direito fundamental no âmbito infraconstitucional, o mesmo venha a sofrer tamanha restrição a ponto de não garantir um mínimo de desfrute. A análise da invasão legislativa sobre o conteúdo do núcleo essencial deve ser pautada pelo princípio ou postulado da proporcionalidade, tomando por base a ponderação dos princípios em colisão, etc.[503] Se comprovada tal violação ao núcleo essencial do direito fundamental, a medida legislativa estará eivada de inconstitucionalidade e deverá ser declarara inválida.

---

[501] A respeito da idéia de *limites dos limites*, cfr. PEREIRA, Jane Reis Gonçalves. *Interpretação constitucional e direitos fundamentais*: uma contribuição ao estudos das restrições aos direitos fundamentais na perspectiva da teoria dos princípios. Rio de Janeiro: Renovar, 2006, p. 297-301; e DIMOULIS; MARTINS, *"Teoria geral dos direitos fundamentais..."*, p. 167-169.

[502] PEREZ LUÑO, *"Los derechos fundamentales..."*, p. 78.

[503] A partir da leitura que faz da teoria de HÄBERLE, GONÇALVES PEREIRA refere que os limites dos direitos fundamentais devem ser percebidos a partir da totalidade da Constituição, só podendo ser compreendidos em conexão com os diversos bens e direitos constitucionalmente protegidos, de modo, a partir de uma perspectiva interna, obter o equilíbrio entre os direitos, o qual se dá por meio da ponderação. PEREIRA, *"Interpretação constitucional e direitos..."*, p. 154.

Diante do reconhecimento do núcleo essencial do direito fundamental ao ambiente no âmbito do ordenamento jurídico-constitucional espanhol, Echavarría destaca que:

> El derecho al medio ambiente tiene ya asegurado un contenido mínimo incluso aunque no se haya producido un desarrollo legal al respecto, de acuerdo con la conocida doctrina del Tribunal Constitucional de la eficacia inmediata de la Constitución. Los derechos fundamentales y libertades públicas reconocidos en la Constitución (en cuanto traducción normativa de la dignidad humana y elemento legitimador de todo poder político, según la STC 113/1997) son de aplicación directa, esto es, obligan a título de derecho directamente aplicable, sin que su efectividad requiera de desarrollo legislativo, al menos en un nivel esencial o mínimo, pues la dilación en el cumplimiento de la obligación que la Constitución impone al legislador no puede lesionar el derecho reconocido en ella (STC 39/1983 y STC 75/1982).[504]

O reconhecimento do núcleo essencial do direito fundamental ao ambiente é uma feição normativa da sua *perspectiva subjetiva*, já que coloca à disposição do titular do direito, desde logo, independentemente de intermediação legislativa, a possibilidade de exigir judicialmente a garantia de um piso mínimo de proteção ambiental em face dos Poderes Públicos, tanto sob uma perspectiva defensiva quanto prestacional. De acordo com a lição de Roca, com base na ordem constitucional espanhola, o direito fundamental ao ambiente tem um conteúdo mínimo exigível judicialmente e um conteúdo adicional não exigível judicialmente.[505] Há também como se defender a incidência normativa do núcleo essencial do direito fundamental ao ambiente em face de particulares, não obstante em menor intensidade, especialmente nos casos em que a relação jurídica entre os particulares tomar uma feição verticalizada por conta da desigualdade fática de poderes (econômico, social, tecnológico, etc.) entre ambos. Tal entendimento se justifica a partir da eficácia dos direitos fundamentais nas relações entre particulares (ou eficácia horizontal), como será visto com maiores detalhes adiante.

A garantia do núcleo essencial do direito fundamental ao ambiente também pode servir de fundamento ao controle judicial de *políticas públicas ambientais* diante da omissão do Poder Legislativo ou do Poder Executivo, uma vez que tais poderes não podem se furtar a garantir um patamar mínimo de realização do conteúdo dos direitos fundamentais, sob pena de tornar inócua a decisão político-constitucional a respeito dos bens fundamentais da República consagrados pela Lei Fundamental. Não há, portanto, liberdade de conformação (e discricionariedade) tanto do legislador quando do administrador público quando estiver em causa o conteúdo mínimo do direito fundamental ao ambiente, especialmente em razão da sua conexão imediata com o conteúdo do princípio da dignidade humana e o desfrute de outros direitos fundamentais (como, por exemplo,

---

[504] ECHAVARRÍA, "*El derecho al medio ambiente...*", p. 42.
[505] ROCA, "*La ordenación constitucional del medio ambiente...*", p. 55.

saúde, moradia, integridade física, vida, etc.). No entanto, é importante deixar clara a distinção, em termos conceituais e de conteúdo, entre o *núcleo essencial do direito fundamental ao ambiente* e a garantia constitucional do *mínimo existencial ecológico*, já que essa última estabelece uma interlocução normativa com os direitos fundamentais sociais que estão na base das prestações materiais mínimas necessárias ao desfrute de uma vida saudável e digna, como se verá com maiores detalhes em tópico subseqüente. Não obstante a identidade de determinadas posições jurídicas subjetivas e objetivas que possam decorrer de ambos, não há correspondência exata entre os seus conteúdos, assim como não há identidade entre o mínimo existencial social e o núcleo essencial dos direitos fundamentais sociais que o integram.[506]

Por fim, é importante registrar a tese referida pela doutrina acerca da *multifuncionalidade dos direitos fundamentais,* sendo a *dupla perspectiva subjetivo-objetivo* apenas mais uma feição do complexo de posições jurídico-normativas projetadas a partir da norma jusfundamental. Tal entendimento revela uma construção teórica ainda inacabada que objetiva a implementação de uma tutela cada vez mais elaborada dos direitos fundamentais e da dignidade humana. Em face das diversificadas funções normativas exercidas pela dupla perspectiva subjetivo-objetiva, Sarlet refere que o Constituinte de 1988 foi diretamente influenciado, quando da formatação do catálogo dos direitos fundamentais, pelas diferentes teorias formuladas sobre os direitos fundamentais, razão pela qual a doutrina sustenta a tese de uma multifuncionalidade desses, que de longe não mais se restringem à clássica função de direitos de defesa contra os poderes públicos.[507] A multifuncionalidade dos direitos fundamentais ainda carece de maior exploração e desenvolvimento conceitual pela doutrina constitucional pátria, ainda mais quando se traz tal discussão para campo do novel direito fundamental ao ambiente, que apresenta características bastante diferenciadas e próprias (se comparado aos direitos fundamentais de primeira e segunda dimensão) em razão da sua natureza proeminentemente transindividual. Nesse contexto, de forma conjunta com o complexo de posições jurídico-subjetivas vinculados ao direito ao ambiente, caminha a perspectiva objetiva, a qual será desenvolvida de forma sistemática em ponto adiante, destacando-se, desde já, o seu desenvolvimento ainda incipiente no âmbito da doutrina constitucional brasileira, a par de um universo de possibilidades normativas extremamente rico e desafiador para o jurista do Estado Socioambiental de Direito. A partir de agora, tomar-se-ão em

---

[506] O tema do núcleo essencial do direito fundamental ao ambiente será retomado no Capítulo III, conjuntamente com a garantia do mínimo existencial ecológico, onde será possível determinar as suas distinções conceituais, não obstante certa identidade em relação às posições jurídico-subjetivas e jurídico-objetivas de ambos decorrentes.

[507] SARLET, "*A eficácia dos direitos fundamentais...*", p. 171.

questão as perspectivas defensiva e prestacional do direito fundamental ao ambiente.

3.2. As perspectivas defensiva (negativa) e prestacional (positiva) do direito fundamental ao ambiente

A doutrina dos direitos fundamentais destaca a existência de *direitos de defesa* (ou negativos) e *direitos prestacionais* (ou positivos) como posições jurídico-normativas derivadas da jusfundamentalidade de determinado direito, e atribuídos ao seu titular. Em verdade, as perspectivas defensiva e prestacional revelam, entre outras funções que serão desenvolvidas adiante, mais uma face do complexo de posições jurídico-normativas vinculado aos direitos fundamentais. A *perspectiva defensiva* está vinculada à compreensão de que o exercício e eficácia de determinado direito fundamental exige uma conduta negativa por parte do Estado (e, por vezes, também de particulares), ou seja, uma não ingerência no âmbito de proteção de determinado direito, tendo como exemplos "clássicos" o direito à vida, o direito à integridade física e o direito à propriedade. Como destaca Alexy, os direitos de defesa do cidadão frente ao Estado estão diretamente vinculados à concepção liberal clássica dos direitos fundamentais, pois objetivam assegurar a esfera de liberdade do indivíduo frente a intervenções Poder Público, ou seja, são direitos a ações negativas (omissões) do Estado.[508]

A idéia central da função defensiva dos direitos fundamentais, como pontua Canotilho, reside no fato de ser uma manifestação dos direitos de liberdade, cujo destinatário é o Estado, tendo como objeto a obrigação de abstenção do mesmo relativamente à esfera jurídico subjetiva por eles definida e protegida.[509] Os direitos de liberdade, como ensina o constitucionalista português, se auto-impõem como "direitos negativos" diretamente "conformadores de um espaço subjetivo de distanciação e autonomia com o correspondente dever de abstenção ou proibição de agressão por parte dos destinatários passivos, públicos e privados",[510] o que dá forma à blindagem dos direitos fundamentais em sua dimensão negativa também frente aos particulares, e não apenas em face do Estado, como era pensado no modelo liberal-clássico.

---

[508] ALEXY, *"Teoría de los derechos fundamentales..."*, p. 419. tendo como objeto a obrigaç cujo destinate ser o Estado o seu destinat liberdade e nsua inadequaçand Constitutional Protection

[509] CANOTILHO, *"Direito constitucional e teoria..."*, p. 399.

[510] Idem, op. cit., p. 401. A partir da função defensiva dos direitos fundamentais, é importante registrar ainda a dupla perspectiva (jurídico-objetiva e jurídico-subjetiva) lecionada por CANOTILHO, que: "1) constituem, num plano jurídico-objetivo, normas de competência negativa para os poderes públicos, proibindo fundamentalmente as ingerências destes na esfera jurídica individual; 2) implicam, num plano jurídico-subjetivo, o poder de exercer positivamente direitos fundamentais (liberdade positiva) e de exigir omissões dos poderes públicos, de forma a evitar agressões lesivas por parte dos mesmos (liberdade negativa)". CANOTILHO, op. cit., p. 408.tendo como objeto a obrigaç cujo destinate ser o Estado o seu destinat liberdade e nsua inadequaçand Constitutional Protection

A *perspectiva prestacional*, por sua vez, está conectada à idéia de que, para a efetivação do direito fundamental, é necessária a atuação do Estado (e hoje também dos particulares,[511] o que será mais bem desenvolvido nos tópicos sobre deveres fundamentais ambientais e eficácia entre particulares dos direitos fundamentais) no sentido de realizar alguma prestação material. Os seus exemplos clássicos podem ser identificados nos direitos fundamentais sociais à saúde, à educação, à moradia e à assistência social.[512] Nesse ponto, é precisa a lição de Ferreira Mendes para caracterizar os direitos à prestação e estabelecer os aspectos distintivos desses em face dos direitos de defesa.[513] Para o Ministro do Supremo Tribunal Federal, além da não-intervenção na esfera da liberdade pessoal dos indivíduos garantida pelos direitos de defesa como referido anteriormente, a tarefa atribuída constitucionalmente ao Estado de "colocar à disposição os meios materiais e implementar as condições fáticas que possibilitem o efetivo exercício das liberdades fundamentais" acaba por configurar os direitos fundamentais à prestação.[514] Tais direitos objetivam, em última análise, a garantia não apenas da liberdade-autonomia (liberdade perante o Estado), mas também da liberdade por intermédio do Estado, partindo da premissa de que o indivíduo, no que concerne à conquista e manutenção de sua liberdade, depende em muito de uma postura ativa dos poderes públicos.[515] O Estado, nessa perspectiva, atua como "promotor" dos direitos fundamentais.

A distinção entre ambas as perspectivas normativas tem sido utilizada muitas vezes pela doutrina para caracterizar as diferentes dimensões de direitos fundamentais. A perspectiva defensiva estaria relacionada aos direitos fundamentais de primeira dimensão (civis e políticos), conquistados sob a égide do Estado Liberal, tendo em vista a suficiência de uma conduta negativa do Estado para contemplar a proteção dos direitos liberais. Quanto à perspectiva prestacional, a sua caracterização estaria voltada para os direitos de segunda dimensão (econômicos, sociais e culturais), já sob o marco do Estado Social, uma vez que demandariam uma atuação positiva do Estado para a sua efetivação. Hoje, no entanto, não obstante a correção parcial de tais afirmações e o seu valor didático para o estudo dos

---

[511] Sobre o ponto, remete-se à obra de SARLET, "*A eficácia dos direitos fundamentais...*", p. 281 e ss.

[512] Destaca-se a classificação adotada por ALEXY para os direitos à prestação: direitos à prestação em sentido amplo, que compreenderia todos os direitos fundamentais de um modo geral, e os direitos à prestação em sentido estrito, que compreenderia apenas os direitos fundamentais sociais. ALEXY, "*Teoría de los derechos fundamentales...*", p. 419 e 482.

[513] À luz da tese unitária das dimensões ou gerações de direitos fundamentais, o mais adequado seria falar apenas em funções ou perspectivas (defensiva e prestacional), e não em direitos propriamente ditos, já que todos os direitos fundamentais, em maior ou menor medida, trazem na suas cargas normativas ambas as funções.

[514] MENDES, Gilmar Ferreira. *Direitos fundamentais e controle de constitucionalidade*. 3.ed. São Paulo: Saraiva, 2004, p. 6.

[515] MENDES, "*Direitos fundamentais...*", p. 6.

direitos fundamentais, a abordagem é tomada de forma mais complexa, em razão das perspectivas positivas e negativas estarem simultaneamente presentes, em maior ou menor medida, em todas as dimensões de direitos fundamentais,[516] e especialmente no caso dos direitos fundamentais de terceira dimensão.

A evidenciar tal crítica, Sarlet afirma que os direitos fundamentais

> abrangem tanto direitos prestacionais (positivos) quanto defensivos (negativos), partindo-se aqui do critério da natureza da posição jurídico-subjetiva reconhecida ao titular do direito, bem como da circunstância de que os direitos negativos (notadamente os direitos à não-intervenção na liberdade pessoal e nos bens fundamentais tutelados pela Constituição) apresentam uma dimensão "positiva" (já que sua efetivação reclama uma atuação positiva do Estado e da sociedade) ao passo que os direitos a prestações (positivos) fundamentam também posições subjetivas "negativas", notadamente quando se cuida de sua proteção contra ingerências indevidas por parte dos órgãos estatais, de entidades sociais e também de particulares.[517]

No caso dos direitos fundamentais de terceira dimensão, portanto, ambas as perspectivas prestacional e defensiva estão presentes, caracterizando um conjunto complexo de posições jurídico-normativas para a tutela integral de tais direitos, o que se apresenta de forma bem peculiar no caso do direito fundamental ao ambiente. Nesse aspecto, Vieira de Andrade, ao enquadrar a proteção do ambiente entre os direitos de solidariedade, refere que tais direitos caracterizam uma quarta categoria de direitos fundamentais (não sendo especificamente direitos de defesa, de prestação ou de participação), em razão de formarem um conjunto de todos eles,[518] na forma de "direitos circulares", com uma "horizontalidade característica" e uma "dimensão objetiva fortíssima", na medida em que protegem bens que, embora possam ser individualmente atribuídos e gozados, são ao mesmo tempo "bens comunitários de que todos são titulares"; e, aliás, não só todos os vivos, mas ainda elementos das gerações futuras, uma vez que esteja em causa a sobrevivência da sociedade.[519]

É possível, portanto, vislumbrar a reconstrução ou reconfiguração da clássica concepção de oposição de direitos fundamentais apenas em face

---

[516] Sobre o tema, PEREIRA DA SILVA destaca que "comum a todos os direitos fundamentais é a existência de uma vertente negativa, correspondente a uma esfera protegida de agressões estaduais (ou, por outras palavras, que se realiza através de 'abstenções' de intervenção estadual suscetíveis de lesar tais direitos em termos constitucionalmente inadmissíveis), assim como de uma vertente positiva, que obriga à intervenção dos poderes públicos de modo a permitir a realização plena e efectiva dos direitos constitucionalmente garantidos. Daí que, perante os direitos fundamentais de primeira, de segunda ou de terceira geração, a questão a colocar já não tem a ver com a respectiva natureza jurídica – já que, em todos os casos, se está perante realidades estruturalmente idênticas, que possuem as duas dimensões referidas – mas, quando muito, com o grau maior ou menor da respectiva dimensão positiva ou negativa – pois é facto que, em geral, nos direitos de primeira geração, o peso relativo da dimensão negativa é maior do que o da sua dimensão positiva, enquanto que, nos direitos de segunda e de terceira geração, as coisas tendem a passar-se ao contrário". PEREIRA DA SILVA, "*Verde cor de direito...*", p. 90.

[517] SARLET, "*Direitos fundamentais sociais, 'mínimo existencial'...*", p. 555.

[518] VIEIRA DE ANDRADE, "*Os direitos fundamentais...*", p. 62.

[519] Idem, op. cit., p. 62.

do Estado, admitindo, conforme refere o constitucionalista português, uma "horizontalidade" característica e uma dimensão objetiva "fortíssima", o que determina a sua irradiação normativa também sobre as relações privadas.[520] Pereira da Silva, por sua vez, afirma que, em decorrência de o direito ao ambiente, oriundo da terceira geração dos direitos humanos, apresentar simultaneamente uma "vertente negativa", que garante ao seu titular a defesa contra agressões ilegais no domínio constitucional garantido, e uma "vertente positiva", que obriga a atuação positiva das entidades públicas para a sua efetivação, deve-se considerar na sua aplicação o regime jurídico dos direitos, liberdades e garantias, na medida da sua dimensão negativa, e o regime jurídico dos direitos, econômicos, sociais e culturais, na medida da sua dimensão positiva.[521]

Com efeito, é precisa a lição de Alexy ao situar o direito ao ambiente na categoria de *direito fundamental como um todo*, já que é constituído de um conjunto de posições jurídicas de tipos diferentes.[522] Entre as "posições jurídicas" tuteladas pelo direito fundamental ao ambiente, é possível identificar, por exemplo, a *dimensão negativa ou defensiva* quando se incumbe ao Estado determinada abstenção de modo a não intervir no ambiente a ponto de comprometer o seu equilíbrio. Quanto à *dimensão positiva ou prestacional*, tal se apresenta quando o desfrute do direito ao ambiente depende da atuação promocional do Estado no sentido de realizar medidas fáticas tendentes a melhorar a qualidade ambiental.[523]

No sentido de caracterizar as diferentes funções normativas extraídas do direito fundamental ao ambiente, Alexy destaca que:

> Así, quien propone el establecimiento de un derecho fundamental ambiental o su adscripción interpretativa a las disposiciones iusfundamentales existentes puede, por ejemplo, incluir en este haz un derecho a que el Estado omita determinadas intervenciones en el medio ambiente (*derecho de defensa*), un derecho a que el Estado proteja al titular del derecho fundamental frente a intervenciones de terceros que dañan el ambiente (*derecho a protección*), un derecho a que el Estado permita participar al titular

---

[520] VIEIRA DE ANDRADE, op. cit., p. 62.
[521] PEREIRA DA SILVA, "*Verde cor de direito...*", p. 102-103. Na mesma linha, à luz da Constituição sul-africana, KOTZÉ aponta para a natureza *sui generis* do direito fundamental ao ambiente (direito fundamental de terceira geração), o qual se caracteriza por conter aspectos tanto dos direitos fundamentais de primeira geração quanto dos direitos de segunda geração, podendo operar simultaneamente no sentido de determinar a proibição do Estado de infringir o direito ao ambiente do indivíduo, bem como obrigar o Estado a tomar medidas de natureza prestacional para realizar o conteúdo do direito ao ambiente. KOTZÉ, "*The South African Environment...*", p. 6.
[522] ALEXY, "*Teoría de los derechos fundamentales...*", p. 429.
[523] Conforme lição de MEDEIROS: "O direito e o dever fundamental do meio ambiente consubstanciam-se em um caráter de função mista em relação à teoria dos direitos fundamentais, em virtude da diversidade de normas existentes no artigo 225 da Constituição Federal. O direito fundamental de proteção ambiental, assim como o dever, possui um caráter em sentido prestacional, quando cumpre ao Estado, por exemplo, prestar a proteção aos recursos naturais – representados pelo ecossistema ecologicamente equilibrado – ou a promoção de alguma atividade para a efetiva proteção do meio ambiente, contra intervenções de terceiros e do próprio Poder Público. Assume, ainda seu caráter em sentido de defesa quando proíbem seus destinatários de destruir, de afetar negativamente o objeto tutelado". MEDEIROS, "*Meio ambiente...*", p. 32-33.

del derecho en procedimientos relevantes para el medio ambiente (*derecho al procedimiento*) y un derecho a que el propio Estado realice medidas fácticas tendientes a mejorar el ambiente (*derecho a una prestación fáctica*).[524] (grifos nossos)

No caso do direito ao ambiente, como o mais elaborado dos direitos fundamentais "de solidariedade" (ou de terceira dimensão), o objeto do direito em si, como refere Ferreira Filho, pode importar tanto em uma exigência de *não fazer*, em determinados casos, como em um *fazer* em outros casos, como no exemplo da recuperação de um ambiente poluído.[525] Para demonstrar o exposto, vislumbrando um exemplo relacionado ao direito fundamental ao ambiente, é possível exigir do Estado e de particulares que se abstenham de contaminar determinado recurso hídrico (rio ou aqüífero, por exemplo) utilizado por determinada comunidade (e indivíduos) para o seu abastecimento – consideradas as perspectivas individual-subjetiva e coletivo-objetiva do direito fundamental ao ambiente sadio, uma vez que resultaria caracterizada a violação ao direito e a ingerência indevida no âmbito de proteção do direito fundamental em questão. Com relação à perspectiva prestacional, pode-se tê-la como fundamento para justificar a atuação do Estado na implementação de políticas públicas[526] para promover a descontaminação do mesmo recurso hídrico utilizado anteriormente para exemplificar hipótese da perspectiva defensiva (negativa), sendo tal medida positiva do Estado (com fundamento no seu dever de proteção) condição indispensável para viabilizar o exercício do direito fundamental ao ambiente. A partir de agora, após delinear as suas perspectivas defensiva e prestacional, tomar-se-á o rumo da caracterização dos desmembramentos normativos da perspectiva objetiva do direito fundamental ao ambiente.

3.3. O complexo de projeções normativas da perspectiva objetiva do direito fundamental ao ambiente

3.3.1. Deveres fundamentais e proteção do ambiente

3.3.1.1. Breves notas sobre a "teoria dos deveres fundamentais"

Os *deveres fundamentais*, denominados pela doutrina alemã de *Grundpflichten*, como destaca Sarlet, vinculam-se à dimensão axiológica da função objetiva dos direitos fundamentais, os quais (mesmo os clássicos

---

[524] ALEXY, "*Teoría de los derechos fundamentales...*", p. 429.
[525] FERREIRA FILHO, "*Direitos humanos fundamentais...*", p. 66.
[526] Diante da omissão do Estado em promover tais políticas públicas ambientais, a realização da perspectiva prestacional do direito ao ambiente pode ser controlada judicialmente, obrigando-se o Estado, pela via judicial, a cumprir com tal obrigação constitucional, inclusive na forma de obrigações de fazer, conforme se verá com maiores detalhes no tópico sobre o *mínimo existencial ecológico*.

direitos liberais ou de defesa) devem ter a sua eficácia valorada "não só sob um ângulo individualista, isto é, com base no ponto de vista da pessoa individual e sua posição perante o Estado, mas também sob o ponto de vista da sociedade, da comunidade na sua totalidade, já que se cuida de valores e fins que esta deve respeitar e concretizar".[527] Em razão dos direitos fundamentais expressarem os valores fundamentais da comunidade político-estatal, o exercício empregado pelo indivíduo ao seu direito subjetivo no trânsito jurídico comunitário deve ajustar-se e harmonizar-se com tais valores objetivos que lhe conferem legitimidade no âmbito comunitário, constituindo-se de verdadeiros pressupostos da existência e do funcionamento do Estado e da sociedade, bem como da garantia dos direitos fundamentais no seu conjunto. Nesse contexto, com base na força normativa da Constituição, retoma-se a lição de Hesse no sentido de que "direitos fundamentais não podem existir sem deveres". [528]

O tema dos *deveres fundamentais*, como pontua Nabais, é reconhecidamente um dos mais "esquecidos" pela doutrina constitucional contemporânea,[529] não dispondo de um regime constitucional equivalente (ou mesmo aproximado) àquele destinado aos *direitos fundamentais*. No âmbito da doutrina constitucional brasileira, os deveres fundamentais não tiveram destino diferente, sendo praticamente inexistente o seu desenvolvimento doutrinário. O escasso desenvolvimento teórico e dogmático dos deveres fundamentais encontra sua razão na própria configuração histórica do Estado de Direito e do Direito em si, especialmente como uma "herança" da sua conformação liberal. Nesse sentido, Vieira de Andrade justifica a "hipertrofia" dos *direitos subjetivos* em face dos *deveres* na conformação do Estado Liberal, já que este último consubstanciava um momento histórico de afirmação dos valores pessoais e individuais contra o arbítrio e a opressão do poder estatal diante das constantes ameaças perpetradas contra a liberdade individual.[530] A configurar a idéia de "direito" como o foro de liberdade do indivíduo frente ao poder estatal, o que ganhou especial importância na composição do Estado Liberal, Nabais colaciona que a conformação dos "direitos" está vinculada historicamente à função de manter o exercício do poder estatal dentro de determinados limites, de modo a assegurar aos cidadãos um âmbito de liberdade e autonomia,

---

[527] SARLET, "*A eficácia dos direitos fundamentais...*", p. 160.

[528] HESSE, "*A força normativa da Constituição...*", p. 21.

[529] NABAIS, José Casalta. *O dever fundamental de pagar impostos*: contributo para a compreensão constitucional do estado fiscal contemporâneo. Coimbra: Almedina, 1998, p. 15. A obra de CASALTA NABAIS, em que pese a temática tributária de fundo, é seguramente a principal obra em língua portuguesa sobre deveres fundamentais, tendo o autor desenvolvido uma teoria geral dos deveres fundamentais nos primeiros capítulos da sua obra, p. 15-181. No entanto, também no cenário jurídico português, destacam-se as obras de VIEIRA DE ANDRADE, "*Os direitos fundamentais...*", p. 155-166; MIRANDA, "*Manual de direito constitucional...*", p. 175-180; e CANOTILHO, "*Direito constitucional e teoria...*", p. 531-536. Na doutrina brasileira, SARLET, "*A eficácia dos direitos fundamentais...*", p. 160-161.

[530] VIEIRA DE ANDRADE, op. cit., p. 162.

expressando-se através de posições jurídicas ativas dos particulares em face do Estado, o que levou a dar primazia quase absoluta aos "direitos subjetivos" em detrimento dos "deveres".[531]

A hipertrofia dos "direitos" e a atrofia dos "deveres" no tratamento doutrinário justificam-se, então, na afirmação de um espaço de liberdade do cidadão (especialmente da burguesia) em face da relação de forças travada entre esse e o Estado, revelando uma matriz nitidamente liberal como justificativa para tal "estado da arte" do Direito e dos direitos fundamentais. O Estado Liberal (abstencionista e policialesco) fundamenta-se basicamente na idéia do um Estado mínimo, que, contra o modelo do Estado Absolutista, abstém-se de interferir no âmbito da liberdade dos indivíduos, com especial preocupação para as suas manifestações patrimoniais, revelando um indivíduo ou cidadão pouco (ou quase nada) comprometido comunitariamente. A afirmação do *direito* (subjetivo) afina-se justamente no reforço ao trânsito livre do indivíduo no universo político-jurídico, ao passo que a idéia de *dever* retoma uma limitação à principal bandeira do Estado Liberal, qual seja: a liberdade (mesmo que apenas formal).

Com o passar do tempo, no entanto, a idéia de liberdade tomou outro contorno, incorporando uma dimensão real e fática ao seu conteúdo, a ponto de não admitir mais uma feição meramente formal. A exacerbação da liberdade individual e de uma dimensão eminentemente patrimonialista do ideal liberal reproduziu no âmbito social uma quadro de injustiça, projetando um cenário social de desigualdade generalizada e de liberdade real ou material para poucos. No sentido de conferir uma crítica à concepção liberal do Direito e dos direitos, Nabais, à luz da Constituição portuguesa, acentua que a instituição dos deveres fundamentais no âmbito do atual Estado Social coloca a necessidade de "moderar o excessivo individualismo", bem como o caráter demasiado liberal atribuído à idéia de Estado de Direito, contemplando, dessa maneira, os elementos sociais e os deveres econômicos, sociais e culturais.[532]

A concepção dos deveres fundamentais, com base na doutrina de Vieira de Andrade, é geralmente associada com a dimensão objetiva dos direitos fundamentais justamente por ambas as dimensões normativas colocaram em causa a moderação e correção de teses emancipatórias do liberalismo individualista, tanto em favor da defesa da democracia (a fim promover a participação ativa dos cidadãos na vida pública) como em razão de um "empenho solidário de todos na transformação das estruturas sociais".[533] O constitucionalista português afirma ainda que a conforma-

---

[531] NABAIS, op. cit., p. 16.
[532] idem, *"O dever fundamental..."*, p. 59.
[533] VIEIRA DE ANDRADE, *"Os direitos fundamentais..."*, p. 155.

ção liberal individualista dos direitos fundamentais, que os compreende apenas como poderes individuais contra o Estado, não é suficiente nem adequada para exprimir juridicamente as relações entre os cidadãos e os poderes públicos, sendo que àqueles não caberiam apenas direitos e a estes meros deveres.[534]

O princípio da liberdade (e da autonomia) do indivíduo, não obstante a sua importância também fundamental na composição do Estado de Direto contemporâneo, não pode justificar uma emancipação total ou mesmo anárquica do cidadão, devendo vincular-se a responsabilidade social ou comunitária ao exercício da liberdade individual. Além do mais, hoje algumas das principais ameaças à liberdade humana, bem como aos direitos fundamentais de um modo geral, mas especialmente à dignidade da pessoa humana, são impetradas por particulares, e não mais pelo Estado. Tal constatação evidencia a necessidade de repensar a teoria dos direitos fundamentais e reservar um espaço de destaque aos deveres fundamentais, não como uma imposição estatal ao modo clássico, mas como projeção normativa dos princípios e direitos fundamentais nas relações privadas, à luz especialmente da perspectiva objetiva destes e da valorização constitucional crescente no mundo contemporâneo do princípio-valor da solidariedade.

O tema da *responsabilidade comunitária* dos particulares desenvolvido por Vieira de Andrade ventila a idéia de que a liberdade do indivíduo no exercício dos seus direitos fundamentais não corresponde a uma "emancipação anárquica", mas corresponde a uma autonomia moral e auto-responsabilidade na sua atuação social. Os indivíduos, como pontua o constitucionalista português, não podem se considerar desligados dos valores comunitários que preenchem o espaço normativo da comunidade estatal onde se movem, mas, pelo contrário, têm o dever jurídico (e não apenas moral) de respeitar os valores constitucionais,[535] especialmente aqueles que refletem nos direitos fundamentais (e dignidade) dos demais indivíduos que integram a coletividade política. A partir da responsabilidade comunitária dos indivíduos em face dos valores fundamentais da comunidade estatal, Vieira de Andrade assevera que estaria configurado um "dever geral de respeito" (e não deveres fundamentais associados aos direitos) pelas normas constitucionais, o que naturalmente estaria por constituir limites aos direitos dos cidadãos.[536]

Com base na perspectiva objetiva dos direitos fundamentais, como afirma Sarlet, pode-se justificar tanto restrições aos direitos subjetivos com base no interesse comunitário (ou *responsabilidade comunitária dos indiví-*

---

[534] VIEIRA DE ANDRADE, op. cit., p. 155.
[535] Idem, *"Os direitos fundamentais..."*, p. 161.
[536] Idem, op. cit., p. 162.

duos[537]) prevalente como limitações do conteúdo e do alcance dos direitos fundamentais, desde que sempre preservado o núcleo essencial destes.[538] A dimensão normativa dos deveres fundamentais determina tanto a limitação de direitos subjetivos como também a redefinição do conteúdo desses, como ocorre, por exemplo, na imposição constitucional do cumprimento da função social da propriedade, que será desenvolvido com maior minúcia adiante.[539] Em outra passagem da sua obra, Vieira de Andrade acentua que os deveres fundamentais, mesmo aqueles aparentemente associados ou conexos a direitos, constituem, na maioria dos casos, uma realidade autônoma e exterior ao direito subjetivo, embora, na medida em que são explicitações de valores comunitários, possam fundamentar a limitação dos direitos fundamentais em geral.[540] A partir da conformação dos deveres e dos valores comunitários correspondentes, estaria justificada uma interpretação restritiva do próprio direito fundamental, o que interfere diretamente no seu conteúdo, e que o autor português denomina de "deveres imanentes",[541] não podendo, é claro, em nenhuma hipótese a limitação ser total, já que o núcleo essencial do direito fundamental ("limite dos limites") restará sempre preservado. De modo ilustrativo, parece pertinente a relação entre direito fundamental à propriedade e função social da propriedade, ambos com residência no catálogo dos direitos fundamentais, na forma de um poder-dever ou direito-dever, ainda mais quando a função social apresenta uma dimensão ambiental e está diretamente conectada com o direito fundamental ao ambiente, integrante da nova categoria de "direitos de solidariedade", os quais, como destaca Vieira de Andrade,

---

[537] SARLET alerta para que a idéia de uma responsabilidade comunitária dos indivíduos, em que pese sua posterior recepção na doutrina portuguesa, encontra-se formulada já na jurisprudência constitucional alemã do início da década de cinqüenta. Nesse sentido, o Tribunal Federal Constitucional (BVerfGE 4,7 e ss.) já havia se posicionado a favor de uma concepção do indivíduo como inserido numa comunidade e vinculado aos valores fundamentais desta (*die Gemeischaftsgebundenheit des Individums* = vinculação comunitária do indivíduo). SARLET, "*A eficácia dos direitos fundamentais...*", p. 160, nota 385.

[538] SARLET, op. cit., p. 160. NABAIS refere, em termos gerais, algumas feições tomadas pelos deveres fundamentais no âmbito da teoria dos direitos fundamentais e da teoria da Constituição: 1) por via de regra, os deveres fundamentais configuram-se como limites imanentes aos direitos fundamentais; 2) a generalidade das constituições conhecem casos, se bem que excepcionais, de direitos-deveres ou poderes-deveres fundamentais; 3) os direitos fundamentais, na medida em que possuem uma específica eficácia em relação aos particulares (*Drittwirkung*), assumem-se também como deveres fundamentais *lato sensu*; 4) os deveres fundamentais autônomos (não associados ou conexos com direitos fundamentais) têm, por vezes, o seu próprio âmbito ou conteúdo definido através do reconhecimento de direitos fundamentais (v. g. o direito de resistência passiva relativamente a estabelecimento de impostos inconstitucionais ou ilegais – art. 106°, n° 3, da CRP; o direitos de objeção de consciência relativamente ao dever de serviço militar obrigatório – arts. 41°, n° 6, e 276, n° 4-7, da CRP). NABAIS, "*O dever fundamental...*", p. 27.

[539] COMPARATO, Fábio Konder. "Direitos e deveres fundamentais em matéria de propriedade". In: STROZAKE, Juvelino José (Org.). *A questão agrária e a justiça*. São Paulo: Revista dos Tribunais, 2000, p. 130-147.

[540] VIEIRA DE ANDRADE, "*Os direitos fundamentais...*", p. 165.

[541] Idem, op. cit., p. 165.

trazem como característica a sua dupla natureza de direito-dever ou poder-dever.[542]

Na medida em que limitam ou mesmo determinam o conteúdo de direitos (fundamentais ou não), é importante ressaltar, como de costume, a presença marcante do *princípio da proporcionalidade* na abordagem dos deveres fundamentais, a fim de que todas as medidas tomadas em seu nome (limitação ou redefinição do conteúdo de direitos fundamentais) estejam ajustadas ao sistema constitucional, resguardando sempre o núcleo essencial do direito fundamental subjugado ao dever. Como refere Nabais, uma vez que limitam a dimensão subjetiva de direitos fundamentais, os deveres fundamentais devem respeitar o princípio da proporcionalidade *latu sensu* (ou, como também refere o autor, o princípio da proibição de excesso), consubstanciado nos três subprincípios em que se desdobra (princípio da necessidade, exigibilidade ou indispensabilidade; o princípio da adequação ou aptidão; e o princípio da proporcionalidade *stricto sensu* ou da justa medida).[543] O doutrinador português afirma ainda que, na sua concretização legal, os deveres fundamentais devem respeitar a proporção meio-fim (ou justa medida), impondo a eles, além de não afetarem o conteúdo essencial do valor que constitui cada direito, liberdade e garantia ou de outros valores constitucionais, afetar esses mesmos valores o menos possível e na medida justa.[544]

Com base na conexão entre os deveres fundamentais e a perspectiva objetiva dos direitos fundamentais, é importante destacar, como pontua Nabais, que as limitações aos direitos fundamentais não se encontram unicamente fundamentadas na ordem subjetiva das liberdades ou direitos dos outros particulares (como propõe a teoria liberal burguesa ou clássica dos direitos fundamentais), mas também por razões de ordem objetiva consubstanciadas nas justas exigências da moral, da ordem pública e do bem numa sociedade democrática,[545] o que acaba por admitir limitações aos direitos fundamentais com base em valores comunitários, transcendendo de uma concepção eminentemente individualista e liberal do Estado e do Direito para a nova dimensão normativa "solidarista" delineada pelo Estado Social. Nessa ótica, Nabais aponta para a superação do paradigma liberal em razão especialmente dos direitos fundamentais sociais e ecológicos, que acabam por fortalecer a dimensão dos deveres fundamentais e limitando os direitos liberais.[546] Tal constatação já se dá sob o delinea-

---

[542] VIEIRA DE ANDRADE, op. cit., p. 164.
[543] NABAIS, "*O dever fundamental...*", p. 145.
[544] Idem, op. cit., p. 146.
[545] Idem, op. cit., p. 30-31.
[546] NABAIS aponta justamente para a superação do paradigma liberal, em razão especialmente dos direitos fundamentais sociais e ecológicos, fortalecendo a dimensão dos deveres fundamentais e limitando os direitos liberais. "Este panorama, porém, vai alterar-se significativamente à medida que os direitos fundamentais deixam de ser apenas os clássicos direitos de liberdade (camada ou geração

mento do paradigma do Estado Social.⁵⁴⁷ O ser humano é um ser social, um ser solidário para com a existência humana à sua volta, o que acaba por consubstanciar a idéia de "responsabilidade comunitária do cidadão", como já apontado por Vieira de Andrade em passagem anterior. Nesse ponto, Nabais assevera com precisão que a idéia de deveres fundamentais não encerra apenas deveres, mas, de certa forma, também caracteriza o direito à igual repartição dos encargos comunitários, que a existência e o funcionamento da comunidade estatal demandam.⁵⁴⁸

A caracterização do Estado Social e do conjunto de direitos fundamentais de segunda dimensão (sociais, econômicos e culturais) traz consigo a configuração de *deveres sociais*.⁵⁴⁹ Há a constatação jurídico-política de que o indivíduo existe para além da sua própria individualidade, caracterizando-se por ser um sujeito social responsável para com a existência comunitária à sua volta (ou seja, de todos os integrantes do grupo social) em patamares dignos. E tal responsabilidade não é apenas moral, mas também jurídica. Como salienta Nabais, há que se considerar sempre, por detrás da idéia de deveres fundamentais, o fundamento da dignidade da pessoa humana de forma individualizada e também institucionalizada no quadrante comunitário.⁵⁵⁰ A idéia de dignidade humana joga um papel central na conformação dos deveres, em razão da vinculação direta entre

---

liberal) e passam a integrar também os direitos de participação política (camada ou geração democrática), os direitos (a prestações) sociais (camada ou geração social) e os direitos 'ecológicos' (camada ou geração 'ecológica'). Ora todos estes direitos, se por um lado, como direitos que são, exprimem exigências do indivíduo face ao estado, assim alargando e densificando a esfera jurídica fundamental do cidadão, por outro lado, também limitam de algum modo essa mesma esfera através da convocação de deveres que lhes andam associados ou coligados". NABAIS, op. cit., p. 49-50.

⁵⁴⁷ Merece registro a crítica de LAFER em relação a uma sobreposição radical da vontade coletiva sobre a liberdade individual, colacionando o exemplo do nacional-socialismo alemão como marca de uma hipertrofia dos deveres e de uma eliminação dos direitos e liberdades concebidos individualmente. De tal sorte, devem-se conciliar de forma dialética ambas as dimensões individual e social na afirmação dos direitos fundamentais, sempre cumprindo com o imperativo de concretização da dignidade inerente a todos os membros do coletivo social. "A afirmação do primado da coletividade nacional em relação ao indivíduo na sua singularidade pode levar à tese de que o indivíduo não tem direitos, mas apenas deveres em relação ao todo, pois a sua plenitude só se dá com o desenvolvimento do *Volk*, da Raça, da Nação. É o que ocorreu no nazismo, cujo Direito propunha-se a ter como centro não a pessoa humana mas sim o homem enquanto integrado na comunidade do povo – o *Volksgenosse*". LAFER, "*A reconstrução dos direitos humanos...*", p. 133.

⁵⁴⁸ NABAIS, "*O dever fundamental...*", p. 97. Nesse contexto, o autor português afirma que "todos os deveres fundamentais são, em certo sentido, deveres para com a comunidade (e, portanto, deveres dos membros desta ou dos cidadãos), isto é, estão directamente ao serviço da realização de valores assumidos pela colectividade organizada em estado como valores seus". NABAIS, op. cit., p. 101.

⁵⁴⁹ "Com a instauração do estado social, surgem os deveres sociais ou, na expressão da nossa Constituição, os deveres econômicos, sociais e culturais, os quais, por via de regra, se apresentam associados ou conexos com os direitos sociais. Ora, estes direitos – cujo traço estrutural caracterizador reside em eles consistirem essencialmente em direitos dos cidadãos a prestações do estado ou dos poderes públicos – tiveram, como é sobejamente sabido, a sua primeira consagração constitucional com efectiva força normativa no espaço europeu na Constituição de Weimar. (...) Como facilmente se vê, trata-se de deveres que exprimem o comprometimento dos indivíduos na existência, não do estado como os deveres clássicos (liberais), nem do estado democrático como os deveres políticos, mas do estado empenhado numa dada sociedade que assim é, em larga medida, fruto da sua acção e intervenção". NABAIS, op. cit., p. 51-52.

⁵⁵⁰ Idem, op. cit., p. 120.

esses e concretização dos direitos fundamentais em si, já que, como pontua o doutrinador lusitano, "não há garantia jurídica e real dos direitos fundamentais sem o cumprimento de um mínimo de deveres do homem e do cidadão".[551] Os deveres fundamentais, nessa ótica, estão atrelados à *dimensão comunitária ou social da dignidade humana*, fortalecendo a atuação solidária do indivíduo situado em dada comunidade estatal, o que demanda por uma releitura do conteúdo normativo do direito à liberdade, amarrando-o à idéia de responsabilidade comunitária e vinculação social do indivíduo.

> Por outras palavras, há que ter em conta a concepção de homem que subjaz às actuais constituições, segundo a qual ele não é um mero indivíduo isolado ou solitário, mas sim uma pessoa solidária em termos sociais, constituindo precisamente esta referência e vinculações sociais do indivíduo – que faz deste um ser ao mesmo tempo livre e responsável – a base do entendimento da ordem constitucional assente no princípio da repartição ou da liberdade como uma ordem simultânea e necessariamente de liberdade e de responsabilidade, ou seja, de uma ordem de liberdade limitada pela responsabilidade. Enfim, um sistema que confere primazia, mas não exclusividade, aos direitos face aos deveres fundamentais ou, socorrendo-nos de K. Stern, um sistema em que os direitos fundamentais constituem a essência da liberdade e os deveres fundamentais o seu correctivo.[552]

A Declaração Universal dos Direitos do Homem (1948) da Organização das Nações Unidas já apontava para a dimensão dos deveres e responsabilidades do indivíduo no exercício dos seus direitos humanos A limitação aos direitos humanos e os deveres correlatos ajustam-se como medida pacificadora das relações sociais e único caminho possível para contemplar um patamar mínimo de dignidade (e direitos) a toda a comunidade humana (nacional e mundial). Em que pese o entendimento de ser a Declaração tecnicamente apenas uma "recomendação" feita pela Assembléia Geral das Nações Unidas aos seus membros,[553] a doutrina tem reiterado a força jurídica do documento, que constitui, juntamente com a Carta da ONU, o Pacto Internacional dos Direitos Civis e Políticos e o Pacto Internacional dos Direitos Econômicos, Sociais e Culturais de 1966, como acentua Piovesan, a "Carta Internacional dos Direitos Humanos", marcando o processo de "juridicização" da Declaração.[554]

> Art. 29 da Declaração Universal dos Direitos Humanos
> 1. Todo homem tem *deveres* para com a comunidade na qual o livre e pleno desenvolvimento de sua personalidade é possível.
> 2. No exercício de seus direitos e liberdades, todo homem estará sujeito às limitações determinadas pela lei, exclusivamente com o fim de assegurar o devido reconhecimento e respeito dos direitos e liberdades de outrem e de satisfazer às justas exigências da moral, da ordem pública e do bem-estar de uma sociedade democrática.
> 3. Esses direitos e liberdades não podem, em hipótese alguma, ser exercidos contrariamente aos objetivos e princípios das Nações Unidas.

---

[551] NABAIS, op. cit., p. 59.

[552] NABAIS, "O dever fundamental...", p. 31.

[553] COMPARATO, "A afirmação histórica...", p. 223-224.

[554] PIOVESAN, Flávia. *Direitos humanos e o direito constitucional internacional*. 8.ed. São Paulo: Saraiva, 2007, p. 158.

Também merece registro a previsão normativa de *deveres humanos* no Pacto Internacional dos Direitos Econômicos, Sociais e Culturais (1966): "Preâmbulo. Compreendendo que o indivíduo, por ter deveres para com os outros indivíduos e a comunidade a que pertence, está obrigado a procurar a vigência e observância dos direitos reconhecidos neste Pacto". Na Carta Africana de Direitos do Homem, o art. 29°/7 também destaca a figura dos deveres humanos. Mais recentemente, em que pese não se encontrar em vigor, destaca-se a Carta dos Direitos Fundamentais da União Européia que prevê no seu preâmbulo, trazendo especial destaque para o princípio da solidariedade ao longo do texto, que o gozo dos direitos consagrados na Carta "implica responsabilidades e deveres, tanto para com as outras pessoas individualmente consideradas, como para com a comunidade humana e as gerações futuras".

No âmbito do Sistema Interamericano de Direitos Humanos, o art. 32 da Convenção Americana sobre Direitos Humanos (1969) estabelece a correlação entre deveres e direitos ao determinar que "toda pessoa tem deveres para com a família, a comunidade e a humanidade". Da mesma forma, de modo emblemático, o Preâmbulo da Declaração Americana dos Direitos e Deveres do Homem dispõe que "o cumprimento do dever de cada um é exigência do direito de todos. Direitos e deveres integram-se correlativamente a toda a atividade social e política do homem. Se os direitos exaltam a liberdade individual, os deveres exprimem a dignidade dessa liberdade".

No plano normativo pátrio, assim como a Constituição Federal consagrou no Capítulo I do Titulo dos Direitos e Garantias Fundamentais o título "Dos direitos e deveres individuais e coletivos", o novo Código Civil brasileiro de 2002, logo no seu art. 1°, consignou que "toda pessoa é capaz de direitos e deveres na ordem civil". Enfim, a correlação entre direito e dever é inerente à própria essência do Direito, já que busca estabelecer o equilíbrio nas relações sociais, o que só é possível com o balizamento de responsabilidades e limites ao exercício dos direitos. Em outras palavras, pode-se dizer que os deveres fundamentais representam uma medida de justiça e correção de possíveis desigualdades no exercício e acesso aos direitos fundamentais, já que a liberdade só é legitimada constitucionalmente quando condizente (e em harmonia) com um quadro de igualdade e dignidade mínimas para todos os membros do pacto constitucional.

O *crime de omissão de socorro* (art. 135 do Código Penal brasileiro[555]) é instituto de Direito Penal (na verdade, se trata de um tipo penal), que marca de forma significativa a superação de um marco liberal-individualista do Direito, lançando-o no horizonte da sociabilidade e da responsabilidade comunitária dos indivíduos. Tal dispositivo consagra um dever de

---

[555] Art. 135. Deixar de prestar assistência, quando possível fazê-lo sem risco pessoal, à criança abandonada ou extraviada, ou à pessoa inválida ou ferida, ao desamparo ou em grave e iminente perigo: ou não pedir, nesses casos, o socorro da autoridade pública.

assistência do indivíduo em face de outra pessoa, que se encontra em uma situação de vulnerabilidade existencial. Com a vênia dos doutrinadores que não concebem o instituto com essa perspectiva comunitária, é possível extrair uma dimensão de deveres de respeito e auxílio mútuos entre os integrantes de determinada comunidade estatal, especialmente quando se encontra a dignidade de seus membros sujeita à violação. Sob uma perspectiva ontológica da solidariedade social, o instituto da omissão de socorro não é diferente do dever fundamental entre particulares de auxílio no que tange a realização do núcleo básico dos direitos fundamentais, nomeado de mínimo existencial (liberal, social e ecológico), já que com certeza o indivíduo que se encontrar privado de tais direitos estará em uma situação de desamparo, bem sua vida colocada em risco. É possível, portanto, visualizar o caminhar jurídico-constitucional no sentido de consagrar a idéia de deveres jurídicos (para além de deveres apenas morais) de respeito mútuo entre os indivíduos de determinado grupo social, especialmente quando estejam em questão os seus direitos fundamentais e dignidade.

No caminhar histórico do desenvolvimento teórico dos deveres fundamentais, é importante destacar a conformação seqüencial dos *deveres liberais, deveres sociais* e *deveres ecológicos*,[556] havendo, portanto, em sintonia com a idéia de dimensão de direitos fundamentais, também um percurso histórico-evolutivo dos deveres fundamentais. Dessa forma, refere Nabais a existência de um "catálogo" dos deveres fundamentais que foi se alargando desde os clássicos deveres do *Estado Liberal* aos deveres políticos, bem como aos deveres econômicos, sociais e culturais do *Estado Social*, chegando-se aos deveres ecológicos do atual modelo de *Estado Socioambiental*, o que demarca a passagem dos deveres autônomos aos deveres associados ou conexos com direitos.[557] O direito ao ambiente é o exemplo-paradigma de *direito-dever* ou *direito de solidariedade*, tendo, como marca característica, justamente por isso, um peso maior da sua perspectiva objetiva na conformação normativa de posições jurídicas, em detrimento da sua perspectiva subjetiva, que guarda menor peso, mas também se faz presente. Tal contexto demanda justamente o fortalecimento normativo da dimensão dos *deveres fundamentais ambientais*.

3.3.1.2. Deveres fundamentais ambientais

3.3.1.2.1. A estrutura normativa de "direito-dever" da proteção jusfundamental do ambiente

Conforme assevera Nabais, os deveres associados aos direitos "ecológicos", como deveres de defesa do ambiente e de preservação, defesa e

---

[556] Cfr. NABAIS, "*O dever fundamental...*", p. 102-104.
[557] NABAIS, op. cit., p. 54.

valorização do patrimônio cultural, tiveram a sua integração num texto constitucional pela primeira vez na Constituição Portuguesa de 1976, sendo que a associação desses deveres aos correspondentes direitos é de tal modo forte que justifica a autonomização desses como "direitos de solidariedade", "direitos poligonais" ou "direitos circulares", cujo conteúdo é definido necessariamente em função do interesse comum, pelo menos em tudo quanto ultrapasse a lesão de bens individuais, tendo assim a sua perspectiva objetiva um peso maior do que é próprio dos direitos fundamentais em geral.[558] Nesse contexto, merece referência a formulação de Canotilho, que, compartilhando da reflexão de Nabais, afirma, já à luz da temática ambiental, a necessária deslocação do problema dos direitos fundamentais do campo dos *direitos* para o terreno dos *deveres*, o que implica "a necessidade de se ultrapassar a euforia do individualismo dos direitos fundamentais e de se radicar uma comunidade de responsabilidade de cidadãos e entes políticos perante os problemas ecológicos e ambientais".[559]

À luz de tal contexto, Bosselmann destaca a influência recíproca entre direitos e deveres refletidos na realidade ambiental, em razão de que o ser humano, ao mesmo tempo em que necessita explorar os recursos naturais, é também completamente dependente deles, o que torna necessária uma "auto-limitação do comportamento humano", não apenas em termos práticos, mas também em termos normativos. O exercício de direitos em face dos recursos naturais e da qualidade do ambiente deve ser limitado por restrições ecológicas, sendo necessária a configuração de um dever fundamental para prevenir o dano ambiental. Para o jurista alemão, "direitos ambientais sem deveres deveria ser algo do nosso passado insustentável".[560] Bosselmann afirma que, estruturalmente, os direitos humanos não são absolutos e podem ser limitados por considerações ecológicas da mesma forma como os mesmos são limitados por considerações sociais e democráticas. No entanto, qualquer limitação a um direto individual deve passar pelo teste da proporcionalidade (necessidade, menor prejuízo possível e ponderação com os direitos em conflito),[561] podendo-se referir ainda a proteção do núcleo essencial do direito fundamental objeto das limitações.[562]

A "Carta da Terra" também destaca a idéia de deveres e limitações impostas ao exercício de direitos em razão da proteção ambiental. A Carta

---

[558] NABAIS, "*O dever fundamental...*", p. 52.
[559] CANOTILHO, "*O direito ao ambiente como direito subjetivo...*", p. 178.
[560] BOSSELMANN, "*Environmental rights and duties...*", p. 12.
[561] Idem, op. cit., p. 13.
[562] No domínio do Direito do Ambiente, como assevera PEREIRA DA SILVA, "vão surgir, assim, com grande freqüência, fenômenos de 'colisão de direitos', tanto 'entre vários titulares de direitos fundamentais' como 'entre direitos fundamentais e bens jurídicos da comunidade e do Estado'. Os quais deverão ser resolvidos de acordo com um 'método de concordância prática,' 'que impõe a ponderação de todos os valores constitucionais aplicáveis, para que não ignore algum deles, para que a Constituição (...) seja preservada na maior medida possível". PEREIRA DA SILVA, "*Verde cor de direito...*", p. 28.

da Terra (*The Earth Charter*) é uma declaração de princípios e valores fundamentais para a construção de uma sociedade global justa, sustentável e pacífica no século XXI, que teve o seu ponto de partida em 1987 com a chamada da Comissão Internacional das Nações Unidas sobre Meio Ambiente e Desenvolvimento para a criação de uma nova carta que deveria conjugar quatro princípios fundamentais para o desenvolvimento sustentável. Em 1997, foi criada a Comissão da Carta da Terra para levar adiante o projeto e uma Secretaria da Carta da Terra foi sediada na Costa Rica, sendo a sua versão final aprovada pela Comissão em março de 2000, no encontro do alto comissariado (*headquarters*) da UNESCO em Paris.[563]

> Deveres e limitações aos direitos previstos na Carta da Terra:
> *Princípio 1 (a)*. Reconhecer que todos os seres vivos são interdependentes e cada forma de vida tem valor, independentemente de sua utilidade para os seres humanos.
> *Princípio 2 (a)*. Aceitar que, com o direito de possuir, administrar e usar os recursos naturais vem o dever de impedir o dano causado ao meio ambiente e de proteger os direitos das pessoas.
> *Princípio 6 (b)*. Impor o ônus da prova àqueles que afirmarem que a atividade proposta não causará dano significativo e fazer com que os grupos sejam responsabilizados pelo dano ambiental [564]

A expressão cunhada por Vieira de Andrade *responsabilidade comunitária do indivíduo*, e referida em passagem anterior, é extremamente bem empregada, ainda mais quando a solidariedade se afirma como o valor que sedimenta e oxigena a ordem jurídica contemporânea, admitindo-se que a dignidade de cada pessoa não se realiza unicamente em si, mas também na dignidade dos seus semelhantes. A dignidade do indivíduo projeta-se e concretiza-se na dignidade do outro (e de todos os membros da comunidade humana simultaneamente). No mesmo prisma, Mateo acentua com precisão para a idéia de "transcendência individual" dos "direitos ambientais", que constituiriam mais fontes de deveres e responsabilidades do que propriamente de direitos subjetivos.

> Los Derechos Ambientales, aunque por supuesto deben encontrar respaldo en todos los ordenamientos, tienen características que, como se ha expuesto, los hace difícilmente asimilables por las Constituciones en vigor y por el dispositivo de derechos fundamentales que recogen.
> Desde la óptica de su transcendencia individual suponen más bien deberes para los individuos, que fuente de generación de derechos subjetivos. El Estado por su parte es su principal garante, pero sus responsabilidades no se agotan en su defensa en beneficio de sus ciudadanos, sino que los intereses implicados son compartidos por todos los habitantes del planeta.[565]

Com tal perspectiva, Vieira de Andrade coloca com maestria a classificação de *direitos de solidariedade*, os quais propõem uma nova relação jurídica para a tutela dos direitos fundamentais, deslocando o campo de

---

[563] Documento disponível em: http://earthcharter.org/files/resources/Earth%20Charter%20-%20 Brochure%20ENG.pdf. Acesso em: 02 de julho de 2006.

[564] Documento disponível em: http://earthcharter.org/files/charter/charter_po.pdf. Acesso em: 02.07.2006. Os princípios da Carta da Terra referidos são indicados por BOSSELMAN, "*Environmental rights and duties...*", p. 21.

[565] MATEO, "*Manual de derecho ambiental...*", p. 58.

atenção (e oposição exclusiva dos direitos em face) do Estado para a comunidade de particulares, os quais também passam a cumprir um papel determinante para a tutela dos novos "direitos (fundamentais) de solidariedade".[566] Os direitos de solidariedade estão atrelados à idéia de *direitos-deveres*,[567] resgatando a figura dos deveres fundamentais em face da hipertrofia dos direitos subjetivos, herança esta deixada pelo Direito liberal. O direito fundamental ao ambiente situa-se como um dos exemplos mais paradigmáticos dos "direitos de solidariedade", marcando a terceira dimensão dos direitos fundamentais. No mesmo sentido, Nabais aponta para a designação de "direitos *boomerang*" ou "direitos com efeito *boomerang*" atribuída aos direitos ecológicos, o que se dá justamente em razão da sua estrutura de direito-dever, ou seja, se, por um lado, eles constituem direitos, por outro lado, eles constituem deveres para o respectivo titular, que, de algum modo, acabam por se voltar contra os próprios titulares,[568] limitando seus direitos subjetivos de modo a ajustar o seu exercício (e mesmo os seus conteúdos) ao comando constitucional de proteção do ambiente. À luz de tal idéia, desponta a importância do princípio da solidariedade para caracterizar a idéia de deveres fundamentais, especialmente diante dos novos direitos fundamentais de terceira dimensão (ou direitos ecológicos), já que incorporam ao seu conteúdo normativo a idéia de responsabilidade social e comunitária, de essencial importância para o enfrentamento dos novos desafios existenciais postos pela degradação ambiental. Para Nabais, os deveres fundamentais são expressões da solidariedade (política, econômica e social), enquanto valor ou bem constitucional legitimador de compressões ou restrições dos direitos fundamentais.[569]

---

[566] "Desde logo, desenvolve-se um novo tipo de direitos, os direitos de solidariedade, que não podem ser pensados exclusivamente na relação entre o indivíduo e o Estado e que incluem uma dimensão essencial de deveres – como, por exemplo, os direitos-deveres de proteção da natureza e de defesa do sistema ecológico ou do patrimônio cultural e, em alguns aspectos, os direitos dos consumidores". VIEIRA DE ANDRADE, "*Os direitos fundamentais...*", p. 62.

[567] Idem, op. cit., p. 62.

[568] NABAIS, "*O dever fundamental...*", p. 52-53. No mesmo sentido, NABAIS traz mais detalhes à discussão referindo que "os deveres associados aos direitos econômicos, sociais e culturais apresentam uma ligação tão íntima com estes que, em larga medida os transforma, seja em autênticos direitos-deveres ou direitos praticamente funcionalizados, seja numa categoria própria de direitos – os chamados direitos de solidariedade. Como exemplo dos primeiros, temos o direito de escolaridade básica, um direito de dupla natureza que não tem por função única ou exclusiva a dignidade dos cidadãos, antes é também, e de modo essencial, uma garantia de um mínimo de igualdade de oportunidades a uma condição de preservação e funcionamento regular de uma sociedade democrática. Nos segundos, encontramos os já mencionados direitos 'ecológicos' como o direito ao ambiente, o direito à fruição do patrimônio cultural e o direito à saúde no segmento em que tem por objeto a saúde pública considerada como um pressuposto de um ambiente saudável, ou seja, direitos que, implicando directamente com o comportamento de todos os indivíduos duma colectividade e sendo exercidos num quadro de reciprocidade e de solidariedade, têm um conteúdo necessariamente definido em função do interesse comum, ao menos em tudo aquilo que ultrapasse a lesão directa de bens individuais". Idem, op. cit., p. 123-124.

[569] Idem, Op. cit., p. 91.

O Supremo Tribunal Federal, em voto do Ministro Celso de Mello, destacou em decisão recente o *dever de solidariedade* que se projeta a partir do direito fundamental ao ambiente, o que implica obrigação de tutela ambiental a toda a coletividade (ou seja, particulares), e não apenas ao Estado. Está consignado na decisão que a proteção constitucional do ambiente enseja

> especial obrigação – que incumbe ao Estado e à própria coletividade – de defendê-lo e de preservá-lo em benefício das presentes e futuras gerações, evitando-se, desse modo, que irrompam, no seio da comunhão social, os graves conflitos intergeneracionais marcados pelo desrespeito ao *dever de solidariedade* na proteção da integridade desse bem essencial de uso comum de todos quantos compõem o grupo social.[570]

Nesse ponto, é oportuno traçar a distinção entre *deveres conexos ou correlatos* (aos direitos) e os *deveres autônomos*. Tal diferença reside justamente no fato de que os últimos não estão relacionados (ao menos diretamente) à conformação de nenhum direito subjetivo, ao passo que os primeiros tomam forma a partir do direito fundamental a que estão atrelados materialmente. O direito fundamental ao ambiente e o direito fundamental à saúde são exemplos de *direitos-deveres*, ou seja, os deveres fundamentais de proteção do ambiente e de promoção da saúde estão vinculados de forma direta ao comando normativo-constitucional que consagra tais direitos, conforme se pode apreender do conteúdo das normas dos arts. 225, *caput*, e 196. No caso da proteção do ambiente, como pontua Canotilho, tem-se um "dever fundamental" conexo ou relacionado com o "direito fundamental" ao ambiente, da mesma forma como ocorre com dever de defesa e promoção da saúde associado ao direito à proteção da saúde, o dever de escolaridade básica associado ao direito ao ensino, o dever de defesa do patrimônio relacionado com o direito à fruição e criação cultural, etc.; e não um dever propriamente autônomo, como ocorre com o dever fundamental de pagar impostos, dever de colaborar na administração eleitoral, dever de serviço militar, dever de exploração da terra, etc.[571]

Nabais ressalta a presença de conteúdos de natureza prestacional e defensiva no conteúdo dos deveres fundamentais, consoante impliquem, para o respectivo destinatário, um comportamento positivo ou um com-

---

[570] STF, Tribunal Pleno, ADIN 3.540-1/DF, Rel. Min. Celso de Mello, decisão em 01.09.2005.

[571] CANOTILHO, "*Direito constitucional e teoria...*", p. 533. No sistema constitucional brasileiro, pode-se acrescentar ao rol dos deveres autônomos também o "dever de voto ou sufrágio", obrigatório para os maiores de 18 anos e menores de ou iguais a 70 anos (art. 14, § 1º, CF). Há como se sustentar também, por exemplo, que, diferentemente do entendimento esposado por CANOTILHO acima ao classificar o "dever de exploração da terra" como um dever autônomo, o direito fundamental à propriedade conforma, em verdade, um direito-dever, em vista das limitações e redefinição do seu conteúdo impostas pelo comando constitucional da função social da propriedade (art. 5º, XIII, CF). A função social da propriedade corresponderia, portanto, à dimensão do dever fundamental conexo ao direito fundamental à propriedade. O mesmo raciocínio pode ser empregado no caso da função ecológica da propriedade, como se verá adiante.

portamento negativo,[572] seguindo, nesse sentido, o seu alinhamento com o regime jurídico dos direitos fundamentais.[573] Assim, é possível afirmar a existência de *deveres fundamentais defensivos* (ou negativos) e *deveres fundamentais prestacionais* (ou positivos). No entanto, como bem destaca Nabais, a complexidade inerente a alguns deveres fundamentais (o que também ocorre com alguns direitos fundamentais) não permite o seu enquadramento exclusivo em alguma das duas categorias referidas (defensiva ou prestacional), tornando-os simultaneamente com carga normativa defensiva e prestacional, como é o caso dos deveres de defesa e promoção da saúde, de defesa do ambiente e de defesa do patrimônio cultural.[574] O mesmo também ocorre com o "dever" fundamental de proteção do ambiente (e com o próprio "direito" fundamental ao ambiente), transitando simultaneamente, dada a sua complexidade, entre as funções defensiva e prestacional.

Com base na doutrina de Nabais, a consagração de deveres fundamentais pode dar-se de forma expressa ou implícita no texto constitucional,[575] obedecendo, no entanto, ao princípio da tipicidade ou *numerus clausus*, diferentemente do que ocorre com os direitos fundamentais.[576] No entanto, discorda-se do entendimento de Nabais nesse ponto, já que o reconhecimento de um dever fundamental deve sempre pautar-se pelo (e privilegiar o) critério da fundamentalidade material, considerando sempre a possibilidade de se reconhecer um novo dever fundamental, conexo ou autônomo, a partir da abertura material da Constituição, mesmo que não previsto, de forma expressa ou implícita, no texto constitucional. No caso do direito fundamental ao ambiente, à luz do texto constitucional brasileiro, tais considerações seriam facilmente superadas para a configuração do dever fundamental de proteção ambiental, já que esse se encontra consagrado de forma expressa no caput do art. 225, podendo-se, inclusive, destacar a existência de uma *cláusula geral* do *dever fundamental ao ambiente*

---

[572] NABAIS, "O dever fundamental...", p. 112.

[573] No entanto, como destaca NABAIS, à luz do cenário jurídico-constitucional lusitano, ao contrário do que ocorre com os preceitos constitucionais relativos aos direitos, liberdades e garantias, que são diretamente aplicáveis (ainda que nem sempre exeqüíveis), os preceitos relativos aos deveres fundamentais apenas são indireta ou mediatamente aplicáveis. NABAIS, op. cit., p. 148. Refere ainda o constitucionalista português que os deveres fundamentais teriam um regime de eficácia jurídica similar aos direitos sociais, já que estariam dirigidos ao legislador para este concretizá-los, na medida em que estes se consubstanciam, como os direitos sociais, em direitos dos particulares a prestações sociais (de caráter material ou jurídico) do Estado, os quais, dada a sua natureza, estão sob a reserva do social e economicamente possível. NABAIS, op. cit., p. 149. No entanto, assim como a tese da eficácia mediata dos direitos fundamentais sociais já se encontra, em grande medida, superada, ao menos no que toca aos direitos integrantes do conteúdo do mínimo existencial, a eficácia apenas mediata dos deveres fundamentais também deve ser refutada, ainda mais para aqueles casos em que estiver em causa de modo direto a proteção da dignidade humana.

[574] NABAIS, op. cit., p. 112.

[575] Idem, op. cit., p. 62.

[576] Idem, op. cit., p. 87.

contida no referido dispositivo, tendo em conta que o dever fundamental em tela toma as mais diversas formas, de natureza defensiva ou mesmo prestacional, de acordo com as exigências normativas da tutela integral do ambiente, inclusive no que diz respeito à sua tutela preventiva à luz do princípio da precaução.

O direito fundamental ao ambiente, portanto, como tem sustentado abalizada doutrina[577] e jurisprudência (decisão do STF referida em passagem anterior), é, ao mesmo tempo, "direito" e "dever" fundamentais. Para tal direção sinaliza o conteúdo normativo do art. 225 da Constituição brasileira, especialmente em relação ao texto do seu *caput*, que dispõe de forma expressa a respeito da imposição a toda a coletividade (de particulares) do "dever de defender e preservar o ambiente" para as presentes e futuras gerações.

Na tentativa de classificação dos deveres ambientais (fundamentais, constitucionais ou mesmo infraconstitucionais), é importante retomar a lição de Saladin para caracterizar as diferentes dimensões ou perspectivas do dever fundamental de proteção ambiental, a respeito dos três princípios éticos: a) princípio da solidariedade (*justiça intrageneracional*); b) princípio do respeito humano pelo ambiente não-humano (*justiça interespécies*); c) princípio da responsabilidade para com as futuras gerações (*justiça intergeneracional*).[578] Dessa forma, pode-se dizer que os deveres fundamentais de proteção ambiental extrapolam, por assim dizer, a responsabilidade do ser humano para com os seus contemporâneos da espécie humana limitados no espaço territorial da sua comunidade estatal (ou seja, do Estado nacional), atingindo também os indivíduos de outros Estados (cidadãos transnacionais ou cosmopolitas), as futuras gerações humanas, bem como as demais espécies que compartilham como o ser humano a sua existência no Planeta. Portanto, conforme será desenvolvido a partir de agora de modo apenas ilustrativo, pode-se destacar a existência de: *deveres fundamentais ambientais propriamente ditos*, *deveres fundamentais ambientais para com cidadãos de outros Estados nacionais (ou cosmopolitas)*, *deveres fundamentais ambientais para com as gerações humanas futuras* e *deveres constitucionais ambientais para com os animais não-humanos e a Natureza em si*.

3.3.1.2.2. Deveres fundamentais ambientais para com cidadãos de outros Estados nacionais (ou cosmopolitas)

Primeiramente, então, convém destacar que, além dos *deveres fundamentais ambientais propriamente ditos* desenvolvidos até aqui, é possível conceber a existência de *deveres fundamentais ambientais para com cidadãos de*

---

[577] Reforçando a idéia em torno da função mista de direito e dever consubstanciada na norma do art. 225 da Constituição, cfr. MEDEIROS, *"Meio ambiente..."*, p. 32-33.
[578] Apud BOSSELMANN, *"Human rights and the environment..."*, p. 41.

outros Estados nacionais (ou cidadãos cosmopolitas), ou seja, os cidadãos dos demais Estados nacionais, já que a degradação ambiental, como referido anteriormente, não respeita fronteiras nacionais, espalhando-se por toda a cadeia de ecossistemas mundiais. A contaminação química, além do aquecimento global, é um exemplo onde fica claro o que se está a dizer, já que muitas vezes os principais afetados pela contaminação estão a milhares de quilômetros das fontes geradoras da poluição. Nesse sentido, o Relatório Anual do Programa das Nações Unidas para o Meio Ambiente de 1998[579] consignou em suas páginas alguns comentários sobre a contaminação de ursos polares, baleias e comunidades humanas que habitam a região do Ártico, os quais, apesar de nunca terem tido contato direto e estarem a milhares de quilômetros de distância das fontes originais de contaminação, carregam em seus tecidos altos níveis de dioxinas e organoclorados (tipos de poluentes orgânicos persistentes – POPs),[580] em razão desses poluentes serem transportados pela atmosfera e pelas correntes oceânicas para todos os cantos do planeta.

    Com tal perspectiva, Nabais acentua que os deveres ecológicos extrapolam a órbita da comunidade nacional, projetando-se para a comunidade internacional e colocando-se, nessa medida, como deveres dos cidadãos nacionais para com toda a comunidade humana, em razão de dizerem respeito a valores partilhados por toda a humanidade e cada vez mais imprescindíveis à própria sobrevivência da espécie humana.[581] Gomes também aponta para a importância do respeito de toda a população mundial no que tange à utilização dos recursos naturais, já que a possibilidade de usufruir de tais recursos pode ser posta em cheque em virtude de utilizações menos racionais, o que ocorre tanto por força dos fenômenos de poluição transfronteiriça, quanto em conseqüência do princípio da interdependência que rege os ecossistemas.[582] A complexidade das relações ambientais torna imperativa a responsabilidade a toda ação humana que possa romper com o necessário equilíbrio da vida, por isso a importância dos deveres ecológicos também nas relações entre cidadãos integrantes de diferentes comunidades estatais, já que, em verdade, todos habitam uma mesma casa terrestre e dela dependem para desenvolver a sua vida com dignidade e qualidade, e mesmo para a sua sobrevivência como espécie natural. Aí está expresso, como referido por Saladin, um critério de *justiça intrageracional*, estabelecendo um marco normativo (moral e jurídico) de

---

[579] A referida tradução do conteúdo foi feita de forma livre pelo autor da versão em língua inglesa do Relatório, consultada junto à Biblioteca da ONU situada na Faculdade de Direito da Universidade Federal do Rio Grande do Sul, p. 21.

[580] Nesse sentido, cfr. ALBUQUERQUE, Letícia. *Poluentes orgânicos persistentes: uma análise da Convenção de Estocolmo*. Curitiba: Juruá, 2006.

[581] NABAIS, "*O dever fundamental...*", p. 103.

[582] GOMES, "*A prevenção à prova...*", p. 42-43.

respeito mútuo entre gerações humanas contemporâneas, mesmo que originárias de diferentes Estados nacionais.

3.3.1.2.3. Deveres fundamentais ambientais para com as gerações humanas futuras

O dever fundamental ambiental que condiciona o comportamento dos particulares tem uma particularidade em relação aos demais deveres fundamentais, uma vez que está vinculado não apenas ao interesse das gerações humanas presentes, mas aponta também para o futuro e vincula-se a interesses das gerações que ainda virão a existir e integrar a comunidade humana em outro momento da História, caracterizando um critério de *justiça intergeracional*. Daí falar-se em *deveres fundamentais ambientais para com as gerações humanas futuras*. O caput do art. 225,[583] em uma perspectiva teleológica, proclama o direito ao ambiente ecologicamente equilibrado como essencial à sadia qualidade de vida, impondo-se ao Poder Público e a toda a coletividade o dever de defendê-lo e preservá-lo para as *presentes* e as *futuras gerações*, o que evidencia a importância da preservação da qualidade ambiental também para as gerações humanas futuras, caracterizando a dimensão intergeracional do complexo de direitos e deveres que permeiam o direito fundamental em questão. Com efeito, Pereira da Silva assevera que, com base na "dimensão ecológica intergeracional", às gerações humanas presentes são atribuídos deveres de preservação do ambiente em vista da sua obrigação para com as gerações vindouras, o que passa pela conservação do patrimônio biológico e cultural.[584]

Com base no *princípio da solidariedade intergeracional*, as responsabilidades das gerações humanas presentes respondem a um critério de *justiça intergeracional*, ou seja, entre gerações humanas distintas. As gerações futuras nada podem fazer hoje para preservar o ambiente, razão pela qual toda a responsabilidade (e deveres) de preservação da vida para o futuro recai sobre as gerações presentes. Com base na Constituição portuguesa, Gomes refere que, a partir da revisão constitucional de 1997, que aditou um novo texto à alínea "d", n. 2°, do seu artigo 66, introduziu-se o princípio da solidariedade intergeracional no âmbito do ordenamento jurídico-constitucional português, determinando o início de uma "viragem" legislativa no sentido de um antropocentrismo alargado, comunicando-se também com o princípio da utilização racional dos recursos naturais, na perspectiva de possibilitar o seu aproveitamento pelas gerações futuras. A autora portuguesa afirma ainda que o "caráter transgeracional dos bens

---

[583] Art. 225. Todos têm direito ao meio ambiente ecologicamente equilibrado, bem de uso comum do povo e essencial à sadia qualidade de vida, impondo-se ao Poder Público e à coletividade o dever de defendê-lo e preservá-lo para as presentes e futuras gerações.
[584] PEREIRA DA SILVA, "*Verde cor de direito...*", p. 31.

ambientais gera deveres para com as gerações vindouras, obrigando a um cuidado acrescido na gestão dos mesmos".[585]

Nesse ponto, merece referência a posição defendida por Nabais a respeito dos deveres ecológicos para com as futuras gerações humanas. Primeiramente, merece registro que o autor português não entende que seja possível a atribuição de direitos cujos titulares ativos sejam as gerações futuras, o que, como o mesmo destaca, seria uma forma equivocada de dizer que sobre a atual geração humana recaem deveres de indivíduos, grupos e organizações (assim como tarefas estatais) para com as gerações futuras, orientados no sentido da preservação no futuro na comunidade atual através da prevenção de riscos e perigos que possam vir a inviabilizar ou onerar excessivamente a vida das gerações futuras.[586] À luz da lição de Nabais, haveria apenas deveres de proteção ambiental da geração humana presente para com ela mesma, não sendo possível o reconhecimento de algum direito (ou mesmo valor intrínseco) atribuível às gerações futuras. Em contrapartida, à luz do que já foi sustentado em tópico anterior do presente estudo, postula-se a possibilidade do reconhecimento de direitos, e mesmo dignidade, conferidos às gerações humanas futuras. Caso contrário, os seus direitos e interesses, mesmo que potenciais, jamais serão levados devidamente a sério, o que implica colocar em cheque a própria perpetuidade da espécie humana.

3.3.1.2.4. *Deveres constitucionais ambientais para com os animais não-humanos e a Natureza em si*

Após destacar os deveres para com os cidadãos de outras comunidades nacionais e os deveres para com as futuras gerações humanas, é chegado o momento, seguindo a lógica da formulação dos três princípios de justiça ecológica formulados por Saladin, de referir também os *deveres constitucionais ambientais para com a Natureza em si*, consagrando o *princípio de justiça interespécies*. Nessa categoria de deveres, não se está a tratar de deveres "fundamentais" como nas hipóteses anteriores, já que por trás de tais responsabilidades não está de forma direta o ser humano, mais sim os entes naturais (animais, plantas, etc.). Nesse contexto, Nabais assevera a existência de deveres para com os "nossos companheiros de aventura humana" (animais, plantas, rios mares, etc.), o que, para o autor, em raciocínio similar ao empregado em relação às futuras gerações, não implica reconhecer ou levantar a bandeira dos "direitos" dos animais, das plantas, dos rios, dos mares, etc. Para o autor português, os deveres para com a Natureza, na esteira da formulação kantiana combatida no presente estudo, representam um conjunto de deveres indiretos para com a humani-

---
[585] GOMES, "*A prevenção à prova...*", p. 42.
[586] NABAIS, "*O dever fundamental...*", p. 54.

dade, ou mais precisamente, de exigências necessárias a um equilibrado e adequado ambiente natural imprescindível à preservação da vida (digna de ser vivida) da espécie humana, integrada esta tanto pela geração atual como pelas gerações futuras.[587]

Aqui, mais uma vez discorda-se do entendimento do pulicista português, ao exemplo do ocorrido com relação ao fundamento para os deveres em face das gerações humanas futuras, por se entender que sua posição reside em uma postura excessivamente antropocêntrica, já que, mesmo sem se chegar ao ponto de defender direitos próprios da Natureza ou mais especificamente dos animais, é possível conceber a idéia de deveres para com esses de forma autônoma e desvinculada do ser humano ou da humanidade. Como exemplo, pode-se referir tanto a vedação constitucional de práticas cruéis para com os animais quanto a proteção de espécies ameaçadas de extinção (que extrapola a dimensão dos animais), conforme dispõe o art. 225, § 1º, VII, o que revela a modulação constitucional do comportamento humano em benefício do bem-estar dos animais ou da preservação das espécies naturais, reconhecendo, de certa forma, um valor intrínseco e um respeito a ser conferido àquelas manifestações existenciais não-humanas.

Em tais considerações delineadas acima, reside consagrado o *princípio de justiça interespécies* formulado por Saladin, já que, especialmente em face dos animais, devem ser concebidas as suas existências como um fim em si mesmo, atribuindo-lhes, como referido por Regan em passagem citada anteriormente, a condição de *sujeitos de uma vida*.[588] Os deveres ambientais dos seres humanos, portanto, também se projetam para as relações que esses traçam com a Natureza, e especialmente com os animais. A vedação constitucional de crueldade contra os animais implica deveres no tratamento e nas práticas levadas a cabo pelos seres humano em face dos animais não-humanos. O bem-estar dos animais impõe deveres aos seres humanos. O cão companheiro de aventura humana abandonado por seu parceiro humano em casa sem alimento e água é vítima de práticas cruéis. Não há um dever de respeito para com a vida animal, que implica inclusive deveres de natureza positiva do ser humano, e não apenas deveres de abstenção?[589] Não apenas a vida humana dispõe de proteção constitu-

---

[587] NABAIS, *"O dever fundamental..."*, p. 53.

[588] REGAN, *"Jaulas vazias..."*, p. 61-62.

[589] Nesse contexto, diante da existência de deveres de natureza defensiva ou negativa e deveres de natureza prestacional ou positiva referida em passagem anterior do trabalho, é possível admitir que, aplicada tal classificação aos deveres constitucionais para com os animais, haja também deveres prestacionais para com os animais, especialmente no que tange aos animais domésticos, que se apresentam muitas vezes totalmente dependentes dos seres humanos, não obstante talvez em relação aos animais selvagens prevaleçam deveres de natureza defensiva, no sentido de que o ser humano se abstenha de interferir na sua esfera de vida (por exemplo, não destruir o habitat natural de determinada espécie natural ou caçar animais).

cional, mas todas as demais formas de vida que compartilham com o ser humano o espaço ambiental. No contexto socioambiental contemporâneo, pode-se inclusive provocar o questionamento a respeito de se a expressão *todos* ventilada no art. 225 da Constituição toma a dimensão e amplitude de todos os seres vivos (humanos e não-humanos) que habitam o planeta, caracterizando uma solidariedade ecológica entre espécies naturais.

3.3.1.3. *A função socioambiental da propriedade como projeção normativa do "dever fundamental" de proteção do ambiente (colisão entre propriedade privada e proteção do ambiente)*

A partir de agora, será traçada uma tentativa de aproximação dos conceitos de *função socioambiental da propriedade* (e também da posse) e de *dever fundamental de proteção ambiental,* tendo em conta a proximidade dos seus conteúdos normativos e importância de tais institutos para compreender a idéia de limitação e redefinição do conteúdo do direito de propriedade à luz dos valores constitucionais ecológicos ou socioambientais, tendo em conta a carga de deveres e obrigações correlatas ao seu exercício. Tomando por base a predominância da natureza difusa e coletiva sobre a individual (embora esta também se verifique em menor medida) que caracteriza o direito fundamental ao ambiente, a *perspectiva objetiva* auxilia na compreensão de medidas que limitam o conteúdo e alcance de outros direitos (fundamentais ou não) que conflitam com a proteção ambiental para privilegiar o interesse comunitário. Em verdade, a consagração emergente do princípio (e valor constitucional) da solidariedade, como refere Reale[590] ao comentar o "espírito" do Novo Código Civil, representa um resgate dos "deveres" diante do débito do pensamento jurídico liberal-clássico para com esses. O ideal de liberdade (apenas formal e fictícia) do Estado Liberal produziu ao longo da História a hipertrofia dos direitos subjetivos em relação aos deveres e responsabilidades comunitárias que lhes são correspondentes. É hora de retomar o curso da História no sentido de amarrar de forma adequada direitos e deveres, caso contrário o abismo crescente da desigualdade social e da distribuição de renda, bem como a crescente degradação ambiental projetará a nossa comunidade humana de volta ao Estado de Natureza ou algo ainda mais primitivo em termos de organização social.

Em vista da idéia de limitação ou redefinição do conteúdo dos direitos fundamentais a partir da idéia de dever fundamental, é possível destacar a de *funcionalização* dos direitos (ao exemplo do que ocorreu es-

---

[590] Nesse sentido, REALE comenta o *princípio da socialidade* como uma das características mais marcantes do novo Código Civil, na medida em que o "espírito social" do novo diploma civilista faz prevalecer valores coletivos sobre os individuais (em oposição à matriz liberal-individualista do antigo diploma), sem perder nunca de vista o valor fundante da pessoa humana. REALE, Miguel. "Visão geral do projeto de Código Civil". In: *Revista dos Tribunais,* v. 752, Jun/1998, p. 23.

pecialmente com a propriedade privada⁵⁹¹), que teve o seu marco histórico na Constituição de Weimar, ao determinar que a propriedade "obriga", ou seja, longe de uma concepção de direito absoluto, impõe ao seu titular condutas (positivas e negativas) em prol do bem-estar social para legitimar o seu direito e garantir a proteção estatal. Nesse contexto, agregando as construções jurídicas do Estado Liberal e do Estado Social naquilo que elas somam em termos de conquistas humanas e sociais, o desafio do Direito contemporâneo é trazer para discussão os novos direitos de natureza transindividual (ex. ambiente, consumidor, democracia, direito à informação, etc.) na sociedade de relações jurídicas massificas, enfrentando riscos sociais e existenciais que comprometem a própria sobrevivência biológica da espécie humana, quanto mais a dignidade (existencial, social, cultural, ecológica, etc.) do ser humano. A partir dessa perspectiva, é preciso que o jurista contemporâneo volte a sua visão para o cenário humano concreto e conceba a dimensão solidarista do Direito e dos institutos jurídicos.

O Estado de Direito contemporâneo abandona a concepção individualista do Direito e ajusta o exercício da titularidade a fins conciliados com o bem-estar social e o interesse existencial de toda a coletividade. Quando a doutrina do Direito Civil-Constitucional passa a desconstruir a hipertrofia do patrimônio, que marcou a sua trajetória histórica desde a Revolução Francesa e o Código Napoleônico, e consagra valores de natureza existencial, está aberta a porta também para o direito fundamental ao ambiente ocupar o seu espaço de forma definitiva no seio do Direito Civil contemporâneo, considerando-se a sua essencialidade para a realização de uma existência humana digna e saudável, objetivo maior que ambos os ordenamentos constitucional e civil perseguem. A *constitucionalização do direito de propriedade* – é possível questionar-se, inclusive, se a propriedade continua sendo matéria de Direito Civil na medida em que a Constituição passou a regular a sua aplicação e conceito de forma expressa –, juntamente com a jusfundamentalidade da função social da propriedade e da proteção do ambiente refletem, para além dos deveres de proteção do Estado, na projeção de deveres fundamentais de proteção ecológica para os particulares, considerando ainda a eficácia dos direitos fundamentais nas relações entre particulares.⁵⁹²

A perspectiva subjetiva do direito individual à propriedade está subordinada e condicionada à ordem de valores objetivos que os outros direitos fundamentais ventilam no sistema jurídico, especialmente quando se está diante de um direito proeminentemente transindividual ou coletivo,

---

⁵⁹¹ Registram-se, como expressões do marco da *socialidade* do Direito Privado, especialmente à luz da Escola do Direito Civil-Constitucional, os institutos (como princípios ou cláusulas-gerais), consagrados positivamente no novo Código Civil, do abuso de direito (art. 187), da boa-fé objetiva e da probidade (art. 422), da função social do contrato (art. 421) e da função social e ecológica da propriedade (art. 1.228, § 1º).

⁵⁹² O tema da eficácia entre particulares do direito fundamental ao ambiente será desenvolvido de modo específico em tópico posterior deste Capítulo III.

como é o caso do direito ao ambiente, desde que, é claro, seja preservado o núcleo essencial do direito subjetivo subjugado. Com efeito, Bosselmann refere que a gradual aceitação de responsabilidades morais para com a Natureza pode nos levar a um ponto onde nós começamos a aceitar a idéia de limitações ecológicas no exercício dos nossos direitos ou, mais diretamente, em concordarmos com a redefinição do conteúdo de certos direito, como, por exemplo, a propriedade.[593]

No âmbito do direito brasileiro, o direito à propriedade mostra-se como um exemplo paradigmático para a compreensão adequada do tema dos deveres fundamentais, já que, em razão das projeções objetivas de outros direitos e princípios fundamentais – como é o caso da dignidade da pessoa humana, da proteção do ambiente, da justiça social e da função social –, o seu conteúdo e alcance resultaram alterados. Em artigo sobre a matéria, Comparato trabalha com a idéia de deveres fundamentais consubstanciados no estatuto constitucional da propriedade privada, afirmando que o descumprimento dos deveres sociais do proprietário (de atender às necessidades sociais) significa lesão ao direito fundamental de acesso à propriedade.[594] O autor destaca ainda que a verdadeira natureza constitucional do direito de propriedade é de um *direito-meio*, e não de um *direito-fim*, já que esse não é garantido em si mesmo, mas sim como instrumento de proteção de valores fundamentais.[595]

Tal entendimento, como já apontado anteriormente, está alinhado com a idéia de ser o direito fundamental à propriedade um "direito-dever", ou seja, conectado ou conexo com o direito subjetivo à propriedade está alocado um dever de adequar o exercício da titularidade aos valores comunitários, expresso na garantia constitucional da função social (art. 5º, XXIII, da CF). Assim, conforme dispõe o texto constitucional, no que tange à propriedade rural (mas tais diretrizes axiológicas também se aplicam à propriedade urbana),[596] a sua função social é cumprida quando atenda aos seguintes requisitos: I – aproveitamento racional e adequado; II – utilização adequada dos recursos naturais disponíveis e preservação do meio ambiente; III – observância das disposições que regulam as relações de trabalho; e IV – exploração que favoreça o bem-estar dos proprietários e dos trabalhadores (art. 186, CF). Enfim, ao exercício da titularidade (e também da posse) está amarrado um conjunto de deveres fundamentais, sem o cumprimento dos quais a propriedade não encontra a sua legitimidade constitucional.

---

[593] "BOSSELMANN, *"Environmental rights and duties..."*, p. 11.
[594] COMPARATO, *"Direitos e deveres fundamentais..."*, p. 143-145.
[595] Idem, op. cit., p. 147.
[596] Cfr. art. 1º, Parágrafo Único, do Estatuto da Cidade (Lei 10.257/01).

O *estudo prévio de impacto ambiental*, expresso no art. 225, § 1º, III, da Constituição, também constitui uma manifestação do dever fundamental de proteção ambiental, limitando o direito de propriedade e a livre iniciativa dos atores econômicos e condicionando o exercício dos referidos direitos à realização de um comportamento positivo, ou seja, a realização do estudo de impacto ambiental para legitimar juridicamente a instalação de obra ou atividade causadora ou potencialmente causadora de significativa degradação do ambiente, ao qual se deverá dar publicidade (também caracterizando o dever de informação ambiental, tanto do Estado quanto de particulares). De certa forma, são deveres anexos ao exercício do direito de propriedade (e também da livre iniciativa) impostos pelo direito fundamental ao ambiente.[597]

Com base no "novo" regime jurídico da propriedade, Rodotà traça uma nova direção conceitual a ser tomada pela titularidade a fim de reconstruir o seu conteúdo e garantir sua legitimação perante sua nova condição jurídica contemporânea. O autor situa as necessidades humanas fundamentais e os interesses coletivos (e transindividuais) como a base fundamental do "novo" direito de propriedade. Para o notável jurista italiano, a tutela do ambiente aparece como um dos marcos mais importantes na caracterização dos interesses coletivos e difusos que sedimentam um conteúdo "não-dominial" no seio do direito de propriedade.[598]

> Se trata de partir de una "base" diferente para reconstruir los rasgos y la legitimación de una nueva situación dominical. Y se pone de relieve como una indiscutida utilización de las técnicas de la propiedad se puede descubrir en dos direcciones: la tutela que se ofrece a intereses que, en la escala de valores socialmente relevantes, se han colocado al lado de los dominicales o han avanzado más allá;

---

[597] Nesse sentido, colacionam-se algumas decisões judiciais que exigiram estudo de impacto ambiental diante da constatação de atividades lesivas ou potencialmente lesivas ao ambiente: IMPLATAÇÃO DE ATERRO SANITÁRIO. Dispensa do estudo prévio de impacto ambiental devido à baixa quantidade de resíduos domiciliares produzidos. Ilegalidade. Elaboração de estudo para obras potencialmente poluidoras exigido pela legislação federal. (Ap. e Reexame Necessário 136.340-4 – 2ª Cam. Cível – TJPR, j. 30.04.2003, Rel Des. Ângelo Zattar). In: *Revista de Direito Ambiental*, n. 33, Jan/Mar, 2004, RT, p. 276-278; CURTUME. Lançamento de efluentes em rio. Ausência de licença ambiental. Atividade altamente poluidora. Supremacia do interesse público. Direito ao meio ambiente ecologicamente equilibrado. Denegação da segurança. Desprovido apelo. (Ap. Cível em MS 2001.022792-4 – 6ª Câm. Cível – TJSC, j. 20.05.2002, Rel. Des. Luiz Cezar Medeiros). In: *Revista de Direito Ambiental*, n. 33, Jan/Mar, 2004, RT, p. 291-293; MEIO AMBIENTE. AMPLIAÇÃO DE PROJETO DE CARCINOCULTURA. Atividade considerada potencialmente degradadora e poluidora. Exigibilidade de estudo e relatório de impacto ambiental para atendimento da pretensão. (AgRg no AgIn 02.0030019-3 – 2ª Câm. Cível – TJRN, j. 25.10.2002, Rel Des.ª Judite Nunes). In: *Revista de Direito Ambiental*, n. 35, Jul/Set, 2004, RT, p. 286-289; CONSTRUÇÃO DE APARTAMENTOS E CASAS EM ÁREA DE PRESERVAÇÃO PERMANENTE. Obra potencialmente lesiva ao meio ambiente. Necessidade de elaboração de Estudo e Relatório de Impacto Ambiental – EIA e Rima. Inteligência do art. 225, § 1º, IV, da CF. Art. 2º da Resolução 1/96 do CONAMA. Rol meramente exemplificativo. Suspensão e impedimento de concessão de licença para construção de unidades residenciais (casas e apartamentos) na área em questão. Incidência dos princípios da prevenção e da precaução. Acerto da decisão agravada. Manutenção. (AgIn 02.000401-0 – 2ª Câm. Cível – TJRN, j. 20.06.2002, Rel. Des.ª Judite Nunes). In: *Revista de Direito Ambiental*, n. 28, Out/Dez, 2002, RT, p. 333-337.

[598] RODOTÀ, Stefano. *El terrible derecho*: estudios sobre la propiedad privada. Madrid: Editorial Civitas, 1986, p. 41.

y la garantía de situaciones ligadas a la salvación de las exigencias y de las necesidades esenciales del individuo.[599]

Diante de tais considerações, Alfonsin aponta para o não-cumprimento da função social da propriedade como caracterizador de abuso de direito e da violação dos direitos fundamentais à moradia e à alimentação de não-proprietários. Tal entendimento reforça a vinculação direta existente entre o direito de propriedade e a concretização de outros direitos fundamentais. O autor defende, acompanhando a linha argumentativa de Rodotà, a existência de um "território interior não dominial" na configuração da propriedade, o qual é preenchido pelos direitos fundamentais (como, por exemplo, alimentação e moradia) de indivíduos (ou mesmo coletividades) não-proprietários, impondo-se, a partir de tal leitura, que, diante de um conflito sobre terra entre o "território não dominial" (existencial) de toda uma coletividade e o "território dominial" (patrimonial) do titular da propriedade (enquanto bem de produção), não havendo outra solução que o sacrifício de um dos direitos em colisão, os direitos sacrificados deverão ser aqueles que guardem uma dimensão patrimonial.[600] O mesmo raciocínio, tendo em conta a dimensão existencial inerente à tutela ambiental, pode ser transportado para os conflitos entre o direito de propriedade e a proteção ambiental, ainda mais quando esteja em jogo a garantia constitucional de um mínimo de qualidade ambiental indispensável a uma vida com dignidade.

O dever fundamental de proteção do ambiente transporta na sua carga normativa um *feixe de deveres e obrigações* (*negativas* e *positivas*) vinculados à *função socioambiental da propriedade*, condicionando o exercício do direito de titulares privados aos novos valores sociais e ecológicos que conformam o sistema constitucional contemporâneo. O indivíduo não está sozinho no mundo, e que cada vez mais é imperativo um comportamento solidário do ser humano para lidar com os desafios existenciais relacionados à degradação do ambiente. Nessa perspectiva, Gavião Filho defende o entendimento de que a partir da função ambiental da propriedade projetam-se deveres negativos e positivos para o proprietário, devendo esse simultaneamente comportar-se de modo a não desenvolver atividades lesivas que possam resultar em dano ao ambiente, assim como adotar medidas positivas, no intuito de que o exercício da titularidade seja adequado à proteção e preservação do ambiente.[601] O dever fundamental de proteção ambiental, além de conter obrigação de cunho negativo, a qual determina a abstenção de práticas degradadoras da qualidade ambiental, exige também comportamentos positivos dos atores privados, impondo a

---

[599] RODOTÀ, "*El terrible derecho...*", p. 35.
[600] ALFONSIN, Jacques Távora. *O acesso à terra como conteúdo de direitos humanos fundamentais à alimentação e à moradia*. Porto Alegre: SAFE, 2003, p. 267.
[601] GAVIÃO FILHO, "*Direito fundamental ao ambiente...*", p. 66.

adoção de condutas específicas no sentido de prevenir, precaver e reparar qualquer forma de degradação do ambiente que esteja relacionada ao exercício do direito de propriedade, cabendo, inclusive, o controle externo pela coletividade e pelo Estado a respeito do cumprimento das finalidades socioambientais da titularidade.

O art. 225, *caput*, da Constituição Federal de 1988 registra de forma expressa o dever de todos na proteção do ambiente, demarcando, portanto, a responsabilidade de todos (proprietários e não-proprietários) na conservação do equilíbrio ambiental, indispensável à concretização da vida humana digna e saudável. Especificamente em relação ao direito de propriedade, o dispositivo constitucional expresso no art. 186, II, opera de modo a adequar o exercício da titularidade ao respeito a padrões ecológicos, também estabelecendo deveres de proteção ambiental para o seu titular. Em vista da teia normativa referida, trabalhando com o conceito genérico de função ambiental, Benjamin aponta para a existência de uma "trindade de deveres" inerente ao conceito referido de função, o que encontra expressão na imposição de uma conduta positiva (e não mais apenas negativa) ou múnus que vai além do mero "não poluir", mas também toma forma de missão constitucional no *dever de defender*, no *dever de reparar* e no *dever de preservar*, sendo que este último estabelece para o cidadão tanto uma proibição (não poluir) quanto uma obrigação positiva (impedir também terceiros de poluírem).[602]

O novo Código Civil de 2002, art. 1228, § 1º,[603] bem como o Estatuto da Cidade (Lei 10.257/01), art. 1º, parágrafo único,[604] também conformaram de forma expressa a proteção ambiental como componente do regime jurídico da propriedade, configurando a idéia de deveres negativos e po-

---

[602] BENJAMIN, *"Função ambiental..."*, p. 56.

[603] Art. 1.228. O proprietário tem a faculdade de usar, gozar e dispor da coisa, e o direito de reavê-la do poder de quem quer que injustamente a possua ou detenha. § 1º O direito de propriedade deve ser exercido em consonância com as sua finalidade econômicas e sociais e *de modo que sejam preservados, de conformidade com o estabelecido em lei especial, a flora, a fauna, as belezas naturais, o equilíbrio ecológico e o patrimônio histórico e artístico, bem como a poluição do ar e das águas* (grifos nossos). Há outros dispositivos do novo Código Civil que também traçam a idéia de deveres positivos e negativos conferidos pela legislação civil ao titular e ao possuidor da propriedade no exercício empregado ao seu direito. Entre eles: art. 1277. O proprietário ou possuidor de um prédio tem o direito de fazer cessar as interferências prejudiciais à segurança, ao sossego e à saúde dos que o habitam, provocadas pela utilização da propriedade vizinha. Parágrafo único. Proíbem-se as interferências considerando-se a natureza da utilização, a localização do prédio, atendidas as normas que distribuem as edificações em zonas, e os limites ordinários de tolerância dos moradores da vizinhança; art. 1291. *O possuidor do imóvel superior não poderá poluir as águas indispensáveis às primeiras necessidades da vida dos possuidores dos imóveis inferiores;* as demais, que poluir, deverá recuperar, ressarcindo os danos que estes sofrerem, se não for possível a recuperação ou o desvio do curso artificial das águas; art. 1.309. *São proibidas construções capazes de poluir, ou inutilizar, para uso ordinário, a água do poço, ou nascente alheia, a elas preexistentes* (grifos nossos).

[604] Art. 1º Na execução da política urbana, de que tratam os arts. 182 e 183 da Constituição Federal, será aplicado o previsto nesta Lei. Parágrafo único. Para todos os efeitos, esta Lei, denominada Estatuto da Cidade, estabelece normas de ordem econômica e interesse social que regulam *o uso da propriedade urbana em prol do bem coletivo, da segurança e do bem estar dos cidadãos, bem como do equilíbrio ambiental* (grifos nossos).

sitivos do proprietário no exercício da titularidade. Com tal perspectiva, Miragem acentua que os deveres extraídos do novo regime constitucionalizado do direito de propriedade tomam a forma tanto de deveres relativos à disposição dos bens móveis e imóveis de modo a não permitir lesão ao ambiente, quanto de deveres vinculados a prerrogativas de uso e gozo dos bens. Como assevera o civilista, tais deveres poderão consistir tanto na "abstenção" de uma determinada prática em que o exercício da propriedade possa gerar alguma espécie de degradação ou dano ao ambiente, quanto na forma de um "comportamento positivo", através do qual seja exigida do proprietário a realização de um "dever positivo", ou seja, um típico "dever de prestação".[605]

O não-cumprimento pelo proprietário da função socioambiental do bem caracteriza forma extintiva da titularidade, na medida em que, à luz de um direito civil-constitucional "despatrimonializado" e "humanizado", a funcionalização do bem toma a forma de elemento nuclear constitutivo do próprio direito de propriedade. Na condição de elemento existencial da titularidade, a função ambiental soma-se à função social no intuito de determinar o fundamento material e conteúdo essencial da propriedade. A legitimidade e o reconhecimento da titularidade perante a ordem constitucional estão condicionados ao cumprimento da sua função socioambiental. Benjamin aponta para a proteção do ambiente como integrante da gênese do direito de propriedade e afirma que "propriedade e meio ambiente são institutos interligados, como que faces de uma mesma moeda; nesse sentido, não seria incorreto dizer-se que o Direito Ambiental é fruto de uma amálgama do Direito das Coisas com o Direito Público".[606] A partir de uma mesma leitura "internalista" da função socioambiental da propriedade, Antunes critica a idéia de "limitações" ao direito de propriedade (o que, para ele, estaria ainda reproduzindo um conceito do século XIX), sustentando que inexistem limitações em si ao direito de propriedade, mas que o enquadramento de determinado exercício em vista do cumprimento da sua função social é elemento existencial da própria propriedade em vista do comando normativo constitucional.[607]

Com relação às limitações ao exercício do direito de propriedade ou mesmo da redefinição do seu conteúdo a partir da proteção constitucional do ambiente, Bosselmann, à luz do cenário jurídico alemão, afirma que as cortes de justiça alemãs têm tomado cada vez mais em conta que o uso da terra e dos recursos naturais é restringido em razão do bem-estar

---

[605] MIRAGEM, Bruno. "O artigo 1228 do Código Civil e os deveres do proprietário em matéria de preservação do meio ambiente". In: *Cadernos do Programa de Pós-Gradação em Direito – PPGDir./UFRGS*, Reflexões Jurídicas sobre Meio Ambiente/Edição Especial, Vol. III, n. VI, Maio/2005, p. 31

[606] BENJAMIN, Antônio Herman. "Reflexões sobre a hipertrofia do direito de propriedade na tutela da Reserva Legal e das áreas de preservação permanente". In: *Anais do 2º Congresso Internacional de Direito Ambiental*. São Paulo: Imesp, 1997, p. 14.

[607] ANTUNES, Paulo de Bessa. *Direito Ambiental*. 5.ed. Rio de Janeiro: Lumen Júris, 2001, p. 286.

geral (art. 14, "2", da Lei Fundamental alemã), o que leva, por exemplo, a restrições em relação ao uso de fertilizantes químicos e pesticidas na agricultura, à proteção contra a expansão excessiva de pastagens causada por uma população bovina muito numerosa ou à proibição do uso de certas substâncias perigosas. No entanto, as restrições ao direito de propriedade têm sido fundamentadas com base em padrões de saúde humana, e não em preocupações ecológicas propriamente. A Corte Constitucional alemã, em 1982, julgou um caso relativo ao uso de águas superficiais e decidiu que: "o uso privado da terra é limitado por direitos e interesses do público em geral em ter acesso a certos bens essenciais ao bem-estar humano como a água". O jurista alemão, por fim, refere que o reconhecimento de um valor intrínseco à vida (para além do ser humano) teria levado a limitações muito mais rígidas ao exercício da propriedade do que assegurar o abastecimento de água à população,[608] contemplando uma tutela integrada da dignidade humana e da proteção do ambiente.

Seguindo na análise do direito comparado, Canotilho reproduz e comenta a jurisprudência portuguesa do caso da "Quinta do Taipal", o qual chegou até o Supremo Tribunal de Justiça português e trouxe à tona a discussão acerca do cabimento de indenização ao proprietário em virtude de limitações sofridas no seu direito de propriedade em decorrência da proteção ambiental. A discussão travada ao longo do trâmite do processo, que teve o seu desfecho final em favor do proprietário (e não da coletividade titular do direito fundamental ao ambiente), traz à baila a relação dialética fundamental entre o direito de propriedade e o direito ao ambiente, extraindo-se desta relação a evolução conceitual da titularidade e a concepção de deveres fundamentais que lhe são inerentes. O tratamento jurídico empregado pelos ordenamentos constitucionais português e brasileiro à tutela do ambiente é muito similar, consignando, ambos, de forma expressa, o dever fundamental de proteção ambiental conferido aos particulares, além, é claro, dos deveres de proteção do Estado. Dessa forma, vale o registro precioso da decisão do Tribunal Judicial de Montemor-o-Velho, apesar de ter sido posteriormente reformada.

> Já podemos ver um direito de propriedade privada não apenas comprimido pelo empolamento de outros direitos conflitantes, mas, também, um direito dialecticamente transformado pela interação que no seu interior se processou com o direito do ambiente, direito este cujo instrumento de acção ou contradição é o *"dever" (dever fundamental/constitucional)* de todos os cidadãos de defenderem o ambiente ("Todos têm direito a um ambiente de vida humana, sadio e ecologicamente equilibrado e o dever de defender"). *Dever que é como que o reverso da medalha, quando em confronto com o direito correspondente e a que o proprietário, enquanto tal, não pode fugir. Um direito, finalmente, que, no caso concreto, se afirma com a expressão do seu núcleo, mais valioso, do mínimo necessário à sua*

---

[608] BOSSELMANN, *"Human rights and the environment..."*, p. 50.

existência, e que, portanto, justifica a "subida" à matriz constitucional para justificar a sua tutela.[609] (grifos do autor)

Na mesma perspectiva da discussão trazida à tona no julgado acima, mas de volta ao ordenamento jurídico brasileiro, registra-se o dever fundamental do adquirente de determinada área rural que se encontra sem a sua *reserva legal*[610] (de mata nativa) ou *área de preservação permanente*[611] (aqui também no caso de área urbana[612]) preservadas de repor a área degrada, mesmo que tal prática degradadora seja atribuída a proprietários que o antecederam no imóvel. A regulação infraconstitucional de tais institutos reflete o comando constitucional do art. 225 da Constituição, projetando, para além do dever de proteção estatal, também deveres fundamentais ao encargo dos particulares proprietários ou possuidores.

Conforme leciona Benjamin,[613] é fundamental a diferenciação entre limitação interna e externa do direito de propriedade para uma compreensão constitucionalmente adequada do regime jurídico proprietário contemporâneo e da função socioambiental da propriedade privada. Nesse aspecto, superando a concepção "absolutista" do direito de propriedade, aponta-se para um feixe de obrigações e deveres de ordem positiva (e não apenas negativa) que estão amarrados intrinsecamente ao exercício da titularidade. Nesse particular, com relação à reserva legal e às áreas de preservação permanente, na condição de limitações internas ao direito de propriedade – em outras palavras, elementos constitutivos da titularidade –, conforme defendido veementemente por Benjamin, não se pode falar em desapropriação indireta diante da verificação de tais limitações impostas ao direito de propriedade, porquanto constituem um "ônus indissociável" desta, e que deve ser suporta por seu titular. Em outras palavras, pode-se dizer que tal limitação ao direito subjetivo de propriedade representa a sua adequação aos valores comunitários de matriz ecológica.

> Na esfera dos limites internos, por conseguinte, não se pode falar em desapropriação, pois um ônus indissociável da propriedade não tem o dom de ser, a um só tempo, seu elemento e uma intervenção desapropriadora. Não se pode compensar pela negação (=desapropriação) de um direito que não se tem. Tais figurantes internos colocam-se como condicionantes *a priori* do direito de propriedade. No geral, a proteção do meio ambiente, no sistema constitucional brasileiro, não é uma incumbência imposta *sobre* o direito de propriedade, mas uma função inserida *no* direito de propriedade, dele sendo fragmento inseparável. Em resumo, os limites internos não aceitam a imposição do dever de indenizar,

---

[609] CANOTILHO, José Joaquim Gomes. *Protecção do ambiente e direito de propriedade* (Crítica de jurisprudência ambiental). Coimbra: Coimbra Editora, 1995, p. 19.
[610] Art. 1º, § 2º, III, do Código Florestal (Lei 4.771/65).
[611] Art. 1º, § 2º, II, do Código Florestal (Lei 4.771/65).
[612] Cfr. STIFELMAN, Anelise Grehs. "Áreas de preservação permanente em zona urbana". In: BENJAMIN, Antônio Herman (Org.). *Anais do 11º Congresso Internacional de Direito Ambiental (Meio ambiente e acesso à justiça)*. São Paulo: Instituto O Direito por um Planeta Verde/Imprensa Oficial, 2007, p. 101-115.
[613] BENJAMIN, *"Reflexões sobre a hipertrofia do direito..."*, p. 19-20.

exatamente porque fazem parte do feixe de atributos necessários ao reconhecimento do direito de propriedade.[614]

Nessa trilha, a jurisprudência brasileira[615] tem firmado o entendimento de que, independentemente da culpa do proprietário com relação à degradação ambiental constatada em sua propriedade, esse tem a obrigação, de natureza *propter rem*, de repará-lo, assim como não cabe o direito à indenização por conta de restrições ao direito de propriedade decorrente de seu enquadramento em um regime especial de proteção ambiental. Como exemplo de condutas positivas a serem impostas ao proprietário pela ordem jurídica, vislumbra-se a recomposição do ambiente e reflorestamento de áreas nativas degradadas, quando sobre a propriedade incida alguma determinação legal por integrar *unidade de conservação*,[616] *área de preservação permanente*[617] ou *reserva legal*[618] de propriedade rural. De modo a reforçar a tese da função ambiental como elemento intrínseco do direto de propriedade, destaca-se, como se verá adiante, o entendimento jurisprudencial do Superior Tribunal de Justiça que alega ser incabível o pagamento de indenização ao proprietário de imóvel que tem o seu exercício limitado em razão do enquadramento da sua área em algum regime de proteção ambiental (unidade de conservação, área de preservação permanente ou reserva legal). O caráter constitutivo e intrínseco da reserva legal e da área de preservação permanente em relação à propriedade florestal (e, no caso da área de preservação permanente, também incide sobre a propriedade urbana) é também perceptível no entendimento jurisprudencial que estabelece o caráter objetivo de reparação do dano.

---

[614] BENJAMIN, "*Reflexões sobre a hipertrofia do direito...*", p. 20.

[615] Ajustada a uma concepção "internalista" da função socioambiental da propriedade privada, destaca-se julgado do Tribunal de Justiça do Estado de São Paulo: "AÇÃO CIVIL PÚBLICA. RESERVA LEGAL. OBRIGAÇÃO LEGAL IMPOSTA AO PROPRIETÁRIO E NÃO AO PODER PÚBLICO. PREVISÃO DO CÓDIGO FLORESTAL, DA LEI DE REGISTROS PÚBLICOS E DA CORREGEDORIA GERAL DA JUSTIÇA DO ESTADO DE SÃO PAULO. RESERVA LEGAL. OBRIGAÇÃO *PROPTER REM*, VINCULADA AO DOMÍNIO IMOBILIÁRIO, *IRRELEVANTE A DESTINAÇÃO ECONÔMICA A SER CONFERIDA AO IMÓVEL. FUNÇÃO ECOLÓGICA DE ÍNDOLE CONSTITUCIONAL*. INAFASTABILIDADE DA AVERBAÇÃO COMO ÔNUS IMPOSTO AO TITULAR DO DOMÍNIO. APELO DO MINISTÉRIO PÚBLICO PROVIDO. A delimitação, demarcação e averbação da Reserva Legal prevista pelo Código Florestal não é de natureza pessoal mas é obrigação *propter rem* e, desde 5 X 1988, *constitui pressuposto intrínseco do direito de propriedade*, de origem constitucional, como atributo de sua função ecológica, à luz dos artigos 186, II, e 170, VI, da Constituição da República" (grifos nossos). (TJSP, Apel. Cível 4026465/7, Seção de Direito Público, Câmara Especial do Meio Ambiente, Rel. Des. Renato Nalini, julgado em 29.06.2006).

[616] Lei 9.985/00, que regulamenta o art. 225, § 1°, incisos I, II, III e VII, da Constituição.

[617] Art. 1°, § 2°, II, da Lei 4.771/65 (Código Florestal) conceitua *área de preservação permanente* como sendo a "área coberta ou não por vegetação nativa, com função ambiental de preservar os recursos hídricos, a paisagem, a estabilidade geológica, a biodiversidade, o fluxo gênico de fauna e flora, proteger o solo e assegurar o bem-estar das populações humanas".

[618] Art. 1°, § 2°, III, da Lei 4.771/65 (Código Florestal) conceitua *reserva legal* como sendo a "área localizada no interior de uma propriedade ou posse rural, excetuada a de preservação permanente, necessária ao uso sustentável dos recursos naturais, à conservação e reabilitação dos processos ecológicos, à conservação da biodiversidade e ao abrigo de flora e fauna nativas".

A jurisprudência do Superior Tribunal de Justiça, conforme se pode aferir das decisões que seguem, em que pese a sua notável evolução no sentido de reconhecer medidas de natureza positiva atribuídas ao titular ou possuidor de determinado imóvel, está consolidada ainda sob o marco de uma compreensão civilista (e não constitucionalista) do direito de propriedade, na medida em que tem entendido que a reserva legal e a área de preservação permanente caracterizam hipótese de uma obrigação civil de natureza *propter rem*, e não propriamente um dever fundamental de proteção ambiental conferido aos particulares proprietários ou possuidores de determinado bem, extraído a partir do comando constitucional do art. 225, *caput*.

RECURSO ESPECIAL. FAIXA CILIAR. *ÁREA DE PRESERVAÇÃO PERMANENTE. RESERVA LEGAL.* TERRENO ADQUIRIDO PELO RECORRENTE JÁ DESMATADO. *IMPOSSIBILIDADE DE EXPLORAÇÃO ECONÔMICA.* RESPONSABILIDADE OBJETIVA. *OBRIGAÇÃO "PROPTER REM".* AUSÊNCIA DE PREQUESTIONAMENTO. DIVERGÊNCIA JURISPRUDENCIAL NÃO CONFIGURADA. As questões relativas à aplicação dos artigos 1° e 6° da LICC, e, bem assim, à possibilidade de aplicação da *responsabilidade objetiva* em ação civil pública, não foram enxergadas, sequer vislumbradas, pelo acórdão recorrido. Tanto a *faixa ciliar* quanto a *reserva legal*, em qualquer propriedade, incluída a do recorrente, *não podem ser objeto de exploração econômica*, de maneira que, ainda que se não dê o reflorestamento imediato, referidas zonas não podem servir como pastagens. Não há cogitar, pois, de ausência de nexo causal, visto que aquele que perpetua a lesão ao meio ambiente cometida por outrem está, ele mesmo, praticando o ilícito. A *obrigação de conservação* é automaticamente transferida do alienante ao adquirente, independentemente deste último ter responsabilidade pelo *dano ambiental*.[619] (grifos nossos).

---

[619] STJ, Resp 343741/PR, 2ª Turma, Rel Min. Franciulli Netto, DJU 07.10.2002. No mesmo sentido: "ADMINISTRATIVO E PROCESSUAL CIVIL. *RESERVA FLORESTAL.* NOVO PROPRIETÁRIO. RESPONSABILIDADE OBJETIVA. 1. A responsabilidade por eventual dano ambiental ocorrido em reserva florestal legal é objetiva, devendo o proprietário das terras onde se situa tal faixa territorial, ao tempo em que conclamado para cumprir *obrigação de reparação ambiental e restauração da cobertura vegetal*, responder por ela. 2. A reserva legal que compõe parte de terras de domínio privado constitui verdadeira *restrição do direito de propriedade*. Assim, a aquisição da propriedade rural sem a delimitação da reserva legal não exime o novo adquirente da *obrigação de recompor tal reserva*. 3. Recurso especial conhecido e improvido" (grifos nossos) (STJ, RESP 263.383-PR, 2ª Turma, Rel. Min. João Otávio de Noronha, julgado em 16.06.2005).
"DANO AMBIENTAL. *LIMITAÇÃO À PROPRIEDADE* RURAL. RESERVA FLORESTAL. EXÉGESE DO ART. 99 DA LEI N. 8.171/91. *OBRIGAÇÃO DE RECOMPOSIÇÃO DA ÁREA* NA PROPORÇÃO DE 1/30 AVOS, CONSIDERADA A ÁREA TOTAL DA PROPRIEDADE. Não se trata, a reserva florestal, de servidão, em que o proprietário tem de suportar um ônus, mas de uma *obrigação* decorrente de lei, que *objetiva a preservação do meio ambiente*, não sendo as florestas e demais formas de vegetação bens de uso comum, mas bens de uso comum a todos, conforme redação do art. 1° do Código Florestal. A única finalidade do art. 99 da Lei n. 8.171/91 foi a de estabelecer um prazo maior, que não o imediato, para que os proprietários procedessem à recomposição da área de floresta, não alterando em nada as demais disposições legais caracterizadoras do *dever de recomposição de área de reserva legal*, que se for feita a passos curtos jamais atingirá a finalidade da lei, no tocante à *preservação do meio ambiente, que não pode ser visto como o conjunto de pequenas partes, mas o próprio todo*. Recurso não conhecido, porquanto não violado pelo aresto *a quo* o art. 99 da Lei n. 8.171/91" (grifos nossos) (STJ, Resp 237690/MS, 2ª Turma, Rel. Min. Paulo Almeida, DJU 12.03.2002).
"ADMINISTRATIVO. *DANO AO MEIO AMBIENTE.* INDENIZAÇÃO. LEGITIMAÇÃO PASSIVA DO NOVO ADQUIRENTE. 1. *A responsabilidade pela preservação e recomposição do meio ambiente é objetiva*, mas se exige nexo de causalidade entre a atividade do proprietário e o dano causado (Lei 6.938/81). 2. Em se tratando de *reserva florestal*, com limitação imposta por lei, o novo proprietário, ao adquirir a

Ante tudo o que já foi exposto até aqui, com base na fundamentação da *teoria dos direitos fundamentais*, pode-se dizer perfeitamente que, no caso, há a configuração de um "dever" constitucional-fundamental projetado a partir do "direito" fundamental ao ambiente, que condiciona e limita a amplitude de outro direito fundamental (no caso, a propriedade), fazendo prevalecer a perspectiva objetiva daquele (proteção do ambiente) sobre a perspectiva subjetiva deste (propriedade), sem, contudo, minar o seu núcleo essencial. Na medida em que ao proprietário é imposta a restauração da área constitutiva da reserva legal e da área de preservação permanente, não obstante o seu direito regressivo em face de quem ocasionou a degradação da cobertura vegetal, estar-se-á por fazer com que incida sobre ele um dever fundamental de proteção ambiental de natureza prestacional ou positiva. Tal postura do Poder Judiciário dá contornos normativos extremamente importantes para o exercício do direito de propriedade, de modo a concretizar o objetivo constitucional de um *desenvolvimento sustentável*.

3.3.2. "Deveres de proteção" do Estado e tutela do ambiente

Os *deveres de proteção* (*Schutzpflichten*) do Estado para com os direitos fundamentais também encontram o seu fundamento na *perspectiva objetiva* de tais direitos, os quais, conforme já desenvolvido em tópico anterior, para além da sua *perspectiva subjetiva*, representam *valores constitucionais de toda a comunidade estatal*. Tal projeção normativa dos direitos fundamentais também se encontra expressa na idéia de "eficácia vertical" desses, já que, no caso, está em jogo a relação jurídica entre o indivíduo e o Estado, diferentemente do que ocorre no caso da "eficácia horizontal" (ou eficácia entre particulares) dos direitos fundamentais. Não obstante inicialmente a irradiação dos direitos fundamentais num plano objetivo ou externo (em oposição à sua perspectiva subjetiva) estar vinculada à eficácia entre particulares (horizontal), enquanto a perspectiva subjetiva destinava-se à relação (vertical) entre indivíduos e Estado, com a transição do Estado Liberal ao Estado Social, projetou-se um novo horizonte para a compreensão da irradiação dos efeitos dos direitos fundamentais, que, conforme leciona Vieira de Andrade, não poderia mais estar limitada ao âmbito privado, devendo repercutir em toda ordem jurídica, abrangendo todos os ramos jurídicos e vinculando necessariamente os poderes estatais à sua tutela.[620]

O advento do Estado Social ou Estado-prestador, em face da dimensão prestacional dos direitos sociais, conforme revela Vieira de Andrade,

---

área, assume o *ônus de manter a preservação*, tornando-se *responsável pela reposição*, mesmo que não tenha contribuído para devastá-la. 3. Responsabilidade que independe de culpa ou nexo causal, porque imposta por lei. 4. Recurso especial provido" (grifos nossos) (STJ, REsp 282781/PR, Rel. Min. Eliana Calmon, 2ª Turma, DJU 16.04.2002).

[620] VIEIRA DE ANDRADE, "*Os direitos fundamentais...*", p. 142.

"abriu caminho para a concepção do *Estado-amigo dos direitos fundamentais* ou, pelo menos, do Estado responsável pela sua garantia efectiva",[621] o que se traduz em uma postura ativa (e não mais apenas abstencionista) do Estado na condição guardião dos direitos fundamentais ante qualquer conduta violadora desses impetrada por terceiros, bem como diante da necessidade de sua promoção. Hesse destaca que a configuração dos deveres de proteção do Estado a partir dos elementos fundamentais da ordem objetiva obriga o Estado a fazer o possível para realizar os direitos fundamentais, protegendo os respectivos bens jurídicos de violações e ameaças impetradas por terceiros, sobretudo por privados, mas também por outros Estados.[622]

A razão suprema de ser do Estado reside justamente no respeito, proteção e promoção da dignidade dos seus cidadãos, individual ou coletivamente considerados, devendo, portanto, tal objetivo ser continuamente perseguido pelo Estado na sua atuação. Os deveres de proteção do Estado contemporâneo estão alicerçados no compromisso constitucional assumido pelo Estado, por meio do pacto constitucional, no sentido de tutelar e garantir nada menos do que uma vida digna aos indivíduos, o que passa pela tarefa de promover a realização dos direitos fundamentais, retirando possíveis óbices colocados à sua efetivação. De acordo com tal premissa, Perez Luño afirma que para a implantação das liberdades concretas (necessidades básicas, livre desenvolvimento da personalidade, etc.) se faz necessária uma ação positiva dos poderes públicos no sentido de remover os "obstáculos" de ordem econômico, social e cultural que impeçam o pleno desenvolvimento da pessoa humana.[623] Nesse sentido, uma vez que a proteção do ambiente é alçada ao status constitucional de direito fundamental (além de tarefa e dever do Estado e da sociedade, conforme dispõe o art. 225, *caput*, da CF) e o desfrute da qualidade ambiental passa a ser identificado como elemento indispensável ao pleno desenvolvimento da pessoa humana, qualquer "óbice" que interfira na concretização do direito em questão deve ser afastado, venha tal conduta (ou omissão) de particulares ou do Poder Público.

Nessa perspectiva, Vieira de Andrade leciona que:

> passou-se a dar relevo à existência de "deveres de proteção" dos direitos fundamentais por parte do Estado, designadamente perante terceiros: a vinculação dos poderes estatais aos direitos fundamentais não se limitam ao cumprimento do dever principal respectivo (de abstenção, ou ainda de prestação ou de garantia da participação, conforme o tipo de direito do particular), antes implicaria o dever de promoção e de proteção dos direitos perante quaisquer ameaças, afim de assegurar a sua efectividade.[624]

---

[621] Idem, op. cit., p. 143.
[622] HESSE, "*Elementos de direito constitucional...*", p. 278-279.
[623] PEREZ LUÑO, "*Los derechos fundamentales...*", p. 214.
[624] VIEIRA DE ANDRADE, "*Os direitos fundamentais...*", p. 142.

Por sua vez, Sarlet menciona a existência de um "dever geral de efetivação" dos direitos fundamentais atribuído ao Estado conectado à *perspectiva objetiva* de tais direitos, o qual tomaria a forma através dos deveres de proteção (*Schutzpflichten*) do Estado, em vista de que a esse último "incumbe zelar, inclusive preventivamente, pela proteção dos direitos fundamentais dos indivíduos não somente contra os poderes públicos, mas também contra agressões de particulares e até mesmo de outros Estados".[625] É conferida ao Estado, portanto, a incumbência de assegurar o exercício efetivo dos direitos fundamentais por parte dos particulares, tomando toda espécie de medidas de natureza negativa ou positiva necessárias à consecução de tal fim. A origem da teoria do deveres de proteção do Estado, como sói acontecer na seara da dogmática dos direitos fundamentais, situa-se no âmbito da doutrina germânica, que, conforme assevera Sarlet, propõe que a existência de deveres de proteção "encontra-se associada principalmente – mas não exclusivamente – aos direitos fundamentais à vida e à integridade física (saúde), tendo sido desenvolvidos com base no art. 2º, inc. II, da Lei Fundamental, além da previsão expressa encontrada em outros dispositivos".[626]

Com base na jurisprudência do Tribunal Constitucional alemão (*Bun desverfassungsgericht*), como refere Ferreira Mendes, se consolidou o entendimento de que, a partir da perspectiva objetiva dos direitos fundamentais, "resulta o dever do Estado não apenas de se abster de intervir no âmbito de proteção desses direitos, mas também de proteger esses direitos contra a agressão ensejada por atos de terceiros". Em face disso, o ministro do Supremo Tribunal Federal afirma que tal compreensão revela uma nova dimensão aos direitos fundamentais, "fazendo com que o Estado evolua da posição de adversário (*Gegner*) para uma função de guardião desses direitos (*Grundrechtsfreund oder Grundrechtsgarant*)".[627] É possível apreender de tais considerações um novo papel constitucional imposto ao Estado, que passa a atuar como aliado (e não mais adversário) do indivíduo (e também da sociedade) na concretização dos seus direitos fundamentais e, acima de tudo, da sua dignidade.

Os deveres de proteção também podem ser colocados como uma *função de proteção perante terceiros*, completando todo um conjunto de imperativos de tutela dos direitos fundamentais impostos ao Estado, agora "amigo e guardião" dos direitos fundamentais. Nesse prisma, Canotilho pontua que da garantia constitucional de um direito resulta o dever do Estado de adotar medidas positivas (e não apenas negativas) destinadas a garantir o exercício dos direitos fundamentais em face de atividades perturbadoras ou

---

[625] SARLET, "*A eficácia dos direitos fundamentais...*", p. 163-164.
[626] SARLET, "*A eficácia dos direitos fundamentais...*", p. 164. Nesse sentido, cfr. HESSE, "*Elementos de direito constitucional...*", p. 278-279.
[627] MENDES, "*Direitos fundamentais...*", p. 11.

lesivas desses impetradas por terceiros.[628] Como bem destaca o constitucionalista português, diferentemente do que ocorre com a função prestacional dos direitos fundamentais, a relação jurídica não se estabelece entre o titular do direito e o Estado, mas entre o indivíduo e outros indivíduos,[629] cabendo ao Poder Público atuar em defesa do direito fundamental vitimado e restabelecer uma relação de igualdade entre os particulares.

Já sob a perspectiva da tutela da ambiente, Canotilho afirma que, ao lado do "direito ao ambiente", situa-se um "direito à proteção do ambiente", que toma forma de deveres de proteção (*Schutzpflichten*) do Estado, expressando-se nos deveres atribuídos ao ente estatal de: a) combater os perigos (concretos) incidentes sobre o ambiente, a fim de garantir e proteger outros direitos fundamentais imbricados com o ambiente (direito à vida, à integridade física, à saúde, etc.); b) proteger os cidadãos (particulares) de agressões ao ambiente e qualidade de vida perpetradas por outros cidadãos (particulares).[630] Ferreira Mendes destaca também que o dever de proteção do Estado toma a forma de dever de evitar riscos (*Risikopflicht*), autorizando o Poder Público a atuar em defesa do cidadão mediante a adoção de medidas de proteção ou de prevenção, especialmente em relação ao desenvolvimento técnico ou tecnológico,[631] o que é de fundamental importância na tutela do ambiente, já que algumas das maiores ameaças ao ambiente provêm do uso de determinadas técnicas com elevado poder destrutivo ou de contaminação do ambiente. Cançado Trindade aponta para o dever e a obrigação do Estado de evitar riscos ambientais sérios à vida, inclusive com a adoção de "sistemas de monitoramento e alerta imediato" para detectar tais riscos ambientais sérios e "sistemas de ação urgente" para lidar com tais ameaças.[632]

A consagração constitucional da proteção ambiental como tarefa estatal, como pontua Garcia, traduz a imposição de deveres de proteção ao Estado que lhe retiram a sua "capacidade de decidir sobre a oportunidade do agir", obrigando-o também a uma adequação permanente das medidas às situações que carecem de proteção, bem como a uma especial responsabilidade de coerência na auto-regulação social.[633] Em outras palavras, pode-se dizer que os deveres de proteção ambiental conferidos ao Estado vinculam os poderes estatais de tal modo a limitar a sua liberdade de conformação na adoção de medidas atinentes à tutela do ambiente. No caso

---

[628] CANOTILHO, "*Direito constitucional e teoria...*", p. 409.
[629] Idem, op. cit., p. 409.
[630] CANOTILHO, "*O direito ao ambiente como direito subjetivo...*", p. 188.
[631] MENDES, "*Direitos fundamentais...*", p. 12.
[632] CANÇADO TRINDADE, "*Direitos humanos e meio ambiente...*", p. 75.
[633] GARCIA, Maria da Glória F. P. D. *O lugar do direito na proteção do ambiente*. Coimbra: Almedina, 2007, p. 481.

especialmente do Poder Executivo, há uma clara limitação ao seu poder-dever de discricionariedade, de modo a restringir a sua margem de liberdade na escolha nas medidas protetivas do ambiente, sempre no intuito de garantir a maior eficácia possível do direito fundamental ao ambiente. Na mesma vereda, Benjamin identifica a redução da discricionariedade da Administração Pública como benefício da "constitucionalização" da tutela ambiental, pois as normas constitucionais impõem e, portanto, vinculam a atuação administrativa no sentido de um permanente dever de levar em conta o meio ambiente e de, direta e positivamente, protegê-lo, bem como exigir o seu respeito pelos demais membros da comunidade estatal.[634]

Com base no que foi referido por Canotilho em passagem anterior acerca da idéia de que a partir do "direito ao ambiente" consubstancia-se um "direito à proteção do ambiente", na forma de dever de proteção do Estado, Gavião Filho pontua que o Estado se acha racionalmente justificado a normalizar condutas e atividades lesivas ao ambiente como, por exemplo, com a tipificação de crimes ambientais ou de infrações administrativas.[635] Como exemplo de medida tomada pelo Estado brasileiro no sentido de dar corpo ao seu dever de proteção ambiental, pode-se destacar a edição da Lei dos Crimes Ambientais (Lei 9.605/98), a qual tratou de prever sanções penais e administrativas derivadas de condutas e atividades lesivas ao meio ambiente, inclusive com a caracterização da responsabilidade penal da pessoa jurídica (art. 3º),[636] de modo a regulamentar dispositivo constitucional (art. 225, § 3º).

---

[634] BENJAMIN, *"Constitucionalização do ambiente..."*, p. 75.

[635] GAVIÃO FILHO, *"Direito fundamental ao ambiente..."*, p. 53.

[636] Sobre a responsabilidade penal da pessoa jurídica, já se manifestou favoravelmente o Superior Tribunal de Justiça: "CRIMINAL. RESP. *CRIME AMBIENTAL PRATICADO POR PESSOA JURÍDICA*. RESPONSABILIZAÇÃO PENAL DO ENTE COLETIVO. POSSIBILIDADE. PREVISÃO CONSTITUCIONAL REGULAMENTADA POR LEI FEDERAL. OPÇÃO POLÍTICA DO LEGISLADOR. FORMA DE PREVENÇÃO DE DANOS AO MEIO-AMBIENTE. CAPACIDADE DE AÇÃO. EXISTÊNCIA JURÍDICA. ATUAÇÃO DOS ADMINISTRADORES EM NOME E PROVEITO DA PESSOA JURÍDICA. *CULPABILIDADE COMO RESPONSABILIDADE SOCIAL*. CO-RESPONSABILIDADE. PENAS ADAPTADAS À NATUREZA JURÍDICA DO ENTE COLETIVO. ACUSAÇÃO ISOLADA DO ENTE COLETIVO. IMPOSSIBILIDADE. ATUAÇÃO DOS ADMINISTRADORES EM NOME E PROVEITO DA PESSOA JURÍDICA. DEMONSTRAÇÃO NECESSÁRIA. DENÚNCIA INEPTA. RECURSO DESPROVIDO.

I. *A Lei ambiental, regulamentando preceito constitucional, passou a prever, de forma inequívoca, a possibilidade de penalização criminal das pessoas jurídicas por danos ao meio-ambiente*. II. A responsabilização penal da pessoa jurídica pela prática de delitos ambientais advém de uma escolha política, como forma não apenas de punição das condutas lesivas ao meio ambiente, mas como forma mesmo de prevenção geral e especial. III. A imputação penal às pessoas jurídicas encontra barreiras na suposta incapacidade de praticarem uma ação de relevância penal, de serem culpáveis e de sofrerem penalidades. IV. Se a pessoa jurídica tem existência própria no ordenamento jurídico e pratica atos no meio social através da atuação de seus administradores, poderá vir a praticar condutas típicas e, portanto, ser passível de responsabilização penal. V. *A culpabilidade, no conceito moderno, é a responsabilidade social, e a culpabilidade da pessoa jurídica, neste contexto, limita-se à vontade do seu administrador ao agir em seu nome e proveito*. VI. A pessoa jurídica só pode ser responsabilizada quando houver intervenção de uma pessoa física,

O dever de proteção ambiental do Estado, como refere Gavião Filho, pode também tomar a forma de limitações estatais impostas ao direito de propriedade, em vias da obrigação estatal de assegurar de forma efetiva o desfrute do direito ao ambiente.[637] Assim, além da regulação pelo Estado de crimes ambientais e infrações administrativas ambientais, as limitações administrativas em geral ao exercício do direito de propriedade também tomam a forma de medida derivada do dever de proteção ambiental imposta ao Estado, como, por exemplo, as limitações para construir, etc. As limitações administrativas no tocante à construção imobiliária, como ocorre, por vezes, em áreas costeiras, também reflete uma projeção normativa do dever de proteção do Estado. Tal questão pode tomar tanto uma perspectiva mais individualizada do direito de propriedade, assim como uma perspectiva de regulação da ordem econômica como um todo, ajustando os princípios da iniciativa privada e da propriedade privada aos ditames constitucionais de tutela ambiental (art. 170, VI, da CF), como ocorre, por exemplo, com a exigência, por parte do Poder Público, de estudo prévio de impacto ambiental para a instalação de obra ou atividade causadora ou potencialmente causadora de significativa degradação do ambiente (art. 225, § 1º, IV, da CF). A matéria relativa às limitações ao direito de propriedade, em que pese a pertinência do seu desenvolvimento no âmbito dos deveres de proteção do Estado, tendo em vista a interface entre os deveres de proteção e os deveres fundamentais, já foi desenvolvida no presente estudo quando da análise dos deveres fundamentais ambientais dos particulares, razão pela qual remete-se o leitor ao tópico anterior.

À luz da atuação coordenada entre Estado (dever de proteção) e particulares (dever fundamental), Gomes trabalha com a idéia de cláusulas acessórias "amigas do ambiente" em contratos (especialmente em face de

---

que atua em nome e em benefício do ente moral. VII. "De qualquer modo, a pessoa jurídica deve ser beneficiária direta ou indiretamente pela conduta praticada por decisão do seu representante legal ou contratual ou de seu órgão colegiado." VIII. A Lei Ambiental previu para as pessoas jurídicas penas autônomas de multas, de prestação de serviços à comunidade, restritivas de direitos, liquidação forçada e desconsideração da pessoa jurídica, todas adaptadas à sua natureza jurídica. IX. Não há ofensa ao princípio constitucional de que "nenhuma pena passará da pessoa do condenado...", pois é incontroversa a existência de duas pessoas distintas: uma física – que de qualquer forma contribui para a prática do delito – e uma jurídica, cada qual recebendo a punição de forma individualizada, decorrente de sua atividade lesiva. X. Há legitimidade da pessoa jurídica para figurar no pólo passivo da relação processual-penal. XI. Hipótese em que pessoa jurídica de direito privado foi denunciada isoladamente por crime ambiental porque, em decorrência de lançamento de elementos residuais nos mananciais dos Rios do Carmo e Mossoró, foram constatadas, em extensão aproximada de 5 quilômetros, a salinização de suas águas, bem como a degradação das respectivas faunas e floras aquáticas e silvestres. XII. A pessoa jurídica só pode ser responsabilizada quando houver intervenção de uma pessoa física, que atua em nome e em benefício do ente moral. XIII. A atuação do colegiado em nome e proveito da pessoa jurídica é a própria vontade da empresa. XIV. A ausência de identificação das pessoas físicas que, atuando em nome e proveito da pessoa jurídica, participaram do evento delituoso, inviabiliza o recebimento da exordial acusatória. XV. Recurso desprovido" (grifos nossos) (REsp 610114/RN, 5ª Turma, Rel. Min. Gilson Dipp, julgado em 17/11/2005).

[637] GAVIÃO FILHO, *"Direito fundamental ao ambiente..."*, p. 53.

atos autorizativos) realizados entre a Administração e particulares empreendedores de atividades com potencial lesivo ao ambiente, o que permite a compatibilização da proteção ambiental (tarefa fundamental do Estado e direito-dever de todos os cidadãos) com a realização de outros bens constitucionalmente valorados.[638] A autora portuguesa colaciona o exemplo em que a Administração poderá condicionar a concessão de uma autorização para a instalação de uma indústria de envergadura econômica importante e útil para o desenvolvimento econômico de certa região, em virtude da previsão de grandes emissões de poluentes, à construção de uma estação de tratamento de resíduos, a título de contrapartida da sua instalação.[639] Tal fórmula objetiva regular administrativamente a atividade produtiva, de modo a conformá-la com a proteção ambiental, sendo, portanto, expressão do dever de proteção do Estado.

A Constituição Federal traz de forma expressa nos incisos do § 1º do art. 225 uma série de medidas protetivas do ambiente a serem patrocinadas pelo Estado, consubstanciando projeções de um *dever geral de proteção do Estado*[640] para com direito fundamental ao ambiente expresso no *caput* do art. 225. Entre as medidas de tutela ambiental atribuídas ao Estado, encontram-se: I) preservar e restaurar os processos ecológicos essenciais e prover o manejo ecológico das espécies e ecossistemas; II) preservar a diversidade e a integridade do patrimônio genético do País e fiscalizar as entidades dedicadas à pesquisa e manipulação de material genético; III) definir, em todas as unidades da Federação, espaços territoriais e seus componentes a serem especialmente protegidos, sendo a alteração e a supressão permitidas somente através de lei vedada qualquer utilização que comprometa a integridade dos atributos que justifiquem sua proteção; IV) exigir, na forma da lei, para instalação de obra ou atividade potencialmente causadora de significativa degradação do meio ambiente, estudo prévio de impacto ambiental, a que se dará publicidade; V) controlar a produção, a comercialização e o emprego de técnicas, métodos e substanciais que comportem risco para a vida, a qualidade de vida e o meio ambiente; VI) promover a educação ambiental em todos os níveis de ensino e a conscientização pública para a preservação do meio ambiente; e VII) proteger a fauna e a flora, vedadas, na forma da lei, as práticas que coloquem em risco sua função ecológica, provoquem a extinção de espécies ou submetam os animais à crueldade. Por fim, deve-se destacar que o rol dos deveres de proteção ambiental do Estado traçado do §1º do art. 225 é

---
[638] GOMES, "A prevenção à prova...", p. 72.
[639] Idem, p. 73.
[640] MILARÉ também destaca a idéia em torno de um "dever estatal geral de defesa e preservação do meio ambiente", o qual seria fragmentado nos deveres específicos elencados no Art. 225, §1º, da Constituição. MILARÉ, Edis. *Direito do ambiente*. 4.ed. São Paulo: Revista dos Tribunais, 2005, p. 189 e ss.

apenas exemplificativo,[641] estando aberto a outros deveres necessários a uma tutela abrangente e integral do ambiente, especialmente em razão do surgimento permanente de novos riscos e ameaças à natureza provocadas pelo avanço da técnica.

Quanto à atuação estatal na tutela ambiental, a partir do conteúdo normativo do art. 225 da Constituição, Gavião Filho traça um modelo de atuação (negativa e positiva) do Estado, com as seguintes características: a) recusa da estatização, no sentido de que a tutela do ambiente é uma função de todos, e não apenas do Estado; b) a insuficiência da visão liberal no sentido de que o Estado não se resume a um mero Estado de polícia, confiante na obtenção da ordem jurídica ambiental pelo livre jogo de forças contrapostas; c) a abertura ambiental no sentido de que os indivíduos possam obter do Poder Público todas as informações sobre o ambiente; d) a participação dos indivíduos nas questões relativas à defesa e proteção do ambiente, notadamente no âmbito dos procedimentos administrativos que tratam das questões ambientais; e) o associacionismo ambiental no sentido de que a sociedade, regularmente organizada, possa valer-se dos instrumentos da democracia para exercitar pressão sobre o legislador e o administrador em relação às questões ambientais, inclusive por intermédio de ações para a preservação e reparação de ações ou omissões estatais ou privadas lesivas ao ambiente.[642] O Estado, nesse contexto, a depender da situação concreta, deve adotar tanto condutas positivas quanto negativas na sua atuação, buscando potencializar ao máximo a proteção ambiental no âmbito das funções estatais (legislativa, executiva e jurisdicional) de todos os entes da federação (União, Estados, Distrito Federal e Municípios), bem como de outras instituições estatais, como é o caso do Ministério Público e da Defensoria Pública.

Outro ponto pertinente e fundamental na análise da matéria referente aos deveres de proteção é a questão da distribuição de competências em matéria ambiental entre os entes integrantes da federação brasileira, tendo em vista que a Constituição Federal de 1988 atribuiu a todos a tarefa (competência material comum) de proteger o ambiente e combater a poluição em qualquer de suas formas (art. 23, VI), bem como preservar as florestas, a fauna e a flora (art. 23, VII). Quanto à competência legislativa, a maior parte da doutrina[643] inclui o Município na competência legislativa concorrente, quando tal atuação esteja amparada em assuntos de interesse local (art. 30, I), apesar de a Constituição trazer a competência concorrente apenas entre União, Estados e o Distrito Federal para legislar sobre florestas, caça, pesca, fauna, conservação da natureza, defesa do solo e dos recursos

---

[641] Também no sentido de conferir ao dispositivo do art. 225, § 1º, natureza meramente exemplificativa, e não *numerus clausus*, cfr. BARROSO, "*Proteção do meio ambiente...*", p. 68.

[642] GAVIÃO FILHO, "*Direito fundamental ao ambiente...*", p. 24-25.

[643] SILVEIRA, Patrícia Azevedo da. *Competência ambiental*. Curitiba: Juruá Editora, 2003, p. 151.

naturais, proteção do meio ambiente e controle da poluição (art. 24, VI), assim como proteção ao patrimônio histórico, cultural, artístico, turístico e paisagístico art. 24, VII) e responsabilidade por dano ao meio ambiente, ao consumidor, a bens e direitos de valor artístico, estético, histórico, turístico e paisagístico (art. 24, VIII).

No âmbito das disparidades entre as realidades sociais (e acima de tudo ambientais) das diversas regiões brasileiras, a fim de efetivar-se ao máximo o dever de proteção ambiental dos entes federativos, é fundamental a amplitude da competência material comum e da competência legislativa concorrente a todos os entes federativos, que, seguindo o norte normativo estabelecido pela legislação federal como um patamar mínimo protetivo, devem sempre ajustar e potencializar ao máximo (somente para além do *standard* protetivo ditado pela norma nacional, e nunca para aquém) a proteção ambiental às peculiaridades do ambiente e ecossistemas onde estão inseridos, bem como ao contexto sociocultural.[644] O caminho traçado pelo constituinte para a proteção do ambiente passa por uma tutela compartilhada do ambiente entre particulares (na forma de *deveres fundamentais*) e Estado (na forma de *deveres de proteção*), como a melhor opção para uma tutela integral e efetiva do ambiente.

Paralelamente à adoção do princípio democrático, também deve ser reservado um lugar de destaque para o *princípio da subsidiariedade* no âmbito das competências dos entes federativos. A máxima do movimento ambientalista de "pensar globalmente e agir localmente" deve ser encarada de forma a respeitar as instituições mais próximas das demandas ambientais, só devendo recair a competência ambiental a uma esfera superior no caso de impossibilidade fática de tal ente resolver a questão, ou quando o dano ambiental tome uma dimensão que extrapole a competência territorial do ente federativo. Como refere Leite Farias, o princípio da subsidiariedade atua de forma a gerar uma descentralização política e administrativa, fortalecendo o poder local.[645] A partir da competência comum em matéria ambiental prevista no art. 23, VI e VII, da Constituição, destaca o autor que, com base no princípio da subsidiariedade inerente ao nosso modelo federativo, a competência do órgão federal de gestão ambiental deve ser exercida de forma a complementar a atuação do órgão ambiental estadual na fiscalização e concessão de licenças e autorizações

---

[644] No entanto, não foi esse o entendimento do Supremo Tribunal Federal em algumas oportunidades em que teve que se pronunciar sobre legislações estaduais que dispunham de forma mais protetiva sobre agrotóxicos, amianto e organismos geneticamente modificados, fazendo prevalecer sempre uma perspectiva econômica frente à proteção do ambiente, da saúde e dos consumidores. Nesse sentido, ver o combativo ensaio de CUSTÓDIO, Helita Barreira. "Competência concorrente em defesa da saúde e do meio ambiente: incompatibilidades constitucionais do uso do amianto". In: *Jus Navigandi*, n. 734, 09 de Julho, 2005. Disponível em: http://www1.jus.com.br/doutrina/texto.asp?id=6895. Acesso em: 20 de julho de 2005.

[645] LEITE FARIAS, "*Competência federativa...*", p. 319.

ambientais.[646] Com tal perspectiva, o sistema de competências materiais comuns de tutela ambiental adotado pela legislação pátria é no sentido de conferir ao órgão federal uma atuação subsidiária.

Por fim, com relação à competência legislativa concorrente, prevista no artigo 24 (incisos I, VI, VII e VIII), quando da ocorrência de conflito entre a norma federal e a norma estadual, defende Leite Farias que, ao rejeitar a ocorrência de hierarquia entre normas federais e estaduais, em conflitos onde a noção de norma geral e norma especial não seja suficiente para dirimir o conflito, há que se dar prevalência à norma que melhor defenda o direito fundamental ao ambiente (*in dubio pro natura*), já que, no fundo, se trata de preceito constitucional (norma nacional) que se impõe tanto à ordem jurídica central (federal) como à regional (estadual).[647] Tal entendimento, parece ser, no nosso entender, especialmente em razão dos deveres de proteção ambiental do Estado, a medida mais adequada a garantir a máxima eficácia do direito fundamental ao ambiente, em consonância com o sistema constitucional de proteção dos direitos fundamentais.

3.3.2.1. Os deveres de proteção ambiental do Estado entre a proibição de insuficiência e a proibição de excesso

O *princípio da proporcionalidade*, conforme afirma Sarlet, joga um papel importante na análise da função dos deveres de proteção do Estado em face dos direitos fundamentais, considerando que a proporcionalidade opera tanto na forma de proibição de excesso (quando estão em causa restrições aos direitos fundamentais) como também atua no sentido de uma proibição de insuficiência, já que o Estado poderá violar o seu dever de proteção pela omissão de medidas destinadas a efetivar esse dever, ou atuando de modo manifestamente insatisfatório.[648] O Estado, dessa forma, deve conformar os seus deveres de proteção para com os direitos fundamentais dentro de padrões constitucionalmente adequados e não desprover os referidos direitos de uma tutela efetiva, especialmente no que tange ao seu núcleo essencial.

Entre a *proibição de excesso* e a *proibição de insuficiência* na tutela dos direitos fundamentais, é imposto ao Estado o dever de atender a níveis de

---

[646] LEITE FARIAS, op. cit., p. 320-321.
[647] LEITE FARIAS, "*Competência federativa...*", p. 356.
[648] SARLET, "*Direitos fundamentais sociais, 'mínimo existencial'...*", p. 581-582. Conferir também, sobre a dupla face do princípio da proporcionalidade, simultaneamente como proibição de insuficiência e proibição de excesso, o artigo de STRECK, Lênio Luiz. "A dupla face do princípio da proporcionalidade e o cabimento de mandado de segurança em matéria criminal: superando o ideário liberal-individualista-clássico". In: *Revista do Ministério Público do Estado do Rio Grande do Sul*, n. 53, maio-set, 2004, p. 223-251. Com enfoque voltado para a questão ambiental, cfr. FREITAS, Juarez. "Princípio da precaução: vedação de excesso e de inoperância". In: *Separata Especial de Direito Ambiental da Revista Interesse Público*, n. 35, 2006, p. 33-48.

proteção suficientes a contemplar o exercício constitucionalmente adequado daqueles direitos. A partir da doutrina alemã e da jurisprudência da Corte Constitucional alemã, Sarlet traz o entendimento de que o legislador (mas não apenas ele) encontra-se vinculado, no âmbito dos deveres de proteção, à proibição de insuficiência, de tal forma que as medidas legislativas adotadas por este devem atender a níveis de proteção "suficientes para assegurar um padrão mínimo (adequado e eficaz) de proteção constitucionalmente exigido" [649] para a tutela dos direitos fundamentais. Assim, de uma conduta omissiva, mesmo que parcial, por parte do Estado, em desacordo com os deveres de proteção que lhe são impostos de modo imperativo pela norma constitucional, registra-se configurada a proibição de insuficiência, ocasionando a inconstitucionalidade da medida.

Nessa perspectiva, Vieira de Andrade aponta para a exigência do dever de proteção no plano da intervenção legislativa, o que, para além das "imposições de legislação específica" contidas nos preceitos constitucionais para proteção de direitos fundamentais, determina a formulação, em paralelo com o já tradicional princípio da proibição do excesso e inspirado nele, um princípio de *proibição de déficit* (*Untermaßverbot*), nos termos do qual o Estado está obrigado a assegurar um nível mínimo adequado de proteção dos direitos fundamentais, sendo, inclusive, responsável pelas omissões legislativas que não assegurem o cumprimento dessa *imposição genérica*.[650] Aí está, na proibição de déficit referido por Vieira de Andrade, consubstanciada a proibição de insuficiência (ou também designada de proibição de inoperância), exigindo a garantia de um mínimo de proteção no âmbito legislativo diante da regulação jurídica do seu conteúdo.

Com efeito, Sarlet destaca a ausência de uma elaboração dogmática para a proibição de insuficiência tão sofisticada e desenvolvida quanto àquela conferida ao princípio da proporcionalidade compreendido como proibição de excesso, o que, conforme destaca o autor, pode ser explicado tanto pela sua recente utilização, especialmente no plano jurisprudencial, quanto pelas resistências encontradas em sede doutrinária em face do elevado grau de ceticismo em relação à construção teórica da vedação de insuficiência. O constitucionalista gaúcho, na esteira da doutrina de Canaris, defende a autonomia dogmática da categoria da proibição de insuficiência, o que, segundo o doutrinador alemão, pode ser constatado na função dos direitos fundamentais como *imperativos de tutela* ou *deveres de proteção* do Estado, na medida em que não incidem exatamente os mesmos argumentos que são utilizados no âmbito da proibição de excesso na sua aplicação em relação aos direitos fundamentais na sua função defensiva

---

[649] SARLET, Ingo Wolfgang. "Constituição e proporcionalidade: o direito penal e os direitos fundamentais entre proibição de excesso e proibição de insuficiência". In: *Revista Brasileira de Ciências Criminais*, n. 47, Mar-Abr, 2004, p. 99-100.

[650] VIEIRA DE ANDRADE, "*Os direitos fundamentais...*", p. 144.

(como proibições de intervenção). Enquanto na esfera da proibição de intervenção está a se controlar a legitimidade constitucional de uma intervenção no âmbito de proteção de um direito fundamental, no campo dos imperativos de tutela cuida-se de uma omissão por parte do Estado em assegurar a proteção de um bem fundamental ou mesmo de uma situação insuficiente para assegurar de modo minimamente eficaz esta proteção.[651]

Canaris situa a liberdade de conformação do legislador ordinário, ao transpor para o plano infraconstitucional os comandos constitucionais relativos aos direitos fundamentais, entre a proibição de excesso e a proibição de insuficiência, exigindo que o direito infraconstitucional ofereça uma proteção eficiente no seu conjunto, o que deixa freqüentemente diversas possibilidades de variação em aberto para o legislador, quanto ao modo como esse direito deve ser especificamente conformado.[652] Nesse sentido, ao traçar a relação entre o dever de proteção e a proibição de insuficiência, Canaris destaca que o primeiro tem em conta o "se" da proteção do direito fundamental, ao passo que o segundo traz consigo a idéia de "como" o imperativo de tutela será efetivado, a ponto de resguardar as exigências mínimas na sua eficiência exigidas constitucionalmente, e se bens jurídicos e interesses contrapostos não estão sobre-avaliados.[653] Assim, num primeiro passo, há que se fundamentar a existência do dever de proteção como tal, e, num segundo momento, verificar se o direito ordinário satisfaz suficientemente esse dever de proteção, ou se, pelo contrário apresenta insuficiências nesse aspecto.[654] Diante da insuficiência protetiva, há violação do dever de tutela estatal, e, portanto, está caracterizada a inconstitucionalidade da medida, tenha ela natureza omissiva ou comissiva, sendo possível o seu controle judicial.

3.3.3. A "perspectiva procedimental e organizacional" do direito fundamental ao ambiente (e o seu caráter democrático-participativo)

Outro desdobramento da perspectiva jurídica objetiva diz respeito à função outorgada aos direitos fundamentais sob o aspecto de parâmetros para a criação e constituição de organizações (ou instituições) estatais e para o procedimento, o que permite, com base no conteúdo das normas de direitos fundamentais, extraírem conseqüências para a aplicação e interpretação das normas procedimentais, mas também para uma formatação do direito organizacional e procedimental que auxilie na efetivação da proteção aos direitos fundamentais.[655] Hesse destaca o desenvolvimento

---
[651] SARLET, "Constituição e proporcionalidade...", p. 103-104.
[652] CANARIS, "Direitos fundamentais e direito privado...", p. 119.
[653] Idem, op. cit., p. 122-123.
[654] Idem, op. cit., p. 123.
[655] SARLET, "A eficácia dos direitos fundamentais...", p. 164-165.

recente e progressivo da dimensão organizacional e procedimental dos direitos fundamentais, em vista de uma preocupação com a realização e o asseguramento desses.[656] A importância da perspectiva procedimental e organizacional resulta do fato de que a efetivação dos direitos fundamentais depende, em grande parte, da implementação, por parte dos poderes públicos, de estruturas organizacionais e procedimentos (administrativos, judiciais, etc.) capazes de garantir a efetivação e a tutela integral dos direitos fundamentais, caso contrário o seu conteúdo perecerá no mundo imaginário e textual dos juristas, como já alertou Bobbio em passagem clássica.[657] À perspectiva organizacional e procedimental cumpre a função de transpor os direitos fundamentais para o mudo da vida, criando estruturas "materiais" necessárias à realização dos direitos arrolados no centro constitucional.

Sarlet aponta para uma convergência e conexão entre os *deveres de proteção* do Estado e as *perspectivas organizacional e procedimental*, em vista de que as duas facetas da perspectiva jurídico-objetiva dos direitos fundamentais podem fundamentar a adoção de normas dispondo sobre o procedimento administrativo e judicial, bem como pela criação de órgãos, objetivando ambas as perspectivas normativas um procedimento ordenado e justo para a efetivação ou garantia eficaz dos direitos fundamentais.[658] Assim, a implementação de estruturas organizacionais e procedimentos judiciais e administrativos por parte do Estado tem como fundamento também o *dever de proteção* do ente estatal em face dos direitos fundamentais, tendo em vista que tutela adequada e realização desses demanda um conjunto de medidas tomadas no plano fático e estrutural do Estado, como, por exemplo, a criação de órgãos encarregados de promover políticas públicas de efetivação do direito ou de mecanismos judiciais capazes de afastar qualquer violação ao direito. Ambas as projeções normativas extraídas da dimensão objetiva dos direitos fundamentais – o dever de proteção do Estado e as perspectivas organizacional e procedimental – complementam-se na teia normativa traçada pela teoria dos direitos fundamentais para tutela dos valores basilares da comunidade estatal.

No mesmo horizonte argumentativo, Ferreira Mendes assevera que, nos últimos tempos, a doutrina vem utilizando-se do conceito de *direito à organização e ao procedimento (Recht auf Organization und auf Verfahren)* para designar todos aqueles direitos fundamentais que dependem, para a sua realização, tanto de providências estatais com vistas à criação e conformação de órgãos, setores ou repartições (direito à organização), como de outras, normalmente de índole normativa, destinadas a ordenar a fruição de determinados direitos ou garantias, como é o caso das garantias pro-

---

[656] HESSE, "Elementos de direito constitucional...", p. 287.
[657] BOBBIO, "A era dos direitos...", p. 9-10.
[658] SARLET, "A eficácia dos direitos fundamentais...", p. 165.

cessuais-constitucionais (direitos de acesso à Justiça, direitos de proteção judiciária, direitos de defesa).[659] Na verdade, o direito à organização e o direito ao procedimento delineiam técnicas a serem levadas a cabo pelo Estado para a efetivação dos direitos fundamentais. Tais perspectivas apresentam uma função instrumental para a realização dos direitos fundamentais, mas não de menor importância, uma vez que é através de tais mecanismos organizacionais e procedimentais que os direitos fundamentais transcendem do texto para a vida.

O *direito à organização em sentido estrito* e o *direito ao procedimento em sentido estrito* diferenciam-se conceitualmente. Em relação a esse último, têm-se os procedimentos ou instrumentos administrativos e judiciais de que dispõe o titular do direito fundamental para assegurar a sua proteção e concretização. A função do direito ao procedimento é de instrumentalizar e garantir uma proteção efetiva dos direitos materiais que objetiva concretizar, determinando posições jurídicas subjetivas frente ao Estado e a particulares. No mesmo compasso, Alexy destaca que os direitos a procedimentos judiciais e administrativos são essencialmente direitos a uma "proteção jurídica efetiva", objetivando através do procedimento a garantia dos direitos materiais do seu respectivo titular.[660] Não é diferente o entendimento de Marinoni, ao afirmar que "o direito fundamental de ação pode ser concebido como um direito à fixação das técnicas processuais idôneas à efetiva tutela do direito material".[661]

Em verdade, o direto ao procedimento, judicial e administrativo, opera como projeção do próprio direito material, já que busca conferir a esse uma tutela integral e efetiva. Alinhado à "doutrina da norma de proteção", Pereira da Silva pontua que o dever do Estado de assegurar a eficácia dos direitos fundamentais, tanto através do procedimento administrativo quanto do processo judicial, coloca nas mãos no indivíduo um direito subjetivo a exigir do Estado o cumprimento de tais regras processuais e procedimentais.[662]

No tocante à matéria ambiental, Canotilho acentua que os "direitos procedimentais ambientais", independentemente do reconhecimento de um direito fundamental ao ambiente como direito subjetivo, expressam-se sob a forma de direitos de informação, direitos de participação e direitos de ação judicial.[663] Por sua vez, Pereira da Silva reconhece que o direito fundamental ao ambiente implica o reconhecimento pela ordem jurídica dos respectivos "direitos ao procedimento e ao processo" necessários à

---

[659] MENDES, "*Direitos fundamentais...*", p. 8.
[660] ALEXY, "*Teoría de los derechos fundamentales...*", p. 472.
[661] MARINONI, "*Teoria geral do processo...*", p. 207.
[662] PEREIRA DA SILVA, "*Verde cor de direito...*", p. 138, nota 2.
[663] CANOTILHO, "*O direito ao ambiente como direito subjetivo*", p. 187.

sua efetivação.[664] No mesmo sentido, Benjamin identifica como técnica de tutela do direito fundamental ao ambiente na Constituição brasileira os direitos procedimentais ou instrumentais dele decorrentes, os quais viabilizam a "execução e implementação dos direitos e das obrigações materiais"[665] decorrentes da proteção ambiental.

No cenário brasileiro, têm-se como *procedimentos judiciais* atinentes à matéria, entre outros instrumentos, a ação civil pública promovida por associação civil de proteção do ambiente (art. 1º, I, combinado com o art. 5º, II, da Lei 7.347/85), a ação popular promovida pelo cidadão para anular ato lesivo ao ambiente (art. 5º, LXXIII, da Constituição e Lei 4.717/65), o mandado de segurança individual e coletivo (art. 5º, LXIX e LXX), a ação direta de inconstitucionalidade (Lei 9.868/99), entre outros, ao passo que, como *procedimentos administrativos*, destacam-se o estudo e o relatório de impacto ambiental (arts. 9º, III, e 10 da Lei 6.938/81 e Resolução 09/87 do Conselho Nacional do Meio Ambiente), o inquérito civil (art. 8º, §1º, da Lei 7.347/85), o licenciamento ambiental, o direito de petição aos órgãos públicos (art. 5º, XXXIII), o direito à informação e participação (art. 225, § 1º, IV, da Constituição, combinado com o art. 10º, § 1º, da Lei 6.938/81 e art. 11 da Resolução 01/86 do Conselho Nacional do Meio Ambiente, Lei 9.433/97 da Política Nacional de Recursos Hídricos de 1997, Lei 9.795 da Política Nacional de Educação Ambiental), contando, inclusive, com a realização de audiência pública no licenciamento ambiental (art. 1º da Resolução 09/87 do Conselho Nacional do Meio Ambiente),[666] etc.

Nesse aspecto, merece registro a lição de Marinoni que, a partir de uma leitura do processo civil com base na teoria dos direitos fundamentais e do direito constitucional, afirma que a participação através da ação judicial (e o mesmo raciocínio se aplica aos procedimentos administrativos) justifica-se também numa perspectiva democrática, já que essa "não mais se funda ou pode se fundar o sistema representativo tradicional".[667] As ações judiciais conformam o *direito à participação* inerente aos direitos fundamentais, permitindo a democratização do poder através da participação popular, que, conforme pontua Marinoni, se dá, no caso da ação judicial, de forma direta.[668] O eminente processualista traz o exemplo da ação popular como sendo um "instrumento pelo qual o indivíduo exerce

---

[664] PEREIRA DA SILVA, "*Verde cor de direito...*", p. 139.

[665] BENJAMIN, "*Constitucionalização do ambiente...*", p. 95.

[666] Com relação à audiência pública, PEREIRA DA SILVA reconhece o *direito à audiência* nos procedimentos administrativos de natureza ambiental como direito fundamental e fase obrigatória do procedimento administrativo, tendo como objetivo possibilitar uma tomada de decisão mais correta em face da globalidade dos interesses em jogo. O desrespeito do direito fundamental em questão implicaria a nulidade do procedimento administrativo. PEREIRA DA SILVA, op. cit., p. 152.

[667] MARINONI, "*Teoria geral do processo...*", p. 196.

[668] Idem, op. cit., p. 198.

o seu direito de tomar parte na gestão dos negócios públicos", espelhando o exercício de um direito político.⁶⁶⁹

Por sua vez, Benjamin refere que, como benefício substantivo da "constitucionalização" da proteção do ambiente, deve-se "ampliar os canais de participação pública, sejam os administrativos, sejam os judiciais", com o afrouxamento do formalismo individualista especialmente para os procedimentos judiciais, que é a marca da legitimação para agir tradicional. O Ministro do Superior Tribunal de Justiça defende o entendimento de que, em alguns casos, conforme a dicção utilizada pelo legislador constitucional, "essa legitimação ampliada pode vir a ser automaticamente aceita pelo Poder Judiciário, sem necessidade de intervenção legislativa".⁶⁷⁰

A ampliação da legitimidade para a propositura de determinadas ações, especialmente diante da tutela de direitos difusos e coletivos, como no caso da ação civil pública e da ação direta de inconstitucionalidade, também toma uma feição de concretização do princípio democrático e da garantia do acesso à justiça, conformando a perspectiva procedimental dos direitos fundamentais. Como assevera Marinoni, "quanto mais se alarga a legitimidade para a propositura dessas ações, mais se intensifica a participação do cidadão – ainda que representado por entidades – e dos grupos no poder e na vida social".⁶⁷¹ Assim, de forma a romper com uma concepção democrática tradicional, espelhada basicamente em uma abordagem representativa e indireta, a abertura cada vez maior das portas do Poder Judiciário e o reconhecimento de tal poder como uma instância política legitimada constitucionalmente a atuar na proteção dos direitos fundamentais justificam atuação judicial crescente dos cidadãos, individualmente ou através de instâncias coletivas (associações civis, etc.) ou mesmo estatais (Defensoria Pública, Ministério Público, Procons, etc.), o que deve ser tido como uma legítima forma de atuação política, compatível com os ditames de uma democracia direta, a qual, inclusive, é referida por alguns também como um direito fundamental.⁶⁷²

Com relação ao *direito à organização* ou à *perspectiva organizacional* em matéria ambiental, é atribuído ao Estado o dever objetivo de criar órgãos na estrutura dos três poderes – administração pública, legislativo e judiciário – capazes de assegurar políticas públicas na matéria e efetivar a proteção e realização do direito fundamental ao ambiente. No contexto jurídico-administrativo do Estado brasileiro, o direito à organização em matéria ambiental pode ser vislumbrada através dos órgãos integrantes

---

⁶⁶⁹ Idem, *"Teoria geral do processo..."*, 198.

⁶⁷⁰ BENJAMIN, *"Constitucionalização do ambiente..."*, p. 76.

⁶⁷¹ MARINONI, op. cit., 199.

⁶⁷² No sentido de conferir à democracia o *status* de um direito fundamental de quarta dimensão, BONAVIDES, *"Curso de direito constitucional..."*, p. 525.

do Sistema Nacional do Meio Ambiente (SISNAMA),[673] tendo o Conselho Nacional do Meio Ambiente (CONAMA) como seu órgão consultivo e deliberativo, o Ministério do Meio Ambiente como seu órgão central, o Instituto Brasileiro do Meio Ambiente e dos Recursos Naturais Renováveis (IBAMA) como seu órgão executor, além do órgão seccionais e locais, determinando uma atuação administrativa conjunta entre todos os entes da federação, União, Estados, Distrito Federal e Municípios. Também como projeção do direito à organização, tem-se a especialização de instâncias judiciais (varas, circunscrições, câmaras, etc.) especializadas na matéria ambiental,[674] bem como a criação de comissões legislativas especializadas na matéria ambiental.

A perspectiva organizacional deve potencializar ao máximo a participação democrática dos cidadãos nos órgãos ambientais, bem como garantir a todos o acesso à informação atinente à matéria ambiental[675] de que dispõem os órgãos públicos (e, por vezes, também os particulares, em vista da eficácia dos direitos fundamentais nas relações entre particulares). Em razão do direito à informação ambiental, como corolário do próprio direito fundamental ao ambiente e da sua dimensão democrática e cidadã (e também à luz dos princípios da prevenção e da precaução), deve-se destacar a inversão do ônus da prova, tanto no âmbito administrativo quanto judicial, recaindo esse sobre quem pretenda desenvolver uma determinada atividade cuja lesividade para o ambiente já seja conhecida, bem como quando não esteja cientificamente comprovada.[676] Portanto, a inversão do ônus da prova nos procedimentos judiciais e administrativos[677] e a divulgação pública da informação neles consubstanciada são também mecanismos eficientes para garantir a dimensão procedimental do direito fundamental ao ambiente, possibilitando uma participação e um controle social mais amplos sobre o processo político ambiental (administrativo, judicial, e também legislativo). Esse, por exemplo, é o conteúdo consubstanciado na norma do artigo 225, § 1º, IV, quando estabelece que seja dada publicidade ao estudo prévio de impacto ambiental exigido para a instalação de obra ou atividade potencialmente causadora de significativa degradação ambiental.

Quanto ao procedimento, especialmente no âmbito administrativo, deve ser conferida uma perspectiva democrática, possibilitando aos atores sociais (associações ambientalistas, cidadãos, associações de bairro, etc.)

---

[673] Art. 6º da Lei da Política Nacional do Meio Ambiente (L. 6.938/81).

[674] Tais experiências já se fazem presentes na Justiça Federal da 4ª Região, no Tribunal de Justiça de São Paulo, entre outras instâncias judiciárias.

[675] Sobre a temática da informação em matéria ambiental, é digna de registro a recente obra de MACHADO, Paulo Afonso Leme. *Direito à informação e meio ambiente*. São Paulo: Malheiros, 2006.

[676] Sobre o tema, cfr. GOMES, "*A prevenção à prova...*" p. 35-39.

[677] O tema da inversão do ônus da prova em matéria ambiental será abordado com maior minúcia no ponto sobre a eficácia do direito fundamental ao ambiente nas relações entre particulares.

uma participação qualificada (e, portanto, necessariamente informada) e ativa na formação da vontade e tomada de decisão político-administrativa. Como destaca Gomes, na medida em que a proteção ambiental é um objetivo do "Estado de Ambiente", ela deve ser viabilizada, por um lado, através da colaboração e participação de todos os atores sociais, numa lógica de convencimento e não de imposição, sendo, portanto, a vertente dialógica do procedimento autorizativo ou licenciador um instrumento de formação de consensos; por outro lado, as exigências da proteção do ambiente obrigam a um constante aperfeiçoamento das técnicas e a uma contínua revisão de dados que só a dimensão temporal (continuada) da autorização permite concretizar.[678]

A ordem constitucional brasileira, preocupada com a efetivação da proteção do ambiente (art. 225, § 1º), serviu-se de um conjunto de instrumentos administrativos e judiciais para cumprir tal missão constitucional, dando forma à perspectiva procedimental do direito fundamental ao ambiente. Como referência do "espírito ambiental" contido na Constituição Federal de 1988, tem-se a previsão do estudo de impacto ambiental para a instalação de obra ou atividade potencialmente causadora de significativa degradação do ambiente, do qual deverá ser dada publicidade (inciso IV). Com base em tal instrumento administrativo (que configura a perspectiva procedimental e organizacional do direito fundamental ao ambiente), vislumbra-se a preocupação constitucional com a efetivação e proteção do direito fundamental em questão. O referido instituto, no seu procedimento, também concretiza o princípio democrático e a cidadania ambiental, já que dispõe acerca da publicidade que deve ser dada ao seu conteúdo, garantindo a participação popular na formulação da vontade e da tomada de decisão política, através da audiência pública.[679]

Por fim, pode-se destacar a conexão entre direitos fundamentais e procedimentos jurídicos, devendo unir-se o aspecto material e o aspecto procedimental num modelo que garanta o primado do direito material.[680] A importância do procedimento é vislumbrada também para a concretização do mínimo existencial (que será abordado no presente trabalho na sua versão ecológica), como referem Barcellos[681] e Barroso,[682]

---

[678] GOMES, "A prevenção à prova...", p. 97-98.

[679] No sentido da "democratização" da atividade administrativa, o que ganha especial relevância nos procedimentos administrativos de tutela ambiental, GOMES destaca que "a democracia participativa irradiou para a actividade administrativa, abrindo as portas do procedimento à intervenção dos interessados para defesa dos seus interesses e para a formação de consensos alargados em torno da noção de interesse publico". GOMES, op. cit., p. 63.

[680] ALEXY, "Teoría de los derechos fundamentales...", p. 474.

[681] BARCELLOS, "A eficácia jurídica dos princípios constitucionais...", p. 325-333.

[682] BARROSO, Luís Roberto. "Fundamentos teóricos e filosóficos do novo direito constitucional brasileiro – Pós-modernidade, teoria crítica e pós-positivismo". In: *Revista do Ministério Público do Estado do Rio Grande do Sul*, n. 46. Porto Alegre: Metrópole, 2002, p. 59.

na medida em que inserem no seu conteúdo um elemento instrumental – acesso à justiça –, capaz de garantir a concretização do seu conteúdo material (saúde, educação, moradia, alimentação e assistência social, etc.). Assim como a alma precisa de um corpo para possibilitar uma existência concreta e plena, os direitos fundamentais necessitam estruturas organizacionais e procedimentais para a sua plena realização no plano fático. Caso contrário, os direitos fundamentais permanecerão como "almas penadas" vagando no imaginário dos juristas e das pessoas de um modo geral.

3.3.3.1. Direitos transindividuais, acesso à justiça e proteção do ambiente

> Nossa época, já tivemos oportunidade de ver, traz prepotentemente ao palco novos interesses "difusos", novos direitos e deveres que, sem serem públicos no senso tradicional da palavra, são, no entanto, coletivos: desses ninguém é titular, ao mesmo tempo que todos os membros de um dado grupo, classe, ou categoria, deles são titulares. A quem pertence o ar que respiro?[683]

O surgimento dos direitos transindividuais coloca novos desafios para o jurista contemporâneo. Em vista de uma sociedade de relações massificas, o Direito abandona sua concepção liberal-individualista para conceber cada vez mais demandas sociais de natureza plural e coletiva, modelando uma nova forma de conceber o processo civil, especialmente em face das garantias constitucionais do acesso à justiça e da inafastabilidade do controle jurisdicional (art. 5º, XXXV) expressos na Constituição brasileira de 1988. Os exemplos mais importantes dos direitos transindividuais estão na defesa do consumidor (art. 5º, XXXII e art. 170, V) e na tutela do ambiente (arts. 225 e 170, VI), ambos integrantes do rol constitucional dos direitos fundamentais. O processo civil, nesse caminhar, passa a estabelecer um diálogo franco e aberto com a Constituição, e especialmente com a teoria dos direitos fundamentais, sem nunca perder de vista a natureza de "instrumento" ou "meio" das normas processuais para com o direito material ("fim"). A efetivação dos direitos e a pacificação social são o verdadeiro "fim" das normas processuais.

No intuito de caracterizar a nova ordem de direitos e interesses de natureza transindividual, é oportuna a leitura dos textos de Cappelletti, que, já em meados da década de 70, diagnosticava a emergência das relações massificadas em nossas comunidades, destacando-se o seu célebre questionamento que caracteriza a natureza difusa do direito ao ambiente e elucida esta nova ordem de valores coletivos: "a quem pertence o ar que respiro?". Com tal quadro da realidade social, ao processo civil cumpre

---

[683] CAPPELLETTI, Mauro. "Formações sociais e interesses coletivos diante da justiça civil". In: *Revista de Processo*, Ano II, N. 5, Jan/Mar, 1977, p. 135.

ajustar-se aos novos direitos transindividuais a ponto de garantir a sua tutela adequada e efetiva.[684] Como instrumento ou meio de realização do direito material, o processo não pode opor barreiras formais à concretização dos direitos, especialmente quando estiverem em causa direitos fundamentais, mas deve mostrar-se flexível e modelável em face da formatação dos novos direitos transindividuais, sempre em vista da garantia constitucional do acesso à justiça[685] e do direito fundamental a uma tutela jurisdicional efetiva.[686] Tal perspectiva pode ser verificada a partir da criação de técnicas processuais adequadas e necessárias a uma tutela jurisdicional efetiva, como, por exemplo, a inversão do ônus da prova nos processos coletivos de matéria ambiental, uma atuação mais ativa do Poder Judiciário quando estiverem em litígio direitos fundamentais e a criação de um código de processo coletivo.[687]

O *acesso à justiça* no âmbito dos direitos transindividuais apresenta diversas possibilidades, podendo ser viabilizado tanto através de instituições estatais (Defensoria Pública, Ministério Público ou demais entes públicos) como através de atores privados, com o manuseio da ação civil pública[688] por associações civis (por exemplo, de defesa ecológica ou dos direitos dos consumidores) ou mesmo através da atuação individual, como ocorre no caso da tutela ambiental viabilizada pela ação popular e pelas ações que tutelam os direitos de vizinhança. É importante sempre ter em conta a dimensão política e democrática da garantia constitucional do acesso à justiça, em razão de que a via judicial também é uma instância de atuação política e exercício da cidadania. Nesse contexto, o próprio papel do Estado, e especialmente do Poder Judiciário, deve estar ajustado à salvaguarda dos direitos fundamentais. Há que se abrir as portas dos Tribunais aos direitos transindividuais e garantir o acesso à justiça, materializando tais direitos no "mundo da vida". E, para tanto, deve-se defender a idéia em torno de um acesso à justiça "substancial", e não apenas "formal", com a implementação de técnicas processuais capazes de "levar a sério" os direitos transindividuais.[689]

---

[684] Nesse sentido, MAZZILLI revela a necessidade de a ordem jurídica reconhecer que o acesso individual dos lesados à justiça seja substituído por um processo coletivo, apto a conduzir a uma solução mais eficiente da lide. MAZZILLI, Hugo Nigro. *A defesa dos interesses difusos em juízo*. 15.ed. São Paulo: Saraiva, 2002, p. 44.

[685] Cfr., na mesma perspectiva, MANCUSO, Rodolfo de Camargo. *Interesses difusos*: conceito e legitimação para agir. 4.ed. São Paulo: Revista dos Tribunais, 1997, p. 32

[686] Nessa linha, cfr. MARINONI, *"Teoria geral do processo..."*, p. 113.

[687] Cfr. o Código Modelo de Processos Coletivos, editado pelo Instituto Ibero-Americano de Direito Processual, no ano de 2004, que foi elaborado, entre outros, pelos seguintes juristas brasileiros: Ada Pellegrini Grinover, Aluisio Gonçalves de Castro Mendes, Antonio Gidi e Kazuo Watanabe.

[688] Cfr. MANCUSO, Rodolfo de Camargo. *Ação civil pública*. 6.ed. São Paulo: Revista dos Tribunais, 1999.

[689] À luz de tal ideário de um processo civil voltado à efetivação dos direitos fundamentais, especialmente no caso da proteção ambiental, a decisão (e lição) do Desembargador RENATO NALINI, do

O surgimento dos interesses e direitos transindividuais (difusos, coletivos em sentido estrito e individuais homogêneos) na sociedade contemporânea[690] aponta para novos horizontes jurídicos. Nesse contexto, o Estado Socioambiental de Direito recepciona e constitui-se a partir desses novos direitos de natureza coletiva, principalmente no que diz respeito à proteção ambiental. As lentes individualistas do direito liberal não vislumbram sucesso na compreensão da realidade contemporânea. Os novos direitos e interesses transindividuais emergentes na sociedade contemporânea (pelos menos desde a década de 70[691]) impõem a adaptação e reestruturação do Estado de Direito, a fim de que as nossas demandas sociais de natureza coletiva e transindividual possam ser contempladas pela ordem jurídica. De uma perspectiva individualista dos conflitos judiciais e das relações sociais, parte-se cada vez mais para a sua compreensão coletiva e plural. A relação entre Estado e sociedade é reformulada a partir dessa nova ordem de direitos impulsionados pelas relações sociais massificadas, ocupando ambos um papel central na efetivação de tais direitos. As novas relações sociais que marcam o atual estágio civilizatório têm como característica fundamental a complexidade, o que demanda, para a sua adequada compreensão, uma leitura contextual e abrangente dos fenômenos social e ambiental, caracterizados como um todo inter-relacionado.

A consolidação dos interesses ditos transindividuais (ou seja, aqueles atinentes a toda coletividade), como assevera Bolzan de Morais, é uma das características marcantes do Direito contemporâneo, já que tais interesses, por seus vínculos com categorias inteiras de indivíduos, passam a exigir novos arranjos nas relações entre Estado e sociedade, bem como um reposicionamento teórico da ciência jurídica. Nesse ponto, destaca o autor

---

Tribunal de Justiça do Estado de São Paulo, ao admitir a inversão do ônus da prova em lide ambiental: "(...) Ao erigir o *meio ambiente como bem da vida fundamental não apenas para as gerações viventes, como para aquelas do porvir*, o constituinte conferiu singular relevo à tutela ecológica e acenou com a imprescindibilidade de *novo olhar do operador jurídico para a efetiva proteção da natureza, sobretudo na flexibilização do formalismo estéril, do praxismo burocrático e do exagerado apego aos preceitos processuais*. A efetiva tutela do ambiente não prescinde de uma arejada exegese e de conseqüente implementação de princípios quais a *instrumentalidade do processo*, além de adequada incidência dos *princípios da precaução, da prevenção, do poluidor-pagador e da responsabilidade objetiva do degradador*" (grifos nossos) (TJSP, AI 560.154-5/5, Seção de Direito Público, Câmara Especial do Meio Ambiente, Rel. Des. Renato Nalini, julgado em 14.12.2006).

[690] A fim de caracterizar a recepção e positivação dos direitos transindividuais (ou coletivos em sentido amplo) no âmbito do ordenamento jurídico brasileiro, merece registro a classificação e conceituação apresentada pelo Código de Defesa do Consumidor (Lei 8.078/90) no parágrafo único do seu art. 81, a qual será tomada como referência conceitual e normativa no presente trabalho: a) *interesses ou direitos difusos* – assim entendido os transindividuais, de natureza indivisível, de que sejam titulares pessoas indeterminadas e ligadas por circunstâncias de fato; b) *interesses ou direitos coletivos* – assim entendidos os transindividuais, de natureza indivisível de que seja titular grupo, categoria ou classe de pessoas ligadas entre si ou com a parte contrária por uma relação jurídica base; c) *interesses ou direitos individuais homogêneos* – assim entendidos os decorrentes de origem comum.

[691] Conforme referido em passagem anterior, cfr. CAPPELLETTI, Mauro. "Formações sociais e interesses coletivos diante da justiça civil". In: *Revista de Processo*, Ano II, N. 5, Jan/Mar, 1977, p. 135.

que a atenção volta-se, em especial, para os direitos coletivos e difusos, que encontram nos problemas ambientais um exemplo particularmente ilustrativo e bem acabado, e não mais para as questões individuais que sempre caracterizaram a tradição do direito liberal.[692] Como enfrentamento da tradição do direito liberal, Bolzan de Morais destaca que os direitos transindividuais implicam a transposição do paradigma jurídico clássico, marcado por uma concepção eminentemente individualista, já que se referem a um "conjunto inapreensível quantitativamente e que, projetando-se ao infinito, pode significar o interesse da espécie humana em sua própria manutenção e, qualitativamente, representam a reversão completa do quadro de paixões e interesses propostos nos últimos séculos por toda uma visão utilitária de mundo".[693]

Benjamin acentua com propriedade em alentado artigo sobre a nova feição do Direito (material e processual) e a ruptura com sua veste liberal-invidividualista impulsionadas pela proteção do ambiente e defesa dos consumidores, destacando que:

> o individualismo, com a sua tônica no homem isolado e na presunção de igualdade, não só deu ensejo às ficções jurídicas mais diversas – entre elas e a garantia "passiva" do acesso à justiça –, como podou, disfarçada ou abertamente, a tutela da supra-individualidade. O *laissez-faire* jurídico condenou os interesses e direitos meta-individuais a uma camisa de forças injustificável, satisfazendo-se com o massacre de tudo o que não fosse egoisticamente reduzido ou reduzível à pequenez do indivíduo.[694]

Ao traçar as conexões entre direitos fundamentais e direitos transindividuais, Miranda refere que estes são uma manifestação da existência ou do alargamento de "necessidades coletivas individualmente sentidas", o que traduz um dos entrosamentos específicos de Estado e sociedade, implicando formas complexas de relacionamento entre pessoas e os grupos no âmbito da sociedade política que só podem ser apreendidos numa nova perspectiva de cultura cívica e jurídica.[695] O constitucionalista português destaca ainda que os direitos transindividuais representam necessidades comuns a conjuntos mais ou menos largos e indeterminados de indivíduos e que somente podem ser satisfeitas numa perspectiva comunitária, não sendo nem interesses públicos, nem puros interesses individuais, ainda que possam projetar-se, de modo específico, direta ou indiretamente, nas esferas jurídicas destas ou daquelas pessoas.[696] Como exemplo de direitos transindividuais, o autor elenca, além da defesa do ambiente e conservação da natureza, o patrimônio cultural, a saúde pública, a proteção do

---

[692] MORAIS, José Luis Bolzan de. "O surgimento dos interesses transindividuais". In: *Revista Ciência e Ambiente* – Universidade Federal de Santa Maria, n. 17, Jul-dez/1988, p. 07.

[693] MORAIS, *"Do direito social aos interesses transindividuais..."*, p. 226.

[694] BENJAMIN, Antônio Herman. "A insurreição da aldeia global contra o processo civil clássico: apontamentos sobre a opressão e a libertação judiciais do ambiente e do consumidor". In: *Textos "Ambiente e Consumo"*, Volume I. Lisboa: Centro de Estudos Jurídicos, 1996, p. 288.

[695] MIRANDA, *"Manual de direito constitucional..."*, p. 69.

[696] Idem, *"Manual de direito constitucional..."*, p. 69.

consumidor, cobertura médica e hospitalar, a existência de um rede de transportes e equipamentos sociais, existência de uma rede de creches e de outros equipamentos sociais de apoio à família, etc. [697]

O jurista italiano Mauro Cappelletti, já na década de 70, foi um dos primeiros a diagnosticar e fotografar a nova realidade de massificação das demandas sociais, denunciando a ruptura de uma visão individualista do processo judicial impulsionada por uma concepção social ou coletiva do Direito.[698] Com relação especificamente aos direitos difusos e coletivos, Cappelletti pontua que a sua caracterização demarca uma verdadeira *revolução* no âmbito do processo civil, mais especificamente em relação ao *acesso à justiça* (por exemplo, dos consumidores e dos movimentos ecológicos), determinando a reformulação das noções tradicionais básicas do processo civil e do papel dos tribunais.[699] O jurista italiano destaca a existência de três "ondas" que expressam a evolução do acesso à justiça, sendo caracterizadas respectivamente: 1) assistência judiciária para os pobres; 2) representação dos interesses difusos; e 3) efetividade dos mecanismos de acesso à justiça.[700] A terceira onda aponta para a necessidade de instituições estatais com tal missão constitucional (ex. implementação e aparelhamento da Defensoria Pública e do Ministério Público), de instrumentos de prevenção de litígios e de técnicas processuais ajustadas à natureza dos direitos materiais. Aí está também consubstanciada a garantia constitucional da razoável duração do processo, recentemente introduzida no nosso catálogo de direitos fundamentais (art. 5°, LXXVIII, CF).

A fotografia revelada por Cappelletti tem ao seu fundo, para além dos ajustes necessários ao instrumento processual, uma nova dimensão material de direitos, que ultrapassa a concepção eminentemente individualista do Estado Liberal e mesmo a concepção coletiva do Estado Social, em razão de que, para além de indivíduos e certos grupos sociais, a nova ordem de direitos transindividuais transpõem todas as barreiras postas pelos modelos anteriores em termos de titularidade de direitos para contemplar uma titularidade indeterminada e disseminada no âmbito de toda a sociedade, nacional e mesmo internacional. Os direitos e interesses dos consumidores e os direitos ambientais reivindicados pelos movimentos ecológicos são os grandes e paradigmáticos exemplos da nova "cara pintada" jurídica, caracterizando o marco dos direitos transindividuais.

No mesmo sentido, Zavascki refere que o aperfeiçoamento do sistema processual no sentido de conceber mecanismos adequados à tutela de direitos coletivos, bem como de direitos individuais atingidos ou amea-

---

[697] Idem, op. cit., p. 69.
[698] CAPPELLETTI, Mauro; GARTH, Bryant. *Acesso à justiça*. Porto Alegre: SAFE, 2002, p. 51.
[699] CAPPELLETTI; GARTH, op. cit., p. 49.
[700] Idem, op. cit., p. 67-73.

çados por lesivos de grande escala, deveu-se especialmente em razão da conscientização dos meios sociais para a adoção de medidas destinadas a: (a) a preservar o meio ambiente, fortemente agredido pelo aumento cada vez maior do número de agentes poluidores, e (b) proteger os indivíduos na sua condição de consumidores, atingidos, com acentuada intensidade, pelas conseqüências negativas de uma economia de mercado cegamente voltada para o lucro, num ambiente caracterizado por renitentes crises inflacionárias.[701] O Ministro do Superior Tribunal de Justiça destaca ainda que, tendo a proteção do ambiente e a defesa do consumidor dado o ponto de partida para o movimento reformador de vários sistemas jurídicos, as medidas corretivas do sistema implicaram a adoção tanto de normas de "direito material (civil e penal) destinadas a dar consistência normativa" à tutela dos novos bens jurídicos lesados quanto novos "mecanismos de natureza processual para operacionalizar a sua defesa em juízo", considerando-se a absoluta inaptidão dos "velhos" métodos processuais tradicionais para dar conta dos novos conflitos sociais, marcados pela sua dimensão transindividual.[702]

A reforma processual, como acentua Zavascki acima, trouxe também consubstanciada uma reforma do próprio direito material, que acabou por incorporar ao sistema jurídico os novos direitos transindividuais, coletivos e difusos (e também os individuais homogêneos), captando os novos conflitos sociais legitimados no âmbito comunitário. Na ordem jurídica brasileira, os direitos transindividuais foram contemplados por inúmeros diplomas legislativos desde os anos 80, destacando-se o paradigma da Lei da Ação Civil Pública (Lei 7.347/85), que disciplinou a "ação civil pública de responsabilidade por danos causados ao meio ambiente, ao consumidor, a bens e direitos de valor artístico, estético, histórico, turístico e paisagístico", e aos direitos e interesses difusos e coletivos de um modo geral (Lei 7.347, de 24.07.85); sendo seguida por outras legislações que dispuseram sobre a tutela: de interesses transindividuais de pessoas portadoras de deficiências (Lei 7.853, de 24.10.89); de crianças e adolescentes (Lei 8.069, de 13.07.90); de consumidores (Lei 8.078, de 11.09.90); da probidade na administração pública (Lei 8.429, de 02.06.92); da ordem econômica (Lei 8.884, de 11.06.94) e dos interesses das pessoas idosas (Lei 10.741, de 01.10.03). Também merece destaque a Lei da Política Nacional do Meio Ambiente (Lei 6.938/81), que, de certa forma, abre o cenário jurídico brasileiro para os direitos transindividuais, com a positivação da proteção ambiental em diploma legislativo próprio.

A Constituição Federal de 1988 também foi generosa com a tutela dos direitos transindividuais, consagrando instrumentos de acesso à justiça na matéria para a tutela de tais relações jurídicas, abrindo as portas do

---

[701] ZAVASCKI, "*Processo coletivo...*", p. 33.

[702] Idem, op. cit., p. 34.

Judiciário para a tutela de tais direitos. Os exemplos mais importantes dos direitos transindividuais estão na defesa do consumidor (arts. 5º, XXXII, e 170, V) e na tutela do ambiente (art. 225), ambos integrantes do rol dos direitos fundamentais. Nesse contexto, é importante destacar o lugar de destaque do Ministério Público (dos Estados, do Distrito Federal e da União) na tutela dos interesses transindividuais, em vista do papel constitucional de guardião dos direitos coletivos e difusos que foi conferido à instituição, conforme dispõe o art. 129, III, da Constituição brasileira.[703] Agora, também ganha destaque cada vez mais a atuação da Defensoria Pública (estadual e federal) na tutela dos direitos transindividuais, e mesmo individuais homogêneos, tendo em vista ter sido sancionado recentemente diploma legislativo (Lei 11.448/07) que conferiu à instituição legitimação extraordinária para a propositura de ação civil pública, alterando dispositivo da Lei da Ação Civil Pública (art. 5º da Lei 7.347/85). Tal mudança legislativa acaba por forçar ainda mais a abertura do Judiciário às demandas coletivas, especialmente dos pobres do Brasil, garantindo a estes o acesso à justiça que até então lhes era negado em grande medida.

Como refere Mateo, a própria originalidade da proteção jurídica do ambiente (e do Direito Ambiental) e a nova feição dos direitos nela consubstanciados produzem o fenômeno do seu "enclausuramento" jurídico, o que é ocasionado pelas tipologias clássicas e a dificuldade de adaptação das suas técnicas (pensadas apenas para a defesa patrimonial de uns sujeitos frente a outros), não sendo capazes de dar soluções adequadas, como, por exemplo, em face das circunstâncias particulares de alguns bens ambientais que são de todos e que nem sequer em muitos casos são fisicamente apropriáveis em termos imobiliários e econômicos.[704] Esse é o desafio posto para o jurista do Estado Socioambiental, o qual, a fim de libertar o direito ambiental do seu enclausuramento liberal-individualista, deve comprometer-se com os ajustes necessários ao sistema jurídico (como por exemplo, reformas no processo civil e nos procedimentos administrativos) para realizar os direitos transindividuais, objetivando uma tutela integral da dignidade humana diante dos novos enfrentamentos existenciais que afloram no mundo contemporâneo, especialmente no que tange aos riscos e à degradação ambiental.

Conforme lição de Alexy, os direitos a procedimentos judiciais e administrativos, como projeções normativas da perspectiva objetiva dos direitos fundamentais, são essencialmente direitos a uma "proteção jurídica efetiva", objetivando através do procedimento a garantia dos direitos materiais do seu respectivo titular.[705] Em verdade, o direito a procedimentos

---

[703] Sobre a atuação do Ministério Público na tutela dos interesses difuso, cfr. MAZZILLI, "A defesa dos interesses difusos...", p. 68 e ss.

[704] MATEO, "Manual de derecho ambiental...", p. 57.

[705] ALEXY, "Teoría de los derechos fundamentales...", p. 472.

(judiciais e administrativos) opera como projeção do próprio direito material em si, já que busca conferir a este uma tutela integral e efetiva. Como pontua Alexy, a conexão entre direitos fundamentais e procedimentos jurídicos objetiva unir o aspecto material e o aspecto procedimental num modelo que garanta o primado do direito material.[706] A importância do procedimento é fundamental para contemplar um sistema de tutela efetiva de direitos. Cabe ao processo civil, portanto, criar técnicas capazes de dar conta de uma tutela adequada e efetiva aos direitos, especialmente daqueles dotados de jusfundamentalidade, mas sem nunca perder de vista a sua natureza de instrumento e o primado do direito material. Com tal "espírito" constitucional em vista, é preciso que o processo civil ajuste-se, como uma vestimenta, aos novos direitos transindividuais, a ponto de garantir o *acesso à justiça substancial* de tais interesses legítimos da *sociedade de risco* contemporânea.

3.3.4. A eficácia do direito fundamental ao ambiente nas relações entre particulares

A eficácia dos direitos fundamentais nas relações entre particulares é tema ainda pouco explorado no cenário jurídico brasileiro. Em que pese importantes contribuições da doutrina pátria,[707] a matéria ainda não ganhou a devida atenção e espaço jurídico, especialmente por parte da jurisprudência, não obstante o Supremo Tribunal Federal já ter sinalizado para uma eficácia direta entre particulares em algumas das suas decisões.[708] A irradiação da eficácia dos direitos fundamentais no âmbito das relações entre particulares assume função central na consolidação do Estado Socioambiental de Direito contemporâneo, que, como outrora a História vislumbrou a simbólica queda do Muro de Berlim e a unificação de uma dicotomia instaurada no cenário político mundial, observa-se hoje as fron-

---

[706] Idem, op. cit., p. 474.

[707] Entre as obras mais importantes no cenário brasileiro, destaca-se, com pioneirismo, SARLET, Ingo Wolfgang. "Direitos fundamentais e direito privado: algumas considerações em torno da vinculação dos particulares aos direitos fundamentais". In: SARLET, Ingo Wolfgang (Org.). *A Constituição concretizada: construindo pontes entre o público e o privado*. Porto Alegre: Livraria do Advogado, 2000, p. 107-163; SARLET, Ingo Wolfgang. *A eficácia dos direitos fundamentais*. 5.ed. Porto Alegre: Livraria do Advogado, 2005, p. 371-379; SARMENTO, Daniel. *Direitos fundamentais e relações privadas*. Rio de Janeiro: Lumen Juris, 2004; STEINMETZ, Wilson Antônio. *Vinculação dos particulares a direitos fundamentais*. São Paulo: Malheiros, 2004. E, especificamente sobre a eficácia dos direitos fundamentais sociais nas relações entre particulares, o artigo também da lavra de SARLET, "Direitos fundamentais sociais, 'mínimo existencial'...", p. 551-602.

[708] Nesse sentido, resultou consignado na ementa do RExt 201.819-8/RJ: "*EFICÁCIA DOS DIREITOS FUNDAMENTAIS NAS RELAÇÕES PRIVADAS*. As violações a direitos fundamentais não ocorrem somente no âmbito das relações entre o cidadão e o Estado, mas igualmente nas relações travadas entre pessoas físicas e jurídicas de direito privado. Assim, os direitos fundamentais assegurados pela Constituição *vinculam diretamente* não apenas os poderes públicos, estando direcionados também à proteção dos particulares em face dos *poderes privados* (...)" (grifos nossos). (STF, RExt 201.819-8/RJ, 2ª Turma, Rel. Min. Gilmar Ferreira Mendes, julgado em 11.10.2005).

teiras entre o Público e o Privado diluírem-se na convergência e unificação de ambos rumo ao horizonte da dignidade humana e dos direitos fundamentais.

A partir de um resgate jurídico-normativo do princípio da solidariedade, juntamente com os deveres fundamentais correlatos aos direitos, a eficácia entre particulares (ou, como refere a doutrina alemã, a *Drittwirkung*) balanceia a relação entre Estado e sociedade, em vista de que o primeiro é destituído do cargo de único responsável (e guardião) pela efetivação dos direitos fundamentais, colocando agora parcela da responsabilidade também nas mãos dos particulares, o que tem especial importância num contexto social onde certos atores sociais privados possuem tanto ou mais poder (econômico, político, técnico, etc.) do que os próprios Estados nacionais. Há que se postular, portanto, um dever de respeito e consideração mútuo entre particulares, fundado no marco constitucional da solidariedade. As relações verticalizadas que antes se davam apenas entre Estado e cidadãos, agora também estão presentes nas relações travadas entre particulares.[709] No âmbito da proteção do ambiente, a eficácia entre particulares irradiada pelo direito fundamental ao ambiente ganha especial relevância, ainda mais quando boa parte das principais atividades poluidoras são levadas a cabo por particulares (por exemplo, empresas de grande porte ou multinacionais) que perfeitamente se enquadram em relações verticais (e não horizontais) para com os demais particulares, considerados individual ou coletivamente.[710] No entanto, antes de desenvolver a eficácia entre particulares do direito fundamental ao ambiente, é importante destacar sinteticamente o desenvolvimento teórico e conceitual da eficácia dos direitos fundamentais entre particulares em termos gerais.

No âmbito do direito comparado, em que pese a sua origem estar na doutrina alemã, as doutrinas espanhola e portuguesa[711] (e também suas respectivas jurisprudências) têm sido as mais receptivas à adoção da teo-

---

[709] Parte da doutrina utiliza a expressão eficácia horizontal para denominar a eficácia dos direitos fundamentais entre particulares. No entanto, em que pese a diferença ser apenas terminológica, adota-se no presente estudo um rejeição a tal expressão, por entender-se que as relações entre particulares passaram a dar-se também de forma verticalizada, o que implica inadequação do termo "eficácia horizontal", preferindo-se, portanto, na esteira da doutrina de SARLET, simplesmente a expressão "eficácia dos direitos fundamentais nas relações entre particulares". SARLET, *"Direitos fundamentais e direito privado..."*, p. 107-163.

[710] Com relação à "verticalização" das relações entre particulares, BENJAMIN afirma que hoje devemos esperar mais das salvaguardas dos direitos fundamentais, "em especial que sejam dirigidas não apenas contra o Poder Público solitário, mas que também vinculem uma poderosa minoria de sujeitos privados que, em vários terrenos e no ambiental em especial, aparecem não exatamente como vítimas indefesas de abusos estatais, mas, ao contrário, como sérios candidatos à repreensão por parte da norma (inclusive constitucional) e de seus implementadores". BENJAMIN, *"Constitucionalização do ambiente..."*, p. 60.

[711] A Constituição portuguesa consagra de forma expressa a vinculação dos particulares aos direitos fundamentais: "Art. 18º (Força jurídica). 1. Os preceitos constitucionais respeitantes aos direitos, liberdades e garantias são directamente aplicáveis e vinculam as entidades públicas e privadas".

ria da eficácia dos direitos fundamentais entre particulares, inclusive com posições mais vanguardistas na matéria. Vieira de Andrade refere que, se os direitos fundamentais na sua dimensão subjetiva referem-se às relações entre particulares e Estado, será em razão da sua dimensão objetiva, enquanto normas constitucionais e valores comunitários, que toma forma a eficácia dos direitos fundamentais no âmbito das relações entre particulares. A eficácia objetiva ou externa dos direitos fundamentais, como destaca o autor, foi inicialmente pensada como eficácia horizontal, no intuito de fundamentar uma obrigação geral de respeito nas relações entre particulares (supostamente iguais) contraposta à sua típica eficácia vertical estabelecida nas relações entre particular e Estado.[712] Hoje, no entanto, em razão das relações entre particulares terem se verticalizado, inclusive com alguns particulares detendo mais poder (econômico, social, técnico, etc.) do que os próprios Estados, a expressão eficácia "horizontal" perdeu em parte a seu significado, resultando, no nosso sentir, mais adequada a expressão eficácia dos direitos fundamentais nas relações entre particulares, como já tem apontado anteriormente. Sensível a tal contexto das relações jurídico-privadas contemporâneas, Hesse destaca que a "liberdade humana é posta em perigo não só pelo Estado, mas também por poderes não-estatais, que na atualidade podem ficar mais ameaçadores dos que as ameaças pelo Estado".[713]

A "doutrina da efetividade na norma constitucional" capitaneada por Barroso tem um especial destaque para a idéia de eficácia entre particulares dos direitos fundamentais, uma vez que busca superar o modelo que vigorou na Europa até meados do século passado, no qual a Constituição era vista como um documento essencialmente político,[714] para conferir ao texto normatividade plena, com aplicabilidade de forma direta e imediata no âmbito de todo o ordenamento jurídico, e, portanto, tornando-se fonte de direitos e obrigações.[715] O raciocínio empregado conduz à atribuição de carga normativa aos princípios constitucionais, o que é fundamental para compreender a dimensão normativa dos direitos fundamentais. Assim, a teoria da efetividade da norma constitucional abriu caminho para a evolução da teoria dos direitos fundamentais, ampliando seus horizontes e permitindo consolidar, inclusive, a eficácia dos direitos fundamentais no âmbito das relações entre particulares. Em verdade, trata-se de um caminhar evolutivo traçado pela teoria constitucional, tendo como objetivo central a efetividade da norma constitucional, com especial destaque para os direitos fundamentais e a dignidade humana.

---

[712] VIEIRA DE ANDRADE, "Os direitos fundamentais...", p. 141.
[713] HESSE, "Elementos de direito constitucional...", p. 278.
[714] BARROSO, Luís Roberto. "A doutrina brasileira da efetividade". In: BARROSO, Luís Roberto. *Temas de Direito Constitucional*, Vol. III. Rio de Janeiro/São Paulo/Recife: Renovar, 2005, p. 68.
[715] Idem, "*A doutrina brasileira da efetividade...*", p. 76.

Há que se ter em conta a divergência doutrinária acerca da eficácia dos direitos fundamentais se dar de forma *direta/imediata* ou de forma *indireta/mediata*. Nesse sentido, merece destaque a distinção esclarecedora feita por Canaris entre eficácia imediata dos direitos fundamentais em relação a terceiros e a imediata vigência dos direitos fundamentais no âmbito do direito privado. A primeira hipótese, chamada pela doutrina alemã de *drittwirkung*, é a que se trata em verdade do objeto do nosso estudo, pois diz respeito aos destinatários das normas de direitos fundamentais. A segunda hipótese diz respeito apenas à eficácia dos direitos fundamentais para a legislação de direito privado, o que, conforme destaca Canaris, já se encontra pacificada pela doutrina no sentido de se dar de forma imediata.[716] Outra é a situação da *Drittwirkung*, onde há divergência doutrinária, especialmente no âmbito da doutrina portuguesa[717] e espanhola,[718] que, em boa parte, se posicionam em favor da eficácia imediata ou direta. Já, por exemplo, Canaris, que espelha o posicionamento da doutrina alemã, posiciona-se em prol de uma eficácia apenas indireta dos direitos fundamentais nas relações entre particulares, sendo, portanto, em princípio, os destinatários dos direitos fundamentais apenas o Estado e os seus órgãos, mas não os sujeitos de direito privado.[719]

No âmbito da doutrina brasileira, destaca-se a posição de Sarlet, que, com trabalho pioneiro na matéria, defende que, à exceção dos direitos que têm por destinatário apenas os órgãos estatais, todas as demais normas constitucionais de natureza *jusfundamental*, inclusive os denominados direitos à prestação, vinculam, em maior ou menor medida, diretamente os sujeitos privados, e, portanto, são eficazes nas relações entre particulares.[720] O constitucionalista destaca ainda que, em que pese ambos estarem vinculados diretamente às normas de direitos fundamentais, há uma diferença de intensidade e amplitude na eficácia das normas de direitos fundamentais em face de particulares e frente ao Poder Público, sendo que no último caso ela se dá de forma mais intensa e ampla.[721] À luz da doutrina de Sarlet, há que se ter em conta o reconhecimento de uma eficácia direta *prima facie* dos direitos fundamentais nas relações entre particulares, já que a sua aplicação deve necessariamente ser pautada pelas circunstâncias do caso concreto,[722] considerando sempre o princípio da proporcionalidade ou

---

[716] CANARIS, "*Direitos fundamentais e direito privado...*", p. 28.

[717] CANOTILHO, "*Direito constitucional e teoria...*", p. 1208 e ss.

[718] UBILLOS, Juan María Bilbao. *La eficacia de los derechos fundamentales frente a particulares*. Madrid: Centro de Estudios Políticos y Constitucionales, 1997, p. 360 e ss.

[719] CANARIS, op. cit., p. 28.

[720] SARLET, "*Direitos fundamentais e direito privado...*", p. 156. Em sentido contrário, na defesa de uma eficácia apenas indireta no âmbito constitucional brasileiro, cfr. DIMOULIS; MARTINS, "*Teoria geral dos direitos fundamentais...*", p. 104 e ss.

[721] Idem, op. cit., p. 155.

[722] Idem, op. cit., p. 157.

da concordância prática em face dos direitos postos em causa, uma vez que, muitas vezes, haverá a limitação de outros direitos também fundamentais, como é o caso especialmente da autonomia da vontade e da livre iniciativa.

A relação entre os *deveres de proteção* do Estado e a *eficácia entre particulares dos direitos fundamentais* pode ser concebida na medida em que, nas primeiras formulações doutrinárias desta última, tinha-se em conta que estava incluído nos deveres de proteção do Estado arrostar qualquer violação de direito fundamental impetrada por terceiros (no caso, particulares). O Estado, dessa forma, atuava de modo a minar tal violação, que, diferentemente de uma perspectiva prestacional que traça uma relação entre titular de direito fundamental e Estado, tem em conta um relação entre particulares, colocando em conflito muitas vezes direitos fundamentais em ambos os pólos da relação. Ao Estado, diante de tal situação violadora de direitos fundamentais, é imposta constitucionalmente uma atuação a fim de restabelecer o desfrute do direito fundamental subjugado e harmonizar a relação jurídica em questão travada entre particulares. Hoje, no entanto, de acordo com o atual desenvolvimento da teoria dos direitos fundamentais, bem como da concepção de um "Estado-amigo dos direitos fundamentais", a eficácia entre particulares dos direitos fundamentais e os deveres de proteção do Estado ganham cada vez contornos mais específicos, possibilitando uma distinção conceitual cada vez mais clara, não obstante a possibilidade de, em face de um caso concreto, ambas as projeções normativas por vezes incidirem simultaneamente na tutela de um direito fundamental.

De acordo com tal entendimento, Sarlet ensina que:

> se é verdadeiro que são os órgãos estatais que se encontram diretamente vinculados pelos deveres de proteção expressa e implicitamente contidos nos direitos fundamentais, também é correto afirmar que entre os particulares existe um dever de respeito e consideração (portanto, de não violação) em relação à dignidade e direitos fundamentais das outras pessoas. Assim, a eficácia vertical será sempre complementada por uma espécie de eficácia horizontal, que mais apropriadamente tem sido designada de eficácia dos direitos fundamentais no âmbito das relações privadas, já que tal terminologia contorna a circunstância de que também estas relações são, em boa parte, inevitavelmente verticais.[723]

O *princípio da igualdade* (substancial e fática) também joga um papel importante na justificação da incidência dos direitos fundamentais nas relações entre privados, objetivando um equilíbrio de forças nas relações entre particulares, o que tem uma importância ainda maior para a trágica realidade social brasileira, ao menos em relação aos países europeus que adotaram a teoria da *Drittwirkung*. Assim, é possível justificar a adoção de uma "eficácia direta" dos direitos fundamentais nas relações entre particulares com base na desigualdade social e material existente no quadrante

---

[723] SARLET, "*Direitos fundamentais sociais, 'mínimo existencial'...*", p. 580-581.

comunitário brasileiro.[724] A eficácia dos direitos fundamentais entre particulares tem por objetivo igualar os particulares desiguais em dada relação jurídica, no sentido de conferir primazia aos seus direitos fundamentais e dignidade. À luz de tal perspectiva, Sarlet também justifica a importância da adoção da eficácia dos direitos fundamentais nas relações entre particulares em vista do atual contexto de globalização e aumento alarmante dos níveis de exclusão e opressão social (e também da degradação e poluição ambiental), em face de uma proteção do cidadão e da sociedade como um todo contra os abusos do poder econômico e social.[725]

Por sua vez, sensível à tragédia social brasileira, Sarmento afirma que:

> diante da brutal desigualdade material que se verifica na sociedade, torna-se imperativo condicionar os atores privados – sobretudo os investidos de maior poder social – ao respeito dos direitos fundamentais. A ficção da igualdade jurídica entre os indivíduos, num contexto de gritantes desigualdades sociais, não se presta mais para justificar a imunidade dos particulares aos direitos fundamentais, a partir do dogma da autonomia privada.[726]

Quanto à *autonomia privada*, tal deve ter o seu núcleo essencial preservado mesmo diante da eficácia de direitos fundamentais nas relações entre particulares, sendo que qualquer limitação deve necessariamente ser submetida ao crivo da proporcionalidade. A tutela da autonomia ganha maior relevo para bloquear a incidência de outros direitos fundamentais especialmente quando diga respeito à dimensão eminentemente existencial do indivíduo, ou seja, ao desenvolvimento pleno da sua personalidade, o que, diga-se de passagem, constitui direito fundamental intimamente ligado à dignidade humana. No entanto, a autonomia privada não pode ser tomada como dogma, a ponto de blindar o ator privado contra a eficácia dos direitos fundamentais e a assunção das suas responsabilidades e deveres para com a coletividade, justificando, no caso brasileiro, a manutenção de um *status quo* degradante para a maior parcela da população. O

---

[724] Foi divulgado no Jornal Zero Hora (dia 02.06.2005, p. 5) o resultado de pesquisa realizada pelo Instituto de Pesquisa Econômica Aplicada (IPEA), onde o Brasil aparece como o segundo país no mundo com pior distribuição de riqueza, entre 130 países pesquisados, perdendo apenas a posição de liderança para o país africano de Serra Leoa. Os dados são relativos aos anos de 2000 e 2001 e foram retirados do Relatório de Desenvolvimento Mundial das Nações Unidas.

[725] "O avanço da globalização e o impacto de seus efeitos colaterais de cunho negativo, como é o caso do incremento dos níveis de exclusão social e de opressão por parte dos poderes sociais, cuja influência tem crescido vertiginosamente na mesma proporção em que o Estado se demite ou é demitido de suas funções regulatórias e fiscalizatórias, mediante a fragilização de sua capacidade de atuar efetivamente na proteção e promoção dos direitos fundamentais, revela o quão atual é a discussão em torno da eficácia social da Constituição e dos direitos fundamentais para além das relações entre o Estado e os particulares. Assim, ainda com maior razão (mesmo que de modo diferenciado) do que se afirmava no auge do constitucionalismo social, segue valendo a premissa de que a dignidade da pessoa humana e os direitos fundamentais, de um modo geral, aplicam-se na e a toda a ordem jurídica e social. Com efeito, a proteção do cidadão e da sociedade contra o abuso do poder econômico e social pressupõe que se tome a sério estes riscos e ameaças e que se leve a sério as funções e possibilidades da Constituição e dos Direitos Fundamentais em todos os setores da vida social e jurídica". SARLET, *"Direitos fundamentais sociais, 'mínimo existencial'..."*, p. 578.

[726] SARMENTO, *"Direitos fundamentais..."*, p. 42.

Estado Social (e agora Socioambiental) de Direito pintado na Constituição brasileira declara uma ruptura com o individualismo liberal (e superação do Estado Liberal), reconstruindo o papel jurídico dos atores privados e estatais. Nessa reconstrução, o indivíduo é chamado a participar e colaborar na construção do espaço social, especialmente no que tange à concretização dos direitos fundamentais.

Courtis, por sua vez, contextualiza a discussão acerca da eficácia entre particulares dos direitos fundamentais no cenário do direito internacional, referindo, a partir de um diálogo cada vez mais necessário entre direito internacional e direito interno em matéria de direitos humanos (e fundamentais), que os tratados internacionais de diretos humanos,[727] ao positivarem bens como a vida, a integridade física, a vida privada, a saúde ou a moradia, prescrevem a sua proteção, independentemente de quem os ameace (Estado ou particular).[728] O jurista argentino destaca ainda que todo direito humano gera obrigações de proteção para o Estado, o que reflete no fato de que todos os particulares agressores devem suportar a ação estatal protetora e têm obrigação direta de não afetar aqueles bens.[729]

A eficácia dos direitos fundamentais nas relações entre particulares não se justifica apenas quando fotografada uma situação verticalizada entre privados, estando também presente, não obstante com força atenuada, nas relações entre particulares que supostamente estejam em situação de igualdade fática. Nesse ponto, Sarlet defende o argumento de que a eficácia dos direitos fundamentais opera também nas relações entre particulares em situação de igualdade fática, "ainda que aqui não se possa aplicar, de modo geral e de modo igual, as mesmas categorias dogmático-argumentativas, por conta de um maior impacto da autonomia privada".[730]

---

[727] À luz do que já foi desenvolvido em tópico anterior do presente estudo, registra-se que os tratados internacionais sobre a temática ambiental também estariam contemplados no âmbito dos tratados de direitos humanos, na medida em que contemplam a proteção das condições naturais necessárias ao desenvolvimento da vida humana de forma plena e digna.

[728] COURTIS, Christian. "La eficacia de los derechos humanos en las relaciones entre particulares". In: SARLET, Ingo Wolfgang (Org.). *Constituição, direitos fundamentais e direito privado*. 2.ed. Porto Alegre: Livraria do Advogado, 2006, p. 416. O autor colaciona "opinião consultiva" (OC-18/03) da Corte Interamericana de Direitos Humanos solicitada pelo governo mexicano a respeito do alcance dos direitos dos trabalhadores migrantes em situação irregular. A manifestação da Corte, conforme segue abaixo, foi exemplar, reforçando a tese da eficácia entre particulares dos direitos humanos. "En relación laboral regida por el derecho privado, se debe tener en cuenta que existe una obligación de respeto de los derechos humanos entre particulares. Esto es, de la obligación positiva de asegurar la efectividad de los derechos humanos protegidos, que existe en cabeza de los Estados, se derivan efectos en relación con terceros (erga omnes). Dicha obligación ha sido desarrollada por la doctrina jurídica y, particularmente, por la teoría del Drittwirkung, según la cual los derechos fundamentales deben ser respetados tanto por los poderes públicos como por los particulares en relación con otros particulares". Registrou, ainda, CANÇADO TRINDADE na sua manifestação: "El ámbito de la autonomía de la voluntad, que predomina en el derecho privado, no puede ser un obstáculo para que se diluya la eficacia vinculante erga omnes de los derecho humanos". COURTIS, "*La eficacia de los derechos humanos...*", p. 409.

[729] COURTIS, op. cit., p. 416.

[730] SARLET, "*Direitos fundamentais sociais, 'mínimo existencial'...*", p. 580.

Portanto, no caso de particulares em igualdade fática, deve-se contemplar uma tutela mais rígida da autonomia da vontade e a incidência dos direitos fundamentais não opera de forma tão intensa quanto na hipótese de desigualdade fática e concentração de poder social no pólo de um dos privados.

Com base nisso, é conferido ao particular o direito ou posição jurídica subjetiva de exigir a abstenção (*perspectiva defensiva*) de particulares de ingerência no âmbito de proteção do seu direito fundamental ao ambiente, bem como pode exigir conduta positiva (*perspectiva prestacional*) dos atores privados diretamente responsáveis pela violação ao seu direito fundamental, com fundamento simultaneamente nos deveres fundamentais ambientais e na eficácia horizontal do direito fundamental ao ambiente nas relações entre particulares. À luz da ordem jurídica portuguesa, Pereira da Silva assevera que a vinculação das entidades privadas ao direito ao ambiente permite a recondução à Constituição do universo das relações jurídicas interprivadas relacionadas à proteção do ambiente, subsumindo no conteúdo desse direito fundamental todas aquelas normas que estabelecem direitos e deveres dos privados relevantes em matéria de ambiente, como é o caso, por exemplo, da regulação das relações de vizinhanças (artigos 1346° e segs. do Código Civil) ou da responsabilidade civil (artigos 483° e segs.do Código Civil).[731]

Em vista dos delineamentos normativos postos especialmente pelo *princípio constitucional da solidariedade* e pelos *deveres fundamentais*, coloca-se a possibilidade da eficácia dos direitos fundamentais nas relações entre particulares, especialmente no caso do direito ao ambiente. Assim, assevera Canotilho que a designada *Drittwirkung* não fica afastada no plano intersubjetivo, tendo em vista o horizonte de deveres fundamentais entre cidadãos postos pelas idéias de *solidariedade* e *fraternidade*. E, nesse ponto, o constitucionalista lusitano traz justamente o exemplo do direito-dever fundamental como paradigma para a compreensão de tais idéias, inclusive com a possibilidade de sua aplicação imediata.[732] A idéia de direito-dever fundamental ao ambiente expresso no nosso texto constitucional (art. 225) reforça a tese da eficácia do direito em questão nas relações jurídico-ambientais entre particulares. O mosaico ou complexo de posições normativas derivadas da perspectiva objetiva (deveres de proteção do Estado, deveres fundamentais dos particulares, eficácias entre particulares dos direitos fundamentais, etc.), que irradiam a partir da eficácia dos direitos fundamentais no cenário jurídico-constitucional, objetiva uma tutela potencializadora da máxima efetividade e concretização dos direitos fundamentais. Nesse aspecto, as posições normativas em questão com-

---

[731] PEREIRA DA SILVA, *"Verde cor de direito..."*, p. 34-35.
[732] CANOTILHO, *"Direito constitucional e teoria..."*, p. 536.

plementam-se, objetivando uma unidade sistemática na tutela integral da dignidade humana, o que inclui um ambiente equilibrado e saudável.

3.3.4.1. A inversão do ônus da prova e o dever de informação nos processos judiciais e administrativos em matéria ambiental como projeção normativa da eficácia do direito fundamental ao ambiente nas relações entre particulares

Com base no que foi discutido até aqui, tentar-se-á sustentar a possibilidade de inversão do ônus da prova em procedimentos judiciais e administrativos com fundamento na *eficácia do direito fundamental ao ambiente nas relações entre particulares*. Registra-se apenas que a inversão não teria como fundamento isolado a *Drittwirkung*, mas integraria um conjunto de dimensões normativas, como o *dever fundamental* ao ambiente, o *princípio da solidariedade*, o *princípio da precaução*, bem como a própria *perspectiva procedimental* do direito fundamental ao ambiente. O *dever de proteção* do Estado também aparece como mais um argumento a justificar a inversão do ônus probatório. Se por um lado o Estado tem a obrigação de inverter o ônus probatório em vista do seu *dever de proteção* ambiental, equilibrando a relação processual entre particulares e tutelando o direito fundamental em questão, da mesma forma pode-se constatar a presença do *dever fundamental* (na forma de dever de informação) de proteção ambiental atribuído aos particulares como mecanismo a justificar a inversão do ônus probatório, equilibrando a relação jurídico-ambiental entre atores privados. A eficácia entre particulares dos direitos fundamentais alia-se a tais fundamentos para reforçar a tese da inversão do ônus probatório.

A inversão do ônus da prova tem sido defendida pela doutrina jusambientalista como uma "função" do princípio da precaução,[733] ressaltando um conteúdo de justiça distributiva consubstanciada no conteúdo normativo do princípio. Nesse prisma, especialmente nas relações jurídicas de natureza ambiental, a inversão do ônus probatório permite um equilíbrio de fato, tanto nas relações entre particular e Estado como também nas relações entre particulares, tendo em vista que, no último caso, muitas vezes estar-se-á diante de uma relação desigual em termos de poder social, econômico, técnico, etc., geralmente exercido pelo ator privado empreendedor de atividades lesivas ou potencialmente lesivas ao ambiente. Quando

---

[733] A matriz constitucional do princípio da precaução está contida no art. 225, § 1º, IV, que impõe o estudo prévio de impacto ambiental para a "instalação de obra ou atividade *potencialmente* causadora de significativa degradação do meio ambiente", ditando a cautela jurídica que deve reger as atividades enquadradas num quadro de incerteza científica quanto a possíveis danos e riscos que possam causar ao ambiente, mesmo que potenciais. Mais recentemente, a nova Lei de Biossegurança (Lei 11.105/2005) veio a regular a matéria relativa à biossegurança, com especial destaque para os organismos geneticamente modificados (transgênicos), consagrando de forma expressa o *princípio da precaução* no seu art. 1º, *caput*, para fins da vida e da saúde humana, animal e vegetal, bem como da proteção ambiental.

se está diante de uma relação desigual entre particulares, é que a eficácia do direito fundamental entre particulares é chamada a atuar. No entanto, a inversão do ônus da prova com base na eficácia dos direitos fundamentais entre particulares, e da mesma forma com o princípio da precaução, não deve ser tomada de forma abstrata ou *a priori*, mas deve dar-se sempre à luz da constatação da desigualdade na relação jurídica verificada no caso concreto (ou seja, *a posteriori*).

O *dever fundamental de informação ambiental*, juntamente com a inversão do ônus da prova, também atua como projeção normativa da eficácia entre particulares do direito fundamental ao ambiente. Em vista da incidência normativa do princípio da precaução, Gomes refere que o ônus da prova, em termos procedimentais e processuais, cabe a quem pretenda desenvolver uma determinada atividade cuja danosidade para o ambiente não está cientificamente comprovada, remetendo a incumbência probatória a quem explora ou autoriza a exploração, e não para quem alerta para a obrigação de provar que a atividade não trará danos graves e irreversíveis aos recursos naturais.[734] A autora portuguesa destaca ainda a importância extrema de tal medida normativa no âmbito do Direito Ambiental, tendo em conta que, na grande maioria dos casos, "é quem sofre a poluição ou quem, pura e altruisticamente, defende a Natureza, que se vê sobrecarregado com o ônus de provar a causalidade entre acção poluente e dano", prova que envolve normalmente a realização de enormes despesas,[735] e que está, muitas vezes, fora do alcance econômico e técnico dos defensores do ambiente ou dos indivíduos e coletividade lesados no seu direito fundamental. A hipótese delineada acima permite visualizar a importância da inversão do ônus da prova como mecanismo de acesso à justiça e equilíbrio nas relações jurídico-processuais que abordam questões ecológicas.

A inversão do ônus probatório, como ensina Gomes, contribui para um equilíbrio de fato entre as partes nos processos judiciais (e também nos procedimentos administrativos) que envolvam questões ambientais, já que normalmente é quem dispõe de maiores condições de realização da prova que fica isento de produzi-la, condenando ao insucesso um grande número de processos, por óbvia carência de meios econômicos das partes que são obrigadas a provar o risco de lesão.[736] No entanto, ressalta a autora que, obviamente, há que se adotar um entendimento cauteloso e proporcional com relação à exigência probatória, uma vez que a prova da total inocuidade da atividade eventualmente poluente seria uma verdadeira *diabólica probatio*.[737] Não se está a postular, com a adoção do princípio da precaução, a idéia em torno de um "risco zero" da atividade poten-

---

[734] GOMES, "*A prevenção à prova...*", p. 35-36.
[735] Idem, "*A prevenção à prova...*", p. 35-36.
[736] Idem, op. cit., p. 38.
[737] Idem, op. cit., p. 38.

cialmente lesiva ao ambiente, mas um nível de segurança razoável ou proporcional (e também devidamente fundamentado), em vista do valor existencial de patamar constitucional dos bens jurídicos expostos ao risco (por exemplo, dignidade, vida, saúde e ambiente).

No mesmo sentido, Marchesan e Steigleder defendem a adoção do princípio da precaução, conjuntamente com o princípio do poluidor-pagador, como mecanismo para evitar a ocorrência do dano ambiental, bem como forma de internalização[738] dos custos ambientais na atividade potencialmente lesiva ao ambiente. Diante de tal fundamentação, destacam as autoras que:

> o empreendedor tem o ônus de demonstrar a segurança do empreendimento não apenas quando do licenciamento, mas também – e principalmente – quando já existem indícios de que o dano ocorreu ou está na iminência de se manifestar. Por conseguinte, o empreendedor possui o dever de provar que sua atividade não tem potencialidade de causar danos ambientais, de sorte que, se ajuizada ação civil pública contra ele, terá o ônus de provar que sua atividade não produziu o dano e sequer tinha a possibilidade de causá-lo, porquanto todas as medidas preventivas haviam sido adotadas.[739]

Com tal perspectiva, merece destaque a recente decisão do Tribunal de Justiça do Estado do Rio Grande do Sul[740] em ação civil pública ajuizada pelo Ministério Público que determinou a inversão do ônus da prova, através da incidência normativa dos princípios do Direito Ambiental (precaução e o poluidor pagador) no caso concreto, incumbindo, de forma solidária, o Município e a empresa empreendedora de atividade potencialmente lesiva ao ambiente de comprovarem a regularidade do sistema de recepção do esgoto do empreendimento levado a cabo pela ré, bem como que ele não gera degradação ambiental. O *dever de proteção* ambiental incide em face do Município para fundamentar a inversão do ônus probatório, ao passo que, diante do particular, incide a *eficácia entre particulares do direito fundamental ao ambiente* para justificar tal medida. A decisão consignou ainda a incidência do art. 6, VIII, do Código de Defesa do Consumidor, não se limitando a aplicação dos institutos processuais do CDC apenas àquelas constantes do Título III, conforme dispõem os art. 90

---

[738] Destacam as autoras que, com base no princípio do poluidor-pagador, "a internalização dos custos da atividade deve ser o mais abrangente possível, de molde a também comportar o custeio de provas a serem produzidas nas demandas sofridas pelo poluidor em decorrência da atividade degradadora ou potencialmente degradadora". MARCHESAN, Ana Maria Moreira; STEIGLEDER, Annelise Monteiro. "Fundamentos jurídicos para a inversão do ônus da prova nas ações civis públicas por danos ambientais". In: BENJAMIN, Antônio Herman (Org.). *Anais do 6º Congresso Internacional de Direito Ambiental*. São Paulo: IMESP, 2002, p. 334.

[739] MARCHESAN; STEIGLEDER, *"Fundamentos jurídicos para a inversão..."*, p. 332.

[740] TJRS, AI 70015155823, 3ª Câmara Cível, Rel. Des. Rogério Gesta Leal, 10.08.2006. Há também outras decisões do Tribunal de Justiça do Estado do Rio Grande do Sul no mesmo sentido: AI 70015025562, 4ª Câmara Cível, Rel. Des. João Carlos Branco Cardoso, 19.07.2006; AI 70012393203, 4ª Câmara Cível, Rel. Des. João Carlos Branco Cardoso, 11.01.2006; AI 70011843224, 1ª Câmara Cível, Rel. Des. Roberto Caníbal, 09.11.2005; AI 70011512522, 19ª Câmara Cível, Rel. Des. Mário José Gomes Pereira, 23.08.2005; ED 70002338473, Rel. Des. Wellington Pacheco de Barros, 04.04.2001; e Apelação Cível 589077148, 5ª Câmara Cível, 20.3.90, voto do Des. Sérgio Pilla da Silva.

do CDC e art. 21 da Lei 9.347/85. No mesmo sentido, é o entendimento de Marchesan e Steigleder, que defendem a nova função da responsabilidade civil, com a atenuação do nexo causal em matéria ambiental, sob a influência normativa dos princípios da precaução, da prevenção e do poluidor-pagador, o que permite a aplicação analógica do art. 6º, VIII, do CDC.[741] Dessa forma, a decisão privilegiou o direito fundamental ao ambiente na situação, contemplando uma leitura sistemática do instituto da inversão do ônus da prova e do Direito como um todo, bem como o papel de "guardião" dos direitos fundamentais conferido ao Estado contemporâneo, e especialmente ao Poder Judiciário.[742]

O *princípio da precaução*, no mesmo sentido, joga um papel inovador e fundamental na concepção contemporânea de responsabilidade civil em face do dano ambiental, já que possibilita uma nova leitura do instituto do nexo de causalidade. O que se está a dizer encontra fundamento na própria natureza e complexidade do dano ambiental, o qual se dá de forma cumulativa e multifacetada. O fato de muitas vezes não ser possível a identificação exata do poluidor responsável pelo dano, exige a flexibilização dos conceitos clássicos de nexo causal e responsabilidade civil. Um exemplo que permite visualizar a complexidade e pluralidade de fontes da degradação ambiental pode ser verificado na hipótese de contaminação de determinado recurso hídrico, onde há inúmeras indústrias que fazem uso da água e despejam os seus dejetos (de diferentes qualidades químicas) sem tratamento no rio. Com tal contexto, Marchesan e Steigleder destacam que, sem abdicar da existência de um nexo causal entre ação e o dano, a responsabilidade civil por danos ambientais deve fundar este elo em juízos de probabilidade séria, consubstanciados na experiência social (normalidade e adequação) e apoiados no conhecimento científico, abandonando a procura de uma causalidade certa e absoluta a que lhe é negado o acesso.[743]

A inversão do ônus probatório nas demandas civis justifica-se, portanto, na eficácia do direito fundamental ao ambiente nas relações jurídicas entre particulares, o que pode ocorrer, por exemplo, quando uma ação civil pública é ajuizada por associação civil ecológica para a defesa do ambiente contra outro particular poluidor. Em razão da desigualdade fática e da exposição a que é submetido o bem jurídico ambiental, justifica-se, com base da eficácia do direito fundamental ao ambiente nas relações entre particulares, a inversão do ônus da prova, equilibrando a relação e tute-

---

[741] MARCHESAN; STEIGLEDER, *"Fundamentos jurídicos para a inversão..."*, p. 340.

[742] Nessa perspectiva, MARINONI pontua que a "obrigação de compreender as normas processuais a partir do direito fundamental à tutela jurisdicional e, assim, considerando as várias necessidades de direito substancial, dá ao juiz o poder-dever de encontrar a técnica processual idônea à proteção (ou à tutela) do direito material". MARINONI, Luiz Guilherme. "A legitimidade da atuação do juiz a partir do direito fundamental à tutela jurisdicional efetiva". Disponível em: http://www.professormarinoni.com.br/admin/users/29.pdf. Acesso em: 09 de abril de 2007.

[743] MARCHESAN; STEIGLEDER, *"Fundamentos jurídicos para a inversão..."*, p. 338.

lando o direito fundamental em questão. Tal situação se apresenta, por exemplo, quando uma empresa, detentora de determinado conhecimento e informações extremamente complexos e totalmente inacessíveis aos particulares titulares do direito ao ambiente (e, por vezes, mesmo ao Estado), cause um dano ambiental. Como se pode apreender da hipótese referida, delineia-se uma relação "verticalizada" caracterizada pela desigualdade fática do atores privados em virtude do poder econômico (técnico, social, etc.) exercido pela empresa (particular-vertical) e da sujeição dos titulares do direito ao ambiente a tal poder. No caso, a vinculação da empresa (particular-vertical) ao direito fundamental ao ambiente dos titulares do direito (particulares-horizontais) deve servir como fundamento para justificar a inversão do ônus probatório.

O ideal de justiça distributiva[744] presente no conteúdo normativo do princípio da precaução com a inversão do ônus da prova também encontra amparo na idéia de *dever fundamental* de tutela ambiental atribuído aos particulares (no caso, o particular empreendedor de atividade potencialmente lesiva ao ambiente) e no *dever de proteção* do Estado (por exemplo, quando a Administração exige estudo de impacto ambiental de empreendedor de atividade lesiva ou potencialmente lesiva ao ambiente), permitindo uma distribuição eqüitativa e solidária da responsabilidade de proteção do ambiente, sem sobrecarregar a coletividade e os indivíduos titulares do direito fundamental ao ambiente. A idéia de justiça ambiental também perpassa a abordagem da concepção de Estado Socioambiental, na medida em que esse, à luz de uma justiça distributiva e solidária, toma como fundamento a proteção das minorias (e, por vezes, maiorias) expostas de forma desigual à degradação ambiental. Nesse aspecto, Canotilho destaca a idéia de um Estado de "Justiça" Ambiental, o que conduz à proibição de práticas discriminatórias que tenham a questão ambiental de fundo, como decisão, seleção, prática administrativa ou atividade material referente à tutela do ambiente ou à transformação do território que onere injustamente indivíduos, grupos ou comunidade pertencentes a minorias populacionais em virtude de raça, situação econômica ou localização geográfica.[745]

---

[744] SUNSTEIN defende a adoção da precaução no sentido de contemplar fundamentos distributivos. O autor dá o exemplo da Lei do Ar Limpo (*Clean Air Act*) dos Estados Unidos, que concedeu benefícios desproporcionais a pessoas pobres e membros de grupos minoritários com base na precaução. O mesmo entendimento, destaca o autor norte-americano, poderia ser pensado nas relações entre países pobres e países ricos em face do combate das mudanças climáticas, em vista da maior parcela de responsabilidade poder ser atribuída às atividades produtivas destes últimos. SUNSTEIN, Cass. "Beyond the precautionary principle". In: *University Of Pennsylvania Law Review*, Vol. 151, 2003, p. 1031. Registra-se que o artigo foi publicado com versão em português, SUNSTEIN, Cass. "Para além do princípio da precaução". Tradução de Marcelo Fensterseifer, Martin Haeberlin e Tiago Fensterseifer. In: *Revista Interesse Púbico*, n. 37, maio-junho, 2006, p. 119-171.

[745] CANOTILHO, "*Privatismo, associacionismo e publicismo...*", p. 157-158.

Tal perspectiva de equidade nas relações jurídicas socioambientais também reforça a importância do acesso à justiça, já que ao Poder Judiciário cumpre, em razão dos seus deveres de proteção ambiental, a missão constitucional de arrostar qualquer violação a direitos fundamentais e acima de tudo à dignidade humana, o que está patente na degradação ambiental. E a inversão do ônus probatório, portanto, nas hipóteses sugeridas aqui, tem justamente o objetivo de garantir um acesso substancial à justiça, capaz de estabelecer uma "paridade de armas" no pleito judicial ou administrativo, de modo a não permitir que o favorecimento econômico de uma das partes seja determinante para o resultado do processo, ainda mais quando estiverem em pauta direitos fundamentais.

3.4. A garantia constitucional da proibição de retrocesso ambiental[746]

A humanidade caminha na perspectiva de ampliação da salvaguarda da dignidade humana, conformando a idéia de um "patrimônio existencial" de índole jurídico-política consolidado ao longo do seu percurso histórico, para aquém do qual não há que se retroceder. Em termos gerais, essa é a idéia consubstanciada no marco da proibição de retrocesso, seja ela de natureza social, seja ela de matriz ambiental. A proibição de retrocesso ambiental, da mesma forma como ocorre com a proibição de retrocesso social,[747] está relacionada ao princípio da segurança jurídica, da proteção da confiança ou mesmo de previsibilidade no enquadramento normativo das relações jurídicas (as garantias constitucionais do direito adquirido, do ato jurídico perfeito e da coisa julgada, bem como os limites matérias à reforma constitucional são expressão do princípio constitucional da segurança jurídica), o que se apresenta como um traço característico da conformação do Estado de Direito. De outra forma, o que se está a determinar com a proibição de retrocesso é a subordinação do legislador infraconstitucional ao comando normativo constitucional, em respeito ao princípio da supremacia da Constituição. A estabilidade institucional (e também jurídica) é

---

[746] O pioneirismo da expressão *proibição de retrocesso ambiental*, no âmbito da doutrina brasileira, deve ser conferido a INGO SARLET, que, já em suas lições na disciplina "Constituição e Direitos Fundamentais", junto ao Mestrado do Programa de Pós-Graduação em Direito da PUCRS, no ano de 2005, elencava o tema para discussão no programa das suas aulas. De tal pioneirismo e instigação à investigação dos temas, resultou o artigo de MOLINARO ("Mínimo existencial ecológico e o princípio de proibição da retrogradação socioambiental". In: BENJAMIN, Antonio Herman (Org.). *Anais do 10º Congresso Internacional de Direito Ambiental*. São Paulo: Imprensa Oficial do Estado de São Paulo, p. 427-443), bem como o presente trabalho.

[747] Cfr., especificamente sobre a proibição de retrocesso em matéria de direitos sociais, a obra de SARLET, "*A eficácia dos direitos fundamentais...*", p. 412-439.

fundamental para o exercício dos direitos fundamentais do cidadão, na medida em que, como assevera Sarlet, a dignidade humana não restará suficientemente respeitada e protegida onde as pessoas estejam expostas a "um tal nível de instabilidade jurídica que não estejam mais em condições de, com um mínimo de segurança e tranqüilidade, confiar nas instituições sociais e estatais (incluindo o Direito) e numa certa estabilidade das suas próprias posições jurídicas".[748]

A proibição de retrocesso, nesse contexto, diz respeito mais especificamente a uma medida protetiva dos direitos fundamentais (e da dignidade humana) contra a atuação do legislador em termos de retroceder nas garantias e na tutela normativa já existentes para com os direitos em questão. A proibição de retrocesso constitui-se de um princípio constitucional implícito, tendo como fundamento constitucional, como registra Sarlet, entre outros, o princípio do Estado (democrático e social) de Direito, o princípio da dignidade da pessoa humana, o princípio da máxima eficácia e efetividade das normas definidoras de direitos fundamentais, as garantias expressamente previstas (ato jurídico perfeito, direito adquirido e coisa julgada), o princípio da segurança jurídica e o princípio da proteção de confiança.[749]

À luz do sistema constitucional alemão, Shulte destaca a existência de uma blindagem das garantias do Estado Social (tal como existente em relação às garantias "clássicas" do Estado de Direito), o que se dá em razão da proibição da retroatividade das leis referentes aos direitos sociais e do mandamento da proteção da confiança, bem como pelo fato de os direitos subjetivos públicos a prestações sociais (incluindo as expectativas de direitos) gozarem também de uma proteção constitucional com base no art. 14 da Lei Fundamental, considerando-as abrangidas no âmbito de proteção da garantia da propriedade.[750] A proibição de retrocesso é uma garantia constitucional do cidadão contra o órgão legislador no intuito de salvaguardar os seus direitos fundamentais consagrados pela Constituição, aos quais o legislador deve atender na maior medida possível. Outro aspecto importante diz respeito aos deveres de proteção do Estado (já tratados anteriormente), os quais estabelecem a vinculação dos poderes públicos a ga-

---

[748] SARLET, op. cit., p. 414.

[749] SARLET, "A eficácia dos direitos fundamentais...", p. 427-428.

[750] SHULTE, "Direitos fundamentais, segurança social...", p. 311. No mesmo sentido, SARLET também aborda a questão da propriedade como fundamento para a proibição de retrocesso social, constatando que a propriedade "não protege apenas a propriedade no âmbito dos direitos reais, mas alcança uma função conservadora de direitos, no sentido de que ela igualmente tem por escopo oferecer ao indivíduo segurança jurídica relativamente aos direitos patrimoniais reconhecidos pela ordem jurídica, além de proteger a confiança depositada no conteúdo de seus direitos". SARLET, Ingo Wolfgang. "O Estado Social de Direito, a proibição de retrocesso e a garantia fundamental da propriedade". In: *Revista da AJURIS*, n. 73, julho, 1998, p. 214.

rantir a máxima eficácia aos direitos fundamentais, resguardando-os contra qualquer violação (e retrocesso). Nesse sentido, como destaca Sarlet:

> negar reconhecimento ao princípio da proibição de retrocesso significa, em última, admitir que os órgãos legislativos (assim como o poder público de um modo geral), a despeito de estarem inquestionavelmente vinculados aos direitos fundamentais e às normas constitucionais em geral, dispõem do poder de tomar livremente suas decisões mesmo em flagrante desrespeito à vontade expressa do Constituinte.[751]

A proibição de retrocesso, como pontua Sarlet, se expressa a partir da idéia de proteção dos direitos fundamentais, especialmente no que tange ao seu núcleo essencial, na medida em que a tutela e o exercício efetivo de tais direitos só é possível onde esteja assegurado um nível mínimo de segurança jurídica e previsibilidade do próprio ordenamento jurídico objetivo, bem como dos direitos subjetivos dos cidadãos.[752] O constitucionalista gaúcho destaca ainda que, por força do art. 5º, §, 1º, da nossa Constituição, é imposta a proteção efetiva dos direitos fundamentais não apenas contra a atuação do poder de reforma constitucional (em combinação com o art. 60, que dispõe a respeito dos limites formais e materiais às emendas constitucionais), mas também contra o legislador ordinário e os demais órgãos estatais (em vista de que medidas administrativas e decisões jurisdicionais também podem atentar contra a segurança jurídica e a proteção de confiança), os quais são incumbidos de um dever permanente de desenvolvimento e concretização dos direitos fundamentais, o que não permite, em qualquer hipótese, a supressão ou restrição desses de modo a invadir o seu núcleo essencial, bem como, atentar, de outro modo, às exigências do princípio da proporcionalidade.[753]

Nessa perspectiva, há que se destacar a *cláusula de progressividade* consubstanciada no art. 2º, § 1º, do Pacto Internacional dos Direitos Econômicos, Sociais e Culturais, de 1966, a qual impõe aos Estados pactuantes uma implementação progressiva dos direitos sociais nele consagrados.[754] Da obrigação de progressividade na implementação dos direitos econômicos, sociais e culturais, como acentua Piovesan, decorre a chamada "cláusula de proibição do retrocesso social", na medida em que é vedado aos Estados retrocederem na implementação de tais direitos,[755] mas sempre

---

[751] SARLET, "*A eficácia dos direitos fundamentais...*", p. 428.

[752] SARLET, Ingo Wolfgang. "Direito fundamentais sociais e proibição de retrocesso: algumas notas sobre o desafio da sobrevivência dos direitos sociais num contexto de crise". In: *Revista do Instituto de Hermenêutica Jurídica*, Vol. 2. Porto Alegre: Instituto de Hermenêutica Jurídica, 2004, p. 150.

[753] SARLET, "*Direito fundamentais sociais e proibição de retrocesso...*", p. 150.

[754] "Art. 2º. 1. Cada Estado-parte no presente Pacto compromete-se a adotar medidas tanto por esforço próprio como pela assistência e cooperação internacionais, principalmente nos planos econômico e técnico, até o máximo de seus recursos disponíveis, que visem a assegurar, progressivamente, por todos os meios apropriados, o pleno exercício dos direitos reconhecidos no presente Pacto, incluindo, em particular, a adoção de medidas legislativas". Também o art. 26 da Convenção Americana sobre Direitos Humanos prevê o "desenvolvimento progressivo" dos direitos econômicos, sociais e culturais.

[755] PIOVESAN, "*Direitos humanos e o direito constitucional...*", p. 178.

tendo em conta o máximo de recursos disponíveis em cada Estado para cumprir tal desiderato. No entanto, destaca-se que a cláusula da reserva do possível, ou seja, da possibilidade financeira do Estado prover os direitos sociais, como se verá adiante no tópico sobre o mínimo existencial ecológico, não pode ser colocado como barreira à realização do núcleo mínimo dos direitos sociais, denominado de mínimo existencial.

Com o olhar voltado para a matéria ambiental, ampliando a incidência do instituto para além dos direitos sociais, merece registro o entendimento de Sarlet de que a aplicação do princípio da proibição de retrocesso não se restringiria apenas à esfera dos direitos sociais, mas contemplaria toda a gama de direitos fundamentais em geral.[756] Assim, o princípio da *proibição de retrocesso ambiental* (ou ecológico)[757] seria concebido no sentido de que a tutela normativa ambiental deve operar de modo progressivo no âmbito das relações jurídicas, a fim de ampliar a qualidade de vida existente hoje e atender a padrões cada vez mais rigorosos de tutela da dignidade humana, não retrocedendo jamais a um nível de proteção inferior àquele verificado hoje.

Para uma compreensão adequada do conceito de proibição de retrocesso ambiental, é importante destacar que há um *déficit* em termos de proteção ambiental existente hoje, na medida em, como é visível na questão do aquecimento global, há que se tomar medidas no sentido de "recuar" com determinadas práticas poluidoras, e não apenas impedir que tais práticas sejam ampliadas. Assim, no caso da legislação ambiental, deve-se conceber a sua blindagem contra retrocessos que a tornem menos rigorosa ou flexível, admitindo práticas poluidoras hoje proibidas, assim como buscar sempre um nível mais rigoroso de proteção, considerando especialmente o déficit legado pelo nosso passado e um suposto ajuste de contas com o futuro, no sentido de manter um equilíbrio ambiental também para as futuras gerações. O que não se admite, até por um critério de justiça entre gerações humanas, é que sobre as gerações futuras recaia o ônus do descaso das gerações presentes, deixando para aquelas condições piores do que as recebidas pelas gerações viventes das gerações passadas. Nesse ponto, a noção de limite dos recursos naturais também contribui para a elucidação da questão, uma vez que boa parte dos recursos naturais não é renovável, e, portanto, tem a sua utilização limitada e sujeita ao es-

---

[756] SARLET, "A eficácia dos direitos fundamentais...", p. 418, nota 534. A reforçar tal entendimento, SHULTE inclui, como uma complementação recente do catálogo dos direitos sociais, o direito a um ambiente saudável e afinado com as exigências da dignidade da pessoa. SHULTE, "*Direitos fundamentais, segurança social...*", p. 304.

[757] Aqui, merece referência a expressão *princípio da proibição de retrogradação socioambiental* cunhada por MOLINARO, como sinônimo à expressão "princípio de proibição de retrocesso ambiental". Por ser esse último expressão já consagrada na doutrina na forma de proibição de retrocesso social, parece-nos mais adequado apenas adaptá-lo para a sua feição ecológica, ao invés criar outra expressão, evitando-se a multiplicação de expressões referentes ao mesmo instituto jurídico. MOLINARO, "*Mínimo existencial ecológico...*", p. 427-443.

gotamento. Portanto, há que se ter o uso racional, equilibrado e equânime dos recursos naturais, no intuito de não agravar de forma negativa a qualidade de vida e o equilíbrio dos ecossistemas.

A doutrina, diante de tal preocupação, tem caminhado no sentido de consagrar o princípio da proibição de retrocesso ambiental, que na verdade é um retrocesso em termos de garantia e proteção das condições ambientais existentes hoje, para aquém das quais não devemos retroceder. Nesse sentido, Molinaro assevera que o princípio em questão afirma uma proposição empírica de que, através de uma eleição valiosa de nossa existência e de uma avaliação intergeracional, não é permitido que se retroceda a condições ambientais prévias àquelas que se desfrutam na atualidade.[758] Canotilho destaca que a consagração constitucional do ambiente como tarefa ou fim do Estado determina a proibição de retrocesso ecológico, determinando que "a água, os solos, a fauna, a flora, não podem ver aumentado o 'grau de esgotamento', surgindo os 'limites do esgotamento' como limite jurídico-constitucional da liberdade de conformação dos poderes públicos".[759] O princípio da proibição de retrocesso ecológico, na esteira do pensamento de Teixeira, encontra assento constitucional e visa inviabilizar toda e qualquer medida regressiva em desfavor do ambiente, impondo limites à atuação dos poderes públicos, bem como autorizando a intervenção do Poder Público para impedir o retrocesso, quer por medidas de polícia administrativa quer por meio de decisões judiciais. Nesse contexto, conclui o jusambientalista que o direito fundamental ao ambiente "só é modificável *in mellius*, e não *in pejus*, uma vez que é expressão da sadia qualidade de vida e da dignidade da pessoa humana".[760]

Gavião Filho aponta com pertinência para a proibição de retrocesso atinente ao direito à organização consubstanciado como um dimensão normativa do próprio direito ao ambiente, o que impossibilitaria um "enxugamento" da estrutura administrativa posta hoje no Estado brasileiro para dar efetivação ao direito fundamental ao ambiente. Nesse sentido, o autor afirma que a estrutura organizacional do Estado constitucional ambiental brasileiro está orientada no sentido da realização do direito fundamental ao ambiente, notadamente pela distribuição de sua atuação política e administrativa para as três entidades federativas com a fixação de um órgão nacional.[761] Com tal perspectiva, a referida "organização", que dá forma ao direito à organização, como refere Gavião Filho, encontra-se protegida pela proibição de retrocesso, o que acarreta na impossibilidade de o Estado extinguir os órgãos ambientais, salvo criando outros com a

---

[758] MOLINARO, op. cit., p. 431-432.
[759] CANOTILHO, "O direito ao ambiente como direito subjetivo", p. 182.
[760] TEIXEIRA, "O direito ao meio ambiente...", p. 124.
[761] GAVIÃO FILHO, "Direito fundamental ao ambiente...", p. 91-92.

mesma ou superior eficácia. O desrespeito de tal situação pode implicar violação a posições jurídicas fundamentais do direito fundamental ao ambiente, passível de correção pela via judicial por intermédio de mecanismos como a ação popular, a ação civil pública, a ação direta de inconstitucionalidade, a ação de inconstitucionalidade por omissão e o mandado de segurança.[762]

Com base no *princípio da proporcionalidade*, o legislador infraconstitucional, no cumprimento da sua função estatal, deve situar-se no âmbito normativo entre a proibição de insuficiência[763] e a proibição de excesso na regulação de determinado direito fundamental, pois sua atividade legislativa encontra limites de conformação no núcleo essencial dos direitos fundamentais, sendo que, quando violado tal âmbito de proteção, tem-se como resultado a inconstitucionalidade da medida. Nesse aspecto, Freitas, em que pese não voltar a sua atenção especificamente para a figura do legislador, destaca a vinculação do agente público à observância das *vedações de excesso* e *inoperância* no exercício da precaução, com o objetivo de assegurar a proteção efetiva do núcleo indisponível do direito fundamental ao ambiente.[764] Na medida em que o legislador infraconstitucional desguarnece a proteção imposta pela Constituição ao direito ao ambiente, viola o núcleo essencial de tal direito fundamental e, conseqüentemente, incorre em medida inconstitucional, passível de controle judicial. A proibição de retrocesso se situa, assim, como argumento constitucional a embasar a inconstitucionalidade de determinada medida legislativa adotada pelo legislador ordinário, quando tal prática incorra na violação do núcleo essencial de direito fundamental.

Por fim, registra-se que, não obstante o seu desenvolvimento ainda embrionário na doutrina brasileira, o princípio constitucional da proibição de retrocesso ambiental guarda importância ímpar na edificação do Estado Socioambiental de Direito, pois busca estabelecer um piso mínimo de proteção ambiental, para além do qual as futuras medidas normativas de tutela devem rumar e ampliar-se, contemplando sempre um nível cada vez mais amplo de qualidade ambiental e salvaguarda da dignidade humana, sem deixar de lado a nossa responsabilidade para com as gerações humanas vindouras. À luz de tal perspectiva de progresso da humanidade e melhora da qualidade de vida, Häberle destaca que,

---

[762] Idem, op. cit., p. 91-92.

[763] Cf., na doutrina nacional, o artigo sobre o princípio da proporcionalidade e os limites entre a proibição de excesso e a proibição de insuficiência de SARLET, *"Constituição e proporcionalidade..."*. Conforme destaca o autor, "a noção de proporcionalidade não se esgota na categoria da proibição de excesso, já que vincula igualmente, como ainda será desenvolvido, a um dever de proteção por parte do Estado, inclusive quanto a agressões contra direitos fundamentais provenientes de terceiros, de tal sorte que se está diante de dimensões que reclamam maior densificação, notadamente no que diz com os desdobramentos da assim chamada proibição de insuficiência (...)" (p. 63-64).

[764] FREITAS, *"Princípio da precaução..."*, p. 42.

em termos de dogmática constitucional, na planificação dos modelos de Estado de Direito, há uma "garantia cultural de *status quo*" (ou *princípio de irrenunciabilidade do passado*) com determinados conteúdos irrenunciáveis para o Estado Constitucional,[765] ou seja, conquistas levadas a cabo ao longo da caminhada histórica da humanidade e depositadas no seu patrimônio jurídico-político fundamental não podem sofrer um retrocesso, fragilizando a tutela especialmente da dignidade da pessoa humana e dos direitos fundamentais, mas objetivar a continuidade do projeto da modernidade de elevar cada vez mais o "espírito humano". A formulação de Häberle ajusta-se como uma luva à idéia que subjaz ao princípio de *proibição de retrocesso ambiental*, tendo em vista sempre uma salvaguarda mais ampla e qualificada da dignidade humana no horizonte futuro da humanidade.

3.5. Mínimo existencial ecológico (ou socioambiental): a garantia constitucional (e direito fundamental) a um patamar mínimo de qualidade ambiental para uma vida humana digna e saudável (das presentes e futuras gerações)

O presente estudo tem por objetivo, a partir de agora, traçar uma primeira reflexão sobre a garantia constitucional (e direito fundamental) ao *mínimo existencial ecológico*, demarcando as suas possibilidades conceituais e embasamento normativo. Para tanto, a argumentação que se desenvolverá adiante terá como sua base reflexiva a teoria dos direitos fundamentais, buscando identificar os pontos de contato normativo entre os direitos fundamentais sociais e o direito fundamental ao ambiente, de modo a conformar uma nova feição ao já consagrado conceito de mínimo existencial (de cunho social). Para além dos direitos já identificados doutrinariamente como "possíveis" integrantes do seu conteúdo – moradia digna, saúde básica, saneamento básico, educação fundamental, renda mínima, assistência social, alimentação adequada, acesso à justiça, etc. –, deve-se enquadrar também em tal rol fundamental a *qualidade ambiental*, objetivando a concretização de uma *existência humana digna e saudável* ajustada aos novos valores e direitos constitucionais de matriz ecológica. Trata-se, em verdade, de construir a idéia de um bem-estar existencial que tome em conta também a qualidade ambiental. Antes de enfrentar o tema do mínimo existencial ecológico, faz-se necessária uma incursão introdutória nos contornos normativo-constitucionais da garantia constitucional do mínimo existencial social.

---

[765] HÄBERLE, *"Libertad, igualdad, fraternidad..."*, p. 87.

3.5.1. Notas introdutórias sobre o mínimo existencial (social)

O fundamento mais importante por trás da formulação do conceito de mínimo existencial reside, sem sombra de dúvida, no princípio (e valor) da dignidade da pessoa humana, já que no seu conteúdo normativo está a idéia de conceber um núcleo mínimo de direitos fundamentais (e não é apenas um único direito que está em jogo), sem o qual não é viável um desenvolvimento da vida humana em patamares dignos. À luz também do *princípio do Estado Social*, o conceito de mínimo existencial está diretamente relacionado à dimensão existencial humana mais elementar, conferindo a todo cidadão a garantia constitucional de acesso a um conjunto mínimo de prestações sociais, que pode tomar tanto a feição de um direito de natureza defensiva quanto negativa,[766] sem o qual a sua dignidade se encontraria profundamente comprometida ou mesmo sacrificada.

Não obstante o conceito de mínimo existencial recair com maior intensidade sobre a idéia de um núcleo mínimo de direitos sociais de natureza prestacional, também é possível conceber um núcleo mínimo de direitos de liberdade que devem compor o seu conteúdo, sem os quais haveria evidente insuficiência na tutela da dignidade humana. O direito à vida (e mesmo a integridade física), por exemplo, como clássico direito de liberdade, a partir de uma leitura constitucional contemporânea, toma uma feição tanto liberal e defensiva (no sentido de não-violação do direito) como também social e prestacional (no sentido de afastar qualquer violação que incida sobre o direito à vida, o que também ocorre na falta de acesso a um mínimo de direitos sociais básicos, como ocorre especialmente no caso do direito à saúde). A partir de tais considerações, deve-se considerar também a tese da indivisibilidade, unidade e interdependência dos direitos fundamentais, no sentido de que todos os direitos fundamentais, de diferentes dimensões, complementam-se na tutela integral e efetiva da dignidade humana, não havendo, portanto, como defendem alguns, primazia ou superioridade hierárquica entre tais direitos.

---

[766] Ao analisar os direitos à prestação vinculados à dignidade da pessoa humana (art. 1, I, LF), KLOEPFER afirma que, em que pese a doutrina alemã sustentar um direito jurídico-subjetivo à garantia material dos pressupostos mínimos necessários à existência humana digna, deve-se ter em vista que a garantia jurídico-objetiva de um mínimo existencial material não determina, necessariamente, em todos os casos, prestações materiais, mas que pode ser concretizada, muitas vezes, no sentido jurídico-defensivo, por meio da proibição de intervenção no mínimo existencial, como, por exemplo, na verificação de uma carga tributária insuportavelmente alta. KLOEPFER, *"Vida e dignidade..."*, p. 169-170. No mesmo sentido, SARLET destaca que nas decisões do Tribunal Constitucional alemão que abordaram a problemática da justiça tributária, reconheceu-se ao indivíduo e à sua família a garantia de que a tributação não poderia incidir sobre os valores mínimos indispensáveis a uma existência digna, o que, conforme refere o autor, não caracteriza propriamente um direito a prestações, mas sim de limitar a ingerência estatal na esfera existencial individual, ressaltando também uma dimensão defensiva do direito fundamental ao mínimo para uma existência digna. O princípio da dignidade da pessoa humana, nesses casos, é tomado como limite material ao poder de tributar. SARLET, *"Direitos fundamentais sociais, 'mínimo existencial'..."* . p. 565, nota 25.

A fim de dar a dimensão político-comunitária e a dimensão moral da satisfação das necessidades básicas dos cidadãos, inclusive como pressuposto para a sua integração a determinada comunidade estatal, Dias pontua que, enquanto as necessidades básicas do indivíduo não são respeitadas, não é razoável esperar que o indivíduo se identifique com as normas da sociedade.[767] Assim, a atribuição dos direitos sociais básicos apresenta-se como uma condição mínima para que o indivíduo possa reconhecer nas normas da sociedade o respeito por sua própria pessoa, e queira se compreender como integrante da comunidade moral.[768] Não conferir ao indivíduo a garantia do mínimo existencial é forma de alijá-lo da comunidade político-estatal, deixando de reconhecer a sua condição de cidadão e sujeito político. É o mesmo que negar a sua condição política, além de, é claro, também negar a sua condição de ser humano, afrontando de forma direta a sua dignidade.

A construção do conceito de mínimo existencial, como refere Sarlet, é originária da práxis doutrinária e jurisprudencial alemã, que reconheceu a existência de um direito fundamental não-escrito à garantia dos recursos materiais mínimos necessários para uma existência digna.[769] No âmbito doutrinário, o primeiro nome a sustentar a possibilidade do reconhecimento de um direito subjetivo à garantia positiva dos recursos mínimos para uma existência digna foi o publicista alemão Otto Bachof, que, já no início da década de 1950, considerou que o princípio da dignidade da pessoa humana (art. 1º, inc. I, da Lei Fundamental da Alemanha) não reclama apenas a garantia da liberdade, mas também um mínimo de segurança social, já que, sem os recursos materiais para uma existência digna, a própria dignidade da pessoa humana ficaria sacrificada.[770] Por essa razão, o direito à vida e integridade corporal (art. 2º, inc. II, da Lei Fundamental) não pode ser concebido meramente como proibição de destruição da existência, isto é, como direito de defesa, impondo, ao revés, também uma postura ativa do Estado no sentido de garantir e promover a vida, ainda mais quando, para além da mera sobrevivência, objetiva-se uma vida digna e saudável.

Cerca de um ano depois da paradigmática formulação de Bachof, como destaca Sarlet, o Tribunal Federal Administrativo da Alemanha (*Bundesverwaltungsgericht*), já no primeiro ano de sua existência, reconheceu um direito subjetivo do indivíduo carente de auxílio material em face do Estado, argumentando, igualmente com base no postulado da dignidade da pessoa humana, no direito geral de liberdade e no direito à vida, que o indivíduo, na qualidade de pessoa autônoma e responsável, deve ser reconhecido como titular de direitos e obrigações, o que implica principalmente a manutenção de suas condições de existência. Poucos

---

[767] DIAS, "*Os direitos sociais básicos...*", p. 96.
[768] DIAS, op. cit., p. 96.
[769] SARLET, "*A eficácia dos direitos fundamentais...*", p. 312.
[770] Idem, "*Direitos fundamentais sociais, 'mínimo existencial'...*", p. 564.

anos depois, o legislador acabou regulamentando – em nível infraconstitucional – um direito a prestações no âmbito da assistência social (art. 4º, inc. I, da Lei Federal sobre Assistência Social [*Bundessozialhilfegesetz*]).[771] Mais tarde, após cerca de duas décadas da referida decisão do Tribunal Administrativo Federal, o Tribunal Constitucional Federal também reconheceu a existência de um direito fundamental à garantia das condições mínimas para uma existência digna, consagrando o status constitucional do mínimo existencial.[772] Para além da conformação do conteúdo da dignidade humana, como refere Sarlet, a doutrina alemã entende que a garantia das condições mínimas para uma existência digna integra o conteúdo essencial do princípio do Estado Social de Direito, constituindo uma de suas principais tarefas e obrigações.[773] Nesse horizonte, Canotilho, a reforçar o entendimento da jurisprudência do Tribunal Constitucional alemão, afirma que o Estado (executivo, legislativo e judiciário) está vinculado a proteger o direito à vida, no domínio das pretensões existenciais mínimas, escolhendo um meio (ou diversos meios) que tornem efetivo esse direito, e, no caso de só existir um meio de dar efetividade prática, devem escolher precisamente esse meio.[774]

Quanto à fundamentação da garantia constitucional do mínimo existencial, é possível identificar duas correntes doutrinárias. Como revela sarlet, parte expressiva dos autores europeus, especialmente na Alemanha, não aderiu – pelo menos não diretamente – a uma fundamentação de cunho liberal do mínimo existencial, embasando-o, como já referido, na própria garantia da dignidade da pessoa humana e no dever de sua concretização pelos órgãos estatais a partir da cláusula geral do Estado Social. Já no mundo anglo-saxão, de um modo geral, o mínimo existencial recebeu uma fundamentação eminentemente liberal, como garantia da própria liberdade.[775] Nesse sentido, como expoente brasileiro da corrente doutrinária de fundamentação eminentemente liberal do mínimo existencial, Torres, com base especialmente em Rawls e Alexy, acentua

---

[771] Idem, op. cit., p. 564-565.

[772] SARLET colaciona a argumentação desenvolvida nesta primeira decisão do Tribunal Constitucional Federal que reconheceu a existência da garantia constitucional do mínimo existencial, a qual foi confirmada em posteriores decisões da Corte Constitucional: "certamente a assistência aos necessitados integra as obrigações essenciais de um Estado Social. [...] Isto inclui, necessariamente, a assistência social aos concidadãos, que, em virtude de sua precária condição física e mental, se encontram limitados nas suas atividade sociais, não apresentando condições de prover a sua própria subsistência. A comunidade estatal deve assegurar-lhes pelo menos as condições mínimas para uma existência digna e envidar os esforços necessários para integrar estas pessoas na comunidade, fomentando seu acompanhamento e apoio na família ou por terceiros, bem como criando as indispensáveis instituições assistenciais", BVerfGE 40, 121 (133). SARLET, "*Direitos fundamentais sociais, 'mínimo existencial'...*", p. 565.

[773] SARLET, op. cit., p. 565-566.

[774] CANOTILHO, José Joaquim Gomes. "Tomemos a sério os direitos econômicos, sociais e culturais". In: CANOTILHO, José Joaquim Gomes. *Estudos sobre direitos fundamentais*. Coimbra: Coimbra Editora, 2004, p. 58-59.

[775] SARLET, op. cit., p. 568-569.

que tal garantia constitucional se constitui de condição essencial para o exercício do direito à liberdade (efetiva ou real, e não meramente formal), uma vez que sem o mínimo necessário à existência cessam as possibilidades de sobrevivência do ser humano e desaparecem as condições iniciais de liberdade, fundamentando, portanto, o mínimo existencial diretamente no princípio *da liberdade* e no *princípio da autonomia*.[776]

Sob a premissa de que o mínimo existencial é condição mínima para que um indivíduo possa exercer a sua liberdade, Dias pontua que os direitos sociais básicos representam, assim, a garantia de uma justiça mínima que antecede qualquer distinção possível entre os indivíduos, sendo que, apenas quando os direitos básicos de cada indivíduo estejam satisfeitos, é possível, sem incorrer em contradição, uma distribuição secundária não igualitária.[777] No mesmo sentido, Rawls, no seu *O liberalismo político*, pronuncia-se no sentido de que certas liberdades e direitos básicos devem estar contemplados já no primeiro princípio (eqüidade) da sua teoria da justiça,[778] ou seja, só a partir da garantia de tal patamar mínimo de direitos seria possível considerar a "diferença" entre os indivíduos (já à luz do seu segundo princípio).[779] O autor faz referência à idéia de *bens primários* ou *necessidades* das pessoas como elementos necessários ao reconhecimento de uma condição cidadã de acordo com os propósitos da justiça política.[780] Tais idéias não fogem à concepção de um mínimo existencial. Abaixo de certo nível de bem-estar (material, social, educacional, cultural, etc.) as pessoas não têm condições de tomarem parte na sociedade como cidadãos e, muito menos, como cidadãos iguais.

No outro pólo teórico, Canotilho, sob uma matriz de fundamentação do mínimo existencial no *princípio do Estado Social* e do *princípio da dignidade humana*, critica a teoria liberal dos direitos fundamentais, em face especialmente da sua inadequação, destacando que "o 'homem situado' não abdica de prestações existenciais estritamente necessárias à realização da sua própria liberdade, revelando, neste aspecto, a teoria liberal uma completa 'cegueira' em relação à indispensabilidade dos pressupostos sociais e econômicos da realização da liberdade".[781] No mesmo horizonte traçado por Canotilho, Azevedo, ao traçar as posições jurídicas extraídas do conteúdo do princípio jurídico da dignidade humana, especialmente em razão do "imperativo categórico da intangibilidade da vida humana", destaca que se projeta o preceito da "consideração pelos pressupostos materiais mínimos para o exercício da vida" (juntamente com o "respeito à integridade

---

[776] TORRES, "*A metamorfose dos direitos sociais...*", p. 5.
[777] DIAS, "*Os direitos sociais básicos...*", p. 104.
[778] RAWLS, John. *O liberalismo político*. Brasília: Instituto Teotônio Vilela/Editora Ática, 2000, p. 228.
[779] Idem, "*Uma teoria da justiça...*", p. 64.
[780] Idem, "*O liberalismo político...*", p. 226.
[781] CANOTILHO, José Joaquim Gomes. *Direito constitucional*. 6.ed. Coimbra: Almedina, 1993, p. 507.

física e psíquica das pessoas" e o "respeito pelas condições mínimas de liberdade e convivência social e igualitária"),[782] de onde se pode extrair a idéia de um mínimo existencial (pressupostos materiais mínimos para o exercício da vida "com dignidade"). De acordo com tal posicionamento, Vieira de Andrade afirma os direitos sociais fundamentais dispõem de um conteúdo nuclear, ao qual se há de reconhecer uma especial força jurídica, pela sua referência imediata à idéia de dignidade da pessoa humana, fundamento de todo o catálogo dos direitos fundamentais.[783]

Por sua vez, Barroso também identifica a garantia do mínimo existencial como integrante do núcleo e do conteúdo essencial da dignidade da pessoa humana, ao referir que tal princípio constitucional expressa um "conjunto de valores civilizatórios incorporados ao patrimônio da humanidade".[784] O conteúdo jurídico do princípio, como pontua, vem associado aos direitos fundamentais (individuais, políticos e sociais), sendo o seu núcleo material elementar composto do mínimo existencial, o qual identifica o "conjunto de bens e utilidades básicas para a subsistência física e indispensável ao desfrute da própria liberdade"; aquém de tal patamar existencial, ainda quando haja sobrevivência, não há dignidade. Para o eminente constitucionalista, em que pese haver variações na doutrina, o elenco de prestações que compõe o mínimo existencial inclui: renda mínima, saúde básica, educação fundamental, bem como, a título de elemento instrumental, o acesso à justiça, indispensável para a exigibilidade e efetivação dos direitos.[785]

A garantia do mínimo existencial representa um patamar mínimo para a existência humana, consubstanciando no seu conteúdo as condições materiais mínimas para a concretização do princípio-matriz de todo o sistema jurídico, que é a dignidade da pessoa humana. Para aquém desse limite existencial, a vida (na sua dimensão físico-biológica ou estrita) pode ainda resistir, mas a existência humana não atingirá os padrões exigidos pela dignidade. De tal sorte, como leciona Tavares, deve ser atribuída ao Estado brasileiro uma obrigação inescusável, como dever decorrente dos direitos fundamentais, de implementar as prestações sociais mínimas para garantir a dignidade humana, a liberdade, a igualdade de chances, a exclusão da miséria e da marginalização.[786] O conteúdo integrante do mínimo existencial, compreendido como direito e garantia fundamental, haverá de guardar sintonia com uma compreensão constitucionalmente adequada do

---

[782] AZEVEDO, "A caracterização jurídica da dignidade...", p. 3-24.
[783] VIEIRA DE ANDRADE, "Os direitos fundamentais...", p. 371.
[784] BARROSO, Luís Roberto. "Fundamentos teóricos e filosóficos do novo direito constitucional brasileiro – Pós-modernidade, teoria crítica e pós-positivismo". *Revista do Ministério Público do Estado do Rio Grande do Sul*, n. 46. Porto Alegre: Metrópole, 2002, p. 59.
[785] BARROSO, ibidem.
[786] TAVARES, Marcelo Leonardo. *Previdência e assistência social*: legitimação e fundamentação constitucional brasileira. Rio de Janeiro: Lúmen Júris, 2003, p. 160-161.

direito à vida e do princípio da dignidade humana, caracterizando o seu núcleo irredutível. Com efeito, como afirma Sarlet, a dignidade da pessoa humana somente estará assegurada – em termos de condições básicas a serem garantidas pelo Estado e pela sociedade – onde a todos e a qualquer um estiver assegurada nem mais nem menos do que uma vida saudável,[787] o que também passa necessariamente pela qualidade e equilíbrio do ambiente onde a vida humana se desenvolve, conforme se verá adiante.

3.5.2. Fundamentos jurídico-constitucionais da garantia do mínimo existencial ecológico

Conforme já tratado em passagens anteriores, é possível identificar uma *dimensão ecológica* incorporada ao conteúdo do princípio da dignidade humana. O reconhecimento da *jusfundamentalidade* do direito ao ambiente ecologicamente equilibrado opera no sentido de conformar o conteúdo do mínimo existencial social, abrindo caminho para a compreensão da garantia constitucional do mínimo existencial ecológico no cenário jurídico-político armado pelo Estado *Socioambiental* de Direito. A preocupação doutrinária de se conceituar e definir um padrão mínimo em termos ambientais para a concretização da dignidade humana justifica-se na importância essencial que a qualidade ambiental guarda para o desenvolvimento da vida humana em toda a sua potencialidade. Com efeito, para Häberle, assim como o Estado de Direito se desenvolveu, a serviço da dignidade humana, na forma de Estado Social de Direito, é possível afirmar que a expressão cultural do Estado constitucional contemporâneo, também fundamentado na dignidade humana, projeta uma medida de proteção ambiental mínima.[788] No mundo contemporâneo, a pessoa encontra-se exposta a riscos existenciais provocados pela degradação ambiental, com relação aos quais a ordem jurídica deve estar aberta, disponibilizando mecanismos jurídicos capazes de salvaguardar a vida e a dignidade humana de tais ameaças existenciais. Nessa perspectiva, Molinaro afirma que o "contrato político" formulado pela Lei Fundamental brasileira elege como "foco central" o direito fundamental à vida e a manutenção das bases que a sustentam, o que só pode se dar no gozo de um ambiente equilibrado e saudável. Tal entendimento, como formula o autor, conduz à idéia de um "mínimo ecológico" como premissa à concretização de uma vida digna.[789]

Assim como há a imprescindibilidade de determinadas condições materiais em termos sociais (saúde, educação, alimentação, moradia, etc.),

---

[787] SARLET, "*Direitos fundamentais sociais, 'mínimo existencial'...*", p. 572. Vide também a obra de SARLET, "*Dignidade da pessoa humana...*", p. 59-60.

[788] HÄBERLE, "*A dignidade humana como fundamento...*", p. 130.

[789] MOLINARO, Carlos Alberto. *Direito ambiental:* proibição de retrocesso. Porto Alegre: Livraria do Advogado, 2007, p. 113.

sem as quais o pleno desenvolvimento da personalidade humana e mesmo a inserção política do indivíduo em determinada comunidade estatal são inviabilizadas, também na seara ecológica há um conjunto mínimo de condições materiais em termos de qualidade ambiental, sem o qual o desenvolvimento da vida humana (e mesmo a integridade física do indivíduo em alguns casos) também se encontra fulminado, em descompasso com o comando constitucional que impõe ao Estado o dever de tutelar a vida (art. 5°, *caput*) e a dignidade humana (art. 1°, III) contra quaisquer ameaças existenciais. Infelizmente, o "retrato" de degradação ambiental é perfeitamente enquadrado nos grandes centros urbanos, onde uma massa expressiva da população carente é comprimida a viver próxima a áreas poluídas e degradadas (ex. próximas a lixões, pólos industriais, rios e córregos poluídos, encostas de morros sujeitas a desabamentos, etc.). Diante desse quadro, a vinculação entre os direitos fundamentais sociais e o direito fundamental ao ambiente joga um papel central na composição de um quadro da condição humana que garanta uma existência digna, servindo, portanto, de fundamento normativo para a configuração da garantia constitucional aqui designada de *mínimo existencial ecológico* (ou *socioambiental*).

O respeito e a proteção à dignidade humana, como acentua Häberle, necessitam do engajamento material do Estado, na medida em que a garantia da dignidade humana pressupõe uma pretensão jurídica prestacional do indivíduo ao mínimo existencial material.[790] Pode-se dizer, inclusive, que tais condições materiais elementares constituem-se de premissas ao próprio exercício dos demais direitos (fundamentais ou não), resultando, em razão da sua essencialidade ao quadro existencial humano, em um "direito a ter e exercer os demais direitos".[791] Sem o acesso a tais condições existenciais mínimas, não há que se falar em *liberdade real ou fática*, quanto menos em um padrão de vida compatível com a dignidade humana. A garantia do mínimo existencial trata-se, em verdade, de uma premissa ao próprio exercício dos demais direitos fundamentais, sejam eles direitos de liberdade, direitos sociais ou mesmo direitos de solidariedade, como é o caso do direito ao ambiente. Por trás da garantia constitucional do mínimo existencial, subjaz a idéia de respeito e consideração, por parte da sociedade e do Estado, pela vida de cada indivíduo, que, desde o imperativo categórico de Kant, deve ser sempre tomada como um *fim em si mesmo*, em sintonia com a dignidade inerente a cada ser humano.

O conteúdo normativo da garantia constitucional do mínimo existencial é modulado à luz das circunstâncias históricas concretas da comunidade

---

[790] HÄBERLE, "*A dignidade humana como fundamento...*", p. 138.

[791] A corroborar com tal idéia, a comparação feita por TORRES entre a garantia constitucional do mínimo existencial e o estado de necessidade, tanto conceitualmente quanto em face das suas conseqüências jurídicas, uma vez que a própria sobrevivência do indivíduo, por vezes, está em jogo. TORRES, "*Tratado de direito...*", p. 144 e ss.

estatal, tendo em conta sempre os novos conteúdos que são incorporados constantemente ao conteúdo do princípio da dignidade humana a cada avanço civilizatório. Trata-se, em verdade, de considerar, para a conformação do conteúdo mínimo da dignidade humana, a própria idéia consubstanciada na abertura material do rol dos direitos fundamentais, a qual transporta o *princípio constitucional da historicidade dos direitos fundamentais*, ou seja, de que a humanidade caminha permanentemente na direção da ampliação do universo de direitos fundamentais, de modo a contemplar cada vez mais um maior bem-estar a todos os indivíduos, a ponto de concretizar ao máximo todo potencial humano. E, conforme apontado no presente ensaio, tal processo histórico de afirmação de direitos resultou na inserção da proteção ambiental no catálogo dos direitos fundamentais. Nessa perspectiva, o conteúdo da garantia do mínimo existencial deve ser modulado em face da consagração de novos direitos fundamentais de terceira dimensão, como é o caso da proteção do ambiente.

Da mesma forma como ocorre com o conteúdo da dignidade humana, que não se limita ao direito à vida em sentido estrito, o conceito de mínimo existencial não pode ser limitado ao direito à mera sobrevivência na sua dimensão estritamente natural ou biológica, mas deve ser concebido de forma mais ampla, já que objetiva justamente a realização da vida em níveis compatíveis com a dignidade humana, considerando, nesse aspecto, a incorporação da qualidade ambiental como novo conteúdo do seu núcleo protetivo. Com tal premissa, Sarlet pontua que o conteúdo do mínimo existencial não pode ser confundido com o que se poderia denominar de um "mínimo vital" ou "mínimo de sobrevivência", na medida em que este último diz respeito à garantia da vida humana, sem necessariamente abranger as condições para uma sobrevivência física em condições dignas, portanto, de uma vida com certa qualidade. O constitucionalista afirma, ainda, que não deixar alguém sucumbir à fome certamente é o primeiro passo em termos da garantia de um mínimo existencial, mas não é o suficiente para garantir uma existência digna.[792]

Com o intuito de alcançar a fundamentação do mínimo existencial ecológico, adota-se uma "compreensão ampliada do conceito de mínimo

---

[792] SARLET, "*Direitos fundamentais sociais, 'mínimo existencial'...*", p. 567. Na medida em que fundamenta o mínimo existencial na liberdade efetiva (real) – e não meramente formal –, TORRES também é contrário ao tratamento do seu conteúdo apenas como um mínimo vital ou um mínimo para a sobrevivência. ("*A metamorfose dos direitos sociais...*", p. 11-46). Conforme registra SARLET, tal interpretação (qualificada ou ampliada) do conteúdo do mínimo existencial, como um conjunto de garantias materiais para uma vida condigna, é a que tem prevalecido tanto na Alemanha, quanto na doutrina e jurisprudência constitucional comparada (notadamente no plano europeu), como ilustra a recente decisão do Tribunal Constitucional de Portugal na matéria (Acórdão nº 509 de 2002, versando sobre o rendimento social de inserção), "ao reconhecer tanto um direito negativo quanto um direito positivo a um mínimo de sobrevivência condigna, como algo que o Estado não apenas não pode subtrair ao indivíduo, mas também como algo que o Estado deve positivamente assegurar, mediante prestações de natureza material". SARLET, op. cit., p. 567-568.

existencial (liberal, social e ecológico)", a fim de abarcar a idéia de uma *vida com qualidade ambiental* (e, por óbvio, com dignidade), em que pese a sobrevivência humana (e, portanto, o mínimo vital) também se encontrar muitas vezes ameaçada pela degradação ambiental. Como afirma Sarlet, a dignidade da pessoa humana somente estará assegurada – em termos de condições básicas a serem garantidas pelo Estado e pela sociedade – onde a todos e a qualquer um estiver assegurada nem mais nem menos do que uma vida saudável,[793] o que passa necessariamente pela qualidade e equilíbrio do ambiente onde a vida humana está sediada. A idéia motora do presente estudo, portanto, é ampliar o horizonte conceitual da garantia constitucional do mínimo existencial para além das suas feições liberal e social, situando o seu enquadramento diante das novas demandas e desafios existenciais de matriz ecológica.

Com base na dimensão ambiental ou ecológica do mínimo existencial, Steigleder salienta que o reconhecimento de tal garantia constitucional permite "lograr uma existência digna, ou seja, de um direito, por parte da sociedade, à obtenção de prestações públicas de condições mínimas de subsistência na seara ambiental, as quais, acaso desatendidas, venham a criar riscos graves para a vida e a saúde da população, ou riscos de dano irreparável", tendo, como exemplo, a deposição de lixo urbano a céu aberto, a ponto de criar perigos para a saúde da população circundante e riscos ambientais de contaminação de corpos hídricos que sejam vitais para o abastecimento público; ou, ainda, a contaminação do ar com poluentes prejudiciais à saúde humana.[794] Os exemplos trazidos pela autora são bem contundentes no sentido de desnudar o vínculo elementar entre a degradação ou poluição ambiental e os direitos sociais (no caso referido, especialmente o direito à saúde[795]), tendo justamente na configuração da garantia do mínimo existencial ecológico um mecanismo para contemplar ambas as demandas sociais básicas, sempre com o objetivo constitucional maior de assegurar uma existência humana digna (e saudável) a todos os integrantes da comunidade estatal, o que só é possível com um padrão mínimo de qualidade ambiental. Com tal perspectiva, Fiorillo pontua que

---

[793] SARLET, op. cit., p. 572.

[794] STEIGLEDER, Annelise Monteiro. "Discricionariedade administrativa e dever de proteção do ambiente". In: *Revista do Ministério Público do Estado do Rio Grande do Sul*, n. 48, 2002, p. 280. Não obstante a autora referir o termo "mínimo vital", o qual, conforme referido anteriormente, se rejeita por remeter à idéia de tutela apenas de um mínimo de sobrevivência, é possível extrair do seu texto que tal conceito está colocado de forma mais ampla (e não limitada à mera sobrevivência física), indo na mesma linha da formulação conceitual que é defendida no presente estudo para o mínimo existencial (e não apenas vital) ecológico.

[795] Para certificar a conexão elementar entre saúde humana e proteção do ambiente, BENJAMIN pontua que "há aspectos da proteção ambiental que dizem respeito, de maneira direta, à proteção sanitária. Assim é com o controle de substâncias perigosas e tóxicas, como os agrotóxicos, e com a preocupação sobre a potabilidade da água e a respirabilidade do ar". BENJAMIN, "*Constitucionalização do ambiente...*", p. 91.

a Constituição, com base no seu art. 6º, estabelece um *piso mínimo vital* de direitos que deve ser assegurado pelo Estado a todos os indivíduos, dentre os quais se ressalta o direito à saúde, para cujo exercício é imprescindível um ambiente equilibrado e dotado de higidez.[796]

A hipótese do *saneamento básico* delineia uma ponte normativa entre o mínimo existencial social e a proteção ambiental. A partir de tal exemplo, é possível visualizar, de forma paradigmática, a convergência entre os direitos fundamentais sociais (especialmente saúde, alimentação, água potável e moradia) e o direito fundamental ao ambiente, conjugando seus conteúdos normativos para a realização de uma vida humana digna e saudável. O saneamento básico[797] diz respeito ao serviço de água e saneamento prestado pelo Estado ou empresa concessionária do serviço público aos integrantes de determinada comunidade, especialmente no que tange ao "abastecimento de água potável", ao "esgotamento sanitário", à "limpeza urbana e manejo de resíduos sólidos" e à "drenagem e manejo das águas pluviais urbanas".[798] Sobre o tema, destaca-se a nova Lei 11.445, de 5 de janeiro de 2007, que estabelece as diretrizes nacionais para o saneamento básico. O novo diploma legislativo traz, entre os princípios fundamentais dos serviços públicos de saneamento básico, a articulação das políticas públicas de habitação, de combate e erradicação da pobreza, de promoção da saúde e de proteção ambiental, revelando justamente uma visão integrada dos direitos sociais básicos e da proteção ambiental. O Estatuto da Cidade (Lei 10.257/01) também veicula o direito ao *saneamento ambiental*, quando estabelece o conteúdo do *direito à cidade sustentável*, que também inclui os direitos à moradia, à infra-estrutura urbana, ao transporte e aos serviços públicos, ao trabalho, ao lazer, para as presentes e futuras gerações (art. 2º, I).

---

[796] FIORILLO, Celso Antônio Pacheco. *Curso de direito ambiental brasileiro*. São Paulo: Saraiva, 2001, p. 53.

[797] Sobre o tema, destaca-se a obra, em vias de publicação pela Editora Livraria do Advogado, de DEMOLINER, Karine. *Água e saneamento básico*: regimes jurídicos e marcos regulatórios no ordenamento brasileiro. Dissertação de Mestrado defendida junto ao Programa de Pós-Graduação em Direito Público da Faculdade de Direito da Pontifícia Universidade Católica do Estado do Rio Grande do Sul. Porto Alegre: PUCRS, 2005.

[798] O novo marco regulatório do saneamento básico estabelecido na Lei 11.445/07 delineia o conceito de saneamento básico (art. 3º, I) como o conjunto de serviços, infra-estruturas e instalações operacionais de: a) *abastecimento de água potável*, constituído pelas atividades, infra-estruturas e instalações necessárias ao abastecimento público de água potável, desde a captação até as ligações prediais e respectivos instrumentos de mediação; b) *esgotamento sanitário*, constituído pelas atividades, infra-estruturas e instalações operacionais de coleta, transporte, tratamento disposição final adequados dos esgotos sanitários, desde as ligações prediais até o seu lançamento final no meio ambiente; c) *limpeza urbana e manejo de resíduos sólidos*, como conjunto de atividades, infra-estruturas e instalações operacionais de coleta, transporte, transbordo, tratamento e destino final do lixo doméstico e do lixo originário da varrição e limpeza de logradouros e vias públicas; d) *drenagem e manejo das águas pluviais urbanas*, como conjunto de atividades, infra-estruturas e instalações operacionais de drenagem urbana de águas pluviais, de transporte, detenção ou retenção para o amortecimento de vazões de cheias, tratamento e disposição final das águas pluviais drenadas nas áreas urbanas.

Com tal perspectiva, Barcellos[799] afirma que a prestação do serviço de saneamento (consubstanciada nos artigos 23, IX, 198, II, e 200, IV e VIII, da Lei Fundamental brasileira), como desmembramento do direito à saúde, integra a garantia do mínimo existencial, ou seja, do núcleo mínimo de prestações sociais a serem exigidas do Estado para a concretização da dignidade humana. Em relação ao saneamento básico, o comprometimento da saúde humana está diretamente associado à contaminação e poluição das águas que servem de abastecimento para as populações, o que ocorre, paradigmaticamente, nas regiões marginalizadas dos grandes centros urbanos brasileiros.[800] De tal sorte, é possível identificar o saneamento básico como um direito fundamental[801] que apresenta tanto uma feição social como uma feição ecológica. Na mesma linha, Chagas Pinto afirma ser possível o reconhecimento, no âmbito do ordenamento jurídico brasileiro, de um direito fundamental ao saneamento básico, através de uma interpretação extensiva do direito fundamental à saúde, mas, principalmente, do direito fundamental ao ambiente ecologicamente equilibrado.[802] Após as linhas aqui vertidas, resulta evidente, à luz do exemplo do saneamento básico, a indivisibilidade entre os direitos sociais e a proteção ambiental na garantia de prestações materiais mínimas indispensáveis a uma vida digna.

A Comissão Mundial sobre Meio Ambiente e Desenvolvimento das Nações Unidas, em seu relatório Nosso Futuro Comum (*Our common future*), no ano de 1987, cunhou o conceito de *desenvolvimento sustentável*, que seria "aquele que atende às necessidades do presente sem comprometer a possibilidade de as gerações futuras atenderem a suas próprias necessidades. Ele contém dois conceitos-chave: o conceito de 'necessidades', sobretudo as necessidades essenciais dos pobres do mundo, que devem receber a máxima prioridade; a noção das limitações que o estágio da tec-

---

[799] A autora aponta como desmembramentos do direito fundamental à saúde, além do serviço de saneamento (art. 23, IX, 198, II, e 200, IV, o atendimento materno-infantil (art. 227, I), as ações de medicina preventiva (art. 198, II) e as ações de prevenção epidemiológica (art. 200, II). BARCELLOS, "*A eficácia jurídica dos princípios...*", p. 313.

[800] Nesse sentido, segue decisão judicial: Esgoto sanitário. Concessionária de serviço público que não operacionaliza um sistema adequado. Prejuízos ao meio ambiente, à cidadania e à saúde da coletividade. Concessão de liminar para suspender a tarifa de esgotos e impor multa cominatória. (Proc. 001.2001.019782-7 – 7ª Vara Cível – Recife/PE, j. 25.07.2001, Juiz de Direito Marcelo Russel Wanderley. In: *Revista de Direito Ambiental*, n. 23, Jul/Set, 2001, p. 374-380).

[801] DEMOLINER reconhece o saneamento básico como um direito fundamental (diretamente vinculado à dignidade humana), ao precisar que "um ser humano só poderá desenvolver-se com plenitude – física, psíquica e socialmente – se tiver saúde, sendo que para isso precisa ingerir água potável. Parece óbvio que o homem que não tem moradia e vive em meio ao lixo, exposto ao esgoto e às substâncias tóxicas além de vetores transmissores de doenças, tem poucas chances de se desenvolver e alcançar a excelência como pessoa. A vida, sem o mínimo de infra-estrutura é indigna, é sofrida, é excludente. Nesta senda, não há como não admitir que o saneamento básico constitui um direito fundamental e está intrinsecamente vinculado à dignidade humana. DEMOLINER, "*Água e saneamento básico...*", p. 189.

[802] CHAGAS PINTO, "*Saneamento básico e direitos fundamentais...*", p. 406.

nologia e da organização social impõe ao meio ambiente, impedindo-o de atender às necessidades presentes e futuras".[803] No conceito de desenvolvimento sustentável elaborado pela Comissão Brundtland, verifica-se as dimensões humana e social de tal compreensão, na medida em que há uma preocupação em atender às necessidades vitais das gerações humanas presentes e futuras. Na explicitação dos seus conceitos-chave, fica evidenciada a vinculação entre a qualidade ambiental e a concretização das necessidades humanas mais elementares (ou seja, do acesso aos seus direitos fundamentais sociais), bem como a referência ao atual estágio de desenvolvimento tecnológico (com o esgotamento e contaminação dos recursos naturais) como um elemento limitativo e impeditivo para a satisfação das necessidades humanas fundamentais.[804]

Também a Declaração do Rio sobre Meio Ambiente e Desenvolvimento (1992), no seu Princípio 5, refere que "todos os Estados e todos os indivíduos, como requisito indispensável para o desenvolvimento sustentável, irão cooperar na tarefa essencial de erradicar a pobreza, a fim de reduzir as disparidades de padrões de vida e melhor atender às necessidades da maioria da população do mundo". Além de traçar o objetivo (também constitucional, vide art. 3°, I e III, da Lei Fundamental brasileira) de erradicar a pobreza, reduzir as desigualdades sociais e atender às necessidades (pode-se dizer, direitos sociais) da maioria da população mundial e colocar nas mãos conjuntamente da sociedade e do Estado tal missão, o diploma internacional, ao abordar o ideal de desenvolvimento sustentável, também evidencia a relação direta entre os direitos sociais e a proteção do ambiente (ou a qualidade ambiental), sendo um objetivo necessariamente comum, enquanto projeto político-jurídico para a humanidade. Outro aspecto que está consubstanciado no marco normativo do desenvolvimento sustentável é a questão da distribuição de riquezas (ou da justiça distributiva), o que passa necessariamente pela garantia dos direitos sociais e um nível de vida minimamente digna (e, portanto, com qualidade ambiental) para todos os membros da comunidade estatal (e mesmo mundial).[805]

---

[803] *Nosso Futuro Comum/Comissão Mundial sobre Meio Ambiente e Desenvolvimento*. 2.ed. Rio de Janeiro: Editora Fundação Getúlio Vargas, 1991, p. 43.

[804] À luz da mesma perspectiva, a Lei 6.938/81 (Arts. 1° a 4°) coloca como o principal objetivo da Política Nacional do Meio Ambiente "a compatibilização do desenvolvimento econômico-social com a preservação da qualidade do meio ambiente e do equilíbrio ecológico", o que estabelece o necessário respeito à preservação ambiental para a composição do desenvolvimento econômico e social.

[805] Nesse sentido, é possível extrair de alguns documentos internacionais (como o próprio Relatório Bruntland e a Declaração do Rio-92) o caráter distributivo em termos de justiça social e justiça ambiental presente na idéia de proteção ambiental e desenvolvimento sustentável. Nesse contexto, a Declaração de Estocolmo (1972) traz, no seu Princípio 5, a idéia de que "os recursos não-renováveis da Terra devem ser empregados de maneira a se evitar o perigo de seu esgotamento e a se assegurar a toda a Humanidade a participação nos benefícios de tal emprego", ou seja, os benefícios do uso dos recursos naturais devem ser proporcionalmente distribuídos entre todos os integrantes da comunidade mundial (o que, diga-se de passagem, não se vê na relação entre os países e as comunidades ricas do Norte e os países e as comunidades pobres do Sul). Da mesma forma, a Declaração traz ainda, no

Da compreensão de *necessidades humanas* (das presentes e futuras gerações), pode-se pautar a reflexão acerca de um *patamar mínimo de qualidade ambiental*, sem o qual a dignidade humana estaria sendo violada no seu núcleo essencial. O âmbito de proteção da vida, diante do quadro de riscos ambientais referidos, para atingir o nível de dignidade e salubridade assegurado constitucionalmente, deve ser ampliado no sentido de abarcar a dimensão ambiental no seu quadrante normativo. Registra-se que a vida é condição elementar para o exercício da dignidade humana, embora essa não se limite àquela, uma vez que, como já apontado em passagem anterior, a dignidade não se resume a questões existenciais de natureza meramente biológica ou física, mas exige a proteção da existência humana de forma mais abrangente (física, psíquica, social, cultural, ecológica, etc.). De tal sorte, impõe-se constitucionalmente a conjugação dos *direitos sociais* e dos *direitos ambientais* na formatação do núcleo mínimo de tutela da dignidade humana, em vista, especialmente, de tal garantia constitucional envolver desde o desenvolvimento de todo o potencial da vida humana até a sua própria sobrevivência como espécie (em razão do potencial destrutivo de algumas tecnologias desenvolvidas pelo ser humano e mesmo do alto nível de poluição de determinadas áreas do Planeta).

Em regra, a miséria e a pobreza (como projeções da falta de acesso aos direitos sociais básicos, como saúde, saneamento básico, educação, moradia, alimentação, renda mínima, etc.) caminham juntas com a degradação e poluição ambiental, expondo a vida das populações de baixa renda e violando sob duas vias distintas a sua dignidade. Aí está a importância de uma tutela compartilhada dos direitos sociais e dos direitos ecológicos, em vista de criar um núcleo mínimo para a qualidade de vida, aquém do qual poderá haver vida, mas essa não será digna de ser vivida. No sentido de ampliar o núcleo de direitos sociais, de modo a acompanhar as novas exigências postas historicamente para atender aos padrões de uma vida digna, especialmente em razão da "nova" questão ambiental, Dias assevera que

> por direitos sociais básicos devemos, portanto, compreender tanto os direitos relacionados à educação, formação profissional, trabalho, etc. como o direito à alimentação, moradia, assistência médica e a tudo aquilo que, no decorrer do tempo, puder ser reconhecido como parte integrante da nossa concepção de vida digna. Este é o caso, nos últimos anos, dos direitos que concernem à demanda por um meio ambiente saudável.[806]

---

seu Princípio 9, que "as deficiências do meio originadas pelas condições de subdesenvolvimento e os desastres naturais colocam graves problemas e a melhor maneira de superá-los é o desenvolvimento acelerado pela transferência de volume considerável de assistência financeira e tecnológica que complemente os esforços internos dos países em desenvolvimento, bem como qualquer outra ajuda que oportunamente possa se fazer necessária", a reforçar o que anteriormente já se havia dito sobre o caráter de justiça distributiva ambiental.

[806] DIAS, *"Os direitos sociais básicos..."*, p. 93-94.

A inclusão da proteção ambiental no rol dos direitos básicos (ou fundamentais) do ser humano está alinhada ao ideal constitucional da solidariedade, como marco jurídico-constitucional dos direitos fundamentais de terceira dimensão e do Estado Socioambiental de Direito. Alinhado a tal idéia, Torres extrai da solidariedade (ou fraternidade), com base na natureza difusa e coletiva dos direitos fundamentais de terceira dimensão, o suporte axiológico para fundamentar o seu conceito de mínimo existencial ecológico.[807] O autor identifica o princípio da solidariedade como "valor que penetra na temática da liberdade" através da sua *dimensão bilateral de direitos e deveres*, bem como que fundamenta os direitos difusos e ecológicos, que muitas vezes se definem como direito de solidariedade e dos quais se extrai o mínimo existencial ecológico.[808] Para o publicista, "a solidariedade informa também a justiça, ao criar o vínculo de apoio mútuo entre os que participam dos grupos beneficiários da redistribuição dos bens sociais".[809] A redistribuição dos bens sociais referida também deve alcançar os recursos naturais e a qualidade ambiental do local onde a existência concreta do indivíduo toma forma.

Com efeito, como já abordado em linhas anteriores, o *princípio da solidariedade* aparece como o marco axiológico-normativo do Estado *Socioambiental* de Direito, tensionando a liberdade e a igualdade (substancial) no sentido de concretizar a dignidade em (e com) todos os seres humanos. Diante de tal compromisso constitucional, os "deveres" (fundamentais) ressurgem com força nunca vista anteriormente, superando a hipertrofia dos "direitos" do Estado Liberal para vincularem Estado e particulares à realização de uma vida digna e saudável para todos os integrantes da comunidade política. Na mesma direção, Miranda afirma a natureza relacional e solidarista da dignidade humana, já que essa se realiza, para além da sua dimensão individualista, na dignidade de todos. O constitucionalista destaca que "cada pessoa tem, contudo, de ser compreendida em relação com as demais", já que a dignidade de cada pessoa pressupõe a dignidade de todos,[810] caracterizando o princípio constitucional da solidariedade. No contexto das relações jurídicas que se tratam na abordagem ambiental, pode-se até mesmo alçar a dignidade das gerações futuras, que como refere o Mestre português é "composta por homens e mulheres com

---

[807] A expressão "mínimo existencial ecológico" (*Ökologisches Existenzminimum*) foi cunhada por KERSTEN HEINZ ("Eigenrecht der Natur". *Der Staat* 29 "3": 415-439, 1990.), encontrando o seu fundamento nos arts. 2º, 1 e 2, e 14 da Constituição de Bonn, que garantem os direitos ao livre desenvolvimento da personalidade, à vida, à segurança corporal e à propriedade. *Apud* TORRES, "A metamorfose dos direitos sociais...", p. 10. Nesse contexto, é possível acrescentar também, entre os fundamentos para o mínimo existencial ecológico constantes da Lei Fundamental alemã, o art. 20a, incluído recentemente em reforma do referido texto constitucional.

[808] TORRES, "*A metamorfose dos direitos sociais...*", p. 10.

[809] TORRES, op. cit., p. 11.

[810] MIRANDA, "*A Constituição portuguesa e a dignidade...*", p. 86.

a mesma dignidade dos de hoje".[811] Há também que se colocar em pauta a garantia de um mínimo em termos de qualidade ambiental na perspectiva das gerações humanas futuras, a partir da tutela constitucional que lhes foi conferida pelo art. 225, *caput*, da Lei Fundamental brasileira. Tal preservação de um patamar mínimo de qualidade ambiental deve ser atribuída, tanto na forma de deveres de proteção do Estado como na forma de deveres fundamentais dos atores provados, às gerações humanas presentes, de modo a preservar as bases naturais mínimas para o desenvolvimento da vida das gerações futuras.

Para além dos direitos liberais e sociais já clássicos, é chegado o momento histórico de tomarmos a sério também os direitos ambientais, reforçando o seu tratamento normativo, inclusive com a consagração da garantia do mínimo existencial em matéria ambiental. Conforme refere Sarlet, é justamente a dignidade humana que assume o papel de delimitador da fronteira do patamar mínimo na esfera dos direitos sociais,[812] o que, à luz dos novos contornos constitucionais conferidos ao âmbito de proteção da dignidade humana e do reconhecimento da sua dimensão ecológica, especialmente em face das ameaças existenciais impostos pela degradação ambiental, determina a ampliação da fronteira do conteúdo da garantia do mínimo existencial para abarcar também a qualidade ambiental no seu núcleo normativo.

3.5.3. *Mínimo existencial ecológico, democracia e justiça ambiental*

O mínimo existencial ecológico também se projeta para o plano da justiça ambiental[813] (e também social), contemplando tanto uma *dimensão intragerancional* (entre a mesma geração humana) quanto uma *dimensão intergeracional* (entre a geração humana presente e a futura). O princípio redistributivo (e solidarista) deve, necessariamente, pautar as relações jurídicas que repercutem no âmbito de proteção do direito fundamental ao ambiente, tendo em vista a natureza difusa e coletiva (além de transfronteiriça) do dano ambiental. Diante da atual *lex mercatoria*, enquanto os lucros são privatizados, os riscos ambientais e sociais gerados como externalidades no processo produtivo são socializados a custa de todos (usufruidores ou não dos bens de consumo), causando um quadro existencial indigno para a grande maioria das comunidades humanas, especialmente as situadas (ou sitiadas!) no Hemisfério Sul. Há um "débito ambiental" (assim como há também um "débito social") existente na relação entre os

---

[811] MIRANDA, op. cit., p. 89.

[812] SARLET, *"A eficácia dos direitos fundamentais..."*, p. 353.

[813] Vide artigo de ACSELRAD, Henri. "Justiça ambiental e construção social do risco". In: *Revista Desenvolvimento e Meio Ambiente*, N. 5, Riscos Coletivos – Ambiente e Saúde. Curitiba: Editora UFPR, 2002, p. 49-60.

países industrializados (grandes responsáveis, por exemplo, pelas emissões dos gases responsáveis pelo efeito estufa e pelo aquecimento global) e os países em desenvolvimento, que estão sujeitos aos mesmos riscos ambientais ocasionados pelas mudanças climáticas, independentemente de terem contribuído com parcela significativa das emissões e de não serem beneficiados na mesma medida com as riquezas geradas pela produção industrial dos países desenvolvidos. Em certa medida, o mesmo processo de "coletivização" dos danos e da degradação ambiental também pode ser identificado na relação entre pobres e ricos no plano interno dos Estados nacionais, onde, como ocorre no Brasil, poucos têm acesso e são beneficiários dos bens de consumo extraídos do processo produtivo. Tal situação pode ser exemplificada no caso do automóvel, um dos grandes responsáveis pela queima de combustíveis fósseis (fonte causadora do aquecimento global), o qual é um bem de consumo acessível economicamente apenas à parcela mais rica da população. A justiça ambiental justifica um acesso igualitário aos recursos naturais e à qualidade ambiental.

Sensível a tal contexto, Beck afirma que os riscos se acumulam abaixo, na medida em que as riquezas se acumulam acima. Com tal perspectiva, o sociólogo alemão destaca que, apesar de determinados riscos não respeitarem a divisão de classes sociais e possuírem uma dimensão "democrática" na sua repartição, as classes sociais privilegiadas conseguem, em certa medida, evitar ou ao menos minimizar significativamente a sua exposição a determinados riscos. Por exemplo, são as zonas residenciais mais baratas – acessíveis às populações mais carentes – que se encontram perto dos centros de produção industrial, as quais são afetadas permanentemente por diversas substâncias nocivas presentes no ar, na água e no solo.[814]

Portanto, assim como quando se fala em mínimo existencial a idéia de *justiça social* permeia a discussão, no sentido de garantir um acesso igualitário aos direitos sociais básicos, da mesma maneira, quando se discute os fundamentos do mínimo existencial ecológico, a *justiça ambiental* deve estar presente, balizando tanto as relações entre os Estados nacionais no plano internacional (especialmente, diante das relações Norte-Sul), quanto as relações entre poluidor/degradador (Estado ou particular) e cidadão titular do direito fundamental ao ambiente no âmbito interno dos Estados nacionais. A justiça ambiental deve reforçar a relação entre *direitos* e *deveres* ambientais, objetivando uma redistribuição de bens sociais e ambientais que possa rumar para uma equalização de direitos entre ricos e pobres – e entre os países do Norte e países do Sul na ordem internacional –, sendo que todos são, em maior ou menor medida, reféns das condições ambientais. O direito fundamental ao ambiente carrega consigo, portanto, uma dimensão democrática e redistributiva. A consagração do ambiente

---

[814] BECK, "*La sociedad del riesgo...*", p. 40-41.

como um bem comum a todos (caput do art. 225 da Lei Fundamental brasileira) estabelece, de certa forma, o acesso de todos de forma igualitária ao desfrute de uma qualidade de vida compatível com o pleno desenvolvimento da sua personalidade e dignidade, considerando ainda que tal determinação constitucional também alcança os interesses das futuras gerações humanas.

3.5.4. Deveres de proteção do Estado e eficácia normativa do mínimo existencial ecológico nas relações entre particulares (eficácia horizontal)

No plano da efetivação do mínimo existencial (o que se aplica também ao mínimo existencial ecológico), Sarlet destaca a *vinculação dos poderes públicos* à realização da dignidade da pessoa humana na forma de *dever de proteção* do Estado, ressaltando que não lhe é apenas vedada a possibilidade de tirar a vida (daí, por exemplo, a proibição da pena de morte), mas também ao ente estatal se impõe o "dever de proteger ativamente a vida humana, já que esta constitui a própria razão de ser do Estado, além de pressuposto para o exercício de qualquer direito (fundamental, ou não)".[815] O mesmo raciocínio também conduz à vinculação do Estado ao mínimo existencial ecológico, tendo em conta a missão constitucional conferida aos poderes públicos de proteger a vida e a dignidade humana contra todas as suas ameaças existenciais, incluída aí a degradação ambiental. Nesse ponto, Canotilho refere que cumpre ao Estado e aos poderes públicos, como fim ou tarefa estatal, assegurar que a proteção do ambiente tenha, ao menos, um nível de proteção garantidor de um mínimo de existência ecológica.[816]

A idéia por trás dos *deveres de proteção do Estado* para com os direitos fundamentais coloca para o ente estatal o objetivo e tarefa constitucional de promover a tutela do direito fundamental ao ambiente (como, por exemplo, combatendo a degradação ou poluição ambiental), tanto na forma de uma postura negativa de não interferência no seu âmbito de proteção, quanto através de medidas prestacionais ou positivas no sentido de promover o direito em si ou protegê-lo contra a ingerência de terceiros, ou mesmo de outros Estados. A partir de tal tarefa constitucional do Estado, que é extraída do próprio caput e do § 1º do art. 225 da Lei Fundamental brasileira, há uma vinculação expressa de proteção ambiental conferida aos poderes Legislativo, Executivo e Judiciário, bem como às instituições públicas depositárias da função de salvaguardar tais direitos, como é o caso do Ministério Público e da Defensoria Pública.

---

[815] SARLET, "A eficácia dos direitos fundamentais...", p. 352.
[816] CANOTILHO, "O direito ao ambiente como direito subjetivo...", p. 182.

A força normativa da garantia constitucional do mínimo existencial ecológico, embora recaia com maior intensidade sobre o Estado (na forma de deveres de proteção), também incide no âmbito das relações entre particulares,[817] especialmente em razão da natureza de *direito-dever* do direito fundamental ao ambiente, que tem como característica uma *dimensão objetiva* reforçada, não obstante também possuir uma *dimensão subjetiva*. O *princípio da solidariedade*, que norteia as relações jurídicas no âmbito do Estado Socioambiental de Direito, também conduz a tal interpretação do instituto do mínimo existencial ecológico no que tange à sua eficácia normativa em face de autores privados, ainda mais num contexto de relações sociais onde a maior parte das violações ao direito fundamental ao ambiente e ao mínimo existencial ecológico provém de práticas impetradas por particulares detentores de grande poder econômico, técnico, político, social, etc. Assim, no contexto do direito constitucional contemporâneo, nos parece que a vinculação dos particulares se resume na medida mais adequada para a tutela da dignidade humana, sem retirar do Estado também o mesmo dever constitucional de proteção dos direitos fundamentais. Dessa forma, o mínimo existencial ecológico, na condição de direito fundamental ou garantia constitucional, além de condicionar a atuação, em termos prestacionais, do Estado (dever de proteção), estabelece uma blindagem protetiva do seu núcleo protetivo, vinculando, inclusive, os particulares à concretização do seu núcleo essencial, com base na eficácia horizontal dos direitos fundamentais.

Assim como ocorre com a dignidade da pessoa humana e com os direitos fundamentais de um modo geral, como acentua Sarlet, também com relação ao mínimo existencial (e aqui se pretende defender tal entendimento à luz do mínimo existencial ecológico) corresponde, além de uma dimensão jurídico-objetiva que vincula todos os órgãos estatais (impondo, por exemplo, deveres gerais e específicos de proteção), todo um complexo heterogêneo de *posições subjetivas defensivas* e *prestacionais* (expressas e/ ou implícitas) que precisam ser devidamente consideradas, notadamente naquilo que se estiver a discutir a proteção e promoção do mínimo existencial por parte do – mas também contra o – Estado e da sociedade.[818] Em que pese entendimento na doutrina contrário a tal vinculação,[819] é possível sustentar a vinculação dos particulares, em termos negativos e mesmo

---

[817] Nesse sentido, SARLET, em artigo pioneiro sobre a matéria, explora a incidência normativa do mínimo existencial e dos direitos fundamentais sociais no âmbito das relações entre particulares. SARLET, "*Direitos fundamentais sociais, 'mínimo existencial'...*", p. 551-602.

[818] SARLET, op. cit., p. 572.

[819] Nesse aspecto, destaca-se o posicionamento divergente de KLOEPFER, que, no âmbito do direito alemão, entende que o mínimo existencial ecológico e o direito ao meio ambiente não vinculam a atuação de particulares. KLOEPFER, "*A caminho do Estado Ambiental...*", p. 9.

prestacionais, ao mínimo existencial ecológico,[820] a ressaltar o marco constitucional da solidariedade, bem como os *deveres fundamentais* de tutela ambiental conferidos pelo texto constitucional (art. 225, *caput*) aos entes privados.[821] A garantia constitucional do mínimo existencial ecológico, portanto, dá origem a posições jurídicas subjetivas "justiciáveis" configuradoras tanto de um *direito à prestação* como de um *direito de defesa* (ou *de resistência*) em face do Estado, bem como diante de poderes privados. Destaca-se, apenas, que tal vinculação em face de particulares se dá com menor intensidade do que aquela atribuída ao Estado (na forma de dever de proteção).

3.5.5. Mínimo existencial ecológico, controle judicial de políticas públicas ambientais, separação dos poderes e a "reserva do possível"

O mínimo existencial ecológico caracteriza-se por ser direito fundamental originário (definitivo), identificável à luz do caso concreto e passível de ser postulado perante o Poder Judiciário, independentemente de intermediação legislativa da norma constitucional e da viabilidade orçamentária, a confirmar a força normativa da Constituição e dos direitos fundamentais. Tal formulação está alicerçada justamente na caracterização da garantia do mínimo existencial como uma regra jurídico-constitucional extraída do princípio da dignidade humana a partir de um processo de ponderação com os demais princípios que lhe fazem frente, como, por exemplo, a autonomia privada e a livre iniciativa. De acordo com o modelo de Alexy, que toma por base a ponderação dos princípios em colisão, o indivíduo tem um direito definitivo à prestação quando o princípio da liberdade fática tenha um peso maior do que os princípios formais e materiais tomados em seu conjunto (em especial, o *princípio democrático* e o *princípio da separação de poderes*), o que ocorre no caso dos direitos sociais

---

[820] Com tal perspectiva, merece destaque a recente decisão do Tribunal de Justiça do Estado do Rio Grande do Sul, em ação civil pública ajuizada pelo Ministério Público do Rio Grande do Sul (TJRS, AI 70015155823, 3ª Câmara Cível, Rel. Des. Rogério Gesta Leal, 10.08.2006), que determinou a inversão do ônus da prova, reconhecendo a incidência normativa dos princípios do direito ambiental, como a precaução e o poluidor pagador, no caso concreto, incumbindo, de forma solidária, o Município e a empresa privada empreendedora de atividade potencialmente lesiva ao ambiente de comprovarem a regularidade do sistema de recepção do esgoto do empreendimento levada a cabo pela ré, bem como que ele não gera degradação ambiental. O tema toca de forma direta no direito ao saneamento ambiental, podendo ser tomado também como uma projeção normativa da eficácia nas relações entre particulares da garantia do mínimo existencial ecológico, já que foi imposto à empresa privada empreendedora o dever de informar e comprovar a inexistência de degradação ambiental na sua atividade econômica.

[821] Registra-se, como um campo fértil para a sua aplicação, a eficácia da garantia do mínimo existencial ecológico entre particulares no âmbito das relações de trabalho, na medida em que deve ser assegurado ao trabalhador um ambiente de trabalho condizente com a sua dignidade, o que passa pela qualidade ambiental onde a atividade laboral se desenvolve. Sobre o tema da proteção ambiental e o direito dos trabalhadores, cfr. PURVIN DE FIGUEIREDO, Guilherme José. *Direito ambiental e a saúde dos trabalhadores*. 2.ed. São Paulo: LTr, 2007.

mínimos (ou seja, do mínimo existencial),[822] tornando o direito exigível ou "justiciável" em face do Estado. No caso do mínimo existencial ecológico, opera a mesma argumentação, já que por trás de ambos está a tutela da dignidade humana fazendo peso na balança. Assim, o mínimo existencial ecológico dá forma a *posições jurídicas originárias*, detentoras de jusfundamentalidade e sindicalidade, não dependendo de intermediação do legislador infraconstitucional para se tornarem exigíveis. Nesse sentido, com vistas ao direito fundamental de ação, Marinoni pontua que, no caso de o juiz suprir a omissão legislativa, conferindo tutela jurisdicional ao direito fundamental mesmo na ausência de lei, ainda que o magistrado admita a incidência direta do direito fundamental sobre o caso concreto, também haverá uma mediação do Estado, só que agora na forma jurisdicional, e não legislativa.[823]

A partir da perspectiva da sua "justiciabilidade", o mínimo existencial ecológico pode ser reivindicado em juízo, dando forma a uma *posição jurídica subjetiva*. No caso de omissão estatal em relação ao combate da degradação ambiental, como acentua Steigleder, "com vistas a garantir o mínimo de qualidade ambiental necessária à dignidade da vida humana, parece-nos cabível a intervenção judicial, a fim de suprir as omissões estatais lesivas à qualidade ambiental", não se caracterizando a invasão, por parte do Poder Judiciário, de competências exclusivas do Executivo, com violação do princípio da separação dos poderes.[824] A promotora de justiça gaúcha afirma ainda que, diante de tal situação, o Judiciário não estaria por criar "uma obrigação ou política pública ambiental", mas apenas determinando o cumprimento e a execução de obrigações públicas já previstas na legislação ambiental, na medida em que, através do controle judicial, objetiva suprimir uma omissão estatal lesiva à garantia do mínimo existencial em matéria de salubridade ambiental.[825]

No mesmo tom argumentativo, Echavarría destaca a dimensão prestacional do direito ao ambiente exigível em face do Poder Público, de modo a garantir as condições ambientais mínimas necessárias ao desenvolvimento da pessoa, em consonância com a idéia em torno do mínimo existencial ecológico.

> Sin duda, en el caso del derecho al ambiente, estamos ante un derecho prestacional que asegura una intervención preventiva, mantenedora o restablecedora de los poderes públicos, frente a una actuación perturbadora de determinadas condiciones de vida ambientales necesarias para el desarrollo de la persona. Lo que el derecho protege, el ámbito vital a que se refiere, es la garantía de unas determinadas condiciones ambientales que posibilitan un desarrollo conveniente de la persona: así lo protegido no

---

[822] ALEXY, *"Teoría de los derechos fundamentales..."*, p. 499.
[823] MARINONI, *"Teoria geral do processo..."*, p. 206.
[824] STEIGLEDER, *"Discricionariedade administrativa e dever..."*, p. 295.
[825] STEIGLEDER, op. cit., p. 298.

dejan de ser los supuestos ambientales del disfrute de los demás derechos, esto es, lo que permite hablar, como vimos, de un cierto contenido ambiental de otros derechos fundamentales.[826]

Ao se entender como possíveis prestações básicas na área ambiental exigíveis em face do Estado, especialmente em razão da conformação da garantia constitucional do mínimo existencial ecológico, um enfrentamento que se coloca, geralmente também posto em face dos direitos sociais de um modo geral, diz respeito à *reserva do possível*, ou seja, as condições financeiras e previsão orçamentária do Estado para contemplar tais medidas, já que representam gasto de dinheiro público. Com entendimento diverso do sustentado no presente ensaio, Steigleder destaca que, em que pese a aplicabilidade imediata do art. 225, por força da consagração do equilíbrio ambiental como direito fundamental e a possibilidade de exigir do Poder Público prestações efetivas para a proteção ambiental, há sempre que se considerar o limite da reserva do possível, sob pena de cair-se "no irrealismo de ignorar a dimensão economicamente relevante da incumbência do Poder Público" de proteção ambiental. A autora destaca que, quando o dever do Estado implica prestações específicas tais como investimento em saneamento básico, pavimentação de ruas, implantações de estações de tratamento de esgoto, etc., essas medidas tornam-se inviáveis na falta de recursos econômicos, o que as torna dependente, em última análise, da conjuntura econômica.[827]

No entanto, à luz da tese aqui defendida, no tocante aos direitos fundamentais (liberais, sociais e ecológicos) integrantes do conteúdo do mínimo existencial, o óbice da reserva do possível não pode fazer frente, pois tal garantia mínima de direitos consubstancia o núcleo irredutível da dignidade humana, e, sob nenhum pretexto, o Estado, e mesmo a sociedade (mas com menor intensidade), pode se abster de garantir tal patamar existencial mínimo. Assim como tem sustentado parte da doutrina a impossibilidade de imposição da reserva do possível como óbice instransponível para admitir prestações sociais integrantes do mínimo existencial, também, no âmbito do mínimo existencial ecológico, a previsão orçamentária não deve servir de barreira a impedir prestações (ou mesmo medidas de natureza defensiva) de natureza ambiental quando incluídas no conteúdo da garantia constitucional em questão, possibilitando, dessa forma, a sua justiciabilidade (direta e imediata) em face do Poder Judiciário. Apenas as medidas prestacionais ambientais não incluídas no conteúdo do *mínimo existencial ecológico* ou do *núcleo essencial do direito fundamental ao ambiente* estarão subordinadas ao princípio orçamentário da reserva do possível.[828]

---

[826] ECHAVARRÍA, "*El derecho al medio ambiente...*", p. 41.

[827] STEIGLEDER, "*Discricionariedade administrativa e dever...*", p. 279.

[828] Registra-se aqui que não é somente da hipótese do mínimo existencial ecológico que se originam posições jurídicas subjetivas justiciáveis configuradoras de um direito à prestação ou de um direito de defesa em face do Estado, podendo tal situação também ser vislumbrada em outras manifestações

Caso contrário, tratando-se de medida necessária a salvaguardar o mínimo existencial ecológico ou o núcleo essencial do direito fundamental ao ambiente, a eficácia normativa da regra constitucional em questão é extraída de forma direta e imediata a partir do comando constitucional consubstanciado nos artigos 1º, III, 6º, *caput*, e 225, *caput*, o que autoriza o Poder Judiciário a fazer valer tais direitos desde logo, independentemente da viabilidade orçamentária a da mediação legislativa. Nesse sentido, Krell destaca que, não obstante as atividades concretas da administração dependerem de dotações orçamentárias prévias e do programa de prioridades estabelecidas pelo governante, o argumento da reserva do possível não é capaz de obstruir a efetivação judicial de normas constitucionais,[829] ainda mais quando a norma constitucional conforma direito fundamental e conteúdo da dignidade humana, como é o caso do núcleo essencial do direito ao ambiente e da garantia do mínimo existencial ecológico.

Com base em tais considerações, o argumento da *reserva do possível*, posto por parte da doutrina como óbice à efetivação dos direitos sociais, não tem peso constitucional suficiente para preponderar em face da garantia do mínimo existencial ecológico, o qual é veiculado mediante regras constitucionais extraídas diretamente do fundamento da República brasileira expresso pela dignidade humana (art. 1º, III). Não se pode opor à efetivação de tal garantia existencial mínima limitações jurídicas (dependência de normas infraconstitucionais) ou fáticas (o argumento da reserva do possível). No mesmo sentido, em face da experiência social brasileira, Clève destaca que a *reserva do possível*, especialmente em relação ao *mínimo existencial*, não pode ser compreendida como uma cláusula obstaculizadora, mas, antes, como uma cláusula que imponha cuidado, prudência e responsabilidade no campo da atividade judicial.[830] De acordo com tal perspectiva, Figueiredo destaca que, a partir da dimensão prestacional inerente ao mínimo existencial, como pretensão dirigida ao Estado relativamente às condições mínimas para uma vida com dignidade, a garantia constitucional em questão "pode ser afirmado como direito fundamental originário, passível de imediata reclamação perante o Poder Judiciário, independente da elaboração de procedimentos prévios e da organização dos

---

normativas do direito fundamental ao ambiente, uma vez que não há correspondência exata entre o mínimo existencial ecológico e o núcleo essencial do direito fundamental ao ambiente. Ambos têm âmbitos de proteção autônomos, em que pese haver identidade entre algumas das posições jurídicas subjetivas e objetivas deles decorrentes. Dessa forma, assim como o princípio da separação de poderes e o princípio da viabilidade orçamentária estão subjugados ao mínimo existencial ecológico no caso de colisão, também no caso do núcleo essencial do direito fundamental ao ambiente o mesmo resultado normativo também será obtido na ponderação dos princípios, considerando, no entanto, as particularidades de cada caso concreto.

[829] KRELL, Andréas J. *Discricionariedade administrativa e proteção ambiental*. Porto Alegre: Livraria do Advogado, 2004, p. 83.

[830] CLÈVE, Clèmerson Merlin. "A eficácia dos direitos fundamentais sociais". In: *Boletim Científico da Escola Superior do Ministério Público da União*, ano II, n. 8, Jul-Set/2003, p. 159-160.

serviços públicos específicos".[831] Tal consideração, à luz do art. 5º, § 1º, da Constituição Federal, também encontra suporte na *força normativa* e *eficácia direta e imediata dos direitos fundamentais* que compõem o núcleo protetivo da dignidade humana, e que resultam especialmente representados nos direitos sociais básicos (saúde básica, educação fundamental, assistência social, moradia digna, acesso à justiça, etc.), e agora também no direito ao ambiente ecologicamente equilibrado.

Com relação à suposta "invasão" do Poder Judiciário no âmbito das funções constitucionais conferidas ao Poder Legislativo e ao Poder Executivo, em desrespeito ao princípio da separação dos poderes, é importante destacar que a atuação jurisdicional só deve se dar de maneira excepcional e subsidiária, já que cabe, precipuamente, ao legislador o mapeamento legislativo de políticas públicas e, posteriormente, ao administrador a execução dessas, tanto na seara social como na seara ecológica, ou mesmo em ambas integradas, como ocorre no caso do saneamento básico.[832] Agora, diante da omissão e descaso do órgão legiferante ou do órgão administrativo em cumprir com o seu mister constitucional, há espaço legitimado constitucionalmente para a atuação do Poder Judiciário no intuito de coibir, à luz do caso concreto, violações àqueles direitos integrantes do conteúdo do mínimo existencial (social ou ecológico), já que haverá, no caso, o dever estatal de proteção do valor maior de todo o sistema constitucional, expresso na dignidade da pessoa humana. A reforçar tal entendimento, Sarlet acentua que, na esteira da doutrina dominante, ao menos na esfera das condições existenciais mínimas encontramos um claro limite à liberdade de conformação do legislador.[833]

Da mesma forma, destaca com acerto Krell que, com vistas à atuação do Poder Executivo, diante da falha perpetrada pela Administração no processo político de implementação de uma política pública, "o Judiciário tem não somente o poder, mas o *dever* de intervir",[834] no intuito de arrostar a violação a direitos fundamentais. Como já reiterado inúmeras vezes ao longo deste estudo, há que se ter em conta o papel de "guardião" dos direitos fundamentais e da dignidade humana conferido ao Estado, distribuído de forma harmônica entre as funções estatais executiva, legislativa e judiciária. Assim, quando um dos poderes do Estado deixar de atuar ou atuar de forma insuficiente (violando a proibição de insuficiência) para com a tutela dos direitos fundamentais, há legitimidade constitucional para um

---

[831] FIGUEIREDO, Mariana Filchtiner. *Direito fundamental à saúde*: parâmetros para sua eficácia e efetividade. Porto Alegre: Livraria do Advogado, 2007, p. 201.

[832] Nesse ponto, merece registro a "denúncia" feita por KRELL ao tratar do controle judicial de omissões administrativas na área do saneamento ambiental, no sentido de que, "especialmente na área do saneamento básico, o desempenho do Poder Público tem sido insuficiente, o que se deve aos altos custos das obras e a sua baixa visibilidade política". KRELL, *"Discricionariedade administrativa..."*, p. 81.

[833] SARLET, *"A eficácia dos direitos fundamentais..."*, p. 352-353.

[834] KRELL, op. cit., p. 85.

dos demais poderes atuar de modo a corrigir tal conduta e harmonizar o sistema constitucional. Deve-se considerar a análise dos deveres de proteção do Estado a partir das duas faces do princípio da proporcionalidade (proibição de excesso e proibição de insuficiência), resultando em medida inconstitucional o desrespeito a tal comando normativo. Com a violação ao princípio da proporcionalidade (por omissão ou restrição excessiva em relação a direitos fundamentais), surge a legitimidade constitucional do Poder Judiciário para operar a correção de tal quadro violador da dignidade humana.

O controle judicial de *políticas públicas ambientais* deve ser visto também como um mecanismo conferido ao cidadão, individual ou coletivamente considerado, de controle sobre a atividade política do administrador e do legislador. Tal se faz possível especialmente no caso da tutela ambiental, já que há instrumentos, como é o caso, por exemplo, da ação civil pública, da ação popular e das ações decorrentes dos direitos de vizinhança, conferidos ao indivíduo (nos dois últimos casos) e às associações civis de proteção ambiental (no primeiro caso), que se prestam perfeitamente para canalizar tal fiscalização.[835] Assim, a ação judicial deve ser vista também como um instrumento de atuação política, na esteira de uma democracia direta e participativa. As omissões ou ações predadoras do ambiente impetradas pelo Poder Público não podem esquivar-se de tal controle do cidadão, perfeitamente legítimo no marco jurídico-constitucional de um Estado subordinado ao Direito.

Conforme bem lembrado por Krell em passagem anterior, à luz da doutrina do direito administrativo moderno e "constitucionalizado", por trás da idéia de "poder" conferido ao Estado há que se ter em conta também um "dever" ou "poder-dever",[836] que deve necessariamente ser compatível com os valores fundamentais do sistema constitucional, ainda mais quando se tem em vista os deveres de proteção dos direitos fundamentais conferidos ao Estado. Tal constatação tem em conta o enfrentamento de possíveis arbitrariedades estatais, bem como a redução da

---

[835] Alinhado à dimensão democrático-participativa do controle judicial de políticas públicas instrumentalizado pela ação civil pública, ROBERTO GOMES assevera que "a ação civil pública é o instrumento processual da cidadania com maior adequação e eficácia para o controle jurisdicional da omissão ilícita da Administração Pública, mediante a participação popular do titular do poder político, através do ente legitimado, na pretensão de exigir a concretização de prestações estatais positivas por meio do fazer ou do não-fazer, forte na efetividade do processo, no amplo acesso à ordem jurídica justa e na luta pela realização das aspirações sociais". ROBERTO GOMES, Luís. *O Ministério Público e o controle da omissão administrativa*: o controle da omissão estatal no Direito Ambiental. Rio de Janeiro: Forense Universitária, 2003, p. 265.

[836] Sobre a idéia de *dever discricionário* (e não poder discricionário!) como "eixo metodológico" do Direito Público, é lapidar a lição de BANDEIRA DE MELLO: "é o dever que comanda toda a lógica do Direito Público. Assim, o dever assinalado pela lei, a finalidade nela estampada, propõe-se, para qualquer agente público, como um imã, como uma força atrativa inexorável do ponto de vista jurídico". BANDEIRA DE MELLO, Celso Antônio. *Discricionariedade e controle jurisdicional*. 2.ed. São Paulo: Malheiros, 2007, p. 15.

margem de discricionariedade do Executivo, amarrando a sua atuação à realização dos direitos fundamentais dos cidadãos, e não apenas ao interesse estatal. Nesse prisma, Mirra assevera que o princípio da separação de poderes representa uma garantia destinada a assegurar a proteção dos direitos fundamentais contra o arbítrio do Estado, sendo, no mínimo, contraditório que tal princípio seja invocado pelo governante justamente para negar a concretização de um direito fundamental (no caso, do direito ao ambiente)[837] e impedir o controle judicial da omissão estatal no cumprimento de um dever constitucional de proteção. Na mesma direção, Morato Leite e Ayala assinalam o entendimento de que o controle judicial dos atos administrativos não se restringe apenas à avaliação da legalidade do ato impugnado, da sua conformação lei, mas precipuamente à sua conformação com os objetivos constitucionais, de modo a vincular a conduta do administrador público.[838]

No exemplo do saneamento ambiental básico, que à luz do presente estudo integra o conteúdo da garantia do mínimo existencial ecológico, como bem pontua Krell, deve-se ter em conta que o juiz não estaria por criar uma política pública, mas apenas impondo aquela já estabelecida na Constituição e na legislação infraconstitucional.[839] Conforme salienta Marinoni, toda vez que a Administração atua de forma negativa, abstendo-se de adotar um comportamento que lhe é imposto por lei, há margem para que sua atuação seja questionada e corrigida através da via jurisdicional.[840] No entanto, como assevera Krell, o controle judicial deve restringir-se à questão da escolha entre "agir ou não agir" (por exemplo, construir uma estação de tratamento), e não acerca do "como agir" (por exemplo, determinar a tecnologia a ser adotada, localização, etc.),[841] o que deve permanecer na margem de discricionariedade da Administração.

Portanto, diante da ocorrência de omissão estatal para com o seu dever constitucional de assegurar o exercício da garantia constitucional do mínimo existencial ecológico, estará autorizado o Poder Judiciário a corrigir tal descumprimento do comando constitucional. Com tal premissa, poderá ser imposta à Administração a adoção de medidas negativas[842]

---

[837] MIRRA, Álvaro Valery. *Ação civil pública e a reparação do dano ao meio ambiente*. São Paulo: Editora Juarez de Oliveira, 2002, p. 380.

[838] MORATO LEITE; AYALA, "*Direito ambiental na sociedade...*", p. 217.

[839] KRELL, "*Discricionariedade administrativa...*", p. 85. No mesmo sentido, MARINONI, Luiz Guilherme. *Tutela inibitória*: individual e coletiva. 3.ed. São Paulo: Revista dos Tribunais, 2003, p. 108.

[840] MARINONI, "*Tutela inibitória...*", p. 103.

[841] KRELL, op. cit., p. 84.

[842] Na doutrina brasileira, TORRES aponta para a *dimensão negativa* da garantia constitucional do mínimo existencial ecológico, a qual pode tomar a forma de imunidade tributária, inclusive, como denomina o autor, com a consagração do princípio da imunidade do mínimo existencial ecológico. TORRES, Ricardo Lobo. "Valores e princípios no direito tributário ambiental". In: TÔRRES, Heleno Taveira

ou mesmo prestacionais para garantir o exercício do direito fundamental ao mínimo existencial ecológico. Nesse sentido, Steigleder acentua que, no caso de omissão estatal quanto ao combate da degradação ambiental, a fim de assegurar o patamar mínimo de qualidade ambiental exigido pela dignidade humana, parece cabível a intervenção judicial, sem que se caracterize a invasão por parte do Poder Judiciário de competências exclusivas do Executivo, com violação do princípio da separação de poderes.[843] Da mesma forma, Mirra traduz entendimento de que sempre que a Administração não atuar de modo satisfatório na defesa do ambiente, na medida em que se omite no seu dever de agir para assegurar a proteção da qualidade ambiental, violando normas constitucionais e infraconstitucionais que lhe impuseram a obrigatoriedade de atuar, caberá à coletividade, por intermédio de seus representantes legitimados, provocar a intervenção do Poder Judiciário para instituir o estabelecimento da "boa gestão ambiental".[844] Quanto aos entes estatais legitimados constitucionalmente para corrigir tais situações perante o Poder Judiciário, destaca-se o papel constitucional da Defensoria Pública, já que, na grande maioria das vezes, quando da violação à garantia do mínimo existencial ecológico, as pessoas atingidas certamente comporão o quadro pobre e marginalizado da população brasileira.

3.5.6. O mínimo existencial ecológico na jurisprudência brasileira

A partir de agora, é oportuno lançar o olhar sobre a jurisprudência das nossas Cortes para tentar identificar a possível recepção da matéria versada no presente ensaio. O Superior Tribunal de Justiça, de modo a reformar o seu entendimento mais restritivo do controle judicial dos atos administrativos em matéria ambiental esboçado em julgados anteriores,[845]

(Org.). *Direito tributário ambiental*. São Paulo: Malheiros, 2005, p. 25. "Com a aproximação entre ética e direito procura-se ancorar a capacidade contributiva nas idéias de solidariedade ou fraternidade. A solidariedade entre os cidadãos deve fazer com que a carga tributária recaia sobre os mais ricos, aliviando-se a incidência sobre os mais pobres e dela dispensando os que estão abaixo do nível mínimo de sobrevivência; é um valor moral juridicizável que fundamenta a capacidade contributiva e que sinaliza para a necessidade da correlação entre direitos e deveres fiscais" (p. 47).
[843] STEIGLEDER, *"Discricionariedade administrativa e dever..."*, p. 295.
[844] MIRRA, *"Ação civil pública e a reparação..."*, p. 374.
[845] "PROCESSUAL CIVIL. AGRAVO REGIMENTAL. RECURSO ESPECIAL. AÇÃO CIVIL PÚBLICA. MINISTÉRIO PÚBLICO. CARÊNCIA DE AÇÃO. MUNICÍPIO. OBRA PARA PROTEÇÃO DO MEIO AMBIENTE (...) 2. Em tese, pode a Administração Pública figurar no pólo passivo da ação civil pública e até ser condenada ao cumprimento da obrigação de fazer ou deixar de fazer. 3. O art. 3º, da Lei n.7.347/85, a ser aplicado contra a Administração Pública, há de ser interpretado como vinculado aos princípios constitucionais que regem a Administração Pública, especialmente, o que outorga ao Poder Executivo o gozo de total liberdade e discricionariedade para eleger as obras prioritárias a serem realizadas, ditando a oportunidade e conveniência desta ou daquela obra, não sendo dado ao Poder Judiciário obrigá-lo a dar prioridade a determinada tarefa do Poder Público (trecho do acórdão). 4. Matéria constitucional sublimada, essencialmente, no aresto que não cabe ser examinada em sede de recurso especial. 5. Agravo regimental improvido" (STJ, AGA 138901, GO, DJ de 17.11.97, p.

tem sinalizado entendimento jurisdicional no sentido de admitir cada vez mais a "sindicalidade" da esfera de discricionariedade da Administração Pública em tais situações. Assim, no julgamento, em 11.11.2003, do RESP 429.570-GO, a 2ª Turma do Superior Tribunal de Justiça, com relatoria da Ministra Eliana Calmon, entendeu-se, em ação civil pública ajuizada pelo Ministério Público, ser possível a imposição à Administração de obra de recuperação do solo imprescindível à proteção ambiental, destacando a possibilidade do controle judicial sobre a conveniência e oportunidade do ato administrativo discricionário, já que suas razões devem observar critérios de moralidade e razoabilidade, bem como em razão da sua submissão à lei.[846]

59456, 1ª Turma, Rel. Min. José Delgado, j. 15.09.97). "ADMINISTRATIVO, PROCESSO CIVIL. AÇÃO CIVIL PÚBLICA. 1. O Ministério Público está legitimado para propor ação civil pública para proteger interesses coletivos. 2. Impossibilidade de o juiz substituir a Administração Pública determinando que obras de infra-estrutura sejam realizadas em conjunto habitacional. Do mesmo modo, que desfaça construções já realizadas para atender projetos de proteção ao parcelamento do solo urbano. 3. Ao Poder Executivo cabe a conveniência e oportunidade realizar os atos físicos de administração (construção de conjuntos habitacionais, etc.). O Judiciário não pode, sob o argumento de que está protegendo os direitos coletivos, ordenar que tais realizações sejam consumadas. 4. As obrigações de fazer permitidas pela ação civil pública não têm força de quebrar a harmonia e independência dos Poderes. 5. O controle dos atos administrativos pelo Poder Judiciário está vinculado a perseguir a atuação do agente público no campo de obediência aos princípios da legalidade, da moralidade, da eficiência, da impessoalidade, da finalidade, e em algumas situações, o controle do mérito. 6. As atividades de realização dos fatos concretos pela administração depende de dotações orçamentárias prévias e do programa de prioridades estabelecidos pelo governante. Não pode o Poder Judiciário, portanto, determinar as obras que deve edificar, mesmo que seja para proteger o meio ambiente" (STJ, Resp 169876-SP, 1ª Turma, Rel Min. José Delgado, julgado em 16.06.98).

[846] "ADMINISTRATIVO E PROCESSO CIVIL. AÇÃO CIVIL PÚBLICA. OBRAS DE RECUPERAÇÃO EM PROL DO MEIO AMBIENTE, ATO ADMINISTRATIVO DISCRICIONÁRIO. 1. Na atualidade, a Administração Pública está submetida ao império da lei, inclusive quanto à conveniência e oportunidade do ato administrativo. 2. Comprovado tecnicamente ser imprescindível, para o *meio ambiente*, a realização de obras de recuperação do solo, tem o Ministério Público legitimidade para exigi-la. 3. *O Poder Judiciário não mais se limita a examinar os aspectos extrínsecos da administração, pois pode analisar, ainda, as razões de conveniência e oportunidade, uma vez que essas razões devem observar critérios de moralidade e razoabilidade*. 4. Outorga de *tutela específica para que a Administração destine do orçamento verba própria para cumpri-la*. 5. Recurso especial provido" (grifos nossos) (STJ, Resp 429.570-GO, Rel. Min. Eliana Calmon, 2ª Turma, julgado em 11.11.2003). No mesmo sentido, outro julgado mais antigo do STJ: "Processo civil. Ação civil publica. *Danos ao meio ambiente causado pelo Estado*. Se o Estado edifica obra publica – no caso, um presídio – sem dotá-la de um *sistema de esgoto sanitário* adequado, causando prejuízos ao meio ambiente, *a ação civil publica e, sim, a via própria para obrigá-lo as construções necessárias à eliminação dos danos*; sujeito também as leis, o Estado tem, nesse âmbito, as mesmas responsabilidades dos particulares. Recurso especial conhecido e provido" (grifos nossos) (STJ, Resp 88.776-GO, Rel. Min. Ari Pargendler, 2ª Turma, julgado em 19.05.1997). No mesmo sentido, o Tribunal de Justiça do Paraná admitiu o ajuizamento de ação civil pública para suprir omissões estatais lesivas ao ambiente: "AÇÃO CIVIL PÚBLICA. LIXÃO. ADEQUAÇÃO. DANO AMBIENTAL. PREVALÊNCIA DO INTERESSE DIFUSO. REQUISITOS AUTORIZADORES DA CONCESSÃO PRESENTES. 1. O princípio da prevalência do meio ambiente deve ser observado em face de outros porque matéria de ordem pública. 2. A concessão da liminar, assim, há de ser sopesada pelo julgador, pois que permanente o risco suportado pela sociedade, princípios observados no caso em testilha. 3. Considerando que o Poder Público é quem, com primazia, tem o dever de orientar-se segundo as normas ambientais constitucionais, por essa mesma razão é que se impõe a obrigação de adequação de suas providências. Agravo de instrumento desprovido (Ap. Cível 0087446800, Primeiro de Maio, 6ª Câm. Cível, Rel. Des. Rosene Arão de Cristo Pereira, j. 18.10.2000)".

No mesmo sentido, sob a perspectiva do saneamento ambiental, a 1ª Turma do Superior Tribunal de Justiça, no julgamento, em 07.10.2004, do RESP 575.998-MG, de relatoria do Ministro Luiz Fux,[847] manifestou entendimento, em sede de ação civil pública, sobre a possibilidade de controle judicial em razão da prestação descontinuada de coleta de lixo (serviço essencial) levada a cabo pela Administração. No julgado, entendeu-se que tal omissão administrativa acarretou prejuízo ao direito fundamental à saúde, ao direito fundamental ao ambiente e à dignidade humana, bem como que "não há discricionariedade do administrador frente aos direitos consagrados constitucionalmente", sendo, portanto, possível o controle judicial da discricionariedade administrativa em face do descumprimento

---

[847] PROCESSUAL CIVIL E ADMINISTRATIVO. COLETA DE LIXO. SERVIÇO ESSENCIAL. PRESTAÇÃO DESCONTINUADA. PREJUÍZO À SAÚDE PÚBLICA. DIREITO FUNDAMENTAL. NORMA DE NATUREZA PROGRAMÁTICA. AUTO-EXECUTORIEDADE. PROTEÇÃO POR VIA DA AÇÃO CIVIL PÚBLICA. POSSIBILIDADE. ESFERA DE DISCRICIONARIEDADE DO ADMINISTRADOR. INGERÊNCIA DO PODER JUDICIÁRIO. 1. Resta estrema de dúvidas que a coleta de lixo constitui serviço essencial, imprescindível à manutenção da saúde pública, o que torna submisso à regra da continuidade. Sua interrupção, ou ainda, a sua prestação de forma descontinuada, extrapola os limites da legalidade e afronta a cláusula pétrea de respeito à *dignidade humana*, porquanto o cidadão necessita utilizar-se desse serviço público, indispensável à sua vida em comunidade. 2. Releva notar que uma Constituição Federal é fruto da vontade política nacional, erigida mediante consulta das expectativas e das possibilidades do que se vai consagrar, por isso cogentes e eficazes suas promessas, sob pena de restarem vãs e frias enquanto letras mortas no papel. Ressoa inconcebível que direitos consagrados em normas menores como Circulares, Portarias, Medidas Provisórias, Leis Ordinárias tenham *eficácia imediata* e os direitos consagrados constitucionalmente, inspirados nos mais altos valores éticos e morais da nação sejam relegados a segundo plano. Trata-se de direito com *normatividade* mais do que suficiente, porquanto se define pelo *dever*, indicando o sujeito passivo, *in casu*, o *Estado*. 3. Em função do princípio da inafastabilidade consagrado constitucionalmente, a todo direito corresponde uma ação que o assegura, sendo certo que todos os cidadãos residentes em Cambuquira encartam-se na esfera desse direito, por isso a homogeneidade e *transindividualidade* do mesmo a ensejar a bem manejada ação civil pública. 4. A determinação judicial desse dever pelo Estado, não encerra suposta ingerência do judiciário na esfera da administração. Deveras, *não há discricionariedade do administrador frente aos direitos consagrados constitucionalmente*. Nesse campo a atividade é vinculada sem admissão de qualquer exegese que vise afastar a garantia pétrea. 5. Um país cujo preâmbulo constitucional promete a disseminação das desigualdades e a proteção à dignidade humana, alçadas ao mesmo patamar da defesa da Federação e a República, não pode relegar a saúde pública a um plano diverso daquele que o coloca, como uma das mais belas e justas garantias constitucionais. 6. Afastada a tese descabida da discricionariedade, a única dúvida que se poderia suscitar resvalaria na natureza da norma ora sob enfoque, se programática ou definidora de direitos. 7. As meras diretrizes traçadas pelas políticas públicas não são ainda direitos senão promessas de *lege ferenda*, encartando-se na esfera insindicável pelo Poder Judiciário, qual a da oportunidade de sua implementação. 8. Diversa é a hipótese segundo a qual a Constituição Federal consagra um direito e a norma infraconstitucional o explicita, impondo-se ao judiciário torná-lo realidade, ainda que para isso, resulte *obrigação de fazer, com repercussão na esfera orçamentária*. 9. Ressoa evidente que toda imposição jurisdicional à Fazenda Pública implica em dispêndio e atuar, sem que isso infrinja a *harmonia dos poderes*, porquanto no regime democrático e no *estado de direito* o *Estado soberano submete-se à própria justiça que instituiu*. Afastada, assim, a ingerência entre os poderes, o judiciário, alegado o malferimento da lei, nada mais fez do que cumpri-la ao determinar a *realização prática da promessa constitucional*. 10. "A questão do *lixo* é prioritária, porque esta em jogo a *saúde pública* e o *meio ambiente*" Ademais, "A coleta do lixo e a limpeza dos logradouros públicos são classificados como *serviços públicos essenciais* e necessários à sobrevivência do grupo social e do próprio Estado, porque visam a atender as necessidades inadiáveis da comunidade, conforme estabelecem os arts. 10 e 11 da Lei n. 7.783/89. Por tais razões, os serviços públicos desta natureza são regidos pelo PRINCÍPIO DA CONTINUIDADE. 11. Recurso especial provido" (grifos nossos) (STJ, Resp. 575.998-MG, Rel. Min. Luiz Fux, 1ª Turma, julgado em 07.10.2004).

de um dever de proteção do Estado estampado na Constituição. Conforme sugerido no julgado do STJ, há que se transpor os direitos fundamentais do plano das "promessas constitucionais" para o "mundo da vida", considerando a dimensão normativa subjetiva dos direitos em questão, e não apenas a sua condição de normas programáticas. Assim, quando em jogo conteúdo do mínimo existencial ecológico, para onde parece indicar o caso do referido julgado, emerge uma posição jurídica subjetiva para os titulares do direito ou mesmo para as instituições estatais legitimadas a tutelar tais direitos (Defensoria Pública e Ministério Público) atuarem em sua defesa. Tal se dá em decorrência de uma carga normativa forte consubstanciada na garantia constitucional do mínimo existencial ecológico, perfeitamente "sindicável" em face do Estado, já que diz respeito ao núcleo material intangível da dignidade humana.

Seguindo o mesmo entendimento, o Tribunal de Justiça do Estado do Rio Grande do Sul aponta com clareza solar para a configuração de um núcleo protetivo mínimo comum entre os direitos sociais (no caso em questão, mais especificamente o direito à saúde) e a proteção do ambiente, em vista, é claro, como registra o julgado, da tutela da dignidade humana. Mesmo sem que o julgador tenha apontado formalmente para o conceito de mínimo existencial ecológico, materialmente ele está consubstanciado na decisão. E, em vista de tal situação, há a obrigatoriedade de tutela por parte do Estado, afastando tal situação violadora de direitos fundamentais, contra o que a cláusula da reserva do possível, em vista de previsão orçamentária e condições financeiras do ente público, não pode fazer frente.

DIREITO PÚBLICO NÃO ESPECIFICADO. AÇÃO CIVIL PÚBLICA. LOTEAMENTO IRREGULAR. PARQUE PINHEIRO MACHADO. REDE DE ESGOTO. RESPONSABILIDADE. O *dever de garantir infra-estrutura digna aos moradores* do loteamento Parque Pinheiro Machado é do Município de Santa Maria, pois deixou de providenciar a *rede de esgoto cloacal no local*, circunstância que *afetou o meio ambiente, comprometeu a saúde pública e violou a dignidade da pessoa humana.* Implantação da rede de esgoto e recuperação ambiental corretamente impostas ao apelante, que teve prazo razoável – dois anos – para a execução da obra. *Questões orçamentárias que não podem servir para eximir o Município de tarefa tão essencial à dignidade de seus habitantes.* Prazo para conclusão da obra e fixação de multa bem dimensionados na origem. Precedentes desta Corte. Apelação improvida (grifos nossos).[848]

---

[848] TJRS, Ap. Cível 70011759842, 3ª Câm. Cível. Rel. Des. Nelson Antônio Monteiro Pacheco, julgado em 01.12.2005. No mesmo sentido, a decisão da 2ª Câmara Cível do Tribunal de Justiça do Estado do Rio Grande do Sul (Ag. Inst. 70012091278, 2ª Câm. Cível. Rel. Des. Arno Werlang, julgado em 25.01.2006), que, em caso similar, conforme o voto-relator, dispôs ser possível a concessão de antecipação de tutela contra a Fazenda Pública, independentemente de previsão orçamentária prévia, para a implementação de projeto de saneamento, tendo em conta a prevalência dos direitos fundamentais ao ambiente e à saúde pública. Sobre o tema, segue decisão do Tribunal de Justiça do Estado de São Paulo: "Ação civil pública. *Rede de esgoto local a lançar efluentes em cursos d'água sem prévio tratamento. Ofensa ao direito fundamental ao meio ambiente ecologicamente equilibrado (Constituição Federal, artigo 225, 'caput').* Infração ao disposto na Constituição Estadual (artigo 208). Alegada ofensa à discricionariedade da Administração sem força para afastar a *intervenção do Poder Judiciário*, uma vez provocado (Constituição Federal, artigo 5º, n. XXXV). *Condenação do Município a providenciar estação de tratamento* mantida. Prazo considerado razoável, sobretudo ante desprezo da Administração para com longo tempo com

Por fim, sem propugnar por fundamentalismos na seara da tutela ambiental, como sói acontecer por vezes no âmbito da política ambiental, com posicionamentos incompatíveis com a complexidade dos problemas enfrentados contemporaneamente, ainda mais quando se objetiva compatibilizar a tutela dos direitos sociais e dos direitos ambientais, também na aplicação do mínimo existencial ecológico, seguindo o modelo proposto por Alexy[849] e adotado por Sarlet,[850] especialmente em razão da sua "justiciabilidade" e exigibilidade em face do Estado aqui defendida, há que se operar a ponderação dos interesses em jogo, sempre à luz do caso concreto, contemplando o princípio da proporcionalidade. Diante de tal colocação, destaca-se que a balança deve sempre inclinar-se em favor do mínimo existencial ecológico e da proteção ambiental quando a ação degradadora combatida comprometa ou coloque em risco o âmbito de proteção da dignidade humana, tendo sempre em conta também uma preocupação especial com o comprometimento das existências humanas futuras, conforme dispõe a Lei Fundamental brasileira (art. 225, *caput*). Nesse sentido, já nos alertou Canotilho da importância de "tomar a sério os interesses das futuras gerações".[851]

---

que busca se subtrair ao cumprimento de um dever. Apelação não acolhida" (grifos nossos) (TJSP, Apel. Cível 363.851.5/0, Seção de Direito Público, Câmara Especial de Mio Ambiente, Rel. Des. José Geraldo de Jacobina Rabello, julgado em 12.07.2007).

[849] ALEXY, *"Teoría de los derechos fundamentales..."*, p. 499.

[850] SARLET, *"A eficácia dos direitos fundamentais..."*, p. 353-354.

[851] CANOTILHO, José Joaquim Gomes. "Direito constitucional ambiental português: tentativa de compreensão de 30 anos das gerações ambientais no direito constitucional português". In: CANOTILHO, José Joaquim Gomes; MORATO LEITE, José Rubens (Orgs.). *Direito Constitucional Ambiental Brasileiro*. São Paulo: Saraiva, 2007, p. 2.

Palavras finais
O pensamento jurídico voltado para o futuro da vida no planeta

> Procuro despir-me do que aprendi. Procuro esquecer-me do modo de lembrar que me ensinaram, e raspar a tinta com que me pintaram os sentidos, desencaixotar as minhas emoções verdadeiras, desembrulhar-me e ser eu, não Alberto Caeiro, mas um animal humano que a Natureza produziu. [852]

No intuito de despir-se de velhos paradigmas e dogmas e reconstruir os conceitos jurídicos à luz da realidade contemporânea e do atual estágio das construções humanas, busca-se na poesia de Fernando Pessoa (na figura do seu heterônimo Alberto Caeiro) a sensibilidade necessária para tal missão. A partir de tal reflexão, despindo-se do aprendido e da forma de pensar do pensamento jurídico tradicional, no caminho de um pensamento jurídico complexo e transdisciplinar, sugere-se a reconstrução de toda a leitura política e jurídica a partir dos novos valores ecológicos emergentes no universo contemporâneo. Em que pese a nau do pensamento jurídico encontrar-se ainda à deriva no oceano de idéias, vislumbra-se um continente de flores e livros onde se possa atracar, a fim de, posteriormente, navegar seguro rumo a um horizonte mais amplo e solar, onde a forma de se pensar a realidade deste admirável mundo (velho e novo) esteja mais comprometida com a condição existencial humana, em vista de realizar (e não apenas declarar ao vento) uma vida digna e saudável para todos os membros da comunidade humana, e, quem sabe, também para toda a comunidade natural não-humana.

A "fábula para o amanhã" de Carson, referida logo no início da introdução deste estudo, embora tendo sido escrita no ano de 1962, ainda hoje coincide com alguns dos principais desafios postos frente à afirmação existencial do ser humano. Em tempos de gripe aviária, vacas-loucas e aquecimento global, a "fábula para o amanhã" se fez (e se faz) presente na vida contemporânea, revelando, em grande medida, a continuidade de

---

[852] PESSOA, Fernando. *Obra poética II – Poemas de Alberto Caeiro*. Porto Alegre: L&PM, 2006, p. 84-85.

uma postura filosófica que afirma a dominação arrogante do homem sobre a Natureza e crê na superioridade da razão para enfrentar os desafios existenciais humanos, aliada a um modelo de desenvolvimento econômico que se apropria da ciência para transformá-la em mercadoria, e não se compromete com valores humanos e ecológicos. No entanto, quando Carson destaca que "nenhuma bruxaria ou ação inimiga silenciou o renascimento da vida nova neste mundo acometido, mas que pessoas fizerem isso elas próprias",[853] é importante destacar que também só os mesmos responsáveis (nós, humanos) pela situação existencial "limite" a que chegamos é que detêm em mãos a esperança e a possibilidade de reparar os seus equívocos e salvar a si próprios, bem como inúmeras outras formas de vida da extinção, retomando o rumo da História em favor da vida (humana e não-humana).

---

[853] "No witchcraft, no enemy action had silenced the rebirth of new life in this stricken world. The people had done it themselves". CARSON, "*Silent spring...*", p. 3.

Diálogos bibliográficos

ABRAMOVICH, Víctor; COURTIS, Christian. *Los derechos sociales como derechos exigibles*. Madrid: Editorial Trotta, 2004.

ACSELRAD, Henri. "Justiça ambiental e construção social do risco". In: *Revista Desenvolvimento e Meio Ambiente*, n. 5, Riscos Coletivos – Ambiente e Saúde. Curitiba: Editora UFPR, 2002, p. 49-60.

AGUIAR, Roberto Armando Ramos de. *Direito do meio ambiente e participação popular*. Brasília: Edições Ibama, 1998.

ALBUQUERQUE, Letícia. *Poluentes orgânicos persistentes:* uma análise da Convenção de Estocolmo. Curitiba: Juruá, 2006.

——. "Fundamentos da proteção internacional do meio ambiente em matéria de segurança química". In: *Revista Direito e Justiça da Faculdade de Direito da Pontifícia Universidade Católica do Rio Grande do Sul*, vol. 29. Porto Alegre: EDIPUCRS, 2004, p. 149-169;

ALEXY, Robert. *Teoría de los derechos fundamentales*. Tradução de Ernesto Garzón Valdés. Madrid: Centro de Estudios Políticos e Constitucionales, 2001.

ALFONSIN, Jacques Távora. *O acesso à terra como conteúdo de direitos humanos fundamentais à alimentação e à moradia*. Porto Alegre: SAFE, 2003.

ALIER, Joan Martinez. *Da economia ecológica ao ecologismo popular*. Coleção Sociedade e Ambiente. Tradução de Armando de Melo Lisboa. Blumenau: EDI FURB, 1998.

ALVES, Rubem. *Filosofia da ciência*: introdução ao jogo e suas regras. 3 ed. São Paulo: Loyola, 2001.

AMARAL, Diogo Freitas do. "Acesso à justiça em matéria de ambiente e de consumo". In: *Textos "Ambiente e Consumo"*, Volume I. Lisboa: Centro de Estudos Jurídicos, 1996, p. 159-163.

ANTUNES, Paulo de Bessa. *Direito ambiental*. 7.ed. Rio de Janeiro: Lúmen Júris, 2005.

ANTUNES ROCHA, Cármen Lúcia. "Vida digna: direito, ética e ciência". In: ANTUNES ROCHA, Cármen Lúcia (Coord.). *O direito à vida digna*. Belo Horizonte: Editora Fórum, 2004, p. 11-174.

——. "Constituição e Ordem Econômica". In: FIOCCA, Demian; GRAU, Eros Roberto (Orgs.). *Debate sobre a Constituição de 1988*. São Paulo: Paz e Terra, 2001, p. 9-34.

ÁVILA, Humberto. *Teoria dos princípios*: da definição à aplicação dos princípios jurídicos. 5.ed. São Paulo: Malheiros, 2006.

AZEVEDO, Plauto Faraco de. *Ecocivilização*: o ambiente e o direito no limiar da vida. São Paulo: Revista dos Tribunais, 2005.

BAGGIO, Roberta Camineiro. "Democracia, republicanismo e princípio da subsidiariedade: em busca de um federalismo social". In: *Revista Direito e Democracia da ULBRA*, Vol. 5, n. 2, 2004, p. 319-340.

BAHIA, Carolina Medeiros. *Princípio da proporcionalidade nas manifestações culturais e na proteção da fauna*. Curitiba: Juruá, 2006.

BALDASSARRE, Antonio. *Los derechos sociales*. Tradução de Santiago Perea Latorre. Bogotá: Universidad Externado de Colômbia, 2001.

BANDEIRA DE MELLO, Celso Antônio. *Discricionariedade e controle jurisdicional*. 2.ed. São Paulo: Malheiros, 2007.

BARCELLOS, Ana Paula de. *A eficácia jurídica dos princípios constitucionais*: o princípio da dignidade da pessoa humana. 3.ed. Rio de Janeiro/São Paulo/Recife: Renovar, 2008.

BARROSO, Luís Roberto. "A doutrina brasileira da efetividade". In: BARROSO, Luís Roberto. *Temas de Direito Constitucional*, Vol. III. Rio de Janeiro/São Paulo/Recife: Renovar, 2005, p. 61-77.

――――. "Fundamentos teóricos e filosóficos do novo direito constitucional brasileiro – Pós-modernidade, teoria crítica e pós-positivismo". In: *Revista do Ministério Público do Estado do Rio Grande do Sul*, n. 46. Porto Alegre: Metrópole, 2002, p. 29-66.

――――. "Proteção do meio ambiente na Constituição brasileira". In: *Revista Trimestral de Direito Público*, n. 2. São Paulo: Malheiros, 1993, p. 58-79.

BECK, Ulrich. *Ecological politics in an age of risk*. Tradução para a língua inglesa de Amos Weisz. Cambridge: Polity Press/ Blackwell Publishers, 2002.

――――. *La sociedad del riesgo*: hacia una nueva modernidad. Tradução de Jorge Navarro, Daniel Jiménez e Maria Rosa Borras. Barcelona: Paidós, 2001.

――――. GIDDENS, Anthony; LASH, Scott. *Modernização reflexiva*: política, tradição e estética na ordem social moderna. São Paulo: Editora UNESP, 1997.

BENJAMIN, Antônio Herman. "Constitucionalização do ambiente e ecologização da Constituição brasileira". In: CANOTILHO, José Joaquim Gomes; MORATO LEITE, José Rubens (Orgs.). *Direito constitucional ambiental brasileiro*. São Paulo: Saraiva, 2007, p. 57-130.

――――. "Introdução ao direito ambiental brasileiro". In: SOARES JÚNIOR, Jarbas; GALVÃO, Fernando (Coord.). *Direito ambiental: na visão da magistratura e do ministério público*. Belo Horizonte: Del Rey, 2003, p. 11-115.

――――. "Meio ambiente e Constituição: uma primeira abordagem". In: BENJAMIN, Antônio Herman (Org.) *Anais do 6º Congresso Internacional de Direito Ambiental*. São Paulo: IMESP, 2002, p. 89-101.

――――. "Responsabilidade Civil pelo dano ambiental". In: *Revista de Direito Ambiental*, São Paulo, n. 9, Jan-Mar, 1998, p. 5-52.

――――. "Reflexões sobre a hipertrofia do direito de propriedade na tutela da Reserva Legal e das áreas de preservação permanente". In: *Anais do 2º Congresso Internacional de Direito Ambiental*. São Paulo: Imesp, 1997, p. 11-36.

――――. "A insurreição da aldeia global contra o processo civil clássico: apontamentos sobre a opressão e a libertação judiciais do ambiente e do consumidor". In: *Textos "Ambiente e Consumo"*, Volume I. Lisboa: Centro de Estudos Jurídicos, 1996, p. 277-351.

――――. "Função ambiental". In: BENJAMIN, Antônio Herman (Coord.). *Dano ambiental: prevenção, reparação e repressão*. São Paulo: Revista dos Tribunais, 1993, p. 9-82.

――――. "A implementação da legislação ambiental: o papel do Ministério Público". In: BENJAMIN, Antônio Herman (Coord.). *Dano ambiental: prevenção, reparação e repressão*. São Paulo: Revista dos Tribunais, 1993, p. 360-377.

BIRNIE, Patrícia; BOYLE, Alan. *International law and the environment*. 2.ed. Oxford/New York: Oxford University Press, 2002.

BOBBIO, Norberto. *A era dos direitos*. 10.ed. Tradução de Carlos Nelson Coutinho. Rio de Janeiro: Campus, 1992.

BODIN DE MORAES, Maria Celina. *Danos à pessoa humana*: uma leitura Civil-Constitucional dos danos morais. Rio de Janeiro/São Paulo: Renovar, 2003.

BONAVIDES, Paulo. *Curso de direito constitucional*. São Paulo: Malheiros, 2002.

――――. *Teoria constitucional da democracia participativa*: por um direito constitucional de luta e resistência, por uma nova hermenêutica, por uma repolitização da legitimidade. São Paulo: Malheiros, 2001.

――――. "O direito à paz como direito fundamental de quinta geração". In: *Revista Interesse Público*, n. 40. Porto Alegre: Editora Notadez, Nov-Dez, 2006, p. 15-22.

BOROWSKI, Martin. *La estructura de los derechos fundamentales*. Tradução de Carlos Bernal Pulido. Bogotá: Universidad Externado de Colômbia, 2003.

BOSSELMANN, Klaus. *Ökologische Grundrechte*: zum Verhältnis zwischen individueller Freiheit und Natur. Baden-Baden: Nomos Verlagsgesellschaft, 1998.

――――. "Human rights and the environment: the search for common ground". In: *Revista de Direito Ambiental*, n. 23, Jul-Set, 2001, p. 41.

――――. "*Environmental tights and duties: the concept of ecological human rights*". Artigo apresentado no 10º Congresso Internacional de Direito Ambiental, em São Paulo, 5-8 de junho de 2006, 20 p., no prelo.

CANARIS, Claus-Wilhelm. *Direitos fundamentais e direito privado*. Tradução de Ingo Wolfgang Sarlet e Paulo Mota Pinto. Coimbra: Almedina, 2003.

CANÇADO TRINDADE, Antônio Augusto. *Tratado de direito internacional dos direitos humanos*. Volume I. 2.ed. Porto Alegre: SAFE, 2003.

――――. *Direitos humanos e meio ambiente*: paralelo dos sistemas de proteção internacional. Porto Alegre: SAFE, 1993.

CANOTILHO, José Joaquim Gomes; MORATO LEITE, José Rubens (Orgs.). *Direito constitucional ambiental brasileiro*. São Paulo: Saraiva, 2007.

CANOTILHO, José Joaquim Gomes. *Estudos sobre direitos fundamentais.* Coimbra: Coimbra Editora, 2004.

──────. *Direito constitucional e teoria da Constituição.* 5.ed. Coimbra: Almedina, 2002.

──────. *Estado de Direito.* Cadernos Democráticos, n. 7. Fundação Mário Soares. Lisboa: Gradiva, 1998.

──────(Coord.). *Introdução ao direito do ambiente.* Lisboa: Universidade Aberta, 1998.

──────. *Protecção do ambiente e direito de propriedade* (Crítica de jurisprudência ambiental). Coimbra: Coimbra Editora, 1995.

──────. "O direito ao ambiente como direito subjetivo". In: CANOTILHO, José Joaquim Gomes. *Estudos sobre direitos fundamentais.* Coimbra: Coimbra Editora, 2004, p. 177-189.

──────. "Tomemos a sério os direitos econômicos, sociais e culturais". In: CANOTILHO, José Joaquim Gomes. *Estudos sobre direitos fundamentais.* Coimbra: Coimbra Editora, 2004, p. 35-68.

──────. "Estado Constitucional Ecológico e democracia sustentada". In: SARLET, Ingo Wolfgang (Org.). *Direitos fundamentais sociais*: estudos de direito constitucional, internacional e comparado. Rio de Janeiro/São Paulo: Renovar, 2003, p. 493-508.

──────. "Privatismo, associacionismo e publicismo no direito do ambiente: ou o rio da minha terra e as incertezas do Direito Público". In: *Textos "Ambiente e Consumo"*, Volume I. Lisboa: Centro de Estudos Jurídicos, 1996, p. 145-158.

CAPOBIANCO, João Paulo; DIAS, Inês de Souza. "As organizações não-governamentais e a legislação ambiental: a experiência da Fundação SOS Mata Atlântica". In: BENJAMIN, Antônio Herman (Coord.). *Dano ambiental: prevenção, reparação e repressão.* São Paulo: Revista dos Tribunais, 1993, p. 389-394.

──────. "Formações sociais e interesses coletivos diante da justiça civil". Tradução de Nelson Renato Ribeiro de Campos. In: *Revista de Processo,* Ano II, N. 5, Jan/Mar, 1977, p. 128-159.

CAPPELLETTI, Mauro; GARTH, Bryant. *Acesso à justiça.* Tradução de Ellen Gracie Northfleet. Porto Alegre: SAFE, 2002.

CAPRA, Fritjof. *A teia da vida*: uma nova compreensão científica dos sistemas vivos. São Paulo: Cultrix, 1996.

CARDOZO FERREIRA, Ximena. "A possibilidade do controle da omissão administrativa na implementação de políticas públicas relativas à defesa do meio ambiente". In: BENJAMIN, Antonio Herman (Org.). *Anais do 9º Congresso Internacional de Direito Ambiental* (Paisagem, Natureza e Direito). São Paulo: Imprensa Oficial do Estado de São Paulo, 2005, p. 499-517.

CARSON, Rachel. *Silent spring* (Fortieth Anniversary Edition). Boston/New York: Mariner Book, 2002.

CATTANI. Antonio David (Org.) *Fórum Social Mundial*: a construção de um mundo melhor. Porto Alegre/Petrópolis: Editora da Universidade/UFRGS/Vozes/Unitrabalho/Corag/Veraz Comunicação, 2001.

CHAGAS PINTO, Bibiana Graeff. "Saneamento básico e direitos fundamentais: questões referentes aos serviços públicos de água e esgoto sanitário no direito brasileiro e no direito francês". In: BENJAMIN, Antonio Herman (Org.). *Anais do 10º Congresso Internacional de Direito Ambiental* (Direitos humanos e meio ambiente). São Paulo: Imprensa Oficial do Estado de São Paulo, 2006, p. 385-411.

CLÈVE, Clèmerson Merlin. "A eficácia dos direitos fundamentais sociais". In: *Boletim Científico da Escola Superior do Ministério Público da União,* ano II, n. 8, jul-set/2003, p. 151-161.

COLBORN, Theo; DUMANOSKI, Dianne; MYERS, John Petersen. *O futuro roubado.* Tradução de Cláudia Buchweitz. Revisão técnica da Jacques Saldanha e Maria José Guazzelli. Porto Alegre: L&PM, 2002.

COMPARATO, Fábio Konder. *A afirmação histórica dos direitos humanos.* 3.ed. São Paulo: Saraiva, 2003.

──────. "Direitos e deveres fundamentais em matéria de propriedade". In: STROZAKE, Juvelino José (Org.). *A questão agrária e a justiça.* São Paulo: Revista dos Tribunais, 2000, p. 130-147.

CONFERÊNCIA DAS NAÇÕES UNIDAS SOBRE MEIO AMBIENTE E DESENVOLVIMENTO. 3. ed. Brasília: Senado Federal, Subsecretaria de Edições Técnicas, 2001.

CORTIANO JUNIOR, Eroulths. "Para além das coisas: breve ensaio sobre o direito, a pessoa e o patrimônio". In: TEPEDINO, Gustavo *et all* (Orgs.). *Diálogos sobre direito civil*: construindo uma racionalidade contemporânea. Rio de Janeiro/São Paulo: Renovar, 2002, p. 155-165.

COSTA, José Kalil de Oliveira e. "Educação ambiental, um direito social fundamental". In: BENJAMIN, Antônio Herman (Org.). *Anais do 6º Congresso Internacional de Direito Ambiental.* São Paulo: Instituto O Direito por um Planeta Verde/Imprensa Oficial, 2002, p. 445-467.

COURTIS, Christian. "La eficacia de los derechos humanos en las relaciones entre particulares". In: SARLET, Ingo Wolfgang (Org.). *Constituição, Direitos Fundamentais e Direito Privado.* 2.ed. Porto Alegre: Livraria do Advogado, 2006, p. 405-429.

CUSTÓDIO, Helita Barreira. "Competência concorrente em defesa da saúde e do meio ambiente: incompatibilidades constitucionais do uso do amianto". In: *Jus Navigandi,* n. 734, 09 de Julho, 2005. Disponíve' em: http://www1.jus.com.br/doutrina/texto.asp?id=6895. Acesso em: 20 de julho de 2005.

———. "Crueldade contra animais e a proteção destes como relevante questão jurídica ambiental e constitucional". In: *Revista de Direito Ambiental*, n. 7, Jul/Set, 1997, p. 54-86.

DEMOLINER, Karine. *Água e saneamento básico*: regimes jurídicos e marcos regulatórios no ordenamento brasileiro. Dissertação de Mestrado defendida junto ao Programa de Pós-Graduação em Direito da Faculdade de Direito da Pontifícia Universidade Católica do Estado do Rio Grande do Sul. Porto Alegre: PUCRS, 2005.

DENNINGER, Erhard. "Racionalidad tecnológica, responsabilidad ética y derecho postmoderno". In: *Revista DOXA*, n. 14, 1993, p. 359-377.

DERANI, Cristiane. *Direito ambiental econômico*. 3.ed. São Paulo: Saraiva, 2008.

DESCARTES, René. *Discurso do método; meditações; objeções e respostas; As paixões da alma; Cartas*. Tradução de J. Guinsburg e Bento Prado Júnior. 2 ed. São Paulo: Abril Cultural, 1979.

DIAS, Maria Clara. *Os direitos sociais básicos*: uma investigação filosófica da questão dos direitos humanos. Coleção Filosofia, N. 177. Porto Alegre: EDIPUCRS, 2004.

DIMOULIS, Dimitri; MARTINS, Leonardo. *Teoria geral dos direitos fundamentais*. São Paulo: Revista dos Tribunais, 2007.

ECHAVARRÍA, Juan José Solozábal. "El derecho al medio ambiente como derecho publico subjetivo". In: *A tutela jurídica do meio ambiente (presente e futuro) – Boletim da Faculdade de Direito da Universidade de Coimbra* (STVDIA IVRIDICA, n. 81). Coimbra: Editora Coimbra, 2005, p. 31-45.

FACHIN, Luiz Edson. *Estatuto jurídico do patrimônio mínimo*. Rio de Janeiro/São Paulo: Renovar, 2001.

FARIAS, Talden. *Direito ambiental*: tópicos especiais. João Pessoa: Editora Universitária/UFPB, 2007.

FEIJÓ, Anamaria. *A utilização de animais na investigação e docência: uma reflexão ética necessária*. Porto Alegre: EDIPUCRS, 2005.

FELIPE, Sônia T. *Por uma questão de princípios*: alcance e limites da ética de Peter Singer em defesa dos animais. Florianópolis: Fundação Boiteux, 2003.

FENSTERSEIFER, Tiago. "Dignidade e ambiente: a dignidade da vida para além do animal humano". In: BENJAMIN, Antônio Herman (Org.). *Anais do 10º Congresso Internacional de Direito Ambiental*. São Paulo: Instituto O Direito por um Planeta Verde/Imprensa Oficial, 2006, p. 915-933.

———. "Cidadania ambiental cosmopolita: um conceito em construção". In: BENJAMIN, Antônio Herman (Org.). *Anais do 8º Congresso Internacional de Direito Ambiental*. São Paulo: Instituto O Direito por um Planeta Verde/Imprensa Oficial, 2004, p. 733-753.

FERNANDES, Edésio. "Políticas de regularização fundiária: confrontando o processo de crescimento informal das cidades latino-americanas". In: *Revista Magister de Direito Ambiental e Urbanístico*, n. 6, Jun-Jul, 2006, p. 28-42.

FERRAJOLI, Luigi. *A soberania no mundo moderno*. Tradução de Carlo Coccioli e Márcio Lauria Filho. São Paulo: Martins Fontes, 2002.

FERREIRA, Lúcia da Costa. "Os ambientalismos, os direitos sociais e o universo da cidadania". In: FERREIRA, Leila da Costa; VIOLA, Eduardo (Orgs.). *Incertezas de sustentabilidade na globalização*. Campinas: Editora da UNICAMP, 1996, p. 241-277.

FERREIRA FILHO, Manoel Gonçalves. *Direitos humanos fundamentais*. 6.ed. São Paulo: Saraiva, 2004.

FIGUEIREDO, Mariana Filchtiner. *Direito fundamental à saúde*: parâmetros para sua eficácia e efetividade. Porto Alegre: Livraria do Advogado, 2007.

FIGUEIREDO DIAS, José Eduardo. "Direito constitucional e administrativo do ambiente". *Cadernos do Centro de Estudos de Direito do Ordenamento, do Urbanismo e do Ambiente*. Coimbra: Almedina, 2002.

FIORILLO, Celso Antônio Pacheco. *Curso de direito ambiental brasileiro*. São Paulo: Saraiva, 2001.

FREITAS, Juarez. *A interpretação sistemática do Direito*. 4.ed. São Paulo: Malheiros: 2004.

———. *O controle dos atos administrativos e os princípios fundamentais*. 3.ed. São Paulo: Malheiros: 2004.

———. "Princípio da precaução: vedação de excesso e de inoperância". In: *Separata Especial de Direito Ambiental da Revista Interesse Público*, n. 35, 2006, p. 33-48.

GABEIRA, Fernando. *Greenpeace*: verde guerrilha da paz. São Paulo: Editora Clube do Livro, 1988.

GARCIA, Maria da Glória F. P. D. *O lugar do direito na proteção do ambiente*. Coimbra: Almedina, 2007.

GAVIÃO FILHO, Anízio Pires. *Direito fundamental ao ambiente*. Porto Alegre: Livraria do Advogado, 2005.

GOLDBLAT, David. *Teoria social e ambiente*. Tradução de Ana Maria André. Lisboa: Instituto Piaget, 1996.

GOMES, Carla Amado. *A prevenção à prova no direito do ambiente*. Coimbra: Coimbra Editora, 2000.

GÓMEZ, José Maria. *Política e democracia em tempos de globalização*. Petrópolis/RJ: Vozes; Buenos Aires: CLACSO; Rio de Janeiro: LPP – Laboratório de Políticas Públicas, 2000.

GORE, Al. *Earth in the balance*: ecology and the human spirit. Boston/New York/London: Houghton Mifflin Company, 1992.

GRAF, Ana Cláudia Bento. "O direito à informação ambiental". In: FREITAS, Vladimir Passos de (Org.). *Direito ambiental em evolução*, Vol. I. 2.ed. Curitiba: Juruá, 2002, p. 13-36.

HÄBERLE, Peter. *La garantía del contenido esencial de los derechos fundamentales en la Ley Fundamental de Bonn*: una contribución a la concepción institucional de los derechos fundamentales y a la teoría de la reserva de la ley. Madrid: Dykinson, 2003.

HÄBERLE, Peter. *Libertad, igualdad, fraternidad*: 1789 como historia, actualidad y futuro del Estado constitucional. Tradução de Ignacio Gutiérrez Gutiérrez. Madrid: Editorial Trotta, 1998.

──────. "A dignidade humana como fundamento da comunidade estatal". Tradução de Ingo Wolfgang Sarlet e Pedro Scherer de Mello Aleixo. In: SARLET, Ingo Wolfgang (Org.). *Dimensões da dignidade*: ensaios de filosofia do direito e direito constitucional. Porto Alegre: Livraria do Advogado, 2005, p. 89-152.

HEINZ, Kersten. "Eigenrecht der Natur". In: *Der Staat*, 29 "3": 415-439, 1990.

HERRERA FLORES, Joaquín. *El proceso cultural*: materiales para la creatividad humana. Sevilla: Aconcagua Libros, 2005.

HESSE, Konrad. *Elementos de direito constitucional da República Federal da Alemanha*. Tradução de Luís Afonso Heck (da 20.ed. alemã). Porto Alegre: SAFE, 1998.

──────. *A força normativa da Constituição*. Tradução de Gilmar Ferreira Mendes. Porto Alegre: SAFE, 1991.

HOBSBAWM, Eric J. *A Revolução Francesa*. Tradução de Maria Tereza Lopes Teixeira e Marcos Penchel. Rio de Janeiro: Paz e Terra, 1996.

HÖFFE, Otfried. *O Que é justiça?* Tradução de Peter Naumann. Porto Alegre: EDIPUCRS, 2003.

HUXLEY, Aldous. *Admirável mundo novo*. 18.ed. Tradução de Vidal de Oliveira e Lino Vallandro. São Paulo: Globo, 1992.

JONAS, Hans. *O princípio da vida*: fundamentos para uma biologia filosófica. Tradução de Carlos Almeida Pereira. Petrópolis: Editora Vozes, 2004.

──────. *El Principio de Responsabilidad*: ensayo de una ética para la civilización tecnológica. Tradução para língua espanhola de Javier M.ª Fernández Retenaga. Barcelona: Herder, 1995.

JUCOVSKY, Vera Lucia. "Meios de defesa do meio ambiente: ação popular e participação pública". In: *Revista de Direito Ambiental*, n. 17, Jan-Mar, 2000, p. 65-122.

JUNQUEIRA DE AZEVEDO, Antônio. "Caracterização jurídica da dignidade da pessoa humana". In: *Revista dos Tribunais*, Vol. 797, Março, 2002, p. 11-26.

KANT, Immanuel. *Crítica da razão pura e outros textos filosóficos*. Tradução da *Fundamentação da Metafísica dos Costumes* de Paulo Quintela. Coleção Os Pensadores. São Paulo: Abril Cultural, 1974.

KELLY, Petra. *Por un futuro alternativo*: el testimonio de una de las principales pensadoras-activistas de nuestra época. Tradução para língua espanhola de Augustín López e Maria Tabuyo. Barcelona: Paidós, 1997.

KISS, Alexandre. "Os direitos e interesses das futuras gerações e o princípio da precaução". In: VARELLA, Marcelo Dias; PLATIAU, Ana Flávia Barros (Orgs.). *Princípio da precaução*. Belo Horizonte: Del Rey, 2004, p. 1-12.

KLOEPFER, Michael. "Vida e dignidade da pessoa humana". Tradução de Rita Dostal Zanini. In: SARLET, Ingo Wolfgang. *Dimensões da dignidade*: ensaios de filosofia do direito e direito constitucional. Porto Alegre: Livraria do Advogado, 2005, p. 153-184.

──────. "A caminho do Estado Ambiental: a transformação do sistema político e econômico da República Federal da Alemanha através da proteção ambiental, especialmente desde a perspectiva esclarecedora da ciência jurídica". Tradução de Carlos Alberto Molinaro e revisão de Ingo Wolfgang Sarlet. No prelo, 37 p.

KOTZÉ, Louis J. "*The South African Environment and the 1996 Constitution*: some reflections on a decade of democracy and constitutional protection of the environment". Artigo apresentado no 10º Congresso Internacional de Direito Ambiental, em São Paulo, 5-8 de junho de 2006, 35 p., no prelo.

KRELL, Andréas J. *Discricionariedade administrativa e proteção ambiental*. Porto Alegre: Livraria do Advogado, 2004.

LAFER, Celso. *A reconstrução dos direitos humanos*: um diálogo com o pensamento de Hannah Arendt. São Paulo: Companhia das Letras, 2001.

LEFF, Enrique. *Ecologia, capital e cultura*: racionalidade ambiental, democracia participativa e desenvolvimento sustentável. Coleção Sociedade e Ambiente. Tradução de Jorge Esteves da Silva. Blumenau: EDIFURB, 2000.

LEITE, Marcelo. *A Floresta Amazônica*. Coleção Folha Explica. São Paulo: Publifolha, 2001.

──────. *Os alimentos transgênicos*. Coleção Folha Explica. São Paulo: Publifolha, 2000.

LEITE FARIAS, Paulo José. *Competência federativa e proteção ambiental*. Porto Alegre: SAFE, 1999.

LISBOA, Roberto Senise. "O contrato como instrumento de tutela ambiental". In: *Revista de Direito do Consumidor*, n. 35, Jul-Set, 2000, p. 171-197.

LOCATELLI, Paulo Antônio. "Consumo sustentável". In: *Revista de Direito Ambiental*, n. 19, Jul-Set, 2000, p. 297-300.
LOPES MEIRELLES, Hely. *Mandado de segurança*. 27.ed. Atualizada por Arnoldo Wald e Gilmar Ferreira Mendes. São Paulo: Malheiros, 2004.
LOVELOCK, James. *A vingança de Gaia*. Tradução de Ivo Korytowski. Rio de Janeiro: Editora Intrínseca, 2006.
LUTZEMBERGER, José. A. *Fim do futuro?* Manifesto Ecológico Brasileiro. Porto Alegre: Movimento/UFRGS, 1980.
MACHADO, Paulo Afonso Leme. *Direito à informação e meio ambiente*. São Paulo: Malheiros, 2006.
_____. *Direito ambiental brasileiro*. São Paulo: Malheiros, 1999.
_____. "A Carta Constitucional de Meio Ambiente e o Brasil". In: *Revista Interesse Público*, N. 30. Porto Alegre, Editora Nota Dez, p. 57-58.
MANCUSO, Rodolfo de Camargo. *Ação civil pública*. 6.ed. São Paulo: Revista dos Tribunais, 1999.
_____. *Ação popular*: proteção do erário, do patrimônio público, da moralidade administrativa e do meio ambiente. 3.ed. São Paulo: Revista dos Tribunais, 1998.
_____. *Interesses difusos*: conceito e legitimação para agir. 4.ed. São Paulo: Revista dos Tribunais, 1997.
_____. "Tutela judicial do meio ambiente: reconhecimento de legitimação para agir aos entes naturais?". In: *Revista de Processo*, n. 52, Out-Dez, 1988, p. 58-70.
MANN, Thomas. *A montanha mágica*. Tradução de Herbert Caro. Rio de Janeiro: Nova Fronteira, 2000.
MARCHESAN, Ana Maria Moreira. *A tutela do patrimônio cultural sob a perspectiva do direito ambiental*. Porto Alegre: Livraria do Advogado, 2007.
_____; STEIGLEDER, Annelise Monteiro. "Fundamentos jurídicos para a inversão do ônus da prova nas ações civis públicas por danos ambientais". In: BENJAMIN, Antônio Herman (Org.). *Anais do 6º Congresso Internacional de Direito Ambiental*. São Paulo: IMESP, 2002, p. 327-340.
_____; STEIGLEDER, Annelise Monteiro; CAPPELLI, Sílvia. *Direito ambiental*. 3.ed. Porto Alegre: Editora Verbo Jurídico, 2006.
MARINONI, Luiz Guilherme. *Teoria geral do processo*. São Paulo: Revista dos Tribunais, 2006.
_____. *Tutela inibitória*: individual e coletiva. 3.ed. São Paulo: Revista dos Tribunais, 2003.
_____. *A legitimidade da atuação do juiz a partir do direito fundamental à tutela jurisdicional efetiva*. Disponível em: http://www.professormarinoni.com.br/admin/users/29.pdf. Acesso em: 09 de abril de 2007.
MARQUES, Cláudia Lima. "Organismos geneticamente modificados, informação e risco da 'novel food': o direito do consumidor desarticulado". In: *Cadernos do Programa de Pós-Gradação em Direito – PPGDir./UFRGS*, Reflexões Jurídicas sobre Meio Ambiente/Edição Especial, Vol. III, n. VI, Maio/2005, p. 105-124.
MASON, Jim; SINGER, Peter. *The way we eat*: why our food choices matter. New York: Rodale, 2006.
MATEO, Ramón Martín. *Manual de derecho ambiental*. 3.ed. Navarra: Editorial Thomson/Aranzadi, 2003.
MAZZILLI, Hugo Nigro. *A defesa dos interesses difusos em juízo*. 15.ed. São Paulo: Saraiva, 2002.
MEDEIROS, Fernanda Luiza Fontoura. *Meio ambiente:* direito e dever fundamental. Porto Alegre: Livraria do Advogado, 2004.
MEIRELLES, Jussara. "O ser e o ter na codificação civil brasileira – do sujeito virtual à clausura patrimonial". In: *Repensando os fundamentos do direito civil contemporâneo*. FACHIN, Luiz Edson (Coord.). Rio de Janeiro: Renovar, 1998, p. 87-114.
MELO, Melissa Ely; RUSCHEL, Caroline. "Biossegurança: instrumento para preservação da biodiversidade". In: BENJAMIN, Antônio Herman (Org.). *Anais do 10º Congresso Internacional de Direito Ambiental* (Direitos humanos e meio ambiente). São Paulo: IMESP, 2006, p. 781-793.
MELO FILHO, Álvaro. "Subsídios para a implementação de projeto didático-pedagógico de curso jurídico". In: *Revista da Ordem dos Advogados do Brasil*, Ano XXVIII, N. 67, Jul-Dez/1998, p. 69.
MENDES, Gilmar Ferreira. *Direitos fundamentais e controle de constitucionalidade*. 3.ed. São Paulo: Saraiva, 2004.
MILARÉ, Édis. *Direito do ambiente*. 4.ed. São Paulo: Revista dos Tribunais, 2005.
_____; LOURES, Flávia Tavares Rocha. "Meio ambiente e os direitos da personalidade". In: *Revista de Direito Ambiental*, n. 37, Jan-Mar, 2005, p. 11-37.
_____. "Princípios fundamentais do direito do ambiente". In: *Revista dos Tribunais*, São Paulo: RT, n. 756, 1998, p. 64.
MIRAGEM, Bruno. "O artigo 1228 do Código Civil e os deveres do proprietário em matéria de preservação do meio ambiente". In: *Cadernos do Programa de Pós-Gradação em Direito – PPGDir./UFRGS*, Reflexões Jurídicas sobre Meio Ambiente/Edição Especial, Vol. III, n. VI, Maio/2005, p. 21-44.
MIRANDA, Jorge. *Manual de direito constitucional*. Tomo IV, Direitos Fundamentais. 3.ed. Coimbra: Editora Coimbra, 2000.

―――. "A Constituição portuguesa e a dignidade da pessoa humana". In: *Revista de Direito Constitucional e Internacional*, Ano 11, Vol. 45, Out-Dez, 2003. São Paulo: Revista dos Tribunais, p. 81-91.

MIRRA, Álvaro Valery. *Ação civil pública e a reparação do dano ao meio ambiente*. São Paulo: Editora Juarez de Oliveira, 2002.

―――. *Impacto ambiental:* aspectos da legislação brasileira. 2.ed. São Paulo: Editora Juarez de Oliveira, 2002.

MOKHIBER, Russel. *Crimes corporativos:* o poder das grandes empresas e o abuso da confiança pública. Tradução de James F. S. Cook. São Paulo: Scritta, 1995.

MOLINARO, Carlos Alberto. *Direito ambiental:* proibição de retrocesso. Porto Alegre: Livraria do Advogado, 2007.

―――. "Mínimo existencial ecológico e o princípio de proibição da retrogradação socioambiental". In: BENJAMIN, Antonio Herman (Org.). *Anais do 10º Congresso Internacional de Direito Ambiental*. São Paulo: Imprensa Oficial do Estado de São Paulo, p. 427-443.

MORAIS, José Luis Bolzan de. *Do direito social aos interesses transindividuais:* o Estado e o Direito na ordem contemporânea. Porto Alegre: Livraria do Advogado, 1996.

―――. "O surgimento dos interesses transindividuais". In: *Revista Ciência e Ambiente* – Universidade Federal de Santa Maria, n. 17, Jul-dez/1988, p. 7-24.

MORATO LEITE, José Rubens; AYALA, Patryck de Araújo. *Direito ambiental na sociedade de risco*. São Paulo: Forense Universitária, 2002.

MORATO LEITE, José Rubens. *Dano ambiental:* do individual ao coletivo extrapatrimonial. São Paulo: Revista dos Tribunais, 2000.

―――. "Estado de Direito do Ambiente: uma difícil tarefa". In: MORATO LEITE, José Rubens (Org.). *Inovações em direito ambiental*. Florianópolis: Fundação Boiteux, 2000, p. 13-40.

―――. "Ação popular: um exercício da cidadania ambiental?". In: *Revista de Direito Ambiental*, n. 17, Jan-Mar, 2000, p. 123-140;

MORRIS, Desmond. *The naked ape*. New York: Dell Publishing Co., 1969.

MOTA PINTO, Paulo. "Notas sobre o direito ao livre desenvolvimento da personalidade e os direitos de personalidade no direito português". In: SARLET, Ingo Wolfgang (Org.). *A Constituição Concretizada:* construindo pontes entre o público e o privado. Porto Alegre: Livraria do Advogado, 2000, p. 61-83.

NABAIS, José Casalta. *O dever fundamental de pagar impostos:* contributo para a compreensão constitucional do estado fiscal contemporâneo. Coimbra: Almedina, 1998.

Nosso Futuro Comum/Comissão Mundial sobre Meio Ambiente e Desenvolvimento. 2.ed. Rio de Janeiro: Editora Fundação Getúlio Vargas, 1991.

NUNES JUNIOR, Amandino Teixeira. "Estado ambiental de Direito". In: *Jus Navigandi*, n. 589, fevereiro/2005. Disponível em: http://www1.jus.com.br/doutrina/texto.asp?id=6340. Acesso em: 22 de fevereiro de 2005.

NUSSBAUM, Martha C. "Beyond 'Compassion and Humanity': Justice for Nonhuman Animals". In: SUNSTEIN, Cass R.; NUSSBAUM, Martha C. (Orgs.). *Animal Rights: Current Debates and New Directions*. Nova York: Oxford University Press, 2004, p. 299-320.

OST, François. *O tempo do Direito*. Tradução de Maria Fernanda Oliveira. Lisboa: Instituto Piaget, 1999.

―――. *A natureza à margem da lei:* a ecologia à prova do direito. Tradução de Joana Chaves. Lisboa: Instituto Piaget, 1995.

PASSOS DE FREITAS, Vladimir. *A Constituição Federal e a efetividade das normas ambientais*. 3.ed. São Paulo: Revista dos Tribunais, 2005.

―――――― (Org.). *Direito ambiental em evolução*, Volume I. 2.ed. Curitiba: Juruá, 2002.

PELLOUX, Robert. "Vrais et faux droits de l'Homme", in: *Revue du Droit Public et de la Science Politique em France et à l'etranger*. Paris: Lib. Générale, 1981, n. 1, p. 58.

PEREIRA, Jane Reis Gonçalves. *Interpretação constitucional e direitos fundamentais*: uma contribuição ao estudos das restrições aos direitos fundamentais na perspectiva da teoria dos princípios. Rio de Janeiro: Renovar, 2006.

PEREIRA DA SILVA, Vasco. *Verde cor de direito:* lições de Direito do Ambiente. Coimbra: Almedina, 2002.

―――. "Verdes são também os direitos do homem". In: *Revista Portugal-Brasil – Ano 2000*, p. 127-140.

PÉREZ LUÑO, Antonio Enrique. *Los derechos fundamentales*. 8.ed. Madrid: Tecnos: 2005.

―――. *Derechos Humanos, Estado de Derecho y Constitución*. 5.ed. Madrid: Editorial Tecnos, 1995.

PERLINGIERI, Pietro. *Perfis do direito civil:* introdução ao direito civil constitucional. Tradução de Maria Cristina De Cicco. Rio de Janeiro: Renovar, 1999.

PETRELLA, Ricardo. *O Manifesto da Água*: argumentos para um contrato mundial. Tradução de Vera Lúcia Mello Joscelyne. Petrópolis/RJ: Vozes, 2002. Tradução?

PETTER, Lafayete Josué. *Princípios constitucionais da ordem econômica*: o significado e o alcance do art. 170 da Constituição Federal. São Paulo: Revista dos Tribunais, 2005.

PETTERLE, Selma Rodrigues. *O direito fundamental à identidade genética na Constituição Brasileira*. Porto Alegre: Livraria do Advogado, 2007.

PINA, Antonio López. Prólogo à obra de HÄBERLE, Peter. *Libertad, igualdad, fraternidad*: 1789 como historia, actualidad y futuro del Estado constitucional. Tradução de Ignacio Gutiérrez Gutiérrez. Madrid: Editorial Trotta, 1998, p. 9-25.

PINHEIRO, Sebastião; SALDANHA, Jacques. *O amor à arma e a química ao próximo*. Coleção Existência/Cooperativa Colméia. Porto Alegre: Colméia&Travessão, 1991.

PIOVESAN, Flávia. *Direitos humanos e o direito constitucional internacional*. 8.ed. São Paulo: Saraiva, 2007.

PISARELLO, Gerardo. *Vivienda para todos:* un derecho en (de) construcción (El derecho a una vivienda digna y adecuada como derecho exigible). Barcelona: Icaria Editorial/Observatorio de Derechos Humanos (DESC), 2003.

PORTANOVA, Rogério. "Direitos humanos e meio ambiente: uma revolução de paradigma para o Século XXI". In: BENJAMIN, Antônio Herman (Org.). *Anais do 6º Congresso Internacional de Direito Ambiental* (10 anos da ECO-92: o Direito e o desenvolvimento sustentável). São Paulo: Instituto O Direito por um Planeta Verde/Imprensa Oficial, 2002, p. 681-694.

PROCHNOW, Miriam (Org.). *Barra Grande:* a hidrelétrica que não viu a floresta. Rio do Sul/SC: APREMAVI, 2005.

PUREZA, José Manuel. *Tribunais, natureza e sociedade:* o direito do ambiente em Portugal. Cadernos do Centro de Estudos Judiciários. Lisboa: 1996.

PURVIN DE FIGUEIREDO, Guilherme José. *Direito ambiental e a saúde dos trabalhadores*. 2.ed. São Paulo: LTr, 2007.

──────. *A propriedade no direito ambiental*: a dimensão ambiental da função social da propriedade. Rio de Janeiro: Esplanada, 2004.

──────. "Consumo sustentável". In: BENJAMIN, Antônio Herman (Org.). *Anais do 6º Congresso Internacional de Direito Ambiental*. São Paulo: Instituto O Direito por um Planeta Verde/Imprensa Oficial, 2002, p. 187-223.

RAWLS, John. *Uma teoria da justiça*. 2.ed. Tradução de Almiro Pisetta e Lenita Maria Rímoli Esteves. São Paulo: Martins Fontes, 2002.

──────. *O liberalismo político*. Tradução de Dinah de Abreu Azevedo. Coleção Pensamento Social-Democrata. Brasília: Instituto Teotônio Vilela/Editora Ática, 2000.

REALE, Miguel. "Visão geral do projeto de Código Civil". In: *Revista dos Tribunais*, V. 752, Junho, 1998, p. 22-30.

REGAN, Tom. *Jaulas vazias*: encarando o desafio dos direitos dos animais. Tradução de Regina Rheda. Porto Alegre: Lugano, 2006.

──────. *The case for animal rights*. Berkeley: University of California Press, 1983.

ROBERTO GOMES, Luís. *O Ministério Público e o controle da omissão administrativa*: o controle da omissão estatal no Direito Ambiental. Rio de Janeiro: Forense Universitária, 2003.

ROBSON DA SILVA, José. *Paradigma biocêntrico*: do patrimônio privado ao patrimônio ambiental. Rio de Janeiro: Renovar, 2002.

ROCA, Guillermo Escobar. *La ordenación constitucional del medio ambiente*. Madrid: Dykinson, 1995.

RODOTÀ, Stefano. *El terrible derecho*: estudios sobre la propiedad privada. Madrid: Editorial Civitas, 1986.

ROIG, Rafael de Assis. *Deberes y derechos en la Constitución*. Madrid: Centro de Estudios Constitucionales, 1991.

RUSCHEL, Caroline Vieira. "A Lei da Gestão das Florestas Públicas: a parceria ambiental como pressuposto para a sua efetivação". In: BENJAMIN, Antônio Herman; CAPPELLI, Silvia; LECEY, Eladio (Orgs.). *Anais do 11º Congresso Internacional de Direito Ambiental* (Meio ambiente e acesso à justiça). Volume III. São Paulo: Instituto O Direito por um Planeta Verde/Imprensa Oficial, 2007, p. 177-187.

SABSAY, Daniel Alberto. "*La protección del medio ambiente en la Constitución nacional*". Disponível em: http://aplicaext.cjf. gov.br/phpdoc/pages/sen/portaldaeducacao/textos_fotos/ambiental2005/textos/Daniel%20Sabsay%20La%20protecci on%20del%20MA%20en%20la%20CN.doc. Acesso em: 19 de maio de 2006.

SAMPAIO, José Adércio Leite. "Constituição e meio ambiente na perspectiva do direito constitucional comparado". In: SAMPAIO, José Adércio Leite; WOLD, Chris; NARDY, Afrânio. *Princípios de Direito Ambiental na dimensão internacional e comparada*. Belo Horizonte: Del Rey, 2003, p. 37-111.

SANTOS, Milton. *Por uma outra globalização*: do pensamento único à consciência universal. 6.ed. Rio de Janeiro: Record, 2001.

SARLET, Ingo Wolfgang. *A eficácia dos direitos fundamentais*. 5.ed. Porto Alegre: Livraria do Advogado, 2005.

———. *Dignidade da pessoa humana e direitos fundamentais na Constituição Federal de 1988*. 3.ed. Porto Alegre: Livraria do Advogado, 2004.

——— (Org.). *Constituição, direitos fundamentais e direito privado*. Porto Alegre: Livraria do Advogado, 2003.

———. (Org.). *Direitos fundamentais sociais*: estudos de direito constitucional, internacional e comparado. Rio de Janeiro/ São Paulo: Renovar, 2003.

———. "Direitos fundamentais sociais, 'mínimo existencial' e direito privado: breves notas sobre alguns aspectos da possível eficácia dos direitos sociais nas relações entre particulares". In: GALDINO, Flávio; SARMENTO, Daniel (Orgs.). *Direitos fundamentais – estudos em homenagem a Ricardo Lobo Torres*. Rio de Janeiro: Renovar, 2006, p. 551-602.

———. "As dimensões da dignidade da pessoa humana: construindo uma compreensão jurídico-constitucional necessária e possível". In: SARLET, Ingo Wolfgang (Org.). *Dimensões da dignidade*: ensaios de filosofia do direito e direito constitucional. Porto Alegre: Livraria do Advogado, 2005, p. 13-43.

———. "Direito fundamentais sociais e proibição de retrocesso: algumas notas sobre o desafio da sobrevivência dos direitos sociais num contexto de crise". In: *Revista do Instituto de Hermenêutica Jurídica*. Vol. 2. Porto Alegre: Instituto de Hermenêutica Jurídica, 2004, p. 121-168.

———. "Constituição e proporcionalidade: o direito penal e os direitos fundamentais entre proibição de excesso e proibição de insuficiência". In: *Revista Brasileira de Ciências Criminais*, n. 47, Mar-Abr, 2004, p. 60-122.

———. "O direito fundamental à moradia na Constituição: algumas anotações a respeito de seu contexto, conteúdo e possível eficácia". In: *Revista de Direito do Consumidor*, n. 46, abril-junho, 2003, p. 193-244.

———. "Direitos fundamentais e direito privado: algumas considerações em torno da vinculação dos particulares aos direitos fundamentais". In: SARLET, Ingo Wolfgang (Org.). *A Constituição Concretizada: construindo pontes entre o público e o privado*. Porto Alegre: Livraria do Advogado, 2000, p. 107-163.

———. "O Estado Social de Direito, a proibição de retrocesso e a garantia fundamental da propriedade". In: *Revista da AJURIS*, n. 73, Julho, 1998, p. 210-236.

SARMENTO, Daniel. *Direitos fundamentais e relações privadas*. Rio de Janeiro: Lumen Juris, 2004.

———. "Os direitos fundamentais nos paradigmas Liberal, Social e Pós-Social (Pós-modernidade constitucional?)". In: SAMPAIO, José Adércio Leite (Coord.). *Crise e Desafios da Constituição*: perspectivas críticas da teoria e das práticas constitucionais brasileiras. Belo Horizonte: Del Rey, 2003, p. 375-414.

SCHMIDT, Cíntia; FICHTNER, Claudio Sehbe. "ERBs: competência municipal para legislar, princípios aplicados e comentários à Lei Municipal n. 8.896/02 de Porto Alegre". In: BENJAMIN, Antônio Herman (Org.). *Anais do 10º Congresso Internacional de Direito Ambiental* (Direitos humanos e meio ambiente). São Paulo: IMESP, 2006, p. 87-100.

SÉGUIN, Elida. *O direito ambiental: nossa casa planetária*. 3.ed. Rio de Janeiro: Forense, 2006.

SENDIN, José de Sousa Cunhal. *Responsabilidade civil por danos ecológicos*: da reparação do dano através de restauração natural. Coimbra: Coimbra Editora, 1998.

SENTENÇAS: RIO GRANDE DO SUL. Publicada pelo Poder Judiciário do Estado do Rio Grande do Sul e AJURIS, n. 7/8, Jun-Dez/2002. Porto Alegre: Departamento de Artes Gráficas, 2002.

SERRES, Michel. *O contrato natural*. Tradução de Serafim Ferreira. Lisboa: Instituto Piaget, 1990.

SCHÄFER, Jairo. *Classificação dos direitos fundamentais*: do sistema geracional ao sistema unitário. Porto Alegre: Livraria do Advogado, 2005.

SHULTE, Bernd. "Direitos fundamentais, segurança social e proibição de retrocesso". Tradução de Peter Naumann e revisão de Ingo Wolfgang Sarlet. In: SARLET, Ingo Wolfgang (Org.). *Direitos fundamentais sociais*: estudos de direito constitucional, internacional e comparado. Rio de Janeiro/São Paulo: Renovar, 2003, p. 301-332.

SILVA, José Afonso da. *Comentário contextual à Constituição*. 2.ed. São Paulo: Malheiros, 2006.

———. *Direito ambiental constitucional*. 4.ed. São Paulo: Malheiros, 2003.

———. "Fundamentos constitucionais da proteção do meio ambiente". In: *Revista de Direito Ambiental*, n. 27. São Paulo: Revista dos Tribunais, Jul-Set, 2002, p. 51-57.

SILVEIRA, Patrícia Azevedo da. *Competência ambiental*. Curitiba: Juruá Editora, 2003.

———. "O dano extrapatrimonial e a dignidade da pessoa humana em face da autorização anual da caça amadorista no Rio Grande do Sul". In: BENJAMIN, Antônio Herman (Org.). *Anais do 8º Congresso Internacional de Direito Ambiental*. São Paulo: Instituto O Direito por um Planeta Verde/Imprensa Oficial, 2004, p. 611-621.

SINGER, Peter. *Libertação animal*. Tradução de Maria de Fátima St. Aubyn. Porto: Via Optima, 2000.

———. *Ética prática*. São Paulo: Martins Fontes, 2002.

SOUZA, Paulo Vinícius Sporleder de. "O meio ambiente (natural) como sujeito passivo dos crimes ambientais". *Revista Brasileira de Ciências Criminais*, Ano 12, n. 50, Set-Out, 2004. São Paulo: Revista dos Tribunais, p. 57-90.

SOUZA SANTOS, Boaventura de. "Uma concepção multicultural de direitos humanos". In: *Lua Nova – Revista de Cultura e Política*, CEDEC, n. 39, 1997, p. 105 e ss.

SPÍNOLA, Ana Luíza. "Consumo sustentável". In: *Revista de Direito Ambiental*, n. 24, Out-Dez, 2001, p. 209-216.

STIFELMAN, Anelise Grehs. "Áreas de preservação permanente em zona urbana". In: BENJAMIN, Antônio Herman (Org.). *Anais do 11º Congresso Internacional de Direito Ambiental (Meio ambiente e acesso à justiça)*. São Paulo: Instituto O Direito por um Planeta Verde/Imprensa Oficial, 2007, p. 101-115.

STRECK, Lênio Luiz. "A dupla face do princípio da proporcionalidade e o cabimento de mandado de segurança em matéria criminal: superando o ideário liberal-individualista-clássico". In: *Revista do Ministério Público do Estado do Rio Grande do Sul*, n. 53, Maio-Set, 2004, p. 223-251.

STEIGLEDER, Annelise Monteiro. *Responsabilidade civil ambiental*: as dimensões do dano ambiental no direito brasileiro. Porto Alegre: Livraria do Advogado, 2004.

———. "Discricionariedade administrativa e dever de proteção do ambiente". In: *Revista do Ministério Público do Estado do Rio Grande do Sul*, n. 48, Jul-Set, 2002, p. 271-301.

STEINMETZ, Wilson Antônio. *Vinculação dos particulares a direitos fundamentais*. São Paulo: Malheiros, 2004.

SUNSTEIN, Cass; NUSSBAUM, Martha, *Animal rights: current debates and new directions*. New York: Oxford University Press, 2004.

SUNSTEIN, Cass. "Beyond the precautionary principle". In: *University Of Pennsylvania Law Review*, Vol. 151, 2003, p. 1031. Registra-se que o artigo foi publicado com versão em português, SUNSTEIN, Cass. "Para além do princípio da precaução". Tradução de Marcelo Fensterseifer, Martin Haeberlin e Tiago Fensterseifer. In: *Revista Interesse Púbico*, n. 37, maio-junho, 2006, p. 119-171.

TAVARES, Marcelo Leonardo. *Previdência e assistência social*: legitimação e fundamentação constitucional brasileira. Rio de Janeiro: Lúmen Júris, 2003.

TAVOLARO, Sergio Barreira de Faria. *Movimento ambientalista e modernidade*: sociabilidade, risco e moral. São Paulo: Annablume/Fapesp, 2001.

TEIXEIRA, Orci Paulino Bretanha. *O direito ao meio ambiente ecologicamente equilibrado como direito fundamental*. Porto Alegre: Livraria do Advogado, 2006.

TORRES, Ricardo Lobo Torres. *Tratado de direito constitucional, financeiro e tributário*, Vol. II, Valores e princípios constitucionais tributários. Rio de Janeiro/São Paulo/Recife, 2005.

———. "Valores e princípios no direito tributário ambiental". In: TÔRRES, Heleno Taveira (Org.). *Direito tributário ambiental*. São Paulo: Malheiros, 2005, p. 21-54.

———. "A metamorfose dos direitos sociais em mínimo existencial". In: SARLET, Ingo Wolfgang (Org). *Direitos fundamentais sociais*: estudos de direito constitucional, internacional e comparado. Rio de Janeiro: Renovar, 2003, p. 11-46.

———. "A cidadania multidimensional na era dos direitos". In: *Teoria dos direitos fundamentais*. TORRES, Ricardo Lobo (Org.). Rio de Janeiro: Renovar, 1999, p. 239-335.

UBILLOS, Juan María Bilbao. *La eficacia de los derechos fundamentales frente a particulares*. Madrid: Centro de Estudios Políticos y Constitucionales, 1997.

VIEIRA DE ANDRADE, José Carlos. *Os direitos fundamentais na Constituição portuguesa de 1976*. 2.ed. Coimbra: Almedina, 2001.

VIOLA, Eduado J.; LEIS, Hector R. "A evolução das políticas ambientais no Brasil, 1971-1991: do bissetorialismo preservacionista para o multissetorialismo orientado para o desenvolvimento sustentável". In: HOGAN, Daniel Joseph; VIEIRA, Paulo Freire (Orgs). *Dilemas socioambientais e desenvolvimento sustentável*. 2.ed. Campinas: Editora da Unicamp, 1995, p. 73-95.

WEBER, Thadeu. *Ética e filosofia política*: Hegel e o formalismo kantiano. Coleção Filosofia, n. 87. Porto Alegre: EDIPUCRS, 1999.

WEIS, Carlos. *Direitos humanos contemporâneos*. São Paulo: Malheiros, 2006.

WINTER, Gerd. *"Constitutionalising environmental protection in the European Union"*. Disponível em: http://www-user.uni-bremen.de/~feu/eframe.html. Acesso em: 12 de maio de 2006.

ZAVASCKI, Teori Albino. *Processo coletivo*: tutela de direitos coletivos e tutela coletiva de direitos. São Paulo: Revista dos Tribunais, 2006.

Impressão:
Evangraf
Rua Waldomiro Schapke, 77 - P. Alegre, RS
Fone: (51) 3336.2466 - Fax: (51) 3336.0422
E-mail: evangraf.adm@terra.com.br